集 刊 名：形象史学
主办单位：中国社会科学院古代史研究所文化史研究室
主　　编：刘中玉

2022 年春之卷

总第二十一辑

古文字与中华文明传承发展工程专项资助集刊

CSSCI 来源集刊

形象史学

中国社会科学院古代史研究所文化史研究室 主办

刘中玉 主编

2022 年

春之卷

（总第二十一辑）

中国社会科学出版社

图书在版编目（CIP）数据

形象史学 . 2022年 . 春之卷：总第二十一辑 / 刘中玉主编 . —北京：
中国社会科学出版社，2022.2
ISBN 978-7-5227-0120-2

Ⅰ.①形⋯ Ⅱ.①刘⋯ Ⅲ.①文化史—中国—文集 Ⅳ.①K203-53

中国版本图书馆 CIP 数据核字（2022）第 066707 号

出 版 人	赵剑英
责任编辑	李凯凯
责任校对	闫 萃
责任印制	王 超

出　　版	中国社会科学出版社
社　　址	北京鼓楼西大街甲 158 号
邮　　编	100720
网　　址	http://www.csspw.cn
发 行 部	010-84083685
门 市 部	010-84029450
经　　销	新华书店及其他书店

印刷装订	北京君升印刷有限公司
版　　次	2022 年 2 月第 1 版
印　　次	2022 年 2 月第 1 次印刷

开　　本	787×1092 1/16
印　　张	20.75
字　　数	411 千字
定　　价	128.00 元

凡购买中国社会科学出版社图书，如有质量问题请与本社营销中心联系调换
电话：010-84083683

目　录

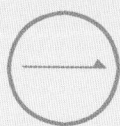

器物研究

江淮地区曲柄盉的源流与功能探研

■ 王学森（北京大学历史学系）

曲柄盉，又称流甗、[1] 甗型盉、鬲型盉[2] 等，是见于江淮地区[3] 的一种特殊形制的青铜器。其大多数分上下两部分，上部甗形，下部鬲形，部分器有盖，三足，有流。有柄在流逆时针方向处，且多为约 60° 夹角，[4] 柄较长，多分为两段，并在末端向内弯曲。弯曲的长柄是该类器最为显著的特征，因此定名为"曲柄盉"是比较合理的。主要流行于西周晚期至春秋晚期。学者多认为其是群舒文化的典型器物。笔者将就学界对曲柄盉的源流、功能、所反映的族属情况研究的未竟之处，略抒浅见。

一　青铜曲柄盉型式的划分

根据甗部的形态，我们可以将青铜曲柄盉划分为 A、B、C 三型。

（一）　A 型：折腹敞口连体盉

该型目前数量较多，是曲柄盉最主要的形态，其中根据足部形态的差异，又可将其分为 Aa、Ab 两亚型。

1. Aa 亚型：锥足

安徽省芜湖市出土 1 件。[5] 年代在春秋早期或稍晚，[6] 通高 19.8 厘米、口径 13.7 厘米（图 1-1）。

1　马今洪：《流甗的研究》，《文博》1996 年第 5 期。

2　郑小炉：《试论青铜甗（鬲）形盉》，《南方文物》2003 年第 3 期。

3　本文所指的江淮地区，包括以安徽舒城为中心的江淮间、河南东南部的淮河南岸，以及皖南苏南的长江沿岸平原地区。

4　许多报告称其夹角约为 90°，实际上曲柄盉流多在裆上腹部中央，而柄一般在足上腹部中央，所以夹角约 60°。

5　安徽大学、安徽省文物研究所编著：《皖南商周青铜器》，文物出版社，2006，第 82 页。

6　陆勤毅、宫希成主编：《皖南商周青铜器研究》，文物出版社，2016，第 69 页。

| 1-1　芜湖 | 1-2　铜陵谢垅 | 1-3　舒城凤凰嘴 |

图 1　Aa 型曲柄盉

安徽省铜陵市谢垅出土 1 件。[1] 通高 19 厘米、口径 14.4 厘米（图 1-2）。

安徽省舒城县龙舒人民公社凤凰嘴墓中出土 1 件，[2] 高 18.7 厘米、口径 14 厘米，出土时有一盖形器斜置其上（图 1-3）。

2. Ab 亚型：平底锥足，部分接近柱足

根据柄部形态的差异，我们又可将其分为 3 式：

Ⅰ式：整铸柄。该式有完整的长柄，柄首或作回顾的龙首状，大约流行于西周时期。

安徽省繁昌县赤沙乡出土 1 件。或定年代为西周，通高 18.2 厘米、口径 14.2 厘米，甑腹部饰一周窃曲纹。长柄，末端残缺，其上密布蜂窝状小凹坑，根部平滑略凸起（图 2-1）。[3]

安徽省南陵县家发乡出土 1 件。或定年代为西周。通高 17.2 厘米、口径 14 厘米。长柄残缺一段，甑腹部饰一周窃曲纹（图 2-2）。[4]

安徽省铜陵县钟鸣乡出土 1 件。或定年代为西周。通高 22.9 厘米、口径 12.2 厘米。长柄，凤鸟形柄首向内略曲，甑下腹部饰一圈蟠虺纹（图 2-3）。[5]

Ⅱ式：分铸龙首柄。该式柄为分铸的两段，其中离体段作龙凤首状，两段连接后与Ⅰ式基本相同，大约流行于春秋早期。

1　张爱冰：《铜陵谢垅出土青铜器的年代及其相关问题》，《东南文化》2009 年第 6 期。

2　安徽省文化局文物工作队：《安徽舒城出土的铜器》，《考古》1964 年第 10 期。此墓中还出土一件角状器，报告中将其单列，但笔者认为其应为盉柄的离体段。

3　《皖南商周青铜器》，第 83 页。

4　《皖南商周青铜器》，第 84—85 页。

5　《皖南商周青铜器》，第 86 页。

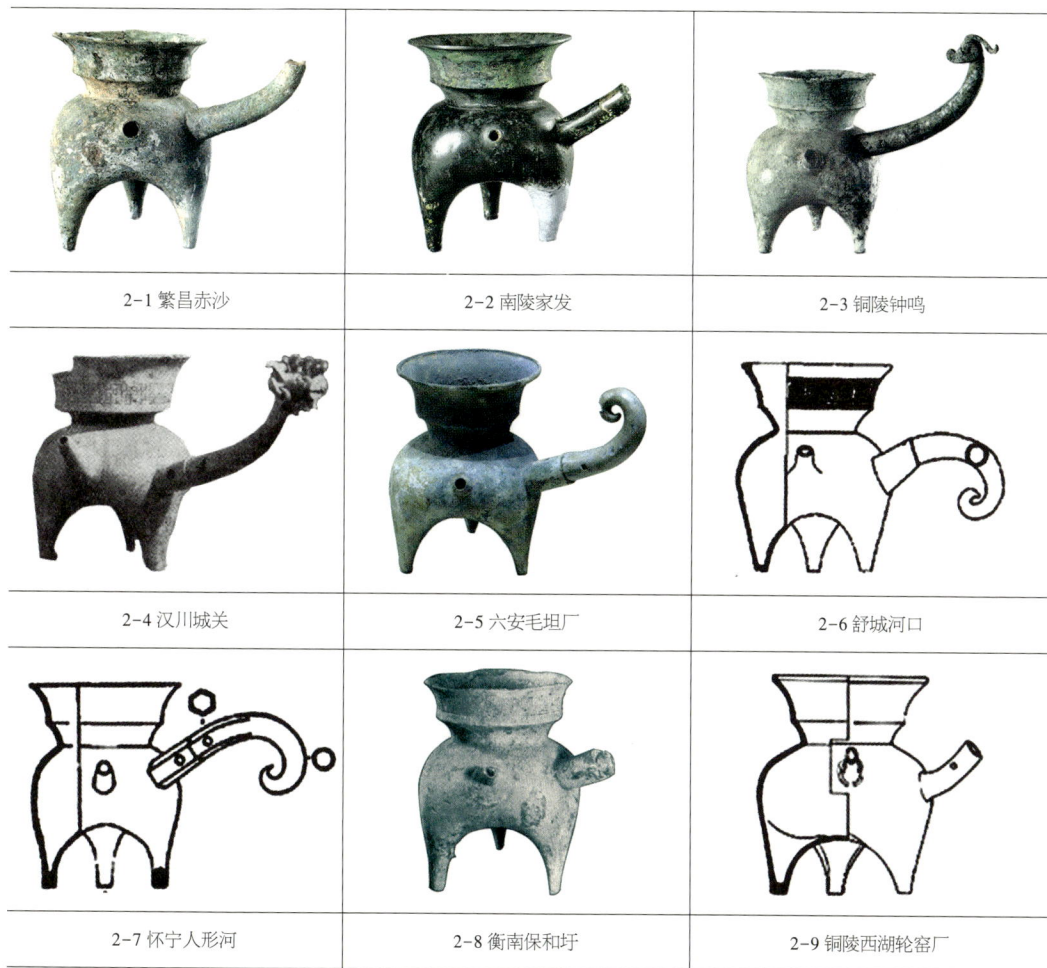

2-1 繁昌赤沙	2-2 南陵家发	2-3 铜陵钟鸣
2-4 汉川城关	2-5 六安毛坦厂	2-6 舒城河口
2-7 怀宁人形河	2-8 衡南保和圩	2-9 铜陵西湖轮窑厂

图 2　Ab 型曲柄盉

安徽省庐江县出土 1 件。通高 19.8
厘米、口径 13.8 厘米，裆部有烟炱痕，
素面无纹饰，或定年代为春秋早期。[1]

湖北省汉川县城关镇西正街尾窖藏出
土 1 件。[2] 其与安徽庐江曲柄盉形制类
似，应为春秋早期。高 20 厘米、口径 15

厘米、腹深 15 厘米、鋬长 20 厘米，腹上
部饰一圈蟠虺纹，柄首龙型（图 2-4）。

Ⅲ式：分铸卷首柄。该式柄为分铸两
段，但与Ⅱ式不同的是，离体段柄首呈涡
状向内卷曲，大约流行于春秋中期至
晚期。

1　马道阔：《安徽省庐江县出土春秋青铜器——兼谈南淮夷文化》，《东南文化》1990 年第 6 期。同出的一件龙首
　　鋬，应为盉柄的离体段。

2　沈银华：《湖北省汉川县发现一批春秋时期青铜器》，《文物》1974 年第 6 期。

安徽省六安县毛坦厂镇出土 1 件。高 20 厘米、口径 14.5 厘米、柄 14 厘米，连裆，甗腹部偏下有一圈饰一周窃曲纹（图 2-5）。[1] 郑小炉定在春秋中期早段。[2]

安徽舒城县河口镇幸福村出土 1 件。通高 18.8 厘米、口径 14 厘米、腹径 14.6 厘米、柄长 12 厘米，连裆，甗部口沿下饰一周六组夔龙纹（图 2-6）。[3] 值得注意的是，该盉柄的连接处圆孔内有朽木，对我们判断曲柄盉的用途有极大帮助，详见后文。

安徽怀宁县人形河南岸出土 1 件。通高 19 厘米、口径 14.5 厘米、腹径 15 厘米、柄长 14 厘米（图 2-7）。[4]

还有两件由于缺失离体柄部分，不便划分：

湖南省衡南县保和圩农场出土 1 件。发掘者定墓葬年代为春秋中期，通高 17.5 厘米、口径 13 厘米，甗部口沿下饰变形蟠夔纹（图 2-8）。[5]

安徽省铜陵县西湖轮窑厂出土 1 件。或定年代为春秋。通高 16 厘米、口径 11.6 厘米，素面无纹饰（图 2-9）。[6] 该器形与怀宁县人形河南岸出土曲柄盉相似，年代或相近。

以上 A 型盉，郑小炉通过对伴出文物和其他地区出土文物的对比，将舒城河口、凤凰嘴、怀宁人形河及铜陵谢垅出土的曲柄盉定在春秋中期偏晚到春秋晚期。[7]

（二）B 型：敛口连体盉

安徽省铜陵市金口岭出土 1 件。口沿下饰一圈勾连云纹，鬲部袋足上饰云雷纹地变形夔龙纹（图 3-1）。[8] 张爱冰定年代为西周晚期至春秋早期。[9]

安徽省肥西县小八里出土 1 件。或定年代为春秋早期，[10] 口沿下饰一圈重环纹（图 3-2）。[11]

1　安徽省博物馆、六安县文物管理所：《安徽六安县发现一座春秋时期墓葬》，《考古》1993 年第 7 期。

2　郑小炉：《试论青铜甗（鬲）形盉》。

3　安徽省文物考古研究所、舒城县文物管理局：《安徽舒城县河口春秋墓》，《文物》1990 年第 6 期。

4　怀宁县文物管理所：《安徽怀宁县出土春秋青铜器》，《文物》1983 年第 11 期。

5　湖南省博物馆：《湖南衡南、湘潭发现春秋墓葬》，《考古》1978 年第 5 期。

6　《皖南商周青铜器》，第 89 页

7　郑小炉：《试论青铜甗（鬲）形盉》。

8　《皖南商周青铜器》，第 87 页。

9　张爱冰：《铜陵谢垅出土青铜器的年代及其相关问题》。

10　郑小炉：《试论青铜甗（鬲）形盉》。

11　杨德标、杨立新：《安徽江淮地区的商周文化》，载《中国考古学会第四次年会论文集》，文物出版社，1985，第 65—72 页；中国青铜器编辑委员会编：《中国青铜器全集》第 11 册，文物出版社，1997，第 163 页。

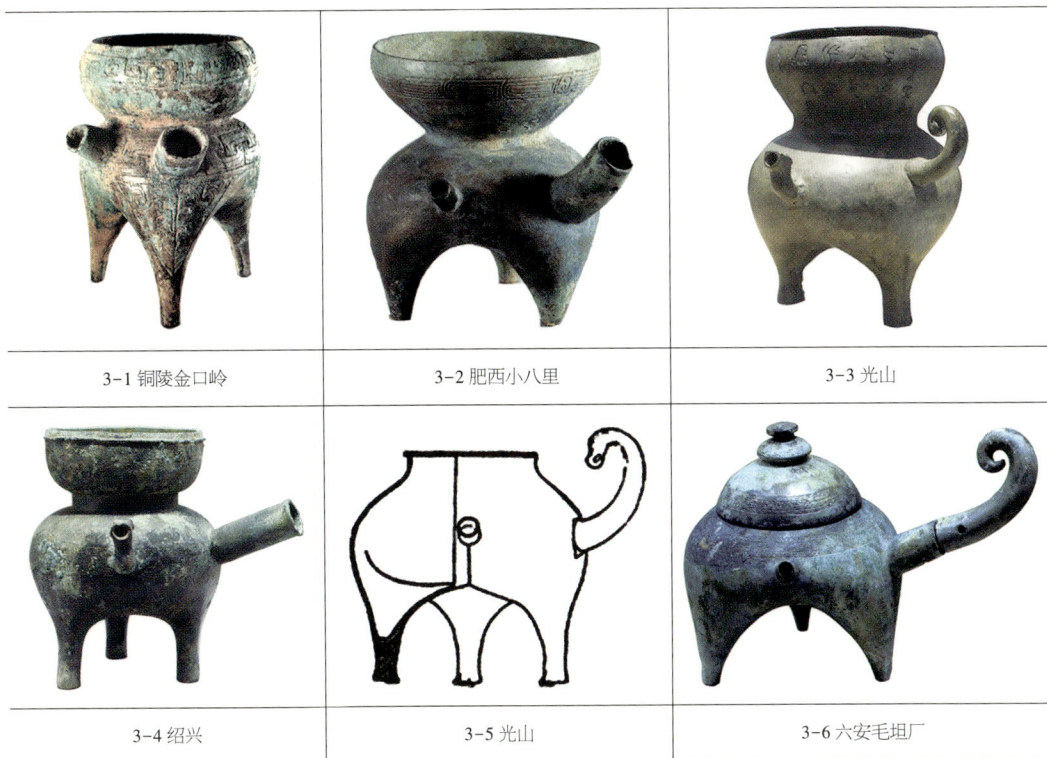

3-1 铜陵金口岭	3-2 肥西小八里	3-3 光山
3-4 绍兴	3-5 光山	3-6 六安毛坦厂

图3　B、C型曲柄盉

河南省光山县宝相寺上官岗砖瓦厂发现的黄君孟夫妇墓 G2 中出土 1 件。口径 11.2 厘米、腹径 14.5 厘米、高 18.2 厘米。敛口平唇，平盖，素面。甗部有十六字铭文："黄子作黄夫人行器，则永祜宝，令终令后。"（图3-3）[1] 朱凤瀚定年代为春秋中期偏早。[2]

浙江省绍兴市坡塘公社知青砖瓦厂战国墓中出土 1 件。发掘者认为该墓年代为战国早期，通高 26 厘米。仅存连体段柄部，口部微敛，甗腹上端饰勾连蟠螭纹两道，下端饰三角形垂叶纹一周盖顶平坦，有四个圆环状钮，顶中央有一半圆形钮，盖顶内圈饰缠体蟠螭纹八条，外圈饰绚纹一道、小型蟠螭纹三道。鬲部中段饰宽体勾连蟠螭纹一周，上下饰三角形垂叶纹，柄部也饰有三角形垂叶

1　河南信阳地区文管会、光山县文管会：《春秋早期黄君孟夫妇墓发掘报告》，《考古》1984 年第 4 期。铭文从李学勤《光山黄国墓的几个问题》（《考古与文物》1985 年第 2 期）释文。

2　朱凤瀚：《中国青铜器综论》，上海古籍出版社，2009，第 1748 页。

纹一周（图3-4）。[1] 由于同墓中出土大量带有"徐"铭文的青铜器，发掘者推测该批铜器或许是越灭吴后掠夺所得，并非本地原产。

（三）C型：分体盉

黄君孟夫妇墓出土1件。柄较短，末端向内有龙首状卷曲，足呈柱形，直口平盖，素面无纹饰（图3-5）。[2]

六安县毛坦厂镇出土1件。柄较长呈两段，其中分离段靠近接口处有销孔，末端向内卷曲程度明显，足略呈锥形，连裆，弇口有盖，盖倒置呈碗状，顶置蘑菇形钮。盖下部和盉肩部有一圈云雷纹。通高20.2厘米、口径11.5厘米（图3-6）。[3]

二　出土陶制曲柄盉

曲柄盉除了青铜材质以外，也有陶制。由于出土陶制曲柄盉年代跨度较大，不便分型定式，故本文以其考古报告中的分类，按年代顺序略作介绍。

（一）江苏南京北阴阳营遗址

江苏省南京市北阴阳营遗址出土有可与后世曲柄盉相联系的陶制长柄盉，均出土于新石器时代地层，[4] 发掘报告将其定为两式，以下以发掘报告所定型式指代。

Ⅱ型a式：高15.5厘米、口径4.6厘米、腹径11.2厘米。细颈侈口扁鼓腹，平底，颈部饰密布弦纹，口沿上立有锯齿边缘冠状饰，冠状饰遮住口沿前半部分，其上有两小孔。鸭嘴形足，柄呈宽扁角状（图4-1）。

Ⅱ型b式：高15厘米、口径5.4厘米、腹径14.4厘米。小口短直颈，折肩，扁圆形鼓腹，腹上布满剔刺纹，口外与腹部有堆饰。宽扁足，柄呈条状（图4-2）。

除此之外，北阴阳营遗址中也出土有其他形制的盉，多圆鼓腹，无足盉为平底，三足盉平底、圈底皆有，足部形态更接近于鼎形而非鬲形。总体来说，其形态与同遗址中的陶罐形态接近，应当由其演化而来。此类盉均出土于墓葬区第四层，属新石器时代，年代较早，形制尚不完善。

（二）安徽潜山薛家岗遗址

潜山薛家岗遗址中出土有几件甗形曲柄盉，位于商代地层，形制与后世曲柄盉已十分接近，唯足部仍更接近鼎形。

1　浙江省文物管理委员会、浙江省文物考古所、绍兴地区文化局、绍兴市文管会：《绍兴306号战国墓发掘简报》，《文物》1984年第1期。

2　河南信阳地区文管会、光山县文管会：《春秋早期黄君孟夫妇墓发掘报告》，《考古》1984年第4期。

3　安徽省博物馆、六安县文物管理所：《安徽六安县发现一座春秋时期墓葬》，《考古》1993年第7期。

4　南京博物院：《北阴阳营——新石器时代及商周时期遗址发掘报告》，文物出版社，1993，第45—46页。

H38 号灰坑中出土一件。[1] 残高 14 厘米。甑部钵形，腹部饰一圈凹弦纹，下半部扁折腹，角状柄，微上翘，三矮圆锥足外撇。肩部饰两圈凹弦纹，折腹下也饰一圈凹弦纹，其下饰竖向细绳纹（图 4-3）。

M152 号墓中出土一件。[2] 或定年代为商代早期。[3] 残高 13.4 厘米，扁折腹，角状把手，微上翘，三矮圆锥状足外撇，足尖削成三棱锥状。肩部饰三圈凹弦纹（图 4-4）。

T34 号探坑出土一件。[4] 残高 9.2 厘米，最大腹径 13.6 厘米。扁圆折腹，矮锥状足，宽扁角状把手，把稍上翘。下腹及足跟局部有细绳纹（图 4-5）。

（三）安徽铜陵师姑墩遗址

安徽铜陵师姑墩遗址中出土了 4 件形制已经比较完备，接近青铜曲柄盉的陶制曲柄盉，[5] 发掘简报中将其分为两型，各选取 1 件简要介绍如下：

A 型：管状流，腹径 15.2 厘米、残高 15.4 厘米，鼓腹，锥状足。下腹部饰粗绳纹（图 4-6）。

B 型：槽型流，腹径 13.4 厘米、残高 13.2 厘米，鼓腹，柱状足。腹部饰粗绳纹被抹（图 4-7）。

发掘报告认为其年代约在西周中早期之际至西周中期。虽然由于师姑墩 4 件盉颈部以上皆残，现在呈现为鬲型盉。但我们可以发现其颈径较小，且断碴处有向外侈的倾向，因此笔者认为，其原本应为甗型盉。

（四）安徽霍邱堰台遗址

安徽霍邱堰台遗址出土了数量较多的陶制曲柄盉或其残件，[6] 形制相对完备、年代跨度较大，报告将其分为两型：

A 型：联体盉，7 件。其中标本 T0909 ⑦：1，口径 12.8 厘米、通高 15.8 厘米。上部钵形、敛口，下部鬲形、鼓腹、柱状实跟足，表面饰斜向绳纹（图 4-8）。

B 型：单体盉，1 件。口径 7.6 厘米、通高 12.8 厘米。敛口、鼓腹、柱状实跟足，流与柄皆残，表面饰绳纹（图 4-9）。

除 8 件盉体外，还出土了 11 件卷曲状柄，应为曲柄盉残件。这些遗物分布于该遗址所有四个地层中，年代约为自西周早期后段至春秋中期，大约与青铜曲柄盉在江淮地区的流行时间相同。其中以第二

1　安徽省文物考古研究所编著：《潜山薛家岗》，文物出版社，2004，第 475 页。

2　《潜山薛家岗》，第 493 页。

3　杨德标、杨立新：《安徽江淮地区的商周文化》，载《中国考古学会第四次年会论文集》，文物出版社，1985，第 65—72 页。

4　《潜山薛家岗》，第 496 页。

5　安徽省文物考古研究所：《安徽铜陵县师姑墩遗址发掘简报》，《考古》2013 年第 6 期。

6　安徽省文物考古研究所编著：《霍邱堰台——淮河流域周代聚落发掘报告》，科学出版社，2010，第 285—288 页。

期，即西周早中期之际数量最多，略早于青铜曲柄盉流行时期。

（五）河南信阳樊君墓

河南信阳市五星公社平西大队南山咀台地发现的樊君夔夫妇墓 M1 内发现 1 件曲柄陶盉，[1] 发掘者将此墓年代定在春秋早期至中期，与黄君孟夫妇墓年代、地点均接近。墓中共出土 2 件陶盉，完整的 1 件口径 9.5 厘米、高 17.5 厘米。敞口、直唇、高裆（图 4-10）。与黄君孟夫妇墓相似，2 件陶盉同样出土于樊君夫人龙嬴墓内。

（六）曲柄盉的源头

短管状流和角状曲柄是陶制曲柄盉的突出特征，而这两项特征不独在曲柄盉上存在。南京锁金村出土 1 件带角状柄的陶鬲（图 4-11），[2] 安怀村也出土 1 件带流陶甗（图 4-12），[3] 有学者认为其与北阴阳营一样，属于湖熟文化的一部分。[4]

薛家岗的曲柄盉，应当是由北阴阳营传播而来的，这两处遗址之间存在着较多的相似之处，已有学者做过讨论："薛家岗遗址一期文化的豆、壶类型应与崧泽文化和北阴阳营文化有密切的关系，更进一步说，它们是薛家岗文化的源头之一。"[5] 杨立新也指出："由于薛家岗文化所处的地理位置，曾不同程度的受到来自长江下游、江汉地区和黄淮地区三大原始文化区的交错影响，使它含有多种原始文化的因素，因此，又可视为一支过渡地带原始文化类型。"[6] 单就曲柄盉而言，两处遗址曲柄盉都为扁圆腹，平底或圈底略平，角状把手，足与腹分离较为明显，显示出一些原始特征。张爱冰也指出："薛家岗和沈店鼎形盉，除地域因素之外，形态上似应早于下部鬲形的甗型盉。"[7] 郑小炉则认为青铜曲柄盉的源头并非单一，最主要的因素仍是本地早期文化。[8]

虽然样本数量较少，但我们仍可以从中发现陶制曲柄盉的一些演化规律。从足部来看，北阴阳营文化的曲柄盉，足部与腹部区分明显，应是在罐的基础上添加三足和其他附件而产生的。北阴阳营文化的盉呈现出多种形式，但都有圆腹特点，说明应该是处于盉的发展雏形阶段。而到了

1　河南省博物馆、信阳地区文管会、信阳市文化局：《河南信阳市平桥春秋墓发掘简报》，《文物》1981 年第 1 期。

2　南京博物院：《南京锁金村遗址第一、二次发掘报告》，《考古学报》1957 年第 3 期。

3　南京博物院：《南京安怀村古遗址发掘简报》，《考古通讯》1957 年第 5 期；曲柄盉虽部分形似甗，但其甑部与鬲部的体积比明显小于一般发现的甗，而安怀村带流甗则甑部较大，与曲柄盉不同。

4　林华东：《对湖熟文化正名、分期及其他》，《东南文化》1990 年第 5 期。

5　《潜山薛家岗》，第 427 页。

6　杨立新：《薛家岗文化浅析》，载《文物研究》第 6 辑，黄山书社，1990，第 59—69 页。

7　张爱冰：《也谈曲柄盉的年代及其相关问题》，《文物》2014 年第 3 期。

8　郑小炉：《试论青铜甗（鬲）形盉》。

薛家岗文化中，腹部与足部逐渐成为一体，接近鼎形。再到安徽霍邱堰台遗址和铜陵师姑墩遗址时，腹部与足部完全融为一体，已成为鬲形。而从腹部来看，北阴阳营与薛家岗的盉都为扁鼓腹或折腹。

再从柄部形态来看，由于制作技术限制，北阴阳营陶盉柄较为宽厚，根部肥大，且近乎平直，不见弯曲上翘。到薛家岗文化时，制作技术提升，根部变薄，同

时开始出现弧度，柄尾上翘，长度也有所增加。霍邱堰台遗址中出土的柄部残件，有明显的卷曲，部分残件末端已成涡状卷曲，到春秋时期的樊君墓陶盉时，已与青铜曲柄盉在形态上别无二致，或许是仿铜曲柄盉而作，只是受制于陶土本身强度，柄部上翘明显，但水平伸出长度不及青铜曲柄盉。因此我们可以认为北阴阳营出土的陶制长柄盉是后世曲柄盉的源头。

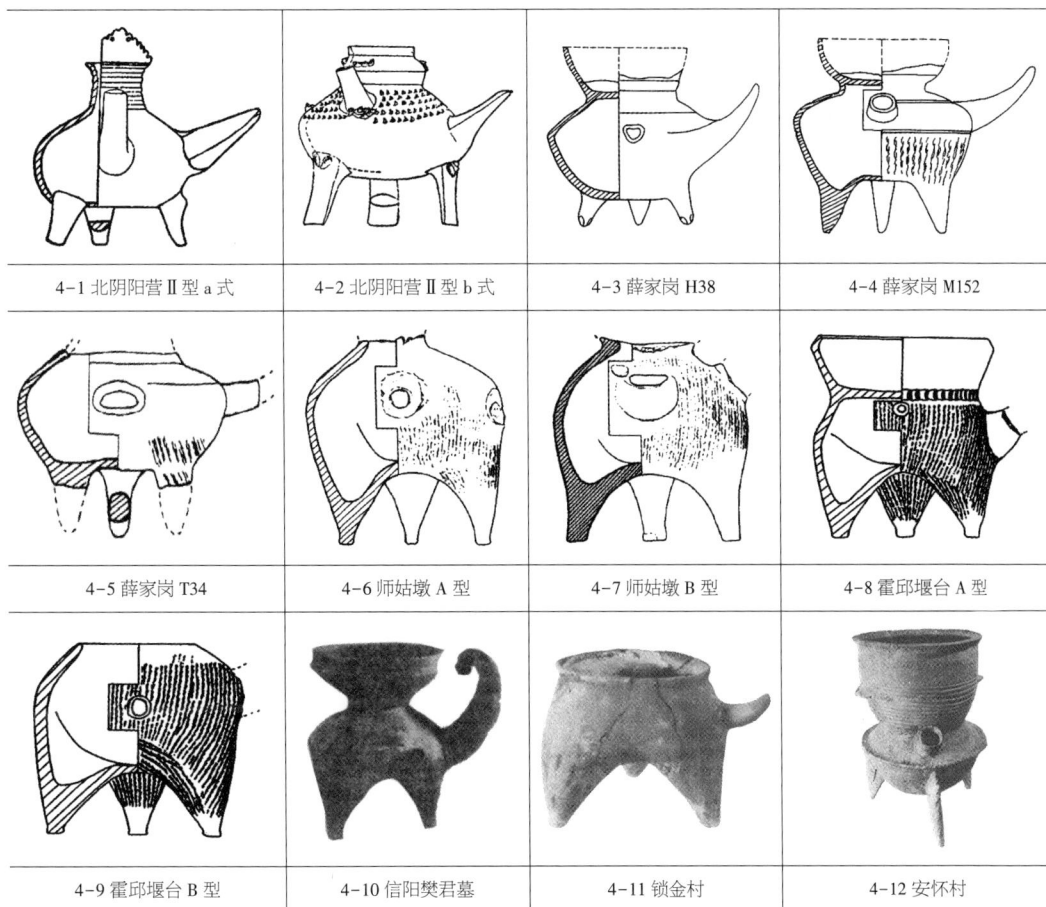

4-1 北阴阳营Ⅱ型a式	4-2 北阴阳营Ⅱ型b式	4-3 薛家岗 H38	4-4 薛家岗 M152
4-5 薛家岗 T34	4-6 师姑墩 A 型	4-7 师姑墩 B 型	4-8 霍邱堰台 A 型
4-9 霍邱堰台 B 型	4-10 信阳樊君墓	4-11 锁金村	4-12 安怀村

图4　陶制曲柄盉相关器物

三　地域因素在曲柄盉中的表现

（一）群舒的迁移与曲柄盉的传播

关于群舒，史籍中记载不多，唯知其为今安徽舒城县附近的众多小国，如舒庸、舒蓼、舒龙、舒鲍、舒龚等，统言之称群舒，约春秋晚期为楚所灭。其与徐、淮夷、南淮夷之间的关系一直是学者争论的焦点。部分学者认为群舒偃姓、徐嬴姓，而偃、嬴二字音近可互转，同时徐、舒二字亦为一字，那么徐、舒只是对同一族群的不同称呼。[1] 但更多学者认为徐与群舒分明为两国，如杨伯峻就提出"徐、舒明是两国"[2] 的观点。而考古发现也证明徐、舒二字之间界限分明，如曹锦炎利用江苏丹徒北山顶春秋墓中出土的铭文证明金文中徐国的徐作郐，群舒之舒则作舍，二者绝不混淆。[3] 由此，我们可以看出，徐、群舒绝非同一族群。

关于群舒族群的源头，学界也有诸多说法。徐中舒认为徐、舒同源，商周之际均居住于朝歌之西的上党地区。[4] 也有观点认为其原先居住于今山东曲阜一带，周初时由于周公东征而被迫南迁。[5] 张爱冰通过对大量考古材料的综合研究，也认为江淮地区与汶泗沂沭之间存在着长期的文化交流，[6] 陈学强通过对折肩鬲的源流分析，认为其源头是山东地区的东夷文化铜鬲，[7] 也是此说的佐证。因此，群舒的起源地在山东地区的观点应当是比较接近事实的。

原本定居于山东地区的群舒，经周初的周公东征后，被迫向南迁徙，在西周晚期以前仍多次遭受周王室征讨。至西周晚期以后，周王室衰微，群舒获得了发展空间，因此春秋早中期时出现了包括折肩鬲、曲柄盉等在内的众多极具特色的青铜器。但由于群舒处在吴楚二国之间，并没有获得发展壮大的机会，所以它们只能以小国林立的状态生存。史籍中对群舒的记载也多是为大国所征伐，如从僖公三年（前 657）"徐人取舒"[8]，至襄公二十五年（前 548）"八月，楚灭舒鸠……楚子

1　徐中舒：《蒲姑、徐奄、淮夷、群舒考》，《四川大学学报》（哲学社会科学版）1998 年第 3 期。

2　杨伯峻：《春秋左传注》（修订本），中华书局，2009，第 311 页。

3　曹锦炎：《北山铜器新考》，《东南文化》1988 年第 6 期。

4　徐中舒：《蒲姑、徐奄、淮夷、群舒考》。

5　胡嘏：《群舒史迹钩沉》，《安徽史学》1986 年第 6 期。

6　张爱冰：《群舒文化研究》，上海古籍出版社，2018，第 236—277 页。

7　陈学强：《青铜折肩鬲渊源初探》，载《苏州文博论丛》第 2 辑，文物出版社，2011，第 22—29 页。

8　杨伯峻：《春秋左传注》（修订本），第 311 页。

以灭舒鸠赏子木"[1]，但到定公二年（前508）又有"桐叛楚。吴子使舒鸠氏诱楚人"[2]。则此时或许群舒虽国已被灭，但其族人尚存。正是由于从最初开始，群舒就是以力量相对比较弱小的面貌来到江淮地区，所以它们没有对本地文化造成倾轧之势，更没有消灭原生文化，反而极大地吸收了本地文化因素，产生了青铜曲柄盉等器型。并且由于江淮地区国家间族群复杂，交流频繁，其曲柄盉反倒经由群舒向外扩散至河南的黄国，和今湖北、湖南地区。除曲柄盉外，折肩鬲也是一种发源于山东，随着群舒迁移到达江淮地区，随后又被传播至汉水流域的器型。[3] 侧面反映了群舒与山东地区的渊源，以及汉淮流域各国的交流。而到群舒为楚所灭后，强势的楚文化很快就占据了江淮地区，原本的文化面貌就难以再寻了。如 1980 年发掘的安徽舒城九里墩春秋墓，[4] 李国梁就认为："该墓时代已进入春秋末年甚至更晚，它和上述十批的铜器差异很大，很难说是群舒之器。"[5]

（二）对曲柄盉功能的再认识

对于盉的功能，前人多有论述，大抵不出酒器、水器、酒器并水器三种说法。近有学者总结多家论述后认为"商周时期的青铜盉自始至终都是水器"[6]。然而笔者认为，对于用于周文化区域内的常规形态的盉来说，该论断或许无误。但曲柄盉是一类极为特殊的盉，需要单独讨论其功能。

从器物组合来看，曲柄盉多与鼎、簋（簠）、鬲、壶同出，也有与匜、盘同出的。但与盘同出的黄君孟夫妇墓 G2 和樊君墓 M1 中，盘中置有一匜，而盉与罍、壶等酒器紧挨在一起。这样的情况让我们不免怀疑曲柄盉是水器的准确性。想要探明曲柄盉的真正用途，必须从其设计上入手。

马今洪将此类器物定名为流甀，认为其具备蒸馏功能，并与上海博物馆藏汉代蒸馏器进行对比。[7] 郑小炉认为是储酒

1　杨伯峻：《春秋左传注》（修订本），第 1217—1222 页。

2　杨伯峻：《春秋左传注》（修订本），第 1703—1704 页。

3　陈学强：《青铜折肩鬲渊源初探》。

4　安徽省文物工作队：《安徽舒城九里墩春秋墓》，《考古学报》1982 年第 2 期。

5　李国梁：《群舒故地出土的青铜器》，载《文物研究》第 6 辑，第 162—190 页。

6　彭裕商、韩文博、田国励：《商周青铜盉研究》，《考古学报》2018 年第 10 期。

7　马今洪：《流甀的研究》。

器，可配合竹算分离酒糟与酒水。[1] 笔者认为，两种说法都有一定启发性，但也都存在可商之处。首先，曲柄盉没有冷凝设施，所以无法真正起到蒸馏萃取的作用，赵倩卉也指出："流甗功用仍为蒸煮器，上釜设流的分体甗则成为蒸馏器……汉代出现甗型套合器即最初的蒸馏器。"[2] 此外，如果是用于储酒与过滤，则黄孟姬墓和安徽六安毛坦厂出土的鬲型盉则显然不具备这种过滤功能，而毛坦厂盉裆部有烟炱痕，应为实用器。李国梁指出："此类盉腹部设流，盛水仅能灌至器腹的中部，只及整器容量的三分之一。鋬分段是为了煮烧时拿去能减少传热的作用。推测其功用，应是蒸煮取食或倾倒出鬲内的液体，与一般常见的盛液体或盛水调和酒的盉功能是不一样的。"[3] 较为准确地把握了曲柄盉设计与功能之间的关系，也向我们提供了探究其源流的一些信息。

首先，从地域上看，曲柄盉集中出土于安徽省境内长江两岸，北不过淮河南岸，西、南可至湖南省衡南县，东可至浙江绍兴。西周至春秋时期，这些地区都不在周人的绝对势力范围之内，因此该地区的盉功能与周文化内的盉功能有区别是十分正常的。

其次，从形态上看，曲柄盉的显著特征是有较长的柄。除黄君孟夫妇墓内的两件外，[4] 保存完好的柄长度一般至少与腹径相当。此外，半数以上的曲柄盉柄分为两段，从安徽舒城县河口镇发现的曲柄盉来看，中间原先应该都有木质构件用以连接。这种连接方式，显然是考虑到了使用时的情况：在长时间加热后，青铜材质的盉体温度较高，导热效果较好，不便直接手持使用。所以早期时，如铜陵县钟鸣乡出土曲柄盉，将柄部加到极长，但可能由于隔热效果仍然不很好，又产生了像舒城县河口镇出土型式的曲柄盉，以木构件连接两段柄，以起到隔热作用。所以笔者推测，在使用这种盉时应当是加热完成后立刻倾倒内容物，只有这样，才需要不断改进柄部，使其隔热效果达到最佳。同时，曲柄盉上或有盖，流的口径一般也较小，应当也是为了提高加热效率。有了这些认识，我们就可以推断出，曲柄盉是要在火上经过长时间的加热以后才使用的。如果其为水器用于盥洗，则水温会过高，所以其必然另有用途。此外，黄君孟夫妇墓内，两棺各出有一盘一匜的组合，而黄孟姬棺内额外出有盉两件，且樊君夫妇墓亦有这种现象。这种数量上的不对等也显示曲柄盉并不是和盘成套组成盥洗器的。

1　郑小炉：《试论青铜甗（鬲）形盉》。

2　赵倩卉：《对古代蒸馏器的再认识》，硕士学位论文，郑州大学，2018。

3　李国梁：《群舒故地出土的青铜器》，载《文物研究》第 6 辑，第 162—190 页。

4　黄君孟夫妇墓内出土青铜器铭文中，多有"则永祜宝，令终令后"字样，应均为专门制作的明器，所以其不具备实用性，因而较其他地区出土曲柄盉而言，柄极短。另外，其鬲型盉的流在腹部偏下的位置，且几乎水平，显然不具备储水功能，与其他曲柄盉有极大不同；而甗型盉内有一无孔木算，更加说明并非实用器。

从设计上看，曲柄盉大致有以下几个与一般盉不同的特点：①有极长的柄；②多为甗形，且甑部体积较小，部分为鬲形；③有短流，多与柄呈约60°夹角，且流上抬角度不大。其中第①个特点前文已述，目的是防止长时间加热后烫手。而第②、③个特点，是帮助我们解决其功能问题的关键。在这里，陈梦家等人对盉是煮香草之器的判断给了笔者极大启发，陈先生认为："盉为煮香草之器，而香草煮成之郁既作为和酒的香料，同时亦作为沐浴盥洗的香料。"[1] 从特点②我们可以看出，甑部较小，与一般的甗有鲜明区别，所以其甑内所蒸之物数量应当不多，可能不是用曲柄盉炮制的主要内容物。再加上有部分鬲型盉的存在，我们更可以看出，所蒸之物也是可以直接浸到腹内的液体当中的。既然已在前文排除了盥洗的用途，那么其中的液体应当是酒，即便是水，也应是将与酒调和在一起的带有香料味的水。所以笔者认为，曲柄盉是烹调香料酒之器，这种烹调不是短时间内烧至温热，而应当是长时间加热，甚至可能达到沸腾状态。

结合曲柄盉的出土地点，我们可以发现其基本围绕安徽南部长江两岸分布，而这些地区水网密布，气候潮湿，到了冬季更是我国最为湿冷的地区之一。《史记》中也有"江南卑湿，丈夫早夭"[2] 的说法。因此，在酒中加入一些驱寒祛湿的香料（如生姜等），一直是该地区的常见做法。而姜在《说文解字》中被释为"御湿之菜也"[3]，可见至少在汉代，已有用生姜祛湿的做法。时至今日，江南地区仍有饮花雕酒的习惯，正是将黄酒或米酒等倒入壶中，再加入生姜等煮热后饮用。而曲柄盉较为短小和水平的流，应当也是为避免在倾倒长时加热后滚烫的酒浆时烫伤所设计。

曲柄盉虽然是一种江淮地区的原生器物，但南下的群舒无疑极大地促进了这种器物的发展，之后又随文化交流向外扩散。因此在讨论功能等内容时，应当要注意器物背后蕴含的地域性特征。对于曲柄盉的研究，无疑对其他地方特色显著器型的研究起到示范作用。

附：图片出处

图1-1：芜湖曲柄盉，安徽大学、安徽省文物研究所编著：《皖南商周青铜器》，文物出版社，2006，第82页。

图1-2：铜陵谢垅曲柄盉，安徽大学、安徽省文物研究所编著：《皖南商周青铜器》，文物出版社，2006，第90页。

图1-3：舒城凤凰嘴曲柄盉，安徽省文化局文物工作队：《安徽舒城出土的铜器》，《考古》1964年第10期。

1　陈梦家：《西周铜器断代》，中华书局，2004，第483页。

2　（汉）司马迁：《史记》卷129《货殖列传》，中华书局，2014，第3965页。

3　（汉）许慎：《说文解字》，中华书局，2013，第10页。

图2-1：繁昌赤沙曲柄盉，安徽大学、安徽省文物研究所编著：《皖南商周青铜器》，文物出版社，2006，第83页。

图2-2：南陵家发曲柄盉，安徽大学、安徽省文物研究所编著：《皖南商周青铜器》，文物出版社，2006，第84页。

图2-3：铜陵钟鸣曲柄盉，安徽大学、安徽省文物研究所编著：《皖南商周青铜器》，文物出版社，2006，第86页。

图2-4：汉川城关曲柄盉，沈银华：《湖北省汉川县发现一批春秋时期青铜器》，《文物》1974年第6期。

图2-5：六安毛坦厂曲柄盉B，笔者摄于安徽博物院。

图2-6：舒城河口曲柄盉，安徽省博物馆、六安县文物管理所：《安徽六安县发现一座春秋时期墓葬》，《考古》1993年第7期。

图2-7：怀宁人形河曲柄盉，怀宁县文物管理所：《安徽怀宁县出土春秋青铜器》，《文物》1983年第11期。

图2-8：衡南保和圩曲柄盉，湖南省博物馆：《湖南衡南、湘潭发现春秋墓葬》，《考古》1978年第5期。

图2-9：铜陵西湖轮窑厂曲柄盉，安徽大学、安徽省文物研究所编著：《皖南商周青铜器》，文物出版社，2006，第89页。

图3-1：铜陵金口岭曲柄盉，安徽大学、安徽省文物研究所编著：《皖南商周青铜器》，文物出版社，2006，第86页。

图3-2：肥西小八里曲柄盉，中国青铜器全集编辑委员会编：《中国青铜器全集》第11卷，文物出版社，1997，第163页。

图3-3：光山曲柄盉A，笔者摄于南京博物院：《融·合：从春秋到秦汉——中国传统文化中的多元与包容》特展。

图3-4：绍兴曲柄盉，笔者摄于首都博物馆：《穿越——浙江历史文化展》特展。

图3-5：光山曲柄盉B，河南信阳地区文管会、光山县文管会：《春秋早期黄君孟夫妇墓发掘报告》，《考古》1984年第4期。

图3-6：六安毛坦厂曲柄盉B，笔者摄于安徽博物院。

图4-1：北阴阳营Ⅱ型a式陶盉，南京博物院：《北阴阳营——新石器时代及商周时期遗址发掘报告》，文物出版社，1993，第45页。

图4-2：北阴阳营Ⅱ型b式陶盉，南京博物院：《北阴阳营——新石器时代及商周时期遗址发掘报告》，文物出版社，1993，第45页。

图4-3：薛家岗H38出土陶盉，安徽省文物考古研究所编著：《潜山薛家岗》，文物出版社，2004，第476页。

图4-4：薛家岗M152出土陶盉，安徽省文物考古研究所编著：《潜山薛家岗》，文物出版社，2004，第493页。

图4-5：薛家岗T34出土陶盉，安徽省文物考古研究所编著：《潜山薛家岗》，文物出版社，2004，第495页。

图4-6：师姑墩A型陶盉，安徽省文物考古研究所：《安徽铜陵县师姑墩遗址

发掘简报》，《考古》2013 年第 6 期。

图 4-7：师姑墩 B 型陶盉，安徽省文物考古研究所：《安徽铜陵县师姑墩遗址发掘简报》，《考古》2013 年第 6 期。

图 4-8：霍邱堰台 A 型陶盉，安徽省文物考古研究所编著：《霍邱堰台——淮河流域周代聚落发掘报告》，科学出版社，2010，第 286 页。

图 4-9：霍邱堰台 B 型陶盉，安徽省文物考古研究所编著：《霍邱堰台——淮河流域周代聚落发掘报告》，科学出版社，2010，第 286 页。

图 4-10：信阳樊君墓陶盉，河南省博物馆、信阳地区文管会、信阳市文化局：《河南信阳市平桥春秋墓发掘简报》，《文物》1981 年第 1 期。

图 4-11：锁金村陶鬲，南京博物院：《南京锁金村遗址第一、二次发掘报告》，《考古学报》1957 年第 3 期。

图 4-12：安怀村陶甗，南京博物院：《南京安怀村古遗址发掘简报》，《考古通讯》1957 年第 5 期。

东周至汉代镈于钮部造型演变探析

■ 黄若然（中国社会科学院古代史研究所）

镈于是我国古代打击乐器，被用于军乐和庙乐，其器型为上大下小的碓头状，常配以圆盘与悬钮（亦作"钮"）。以往学界对镈于的整体造型多有关注，并以钮部的变化作为主要的分期依据，如熊传新将镈于的演变分出春秋的无钮、春秋末至战国中期的环钮和虎钮、战国中晚期的兽钮和虎钮及凤钮、战国末至西汉前期的虎钮、西汉中期至东汉的虎钮和马钮共五期。[1] 钮部造型也被用作镈器的分类标准，如李衍垣按钮饰将镈于分为无钮镈于、桥钮镈于、虎钮镈于、动物镈于四种类型，[2] 朱世学将镈于分为穹顶虎钮式、圆肩侈口龙钮式、扁圆肩桥钮式、扁圆肩虎钮直口式、圆肩甚阔唇边双虎钮式、扁圆肩马钮式共六种。[3] 然而，目前尚无人专门对钮部的造型演变进行考究，导致以钮式所作的镈于分期和分类之推想恐失于片面。镈于钮部隐含着镈于的击法和功

能，呈现出古人的技术发展、审美意识和信仰特征，它的造型样式和发展背景均有待于探赜。同时，学界对镈于器型的探讨大多上迄于春秋、下至西汉，但随着近年来的考古发掘，目前最早的有钮镈于已可溯至东周，而东汉以后也有新发掘的实物，所以下文主要分析东周至汉代镈于钮部的造型类别及其历变中的文化内涵。

一 东周至汉代镈于钮部的造型概况

在传世及出土的镈于中，除去一部分盘残钮失外，尚有百余件的钮部形制可辨。《中国音乐文物大系》收录了春秋至汉代的镈于 105 例，其中有 103 例的钮部尚存，分布于北京、甘肃、河南、湖北、山东、山西、天津、江苏、四川、湖南、

1　熊传新：《我国古代镈于概论》，载中国考古学会编《中国考古学会第二次年会论文集 1980》，文物出版社，1982，第 80—89 页。

2　李衍垣：《镈于述略》，《文物》1984 年第 8 期。

3　朱世学：《土家族地区窖藏青铜器的分类与探讨》，《重庆师范大学学报》（哲学社会科学版）2006 年第 2 期。

表1				出土镈于的时空分布							单位：件	
时期 ＼ 地	鄂	湘	川	渝	黔	粤	赣	皖	陕	豫	苏	浙	鲁
东周	1												
春秋	2					1	1	2	1		6		2
春秋战国之际				1									
战国	24	10	11	1		1	1	1	2		3		
秦汉之际	2												
西汉		3	1		5		1				1	3	3
东汉	2	6								1			1

河北、陕西、上海、江西、福建、广东共 16 个省区。虽然各卷的收录标准不一，或据现藏地或据出土地进行划分，但湘、鄂、川、黔交界处的镈于数量明显更多。结合 20 世纪 60 年代以来出土而未被《中国音乐文物大系》收录的一部分镈于，以及近年来江都王、海昏侯、东瓯贵族等墓的新出土文物，现收集 115 例镈于，详见文后"附表"。

镈于的出土地点广泛，计有鄂、湘、川、渝、黔、粤、赣、皖、陕、豫、苏、浙、鲁共 13 个省区。东周时期镈于现仅有湖北出土，春秋时期的镈于主要发现于黄河和长江下游地区，含江苏 6 件、安徽 2 件、湖北 2 件、山东 2 件、陕西 1 件、广东 1 件、江西 1 件，战国时期镈于多出土于长江中上游的湖南和湖北西部以及四川东部的巴文化分布地区，含湖北 24 件、四川 11 件、湖南 10 件、江西 1 件、广东 1 件、陕西 2 件、江苏 3 件、重庆 1 件、安徽 1 件，西汉时期见于山东 3 件、四川 1 件、湖南 3 件、江苏 1 件、浙江 3 件、江西 1 件、贵州 5 件，东汉时期见于湖北 2 件、山东 1 件、河南 1 件、湖南 6 件。另有重庆 1 件处于春秋战国之际，湖北 2 件处于秦汉之际，重庆 1 件、湖南 3 件、山东 1 件、河北 1 件、甘肃 1 件处于两汉之间，而广西柳州博物馆所藏的虎钮镈于之出土时地不详。据此制表 1 可见，镈于在鄂、湘、川、黔交界处出土最多，分布地点自沿长江一带向西南、东南和西北推移。

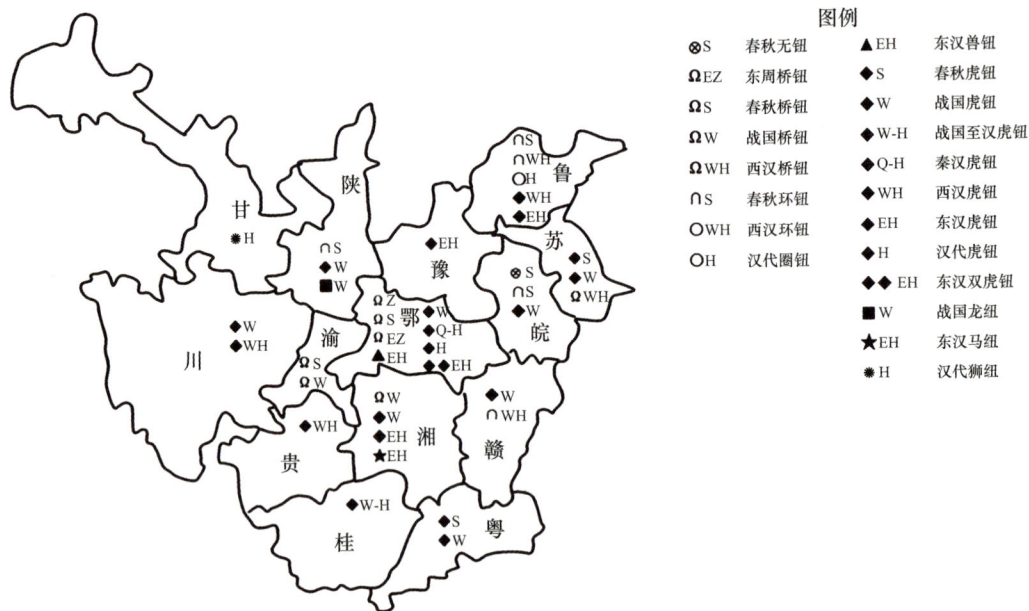

图例

⊗S 春秋无钮	▲EH 东汉兽钮	
ΩEZ 东周桥钮	◆S 春秋虎钮	
ΩS 春秋桥钮	◆W 战国虎钮	
ΩW 战国桥钮	◆W-H 战国至汉虎钮	
ΩWH 西汉桥钮	◆Q-H 秦汉虎钮	
∩S 春秋环钮	◆WH 西汉虎钮	
OWH 西汉环钮	◆EH 东汉虎钮	
OH 汉代圈钮	◆H 汉代虎钮	
	◆◆EH 东汉双虎钮	
	■W 战国龙钮	
	★EH 东汉马钮	
	✳H 汉代狮钮	

图 1　东周至汉代錞于钮部的分布地图

尽管先秦已有大量的錞于，但宋以后才始见图录。北宋王黼《宣和博古图录》卷二六收录 19 件周代錞于，以钮部造型或腰部纹饰区分出虎龙錞、山纹錞、圜花錞、絷马錞、龟鱼錞、鱼錞、双鱼錞、凤錞各 1 件，虎錞 7 件，蟠錞 4 件。其中，山纹錞、圜花錞皆为桥钮，虎龙錞、絷马錞、虎錞、蟠錞取钮式作名，龟鱼錞、鱼錞、双鱼錞皆以螭虎为钮。北宋元祐七年（1092）成书的《考古图》卷七载桥钮錞于 2 件。清乾隆年间《西清古鉴》卷三七载周虎錞 1 件、周素錞 2 件，素錞一为环钮，另一钮部缺失。依据上述图鉴，可分出虎龙、桥钮、絷马、凤、虎、蟠及其他异兽共 7 种錞于钮型，但凤、蟠钮等形制暂未发现实物。传世及出土錞于的钮部呈

桥、环、圈、虎、龙、马、狮等造型，东周及春秋早、中期的錞于大体上采用桥钮或环钮，这些钮部造型至汉代也有少数沿用。春秋晚期出现较多虎钮錞于，战国晚期发现龙钮，东汉出现了双虎钮、狮钮、马钮、圈钮等更多兽形钮式。排除出土地不明的錞于，可制出东周至汉代錞于钮部的分布地图（图 1）。下文将根据传世和出土錞于的钮式演变时期，依次分析各造型的特色与成因。

二　早期钮部的特征与功能

安徽宿县芦古城子遗址曾出土一件春秋时期无钮錞于，但其盘上有两个方孔，

图 2　东周湖北鄂州涂家垴錞于桥钮[1]　图 3　春秋陕西梁带村遗址M27錞于环钮[2]　图 4　汉代山东临沂后明坡錞于圈钮[3]

可系绳悬挂。在熊传新的"五期錞于"和李衍垣的"四型錞于"分类中，无钮錞于都属于第一类型，它对应着春秋时期，被视为錞于的未成熟阶段形态。錞于发展至有钮初期，出现桥状、环状和圈状的造型。但学界对这三种钮部造型未曾辨析，导致其名称多有混淆，如《中国音乐文物大系》将重庆市博物馆藏的桥钮錞于（15075）称为"环钮錞于"[4]，把成都市博物馆藏的圈钮錞于命名为"成都环钮小錞于"，又介绍为"盘面铸桥形环钮"[5]，把上海博物馆藏蟠龙纹桥钮錞于的钮部称作"方形环钮"[6]。本文将这三种钮型分别命名为"桥钮""环钮""圈钮"，它们主要盛行于东周至春秋时期，其中以桥钮最早出现且数量最多。从外形来看，桥钮呈外拱弧形，两端以钮座与錞器焊合，可参考东周湖北鄂州涂家垴錞于桥钮（图 2）；环钮的两端与錞器的接合角度近乎垂直，不含钮座，如春秋早期陕西梁带村遗址 M27 錞于环钮（图 3）；圈钮的两端内缩，内径为一个圆形，如汉代山东临沂后明坡錞于圈钮（图 4）。

钮部的功能显然是悬挂錞于，但悬挂的目的何在？以往的研究表明，古代錞于的击打部位包括隧部、[7] 肩部[8] 和口沿上

1　饶浩洲主编：《鄂州馆藏文物精品图录》，湖北美术出版社，2016，第 71 页。

2　虽然陕西梁带村芮国遗址博物馆官网称该錞于来自西周晚期，但陕西省考古研究院经分析后认为它属于春秋早期，见陕西省考古研究院、渭南市文物保护考古研究所、韩城市文物旅游局《陕西韩城梁带村遗址 M27 发掘简报》，《考古与文物》2007 年第 6 期。该图片来自陕西梁带村芮国遗址博物馆官网：http：//www. ldcyzmuseum. com/web-site/collection/qtq. html？artAcle_Ad＝12。

3　《中国音乐文物大系》总编辑部：《中国音乐文物大系·山东卷》，大象出版社，2001，第 132 页。

4　《中国音乐文物大系》总编辑部：《中国音乐文物大系·四川卷》，大象出版社，1996，第 65 页。

5　《中国音乐文物大系》总编辑部：《中国音乐文物大系·上海卷、江苏卷》，大象出版社，1996，第 72 页。

6　《中国音乐文物大系·上海卷、江苏卷》，第 117 页。

7　唐兰：《古乐器小记》，《燕京学报》1933 年第 14 期。

8　李衍垣：《錞于述略》。

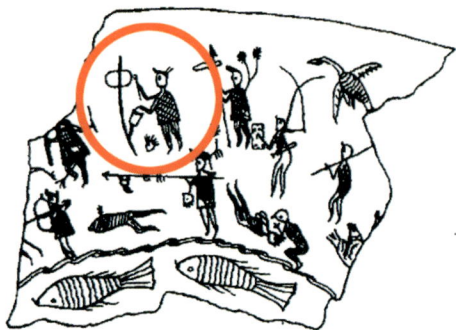

图5　陕西潞城潞河战国墓出土铜匜线图（钲口向上）[1]

高度达 64.8 厘米，上海博物馆藏战国中晚期兽纹桥钮錞于高度为 38.1 厘米，四川成都市无线电机械厂建筑工地出土一錞于仅高 7.0 厘米，通高 35—50 厘米的居多，不便于乐人在直立时演奏。我国自商代起已对编铙等乐器采用"植奏""仰击"法，可参考陕西潞城潞河战国墓出土的铜匜（M7：156）中将钲口向上插于建鼓的立柱之上的腹部图像（图5），据此可知悬挂錞于首先是为增加乐器高度。但若为抬高器身，仅需在錞于的底部放置支架即可，钮部的通用应当与錞于的自身功能相关。自周时起，錞于是用来震慑敌方的军乐器。《国语·吴语》载："昧明，王乃秉袍，亲就鸣钟鼓、丁宁、錞于，振铎，勇怯尽应，三军皆哗釦以振旅，其声

部，[2] 所以悬挂錞于的初衷不太可能是辅击特定部位以追求音质。錞于作为非定音乐器，并无编钟所具有的固定音高，从音乐性来说也无须悬挂在特定的方位。从錞于的体型来看，各器的高度相差较大，如北京故宫博物院藏春秋时期直纹桥钮錞于

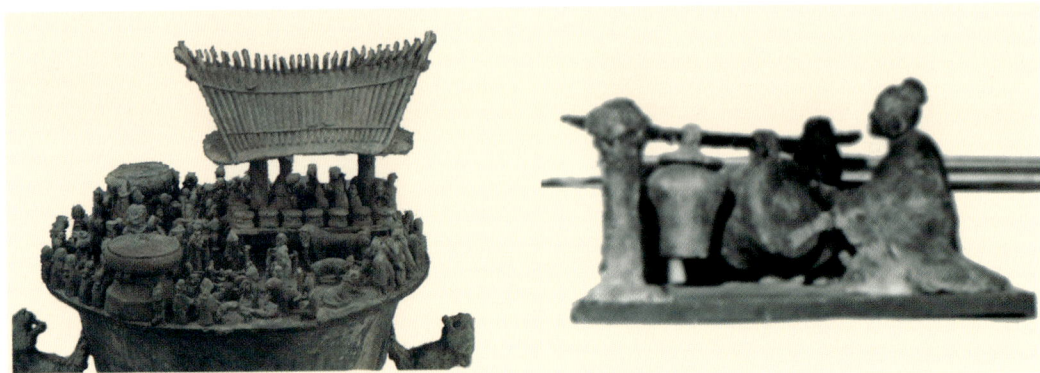

图6　云南晋宁石寨山遗址出土的西汉铜贮贝器[3]

1　陶正刚、李奉山：《山西省潞城县潞河战国墓》，《文物》1986 年第 6 期。

2　林奇、邓辉：《錞于刍议》，《江汉考古》1987 年第 4 期。

3　张文君主编：《国家宝藏：国宝省亲 国宝汇聚 河南博物院八十周年特展》，河南博物院，2007，第 92 页。

动天地。"[1]《国语·晋语》云："战以镎于、丁宁，儆其民也。"[2]《周礼·鼓人》云"以金镎和鼓"，意在"以节声乐，以和军旅，以正田役"[3]。《淮南子·兵略训》又云："两军相当，鼓镎相望，未至兵交接刃而敌人奔亡。"[4] 春秋以后，镎于还有祭享的功能。上海博物馆藏有一件春秋晚期的蟠龙纹桥钮镎于（10182），腰间铭文云："吉日庚午……用享以孝，子子孙孙用宝鼓之。"[5] 在云南晋宁石寨山遗址出土的西汉铜贮贝器（M12：26）上，铸有镎于和铜鼓奏响杀祭诅盟的场面，两器被悬于一木杆下方，旁有一人手执鼓槌敲击（图6）。铜鼓亦被用于作战，较镎于更加宽大。凭借两种乐器的体型可以推测，虽然悬杆被固定于左右两柱上，但若由二人合扛木杆，这些乐器将更加便于移动，同时也利于在战场上随军迁移。值得一提的是，镎于和铜鼓在魏晋以后都发展出悬击之法，《南齐书》载段祖向萧鉴敬献镎于："上有铜马，以绳县马，令去地尺余，灌之以水，又以器盛水于下，

以芒茎当心跪注镎于，以手振芒，则其声如雷，清响良久乃绝。"[6]《诸葛亮集》载敲击铜鼓："县而击之，下映以水。"[7] 这种悬奏法讲求音质，需注水入器并将乐器悬于水上，应出现在钮部被广泛使用以后，它属于后世钮部的功能之一。

春秋以后，桥钮、环钮和圈钮渐变出多种形态。桥钮座常有复杂的纹饰，如战国时期湖南靖州镎于的蟠螭纹桥钮座（图7）；环钮刻有流畅的条纹，如春秋中期山东刘家店子镎于环钮所饰的绳索纹（图8）；圈钮的装饰更为简单，目前所见仅有宽窄的区别，如战国时期四川成都镎于采用宽形圈钮（图9）。战国以后，这三种钮型虽被沿用，但动物造型在数量上后来居上。事实上，早在西周时期，我国已有大量的打击乐器饰以兽纹，如江宁许村兽面纹大铙、南京博物馆的夔龙纹编钟等，而桥钮镎于的器身上也有一部分绘饰着兽纹，器身兽纹以及桥钮、环钮和圈钮的纹饰为这一时期发展出兽型钮部奠定了基础。

1　（春秋）左丘明撰，徐元诰集解，王树民、沈长云点校：《国语集解》，中华书局，2002，第550页。

2　《国语集解》，第379页。

3　（清）阮元校刻：《十三经注疏》，中华书局，2009，第1552页。

4　（汉）刘安编，何宁撰：《淮南子集释》，中华书局，1998，第1056页。

5　《中国音乐文物大系·上海卷、江苏卷》，第117页。

6　（梁）萧子显撰：《南齐书》卷三五《始兴简王鉴传》，中华书局，1972，第629页。

7　（三国）诸葛亮：《诸葛亮集》，中华书局，1960，第205页。

图 7　战国湖南靖州镈于蟠
螭纹桥钮座 1

图 8　春秋山东刘家店子镈于环钮
绳索纹 2

图 9　战国四川成都镈于宽形
圈钮 3

三　春秋至汉代的虎钮镈于

春秋战国时期出土的镈于基本是作为随葬青铜礼乐器，墓主身份包括国君、国君夫人和贵族，同墓的乐器包括编钟、编镈、编磬，镈于在当时的礼器地位可见一斑，它与西南地区的铜鼓皆发展出兽形钮饰。相比之下，钲等打击乐器仅有兽面纹，而少见动物钮式，钮钟、镈钟也仅见一部分刻有龙钮或凤钮。镈于以虎钮造型为主，出土实物最早见于春秋时期，包括江苏镇江丹徒县谏壁镇王家山东周墓的镈于 3 件、大港北山顶吴国贵族墓葬的镈于 3 件和广东连平县彭山东北坡镈于 1 件，前两者的镈于及钮部造型不一，王家山东周墓的镈于有钮无盘（图 10），北山顶吴

国贵族墓葬的镈于有钮有盘（图 11）。至于彭山东北坡镈于的虎钮已脱落无踪。至汉代，虎钮镈于分布在各地，成为镈于中最常见的形制，尤其盛行于长江中下游的湖北、湖南和四川一带。

以往学者多称虎钮镈于的形制大同小异，[4] 但从图 10 和图 11 可看出，早在春秋时期，虎钮镈于已发展出直立型和弯立型，虎钮的造型也体现出不同的类型。朱世学指出虎钮造型的地方特征：鄂西南地区的虎钮造型粗犷、威严、抽象，湘西北地区的虎钮造型相对朴实、自然、写实，渝东地区出土的虎钮造型有异，一种比较简单，方头，睛目鼻口仅见轮廓，虎腹细长而微下沉；另一种生动逼真，虎头硕大，耳目清晰，张口露齿，富有动感。[5] 姚施华将虎钮镈于划分出六型，分类依据

1　《中国音乐文物大系》总编辑部：《中国音乐文物大系 II·湖南卷》，大象出版社，2006，第 162 页。

2　《中国音乐文物大系·山东卷》，第 130 页。

3　《中国音乐文物大系·四川卷》，第 72 页。

4　王子初：《中国音乐考古学》，福建教育出版社，2003，第 350 页。

5　朱世学：《从虎钮镈于和铜鼓看西南民族地区青铜文化的交流》，《长江师范学院学报》2016 年第 3 期。

主要是虎耳、虎身倾斜度和虎的数量，[1] 但此六型之间还有更多的特点可供分类。从"虎"字的甲骨文"𧆞""𧆞""𧆞""𧆞""𧆞"、金文"𧆞""𧆞""𧆞""𧆞""𧆞"和小篆"𧆞"的字形来看，[2] 古人注重虎的头角、利齿、巨口、长尾和身姿，按此可寻出錞于虎钮有体型大小、壮瘦程度、虎耳的贴附与耸立、虎口的方圆造型、虎尾的长短和方向、虎腿的姿势、虎身的纹样、虎的数量共八大特征，并分出 19 型：Aa 大型（钮高 10 厘米以上）、Ab 中型（钮高 6—10 厘米）、Ac 小型（钮高 6 厘米以下）；Ba 瘦削型、Bb 肥壮型；Ca 立耳型、Cb 贴耳型；Da 圆口型、Db 方口型；Ea 直尾型、Eb 折尾型、Ec 卷尾型；Fa 直立型（双腿与盘面垂直）、Fb 踞伏型（前腿内折）、Fc 欲扑型（前腿直斜或外折）；Ga 素面型、Gb 有纹型；Ha 单虎钮型、Hb 多虎钮型。排除一部分未测钮高的春秋战国虎钮和少量缺头断尾的战国至汉虎钮，各型的发掘时期和图例见表 2。

图 10　江苏丹徒王家山錞于（3 号）[3]

图 11　江苏丹徒北山顶錞于（3 件）[4]

1　姚施华：《古代巴族虎钮錞于的图像研究》，硕士学位论文，湖北民族学院，2017。

2　任学礼：《汉字生命符号》［贰集］上编卷四《汉字之起源、创造及研究方法》，广西师范大学出版社，2016，第 423 页。

3　杜迺松：《青铜器鉴赏与收藏》，印刷工业出版社，2013，第 210 页。

4　《中国音乐文物大系·上海卷、江苏卷》，第 221 页。

表2				虎钮錞于的 19 型			单位：件
型＼时期	春秋	战国	秦汉	西汉	东汉	汉代其他	图例
Aa 大型		8		1		1	战国湖北枝城熊渡錞于 1
Ab 中型		34	1	6	8	7	战国湖北墨池寺錞于 2
Ac 小型	6	4					战国四川彭水征集錞于 3
Ba 瘦削型	6	47	1	6	8	8	战国湖北长阳千渔坪錞于 4
Bb 肥壮型		2		1		1	西汉山东潍坊錞于 5

1　《中国音乐文物大系》总编辑部：《中国音乐文物大系·湖北卷》，大象出版社，1999，第96页。

2　《中国音乐文物大系·湖北卷》，第88页。

3　《中国音乐文物大系·四川卷》，第71页。

4　《中国音乐文物大系·湖北卷》，第89页。

5　《中国音乐文物大系·山东卷》，第131页。

续表

型＼时期	春秋	战国	秦汉	西汉	东汉	汉代其他	图例
Ca 立耳型	3	14		2	6	4	战国湖北巴东野三河镈于 1
Cb 贴耳型	4	35	1	4	2	5	秦汉湖北利川花梨岭镈于 2
Da 圆口型	4	15		3	3	4	战国湖南桃江杨家湾镈于 3
Db 方口型	3	34	1	4	5	5	战国湖北巴东虎钮镈于 4
Ea 直尾型	3						春秋江苏丹徒王家山镈于
Eb 折尾型		1					战国湖北长阳杨林头镈于 5

1　《中国音乐文物大系·湖北卷》，第 95 页。

2　孙绘：《利川县出土一件虎钮镈于》，《江汉考古》1985 年第 3 期。

3　《中国音乐文物大系 II·湖南卷》，第 156 页。

4　《中国音乐文物大系·湖北卷》，第 95 页。

5　《中国音乐文物大系·湖北卷》，第 97 页。

续表

型＼时期	春秋	战国	秦汉	西汉	东汉	汉代其他	图例
Ec 卷尾型	4	40	1	3	7	8	 战国四川甘宁錞于 1
Fa 直立型	6	2					 战国湖南常德錞于 2
Fb 踞伏型		31		4	1	5	 战国湖北秭归下马台錞于 158 号 3
Fc 欲扑型	1	15	1	3	7	4	 战国湖北千渔坪大錞于 4
Ga 素面型		3		1	1	1	 战国江西省博物馆藏錞于 5

1　《中国音乐文物大系・四川卷》，第 69 页。

2　《中国音乐文物大系 II・湖南卷》，第 161 页。

3　《中国音乐文物大系・湖北卷》，第 91 页。

4　《中国音乐文物大系・湖北卷》，第 89 页。

5　《中国音乐文物大系》总编辑部：《中国音乐文物大系 II・江西卷、续河南卷》，大象出版社，2009，第 66 页。

续表

型＼时期	春秋	战国	秦汉	西汉	东汉	汉代其他	图例
Gb 有纹型	7	50	1	6	6	8	 西汉湖南省博物馆藏镎于 1
Ha 单虎钮型	7	53	1	7	5	9	 战国湖北天灯堡镎于 2
Hb 多虎钮型					2		 东汉湖北建始二台子镎于 3

就共时性特点而言，各代中型、瘦削型、方口型、卷尾型虎钮的数量较多，属于虎钮造型的典型样态。从历时性特点来看，虎钮的演变节点有三：战国以后的直立型缺失、东汉时期的多虎型出现、春秋至汉虎钮体型的增大与回缩。关于直立型，目前有春秋时期 6 例和战国时期 2 例，前者为江苏丹徒王家山镎于（3 件）和江苏丹徒北山顶镎于（3 件），后者见湖南常德镎于和中国国家博物馆藏镎于；关于多虎型，现仅有湖南省博物馆藏双虎钮镎于和湖北建始二台子出土双虎钮镎

于，钮部的双虎间有一铜梁相连，铜梁上有活动的圆形悬环；关于虎钮体型的演变，春秋时期的镎于虎钮基本在 4 厘米以下，其中的江苏丹徒北山顶出土的春秋晚期镎于 M：22 的虎钮最低，仅 2.7 厘米。至战国时期，虎钮高度明显增高，湖南、四川地区的镎于虎钮以 4 厘米以上为主，湖北地区以 6.5 厘米、9.0 厘米的区间居多，故宫博物院所藏战国晚期镎于虎钮甚至高达 15.2 厘米，但各地亦有从 4 厘米至 12 厘米的高度不等的虎钮。到了汉代，四川、湖南、山东、上海、湖北等地的虎

1　《中国音乐文物大系 II·湖南卷》，第 168 页。

2　《中国音乐文物大系·湖北卷》，第 90 页。

3　《中国音乐文物大系·湖北卷》，第 93 页。

钮维持在 6.7—8.5 厘米的高度，仅少数达到了 12.8 厘米。因此，A、F、H 各型又可在分期研究中改称为"式"。

在 19 型虎钮类型中，"Gb 有纹型"值得详探。即便同一时期或同一地点的錞于虎钮，在不同部位也被刻有多样化的纹饰，常见的有曲折纹、涡纹、回纹、云纹、雷纹、云雷纹、菱形纹、条斑纹、鳞纹、项圈纹、叶翅纹、回字形重环纹、方格纹、太阳纹、条间点状纹、三角纹、S 纹、水波纹、线形纹、叶纹、蛇纹、双勾连纹、六边形连纹、阳铸条状斑纹、船纹以及文字徽记。其中，鳞纹多饰于腿，偶见于虎身和头部。涡纹多饰于臀、胛部位。云雷纹以腹部居多，其次是躯体和背部。项圈纹只见于颈部。徽记刻于虎钮的躯体上，且字符不一。表 3 对虎钮花纹的时代分期和地方分布做出统计：

从纹饰可看出錞于虎钮具有时空上的五大特征：第一，时间上的传布性。战国时期已有江苏、湖北等地的錞于盘内刻有船纹，但钮部尚未发现此纹。到东汉时期，不仅盘面，虎钮上也添加了船纹，可参考建始二台子双虎钮錞于的左虎前腿部。第二，时间上的变异性。春秋战国时期錞于的虎钮上只见阴刻线纹，但至少从西汉时期发展出阳铸斑纹，如湖南石门虎钮錞于。到东汉又有了浮雕云纹，如湖南凤凰化眉錞于。第三，地方上的高峰性。例如，徽记基本只见于战国时期的湖北錞于，包括恩施白沙村錞于虎头的"X"形徽记和长阳贺家坪錞于虎钮右侧的"未"字铸纹。第四，地方上的多样性。同一时期同一地点的虎钮具有不同的纹样，如春秋晚期的江苏丹徒北山顶錞于的虎钮身饰曲折纹，腿上卷毛成旋涡状，而同为春秋晚期的江苏丹徒王家山錞于的虎钮则装饰雷纹。第五，地方上的多线性传播。例如，涡纹早见于西周青铜器，至春秋时期江西修水曾家山的桥钮錞于腹部也有圆形涡纹。目前刻于虎钮上的涡纹首见于江苏丹徒北山顶錞于，到战国时期多见于湖北，至汉代传至河南和湖南地区。

虎与原始狩猎民族的生产生活关系密切，广见于我国的东北、华南和西南地区。学界多将虎钮归因于巴人的白虎信仰，其论据基本不离《后汉书·南蛮西南夷列传》所载的"君死，魂魄世为白虎，巴氏以虎饮人血，遂以祠焉"[1]。但从附表可见，江苏等地出土的虎钮錞于远早于巴蜀，何况殷末以来江汉上游地区也发现了大量的虎纹兵器，崇虎的造物不只见于巴族，所以虎钮錞于的最早来历难断，虎钮与虎崇拜之间的关联也难出确言。从造型上来看，江苏、四川和湖北的錞于虎钮在早期各具特色。江苏錞于的虎钮呈小型直尾状，錞于器体上多刻浮雕人面纹、变体云纹和鸟纹；四川錞于的虎钮主要呈圆润的躯体或瘦削的方头，器身纹饰以鱼纹、船纹、人首纹为主，另有花蒂

1　可参看熊传新《记湘西新发现的虎钮錞于》，《江汉考古》1983 年第 2 期；徐中舒《四川涪陵小田溪出土的虎钮錞于》，《文物》1974 年第 5 期；刘恩元《贵州松桃出土錞于与巴文化的关系》，《贵州民族研究》1982 年第 2 期。

纹、夔龙纹等；湖北镎于的虎钮种类最多，与四川镎于的虎钮造型大体相似，尤其在邻近巴蜀的地区，盘内常见鱼纹、船纹和人首纹，如战国时期的利川忠路镇虎钮镎于（图12），但同一时期的湖北天灯堡镎于亦别具匠心。所以，虽然战国时期的秦、楚相继占领巴地，使部分巴人迁往今湘西、鄂西一带，但在战国以前，虎钮镎于至少已在多地出现，后经吴越、荆楚及巴蜀等地相互影响，进而向北传播，这说明了古代多地区之间的交往关系。

表3　虎钮花纹的时代分期和地方分布　（单位：件）

虎钮花纹	曲折纹	涡纹	回纹	雷纹	菱形纹	条斑纹	鳞纹	项圈纹	叶翅纹	回字形重环纹
时代数量	春秋1	春秋1、战国10、秦汉1、汉代2	战国1	春秋1	战国2	战国1	战国6、汉代1	战国13、秦汉1、汉代2	战国1	战国2
地区数量	江苏1	江苏1、湖北9、江苏1、湖北1、河南1、湖南1	湖北1	江苏1	湖北1、江苏1	湖北1	湖北5、陕西1、湖南1	湖北9、湖南1、四川3、湖北1、四川1、湖南1	湖北1	湖北2

虎钮花纹	云纹	方格纹	云雷纹	徽记	太阳纹	条间点状纹	三角纹	S纹	水波纹	线形纹	叶纹	蛇纹	双勾连纹	六边形连纹	阳铸条状斑纹	船纹
时代数量	战国6、汉代3	战国1	战国4	战国3	战国1	战国1	战国1	战国2	战国1	战国3	汉代1	战国2	战国1	战国1	汉代1	汉代1
地区数量	湖北2、湖南2、四川2、北京1、湖南2	湖北1	四川1、湖北3	湖南1、湖南1、四川1	江苏1	湖北1	江苏1	四川2	湖北1	湖南1、四川2	四川1	四川1、四川1	四川1	湖南1	四川1	湖北1

事实上，中原地区在仰韶文化时期就已有虎崇拜遗迹，例如，河南濮阳西水坡出土的蚌塑神虎形象，[1] 至春秋战国时期也常在兵器和乐器上雕刻虎纹，例如，河南安阳殷墟妇好墓出土的两件铜钺[2] 等。錞于本是中原文化的产物，但虎钮錞于缘何大多出土于吴越、荆楚及巴蜀一带？郭静云曾发现，郑州二里岗一号灰坑的虎形陶塑缺乏老虎的一般特征，制造者似乎在模仿其所见过的造型，但本身对老虎这种动物并不熟悉。郑州的虎形构图与江汉上游三星堆文化相似，而江汉地区曾影响成都平原和郑洛地区。[3] 目前发现的河南出土錞于基本上采用桥钮，在汉代最早饰以虎钮的錞于，包括郑州市博物馆藏錞于（图13）和邓县禹山庙錞于（图14），两器的虎钮造型皆似于巴蜀地区的虎钮造型。邓县禹山庙錞于的盘内还饰有鱼纹和船纹（图15），显然受到巴蜀文化的影响，但五铢钱和耕犁状的图案又有自身的

图12　战国湖北利川忠路镇虎钮錞于盘饰

图13　汉代郑州市博物馆藏錞于

图14　东汉邓县禹山庙錞于

图15　东汉河南邓县禹山庙虎钮錞于盘饰

1　牛天伟、金爱秀：《汉代神灵图像考述》，河南大学出版社，2017，第221页。

2　中国社会科学院考古研究所：《殷墟妇好墓》，文物出版社，1980，第106页。

3　郭静云：《天神与天地之道：巫觋信仰与传统思想渊源》（上），上海古籍出版社，2016，第308—309页。

特色，所以夏麦陵、李云生称为"汉化了的巴人后裔所铸造之器"[1]。

总体上，虎钮錞于既反映出春秋至汉代生产工艺的不断提高，也表现其多线的传播和发展路径。郭静云曾根据礼器推论，虎崇拜的文化发祥地可能有三个，即江汉上游西岭、长江中游江南山脉、东北山脉，[2] 虎钮錞于的产生也离不开这三块重要地区，但虎钮是否出自虎崇拜尚难定论。汉以后，虎形象不再被视为崇高权力的象征，它的神能范围也逐渐窄化，主要被各地军队用作武力的象征，这也符合錞于在军队中的功能。

四　战国时期的龙钮錞于

1978 年，陕西咸阳塔儿坡出土一件龙钮錞于（图 16），通高 69.6 厘米，肩围 111 厘米，腰围 88 厘米，口围 118 厘米，重 19 千克。圆肩束腰，平盘侈口。肩与圈沿相连处有弦带一周，肩饰三角形叶纹，外壁及圈沿内为几何形的勾连云纹，下缘饰云雷纹衬底的蕉叶纹，口沿亦有弦带一周，上级三角形叶纹与肩部叶纹相对，两脊从肩至下沿有带纹。

龙钮位于器顶圈沿正中，尾部稍残，残长 15.6 厘米，体呈"〰"形卷曲，回首顾盼，体有阴刻鳞片，身有阳雕两翼，四爪两两相并而立，腹部有明显的摩擦痕迹。作为目前考古发现中唯一的一件龙钮錞于，学界初断为其年代为战国后期。[3] 无论从龙钮抑或纹饰来看，塔儿坡的这件錞于与长江中下游地区出土的錞于迥然有别。

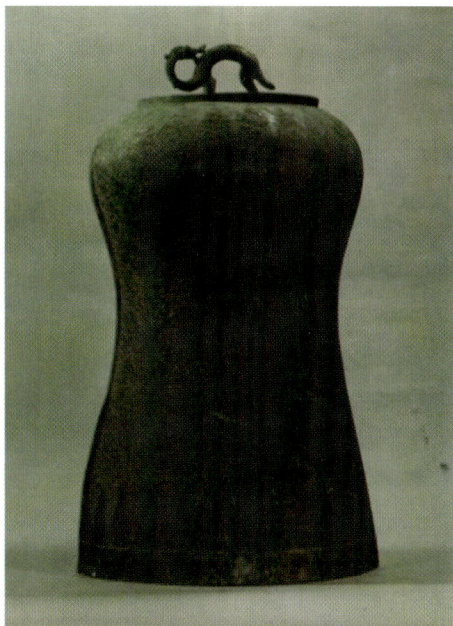

图 16　陕西咸阳塔儿坡龙钮錞于[4]

1　夏麦陵、李云生：《邓县禹山庙錞于及相关问题》，《考古》1989 年第 10 期。

2　《天神与天地之道：巫觋信仰与传统思想渊源》（上），第 307 页。

3　国家文物局主编：《中国文物精华大辞典·青铜卷》，上海辞书出版社、商务印书馆，1995，第 260 页。

4　李西兴主编：《黄帝陵与龙文化》，上海古籍出版社，1994，第 74 页。

图 17　陕西芮国墓方鼎的长鼻龙纹 1

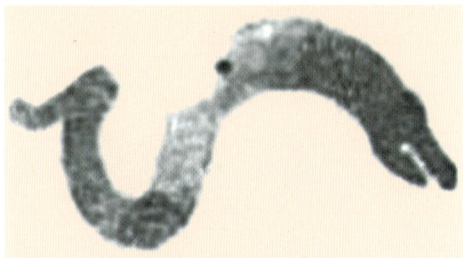

图 18　陕西塔儿坡龙形配饰 2

图 19　陕西塔儿坡龙纹空心砖 3

龙作为青铜器纹饰，最早见于商代二里岗时期。战国时期的龙纹饰以蟠龙、卷龙和交龙为主，该镎于钮部的回首龙又称"顾龙"，应属于卷龙的特色形态之一。卷龙形态可上溯至新石器时期的 C 型玉猪龙，至西周晚期偶见团身龙纹于器盖捉手或车马器上，春秋早期发展出相互缠绕的蟠螭纹。4 这种团身龙纹的头尾身宽接近，发展出较长的象鼻。这类象鼻形龙纹最早出现于殷墟中期，历经西周、春秋、战国而不变其长鼻，5 例如，陕西韩城梁带村有西周晚期至春秋早期的芮国贵族墓，墓中的仲姜壶（M26：140、141）和铜壶（M27：1001）的长鼻龙首以及方鼎（M26：136）的长鼻龙纹（图 17），而塔儿坡镎于的龙钮就呈现出这种象鼻形。

塔儿坡还出土了龙形配饰（图 18）和龙纹空心砖（图 19），两物的龙形同样呈回首貌。上海金山的良渚文化陶片残器上已有回首鸟纹，而战国时期的青铜器和玉器更常见回首龙形态，如安徽寿春龙凤纹出廓谷纹璧（图 20）、曾侯乙墓青铜冰鉴龙錾（图 21）、河北中山国三龙形佩（图 22）等。王政认为，龙蛇类动物的躯干较长，从器物用途和用料的实用角度来

1　上海博物馆、陕西省考古研究院编：《金玉华年：陕西韩城出土周代芮国文物珍品》，上海书画出版社，2012，第 208 页。

2　张德臣编：《渭城文物志》，三秦出版社，2007，第 500 页。

3　本社编：《中国艺海》，上海古籍出版社，1994，第 692 页。

4　张昌平：《曾国青铜器研究》，文物出版社，2009，第 232、233 页。

5　马承源：《中国青铜器研究》，上海古籍出版社，2002，第 363 页。

说不宜展开，所以需将身首卷曲以压缩空间。[1] 同时，在青铜时代，龙被视作自然力量的象征，而这类回首造型就强调着动感生命。[2]《周礼·考工记·画缋》云："水以龙。"[3]《左传·桓公二年》云："火龙黼黻。"[4]《尚书·益稷》云："山龙华虫。"[5] 先秦，卷龙的纹饰被用于宗庙祭祀，《礼记·玉藻》云："龙卷以祭。"[6] 对于龙崇拜的发源，学界以冯时的东方星宿说和闻一多的综合图腾说为主，后者被衍生出蛇、闪电、山川等原型假说，而王从仁认为龙形的起源是多元的，各自独立地产生于各个地区。[7] 塔儿

图 20　安徽寿春龙凤纹出廓谷纹璧[8]　　　图 21　曾侯乙墓青铜冰鉴龙鋬[9]　　　图 22　中山国三龙形佩[10]

1　王政：《略论战国前青铜器玉器造型纹饰中的"回首律"》，《装饰》2012 年第 12 期。

2　王政：《战国前考古学文化谱系与类型的艺术美学研究》，安徽大学出版社，2006，第 352 页。

3　《十三经注疏》，第 1986 页。

4　《十三经注疏》，第 3783 页。

5　《十三经注疏》，第 297 页。

6　《十三经注疏》，第 3191 页。

7　王从仁：《龙崇拜渊源论析》，载陈秋祥等主编《中国文化源》，百家出版社，1991，第 184 页。

8　徐嘉炜：《寿春民间古玉器考》，合肥工业大学出版社，2018，第 13 页。

9　许明丛书总主编，郭南凯、卢志禹本分卷主编：《2010 年上海世博会中华艺术珍品特刊》，上海社会科学院出版社，2011，第 74 页。

10　尤仁德：《古代玉器通论》，紫禁城出版社，2002，第 176 页。

图 23　湖南龙山向家坡錞于 [1]

图 24　湖南马钮船鱼纹錞于 [2]

坡秦人墓地作为邦族墓地，形成于秦孝公迁都咸阳以后，墓主身份是平民，占有的社会财富不多，[3] 可见战国时期秦国民间也有龙信仰。

五　东汉时期的马钮錞于

目前可见的马钮錞于均来自东汉时期的湖南地区。一件出土于湖南龙山县向家坡，錞于顶盘宽沿外侈，盘中部铸略下蹲的战马一匹，马口内有衔，背负鞍鞯，通体素面，錞于高 66 厘米，钮高 12.4 厘米，现藏于湖南湘西土家族苗族自治州博物馆（图 23）。另一件由湖南长沙市第九中学征集而得，盘中部铸一嘴内含衔、背负鞍鞯的奔马作钮，马钮缺尾，盘底马钮左侧铸鱼纹，右侧铸船形图案，前端饰

"🐍" 形纹，后铸 "🐟" 形纹，錞于高 45 厘米，钮高 7.0 厘米，现藏于湖南省博物馆（图 24）。

家马的驯化饲养较晚，随军事文化传遍世界，由中亚经北方草原和新疆地区传入中原。我国境内在旧石器时期已有马的遗骨，但殷墟二期是一个划时代的节点，马的全身骨骼得以完整保存，说明马在商代已与人类产生牢固的关系，陕西甘泉县阎家沟商墓曾出土两匹青铜马。[4] 秦以前的马塑风格为大头、粗脖、壮躯、肥臀，秦以后的造型逐渐逼真，马鬃成绺竖起。汉代马塑的比例更加协调，但不同于多数闭口的秦马，更多是张口状，如甘肃武威出土的汉铜奔马便是嘶鸣的口形，上述的两个錞于之马钮也是如此。西汉中期的马之辔头和鞍鞯尚不精细，可参看西汉早期

1　《中国音乐文物大系 II·湖南卷》，第 170 页。

2　《中国音乐文物大系 II·湖南卷》，第 172 页。

3　谢高文：《咸阳塔儿坡、黄家沟秦人墓地的形成及相关问题探讨》，载咸阳市文物考古研究所编《文物考古论集》，三秦出版社，2000，第 133 页。

4　菊地大树、刘羽阳：《中国古代家马再考》，《南方文物》2019 年第 1 期。

图 25　西汉早期鎏金骑马俑 [1]　　　　图 26　西汉中期骑马俑 [2]

和中期的骑马俑（图25、图26），骑马者的双手无物可抓。至东汉时期，马的挽具才被精细地刻出，上述镈于马钮的鞍鞯、辔头和挽具皆清晰可见。

　　汉代牧师诸院设于西北地区，湖南一带的马匹输入时代不详，但湖南出土的西周青铜器上已饰有马纹，如湖南桃江县灰山港连河冲出土的马纹簋上，马昂首伏卧，马头作立体浮雕，方座两端还各有一浅浮雕立马。熊传薪等学者结合湖南出土的商代晚期至西周前期的部分青铜器，认为这些反映了中原商周青铜文化的特征。[3] 湖南与中原早在原始社会时期就有来往，虽然中原地区尚未发现马钮镈于，但湖南马钮的出现经历了中原文化的影响，并在后世普及至各地，有在舞乐开头部分引队的功能，元马端临《文献通考·乐考》云："后世之制，或为两马之形，或为蛟龙之状，引舞用焉，非周制也。"[4] 此外，我国艺术中的马分为汉马和胡马，前者是蒙古马，后者是中亚马和波斯马。与瘦高的胡马相比，汉马短腿肥臀。[5] 虽然汉代已引进大宛马，但湖南镈于上的马钮显然属于汉马。

1　中国青铜器全集编辑委员会编：《中国青铜器全集》第12卷《秦汉》，文物出版社，1998，第140页。

2　《中国青铜器全集》第12卷《秦汉》，第139页。

3　熊传薪：《湖南商周青铜器的发现与研究》，载湖南省博物馆编《湖南出土殷商西周青铜器》，岳麓书社，2007，第419页。

4　（元）马端临：《文献通考》，中华书局，2011，第4109页。

5　李零：《说马》，载氏著《万变：李零考古艺术史文集》，生活·读书·新知三联书店，2016，第399页。

六　东汉以后的狮钮錞于

狮钮錞于 1995 年出土于甘肃泾川县王母宫东王公大殿遗址，现藏于甘肃泾川县博物馆。錞于通高 97 厘米、内径 17 厘米、长 24 厘米，形制为黄铜素面、鼓腹侈口、圆肩束颈，其上的狮钮（图 27）昂首站立、粗眉凸目、丰胸短体、四肢粗壮、肩生双翼、长尾后拖，四肢肩腹饰凸云纹，整体造型雄浑圆润。

图 27　泾川县王母宫錞于的狮钮

王母宫始建于西汉元封年间，狮钮錞

于在出土之初被推断为汉代造物，[1] 此后泾川县博物馆称其为"汉或宋"之遗物，[2] 因此该錞于的所属时代尚不明晰。

狮子原产于西域，战国时期已为中原所知，《穆天子传》中的早期译名为"狻猊"，上博楚简《三德》称为"狣貎"。汉武帝时期，张骞凿通西域，狮子输入中原。《汉书》卷九六《西域传下》赞语称当时"蒲梢、龙文、鱼目、汗血之马充于黄门，钜象、师子、猛犬、大雀之群食于外囿"[3]。狮子约在西汉晚期已成为我国的雕像主题之一，最早的实物为陕西咸阳汉渭陵出土的带翼狮，头上有双角，一件昂首挺胸似天禄，另一件低首匍匐如虾蟆，其形象皆神异而狰狞，与前述錞于上的狮钮造型相去甚远。东汉以后，西域诸国敬献狮子入华。据《后汉书》载，东汉建初四年（79）和章和元年（87），月氏两次贡奉狮子；[4] 章和二年（88）和永元十三年（101），安息国两次遣使献上狮子；[5] 阳嘉二年（134），疏勒国亦献狮

1　《中国音乐文物大系》总编辑部：《中国音乐文物大系·甘肃卷》，大象出版社，1998，第 57 页。

2　袁红燕主编：《泾川馆藏文物精华》，中国文史出版社，2018，第 72 页。

3　（汉）班固撰，（唐）颜师古注：《汉书》，中华书局，1962，第 3928 页。

4　《后汉书》卷三《章帝纪》："是岁，西域长史班超击莎车，大破之。月氏国遣使献扶拔、师子。"《后汉书》卷四七《班超传》："初，月氏尝助汉击车师有功，是岁贡奉珍宝、符拔、师子，因求汉公主。"《后汉书》卷八八《西域传》："章帝章和元年，遣使献师子、符拔。"见（南朝宋）范晔撰，（唐）李贤注《后汉书》，中华书局，1965，第 158、1580、2918 页。

5　《后汉书》卷四《和帝纪》："安息国遣使献师子、扶拔。"《后汉书》卷八八《西域传》："十三年，安息王满屈复献师子及条支大鸟，时谓之安息雀。"见《后汉书》，第 168、2918 页。

子。[1] 安息国又名阿尔萨息斯王朝或帕提亚帝国，位于今伊朗地区，疏勒国在今新疆喀什，月氏则位于疏勒西。泾川县在汉时属于安定县，是"长安干线"的经行地点之一，东通长安、好畤县（今陕西咸阳市乾县）、漆县（今陕西彬州市），西达安定郡（今宁夏固原市原州区），[2] 它作为交通要道可能更易吸取西域文化。

随着佛教东传至中原，狮子的画像和雕塑也随之普及，供以譬喻佛法之庄严。四川新都王稚子二阙画像石上的狮形象以及四川雅安高颐墓前的带翼石狮、山东嘉祥县武氏祠的对狮均是东汉时期的产物。王稚子官拜侍御史，雅安高颐乃益州太守，嘉祥武氏则属于望族，可见狮子造型在此时已为上层社会所欣赏。这三种石狮雕像皆呈张口状，与镎于狮钮的闭口样态不同。王母宫东王公大殿的供奉神属于道教，旁有王母山石窟，开凿于北魏永平三年（510），造有200余尊佛像。但图27中狮钮整体风格有异于南北朝至隋唐的佛教艺术中的狗化狮或卷发狮，后肢的姿态

也不同于南北朝时期典型的站立式和蹲踞式。虽然狮钮符合唐代狮子造型的头大而圆、螺髻卷曲、口角上翘、体健魁梧、前腿支撑的五大特征，[3] 但无南北朝以后流行的雄狮长髯，其庄重威严的风格更不似宋代狮像的舞爪动脚之态，反倒肖于汉代镎于虎钮的欲扑状。《东观汉记》载："师子形似虎，正黄，有髯耏，尾端茸毛大如斗。"[4] 由于狮、虎均为猫科动物，加以早期的中国狮像尚缺乏写生对象，因而工匠很可能采取照虎绘狮的方式。李零就曾指出东汉以后无论是写实性的狮子，抑或神化的狮子即天禄，其形象均被"虎化"[5]。更重要的是，古制镎于在南北朝时逐渐失传，尤其在南方地区可能因音响效果逊于铜鼓而没落，《宋书》载仅"民间犹时有其器"[6]，《南齐书》称镎于为"古礼器也"[7]，《周书》更言"近代绝无此器，或有自蜀得之，皆莫之识"[8]。虽然隋开皇年间的凯安舞设"金镎二"，大业年间的鼓吹乐十二案包含"镎于、钲、铎、军乐鼓吹等一部"[9]，唐开元年

1　《后汉书》卷六《顺帝纪》："疏勒国献师子、封牛。"见《后汉书》，第263页。

2　秦国强：《中国交通史话》，复旦大学出版社，2012，第333页。

3　张道一：《狮子艺术：造型原理的一个动物典型》，东南大学出版社，2018，第43页。

4　（汉）刘珍等撰，吴树平校注：《东观汉记校注》卷三《敬宗孝顺皇帝纪》，中华书局，2008，第112页。

5　李零：《论中国的有翼神兽》，载《中国学术》（总第5辑），商务印书馆，2001，第129页。

6　（梁）沈约撰：《宋书·乐志》，中华书局，1974，第554页。

7　《南齐书》卷三五《始兴简王鉴传》，第629页。

8　（唐）令狐德棻等撰：《周书》卷二六《斛斯征传》，中华书局，1971，第432页。

9　（唐）魏徵、（唐）令狐德棻撰：《隋书·乐志》，中华书局，1973，第358、382页。

间的七德舞之乐也用"錞于"[1]，但未必是新制，可能如南齐段祖敬献萧鉴一般沿用古器。结合狮钮的螺髻来看，王母宫錞于更像是东汉时期佛教传入我国西北地区以后的产物。

结　语

錞于钮部并非始于初制，而是经历了从无到有、从简到繁、从非兽类到兽类的形制演进过程。从时间上看，东周至春秋晚期盛行桥钮、环钮和圈钮，但春秋中期也出土过无钮錞于，该时期是从无钮到有钮的渐变阶段。无钮錞于本身就系孔悬鸣，悬挂目的和技术手段催生出钮部配件以便于移动。在祭祀活动和军乐鸣奏等场合中，錞于逐渐获得了神圣的属性，钮部也得以加铸与各地信仰相关的动物纹饰。战国之后以虎钮居多，龙钮虽有出现但数量极少。两汉时期还出现过双虎钮和马钮，待东汉佛教传入西北地区后产生狮钮。虽然期间还可能存在过文献中记载的凤钮、蛙钮等造型，但暂无出土实物得以印证。根据錞于的钮部造型，还可对以往通行的一些观点作出修正与补充，主要包括錞于的样式类型、分布传播和文化交流三大方面。

在錞于类型方面，若按錞于钮式可分出无钮錞于、非兽钮錞于、兽钮錞于三大类，非兽钮錞于分为桥钮錞于、环钮錞于和圈钮錞于，兽钮錞于包括虎钮、龙钮、马钮等形态（图28）。以此结合錞于器身的顶、盘、肩、口等部位形态，还可再作出亚型的划分，图16中的陕西咸阳塔儿坡龙钮錞于属于兽钮錞于中的龙钮有盘圆肩收腰侈口式錞于。

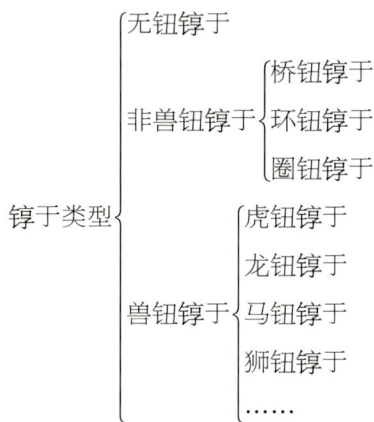

图 28　錞于钮部类型

在分布传播方面，目前以錞于出于齐鲁、传入江淮、转入鄂西南及湘西北地区的观念较为普及，但依据现有的实物材料，傅举有的"古越族乐器"[2]、张良皋的"土家族原创"[3]、徐中舒的"东夷"

1　（唐）杜佑撰：《通典·乐典》，中华书局，1988，第3621页。

2　傅举有：《古代越族的乐器——錞于》，《民族研究》1983年第5期。

3　张良皋：《巴史别观》，中国建筑工业出版社，2006，第71页。

原生说、[1] 朱凤瀚的"东—南—西"转移[2]等推想均有待更新。湖北鄂州涂家垴镇池塘中出土的东周青铜桥钮镎于、陕西梁带村遗址 M27 出土的春秋早期环钮镎于、安徽宿县芦古城子遗址出土的春秋时期无钮镎于已早于山东和江苏出土的春秋中晚期镎于，而湖北省出土的从东周到春秋时期的镎于数量最多。因此，镎于最早应在长江一带呈多点分布，由多个地点向周边及偏远地区辐射性传播。

在文化交流方面，由于江苏等地出土的虎钮镎于早于巴蜀，且鄂西南地区的虎钮镎于以窖藏出土多于巴文化遗址和墓葬出土，所以虎钮镎于的巴族归属说值得进

一步商榷。春秋至战国时期，江苏、四川和湖北的镎于虎钮各显特征，战国以后才相互影响并传至中原，这说明了古代各地区、各族群之间的交往关系。马钮与狮钮造型作为汉武帝通西域以来欧亚文化输入的结果，表现出西北、中原、西南地区之文化交流以及西北一带作为河西走廊所受到的动物造型和佛教信仰之影响，但马钮和狮钮均类似于虎钮的蹲伏态，体现出文化摄入的濡化阶段。总之，中国是一个统一的多民族国家，中华文明也是多区域、多民族文化之综合产物，镎于钮部的造型体现出中原与东部及西南地区、汉朝与西域之间的文化交往关系。

附表			东周至汉代传世及出土镎于的钮部造型	
序号	时代	钮式	来源	现藏地
1	东周	桥钮	湖北鄂州涂家垴镇池塘中出土[3]	湖北鄂州市博物馆
2	春秋早期	环钮	陕西梁带村遗址 M27 出土[4]	不详
3	春秋	无钮	安徽宿县芦古城子遗址出土[5]	中国国家博物馆
4	春秋	桥钮	收购地不详[6]	故宫博物院
5	春秋	虎钮	广东连平县彭山东北坡出土[7]	广东省博物馆
6	春秋	桥钮	江西修水县上杉乡曾家山[8]	江西省博物馆（14948）

1　徐中舒、唐嘉弘：《镎于与铜鼓》，《社会科学研究》1980 年第 5 期。

2　朱凤瀚：《中国青铜器综论（上）》，上海古籍出版社，2009，第 383 页。

3　饶浩洲主编：《鄂州馆藏文物精品图录》，湖北美术出版社，2016，第 71 页。

4　陕西省考古研究院、渭南市文物保护考古研究所、韩城市文物旅游局：《陕西韩城梁带村遗址 M27 发掘简报》，《考古与文物》2007 年第 6 期。

5　胡悦谦：《安徽省宿县出土两件铜乐器》，《文物》1964 年第 7 期。

6　安徽省文物管理委员会、安徽省博物馆：《寿县蔡侯墓出土遗物》，科学出版社，1956，第 11 页。

7　朱非素：《连平县忠信公社彭山发现镎于和甬钟》，《文博通讯》1978 年第 3 期。

8　薛尧、程应麟：《修水县发现战国青铜乐器和汉代铁生产工具》，《文物工作资料》1964 年第 4 期。

续表

序号	时代	钮式	来源	现藏地
7	春秋	桥钮	湖北通山芳林镇太平庄出土 1	湖北省博物馆（5·1359）
8	春秋	桥钮	湖北建始县高坪区青花乡石柱河二台地反洼坡出土 2	湖北建始县文物管理所（L304）
9	春秋	环钮	安徽寿县蔡昭侯墓出土	不详
10	春秋中期	环钮	山东沂水刘家店子春秋葛出土 3	山东省文物考古研究所
11	春秋晚期	环钮	山东沂水纪王崮 M1 出土 4	不详
12	春秋晚期	桥钮	不详 5	上海博物馆（10182）
13	春秋晚期	虎钮（3件）	江苏镇江丹徒县大港北山顶吴国贵族墓葬 6	江苏南京博物院（10：25260—1—3）
14	春秋末期	虎钮（3件）	江苏镇江丹徒县谏壁镇王家山东周墓 7	江苏镇江博物馆（1、3 号）
15	春秋战国	桥钮	重庆市卫聚贤捐赠 8	重庆市博物馆（15075）
16	战国	虎钮	湖北利川市忠路镇 9	湖北利川市文化局（T2）
17	战国	虎钮	湖北咸丰甲马池区甲马池镇墨池寺出土 10	湖北咸丰县文物管理所
18	战国	虎钮	湖北长阳鸭子口区千渔坪出土 11	湖北省博物馆（25）
19	战国	虎钮	不详 12	湖北省博物馆（2·5176）

1　林奇、邓辉：《錞于刍议》。

2　邹待清：《建始发现桥形钮錞于》，《江汉考古》1987 年第 1 期。

3　李纯一：《中国上古出土乐器综论》，文物出版社，1996，第 339 页。

4　赵青青：《春秋时期东夷族墓葬习俗研究》，硕士学位论文，山东师范大学，2020，第 65 页。

5　《中国音乐文物大系·上海卷、江苏卷》，第 117 页。

6　江苏省丹徒考古队：《江苏丹徒北山顶春秋墓发掘报告》，《东南文化》1988 年第 Z1 期。

7　镇江博物馆：《江苏镇江谏壁王家山东周墓》，《文物》1987 年第 12 期。

8　《中国音乐文物大系·四川卷》，第 64 页。

9　林奇、邓辉：《錞于刍议》。

10　《中国音乐文物大系·湖北卷》，第 88 页。

11　《中国音乐文物大系·湖北卷》，第 89 页。

12　《中国音乐文物大系·湖北卷》，第 94 页。

续表

序号	时代	钮式	来源	现藏地
20	战国	虎钮	湖北秭归县城归州镇天灯堡一战国墓出土 1	湖北秭归县屈原纪念馆（100）
21	战国	虎钮	湖北秭归县城归州镇天灯堡一战国墓出土 2	湖北秭归县屈原纪念馆（160）
22	战国	虎钮（4件）	湖北秭归县杨林桥镇下马台村出土 3	湖北秭归县屈原纪念馆（155—158）
23	战国	虎钮	湖北巴东县耀英乡水谷坝川汉公路工地出土 4	湖北恩施土家族苗族自治州博物馆（0007）
24	战国	虎钮	湖北恩施土产收购部 5	湖北巴东县博物馆（117）
25	战国	虎钮	湖北恩施屯堡区大树乡花枝村清江边出土 6	湖北恩施市文物管理所（3—32）
26	战国	虎钮	湖北恩施新塘区白沙村 7	湖北恩施土家族苗族自治州博物馆（0070）
27	战国	虎钮	湖北宣恩椒园区出土 8	湖北宣恩县文物管理所
28	战国	虎钮	湖北建始县三里区河水坪出土 9	湖北恩施土家族苗族自治州博物馆（0071）
29	战国	虎钮	湖北枝城潘湾熊渡 10	湖北枝城市博物馆（632）
30	战国	虎钮	湖北长阳县贺家坪乡出土 11	湖北长阳县博物馆（002）
31	战国	虎钮	湖北长阳县榔坪区杨林头出土 12	湖北长阳县博物馆（028）

1　《中国音乐文物大系·湖北卷》，第 90 页。

2　同上注。

3　《中国音乐文物大系·湖北卷》，第 91 页。

4　林奇、邓辉：《錞于刍议》。

5　《中国音乐文物大系·湖北卷》，第 95 页。

6　《中国音乐文物大系·湖北卷》，第 96 页。

7　同上注。

8　同上注。

9　同上注。

10　同上注。

11　张典维：《湖北长阳出土一批青铜器》，《考古》1986 年第 4 期。

12　《中国音乐文物大系·湖北卷》，第 97 页。

续表

序号	时代	钮式	来源	现藏地
32	战国	虎钮	湖北长阳县津洋口区杨家坪村 1	湖北长阳县博物馆（043）
33	战国	虎钮	湖北长阳县丰山渔泉村农民方丙上交 2	湖北长阳县博物馆（031）
34	战国	虎钮	湖北鹤峰县城容美镇附近鸡公洞峡谷出土 3	湖北鹤峰县博物馆（256）
35	战国	虎钮	湖北鹤峰县新华书店建房工地 4	湖北鹤峰县博物馆（257）
36	战国	虎钮	湖北秭归水田坝马营村出土 5	湖北秭归屈原纪念馆
37	战国	虎钮	湖北恩施崔坝镇滚龙坝乡向家湾村出土 6	湖北恩施市文物管理所
38	战国	虎钮	湖南桃江县大栗港乡旋溪坝村杨家湾组出土 7	湖南桃江县文物管理所（00117）
39	战国	桥钮（2件）	湖南湘西土家族苗族自治州出土 8	①湖南湘西土家族苗族自治州博物馆（史 140）②湖南省博物馆（22027）
40	战国	虎钮	湖南石门县易家渡太子坡村出土 9	湖南石门县博物馆（总号 100）
41	战国	虎钮	湖南溆浦县大江口镇战国墓出土 10	湖南省博物馆（20154）
42	战国	虎钮	湖南常德出土 11	湖南省博物馆（39221）
43	战国	桥钮	湖南靖州苗族侗族自治县征集 12	湖南省博物馆（26212）

1　《中国音乐文物大系·湖北卷》，第 97 页。

2　同上注。

3　《中国音乐文物大系·湖北卷》，第 98 页。

4　同上注。

5　同上注。

6　同上注。

7　《中国音乐文物大系 II·湖南卷》，第 156 页。

8　熊传新：《我国古代錞于概论》，载中国考古学会编《中国考古学会第二次年会论文集 1980》，文物出版社，1982，第 83 页。

9　《中国音乐文物大系 II·湖南卷》，第 159 页。

10　《我国古代錞于概论》，第 83 页。

11　蔡季襄：《介绍几件从废铜中拣选出来的重要文物》，《文物》1960 年第 3 期。

12　熊传新：《我国古代錞于概论》，第 81 页。

续表

序号	时代	钮式	来源	现藏地
44	战国	虎钮	湖南张家界市永定区兴隆乡熊家岗村出土 1	湖南张家界市永定区文管所（211）
45	战国	虎钮	江西省合作社移交 2	江西省博物馆（14949）
46	战国	虎钮	四川涪陵小田溪战国土坑墓群 2 号墓 3	四川省博物馆（出土号 M2：20）
47	战国	虎钮	北京收购 4	福建厦门大学人类学博物馆（3123）
48	战国	虎钮	广东省文管会拨交 5	广东省博物馆（C313）
49	战国	虎钮	收购地不详 6	故宫博物院
50	战国	虎钮	陕西安康五里月河出土 7	陕西历史博物馆（00041）
51	战国	虎钮	江苏南京石婆婆庵杨舜如先生捐赠 8	南京博物院（3：187）
52	战国	虎钮	江苏南京瞻园路 82 号宅收购 9	南京博物院（3：18）
53	战国	虎钮	汇伪和平博物馆藏品 10	南京博物院（3：186）
54	战国	虎钮	四川成都吴佩鸾捐赠 11	四川省博物馆（108206）
55	战国	虎钮	四川黔江县寨子乡大路村玉皇阁寺庙征集 12	四川黔江县文物管理所（铜一 1 号）
56	战国	虎钮	四川甘宁乡西侧山地溪沟旁巨石缝 13	四川万县市天城区文物管理所

1　熊传新：《记湘西新发现的虎纽镈于》，《江汉考古》1983 年第 2 期。

2　《中国音乐文物大系 II·江西卷、续河南卷》第 66 页。

3　熊传新：《我国古代镈于概论》，第 81 页。

4　《中国音乐文物大系》总编辑部：《中国音乐文物大系 II·福建卷》，大象出版社，2011，第 70 页。

5　《中国音乐文物大系》总编辑部：《中国音乐文物大系 II·广东卷》，大象出版社，2010，第 81 页。

6　《中国音乐文物大系·北京卷》，第 97 页。

7　徐信印：《安康出土一件虎纽镈于》，《江汉考古》1985 年第 4 期。

8　《中国音乐文物大系·上海卷、江苏卷》，第 222 页。

9　同上注。

10　《中国音乐文物大系·上海卷、江苏卷》，第 223 页。

11　《中国音乐文物大系·四川卷》，第 67 页。

12　《中国音乐文物大系·四川卷》，第 68 页。

13　廖渝方：《万县又发现虎纽镈于》，《四川文物》1991 年第 1 期。

序号	时代	钮式	来源	现藏地
57	战国	虎钮	四川彭水县黄家坝猴里乡征集 1	四川彭水县文物管理所
58	战国	虎钮	四川旧藏 2	四川酉阳县文物管理所（36—BI7）
59	战国	虎钮	四川万县出土 3	四川大学博物馆（81283）
60	战国	虎钮	四川梁平县出土 4	四川梁平县文物管理所
61	战国	虎钮	四川云阳县革岭乡出土 5	四川云阳县文物管理所（B1）
62	战国	虎钮	传世 6	民间（秀山县文物管理所曾借用）
63	战国	虎钮	重庆市卫聚贤捐赠 7	中国国家博物馆
64	战国	圈钮	四川成都无线电机械厂建筑工地出土 8	四川成都市博物馆
65	战国	虎钮	湖南石门县雁池乡金盆村出土 9	湖南石门县博物馆
66	战国	虎钮	安徽阜阳涡阳龙山出土 10	不详
67	战国	桥钮	江苏盱眙县大云山汉墓出土 11	南京博物院
68	战国中后期	虎钮	收购地不详 12	中国国家博物馆
69	战国中晚期	桥钮	不详 13	上海博物馆（27461）

1　《中国音乐文物大系·四川卷》，第 71 页。

2　同上注。

3　同上注。

4　同上注。

5　《中国音乐文物大系·四川卷》，第 72 页。

6　同上注。

7　同上注。

8　同上注。

9　《中国音乐文物大系 II·湖南卷》，第 178 页。

10　陆斐蕾：《錞于及其文化区系研究》，硕士学位论文，中国艺术研究院，2007，第 18 页。

11　苏州博物馆编：《大邦之梦：吴越楚青铜器》，上海古籍出版社，2017，第 172 页。

12　李衍垣：《錞于述略》。

13　《中国音乐文物大系·上海卷、江苏卷》，第 118 页。

续表

序号	时代	钮式	来源	现藏地
70	战国中晚期	虎钮	四川渠县城坝遗址 M45 墓葬出土 1	四川省文物考古研究院
71	战国晚期	虎钮	颐和园旧藏 2	故宫博物院
72	战国晚期	虎钮	湖南慈利蒋家坪乡长建村西化子坡出土 3	湖南慈利县文管所（015）
73	战国晚期	龙钮	陕西咸阳塔儿坡出土 4	陕西咸阳市博物馆
74	战国至汉	虎钮	广西柳州陆昌达购于外地 5	广西柳州市博物馆
75	秦汉	虎钮	湖北利川市凉雾区花梨乡花梨岭村出土 6	湖北利川市文化局（T—1）
76	西汉初期	环钮	山东淄博临淄大武乡窝托村汉初齐王墓 3 号出土 7	淄博市博物馆（K3：48）
77	西汉初期	桥钮（3件）	浙江温岭塘山西汉东瓯贵族墓陪葬器物坑出土 8	不详
78	西汉	虎钮	四川奉节县梅魁乡周泽双于青龙包出土 9	奉节县文物管理所（No.1）
79	西汉	虎钮	察哈尔政府拨交 10	中国国家博物馆
80	西汉	虎钮	山东潍坊出土 11	山东省博物馆（东 6.399）
81	西汉	虎钮	收集品 12	湖南省博物馆（30919）
82	西汉	虎钮	收集品 13	湖南省博物馆（26210）

1　陈卫东：《四川渠县城坝遗址 2019 年度考古发掘》，《大众考古》2020 年第 02 期。

2　黎泽高、赵平：《枝城市博物馆藏青铜器》，《考古》1989 年第 9 期。

3　龙西斌、高中晓：《石门、慈利出土錞于简介》，载湖南省博物馆、湖南省考古学会合编《湖南考古辑刊 3》，岳麓书社，1986，第 261—263 页。

4　《中国音乐文物大系》总编辑部：《中国音乐文物大系·陕西卷、天津卷》，大象出版社，1999，第 119 页。

5　熊传新：《我国古代錞于概论》，载中国考古学会编《中国考古学会第二次年会论文集 1980》，文物出版社，1982，第 81 页。

6　孙绘：《利川县出土一件虎钮錞于》。

7　山东省淄博市博物馆：《西汉齐王墓随葬器物坑》，《考古学报》1985 年第 2 期。

8　陈元甫、黄昊德、郎剑锋：《浙江温岭市塘山西汉东瓯贵族墓》，《考古》2007 年第 11 期。

9　《中国音乐文物大系·四川卷》，第 70 页。

10　《中国音乐文物大系·北京卷》，第 101 页。

11　《中国音乐文物大系·山东卷》，第 131 页。

12　《中国音乐文物大系 II·湖南卷》，第 164 页。

13　《中国音乐文物大系 II·湖南卷》，第 165 页。

续表

序号	时代	钮式	来源	现藏地
83	西汉	虎钮	收集品 1	湖南省博物馆（26217）
84	西汉	虎钮	收集品 2	湖南省博物馆（26215）
85	西汉	虎钮	湖南石门县征集 3	湖南省博物馆（26219）
86	西汉	虎钮	湖南常德征集 4	湖南省博物馆（39239）
87	西汉	虎钮	湖南龙山县农东乡花桥村征集 5	湖南省博物馆（31104）
88	西汉	虎钮	收集品 6	湖南省博物馆（26213）
89	西汉	桥钮	江苏盱眙江都王陵一号墓出土 7	不详
90	西汉	环钮	江西南昌海昏侯墓出土 8	江西南昌汉代海昏侯国遗址博物馆
91	西汉	环钮	山东章丘洛庄汉墓出土 9	不详
92	西汉中期	虎钮（5件）	贵州松桃苗族自治县木树乡出土 10	贵州省博物馆
93	西汉中期至东汉	虎钮	不详 11	上海博物馆（5185）
94	东汉	双虎钮	湖北建始县景阳区革坦乡二台子出土 12	湖北恩施土家族苗族自治州博物馆（0006）
95	东汉	虎钮	山东曲阜孔府旧藏 13	山东曲阜孔子博物院

1　《中国音乐文物大系 II·湖南卷》，第 166 页。

2　《中国音乐文物大系 II·湖南卷》，第 167 页。

3　《中国音乐文物大系 II·湖南卷》，第 168 页。

4　《中国音乐文物大系 II·湖南卷》，第 169 页。

5　《中国音乐文物大系 II·湖南卷》，第 179 页。

6　《中国音乐文物大系 II·湖南卷》，第 180 页。

7　曹锦炎、李则斌：《江苏盱眙西汉江都王墓出土越国鸟虫书錞于》，《文物》2016 年第 11 期。

8　张维、柯黎：《从海昏侯墓出土音乐资料探讨海昏侯国的用乐制度》，《星海音乐学院学报》2019 年第 3 期。

9　王子初：《音乐考古》，文物出版社，2006，第 76 页。

10　李衍垣：《贵州省松桃出土的虎钮錞于》，《文物》1984 年第 8 期。

11　《中国音乐文物大系·上海卷、江苏卷》，第 119 页。

12　林奇、邓辉：《錞于刍议》。

13　《中国音乐文物大系·山东卷》，第 133 页。

续表

序号	时代	钮式	来源	现藏地
96	东汉	虎钮	河南邓县小杨营禹山庙村刁河边出土 1	河南邓县文化馆
97	东汉	兽钮	湖北五峰县仁和坪区莲花岩出土 2	湖北五峰县博物馆
98	东汉	虎钮	湖南石门县磨市乡俄公山出土 3	湖南石门县博物馆（总号 103）
99	东汉	马钮	湖南龙山县白羊乡向家坡出土 4	湖南湘西土家族苗族自治州博物馆（史 977）
100	东汉	马钮	湖南长沙市第九中学征集 5	湖南省博物馆（39240）
101	东汉	虎钮	征集品 6	湖南省博物馆（28977）
102	东汉	虎钮	征集品 7	湖南省博物馆（28978）
103	东汉	双虎钮	湖南日杂废旧公司征集 8	湖南省博物馆（20220）
104	东汉	虎钮	湖南凤凰县千工坪乡岩六屯村出土 9	湖南凤凰县文管所（T02）
105	东汉	虎钮	湖南凤凰县黄合乡化眉村出土 10	湖南凤凰县文管所（T04）
106	汉	无钮有耳	不详 11	湖北武汉市文物商店（9 类 129）
107	汉	虎钮	重庆市博物馆拨交 12	中国国家博物馆
108	汉	虎钮	湖南省博物馆拨交 13	中国国家博物馆

1　夏麦陵、李云生：《邓县禹山庙镈于及其相关问题》，《考古》1989 年第 10 期。

2　《中国音乐文物大系·湖北卷》，第 94 页。

3　《石门、慈利出土镈于简介》，第 261—263 页。

4　同上注。

5　湖南省博物馆：《介绍几件从废铜中检选出来的重要文物》，《文物》1960 年第 3 期。

6　《中国音乐文物大系 II·湖南卷》，第 178 页。

7　《中国音乐文物大系 II·湖南卷》，第 174 页。

8　《中国音乐文物大系 II·湖南卷》，第 176 页。

9　《中国音乐文物大系 II·湖南卷》，第 180 页。

10　《中国音乐文物大系 II·湖南卷》，第 181 页。

11　《中国音乐文物大系 II·湖南卷》，第 94 页。

12　《中国音乐文物大系·北京卷》，第 99 页。

13　《中国音乐文物大系·北京卷》，第 100 页。

序号	时代	钮式	来源	现藏地
109	汉	虎钮	收购地不详 1	中国国家博物馆
110	汉	圈钮	山东临沂县岔河乡后明坡庄村民张希亮送 2	山东临沂市博物馆（30104）
111	汉	虎钮	河北省第一博物院旧藏 3	天津市历史博物馆（QWJ5）
112	汉	虎钮	不详 4	上海博物馆（1995）
113	汉	狮钮	甘肃泾川县王母宫东王宫大殿遗址出土 5	甘肃泾川县博物馆
114	汉	虎钮	河南省文物工作队征集 6	河南郑州市博物馆
115	汉	虎钮	湖北松滋县踏池出土 7	湖北荆州博物馆（F1149）

1　《中国音乐文物大系·北京卷》，第 101 页。

2　《中国音乐文物大系·山东卷》，第 132 页。

3　《中国音乐文物大系·陕西卷、天津卷》，第 207 页。

4　《中国音乐文物大系·上海卷、江苏卷》，第 120 页。

5　《中国音乐文物大系·甘肃卷》，第 57 页。

6　《中国音乐文物大系·河南卷》，第 43 页。

7　《中国音乐文物大系·湖北卷》，第 98 页。

服
饰
研
究

中国步摇源流考辨及形态复原
——兼与"步摇西来说"商榷

■ 池文汇（华东理工大学）　　胡　晓（中国装束复原团队）

一　问题缘起

《释名》曰："步摇，上有垂珠，步则摇也。"[1] 步摇作为具有代表性的中国女性首饰，一直受到学界较多的关注。但是由于文物的稀缺和文献解读的分歧，人们对于步摇的文化源流和形态的认识还十分模糊，甚至存在较大谬误。

关于"步摇"的起源，以往学者大都认为来自中亚。影响最大的是孙机《步摇、步摇冠与摇叶饰片》一文，[2] 文章认为，步摇的标志性元素是金摇叶，中亚的摇叶金冠（文中称"步摇冠"）约在公元前后成型，向东横跨欧亚大陆，通过大月氏、匈奴传到中国和朝鲜半岛，中国因而产生了步摇，即"步摇西来说"。

田立坤、[3] 张玉安、[4] 扬之水[5] 等学者继承发展了这一主张，认为中国北方草原民族步摇直接继承中亚摇叶冠，中原南方地区的步摇是结合了草原民族步摇、中亚摇叶冠和本土簪钗首饰而产生。

但是，"步摇西来说"逻辑上存在较为严重的问题，主要有三点：

一是传播的时间路线矛盾。"步摇"一词在战国、西汉文献中已经出现，并有相应文物出土（见后文），而中亚摇叶金冠在公元前后才成型，三燕步摇则至魏晋时代成型。对此，田立坤提出，中国应有一种更早的垂珠步摇，形象即马王堆一号汉墓帛画中老妇额前所戴的首饰，但这与东汉以后的女性步摇、草原民族步摇、域外步摇分属不同的系统，没有承继关系。

1　（汉）刘熙：《释名》，中华书局，2016，第 68 页。

2　孙机：《步摇、步摇冠与摇叶饰片》，《文物》1991 年第 11 期。

3　田立坤：《步摇考》，载《4—6 世纪的北中国与欧亚大陆》，科学出版社，2006，第 47—67 页。

4　张玉安：《汉魏晋南北朝"步摇"研究》，《艺术探索》2012 年第 26 卷第 2 期。

5　扬之水：《步摇花与步摇冠》，《文汇报》2019 年 7 月 5 日第 W02 版。

二是对步摇的结构形态认识不清。例如，孙机、张玉安、扬之水认为《女史箴图》中女子头上所戴的一双立式首饰是典型的中原女性步摇，沈从文则认为是金爵钗。[1] 不少学者在未弄清汉式步摇的具体形态、结构与佩戴方式等核心问题的情况下，就默认了其与中亚摇叶金冠所谓的承继关系。

三是名物对应问题。"步摇"在古文献中是一种特指名词。汉式步摇和三燕步摇有充分的早期文献和物证，而中亚摇叶金冠、匈奴金头饰等并未被记载为步摇（或其他相关名词），且与步摇结构差异较大。将域外各类金头饰称为"步摇冠"欠妥。

笔者认为，破解步摇谜题的关键在于，通过充分的文物解析和文献比对，厘清汉式步摇的主要结构和要素，复原其整体形态，同时对比观察其与周边民族首饰之间的异同和关系，从而辨明其源流。

二　文献所载步摇套件的结构和元素

中国古代文献中"步摇"一词最早出现于战国宋玉《讽赋》：

主人之女，翳承日之华，披翠云之裘，更被白縠之单衫，垂珠步摇，来排臣户曰："上客无乃饥乎？"[2]

《讽赋》曾被疑为后人假托，随着文献研究的深入，更多学者认为它确是宋玉原作。首先，司马相如《美人赋》与《讽赋》的内容高度相似，《讽赋》结构散漫，文字朴拙，而《美人赋》结构工整，辞采华丽，学者多认为《美人赋》是综合《讽赋》《登徒子好色赋》的仿作。其次，《初学记》《艺文类聚》等类书及《文选》李善注都辑录了《讽赋》内容，且均标为宋玉作。另外，笔者发现，《美人赋》"玉钗挂臣冠"一句明显化用《讽赋》的"以其翡翠之钗挂臣冠缨"，但六朝诗文用典基本都用"挂缨"，而不用"挂冠"[3]，可见宋玉《讽赋》更为经典。此外，从物质文化层面看，缨是系于颔下的丝带，便于挂钗，而冠体为竹木漆纱所制，难以挂上。《讽赋》表述具体而准确，《美人赋》词句工整，但缺乏合理性。综上，可以基本确定《讽赋》是比司马相如《美人赋》更早的作品，步摇出现在战国后期是合理的。

西汉早期，步摇成为燕赵地区男冠上的装饰。《汉书》：

1　沈从文：《中国古代服饰研究》（增订本），商务印书馆，1999，第252页。

2　（宋）章樵：《古文苑》，载《丛书集成初编》，中华书局，1985，第61页。

3　如何逊"羞令挂缨阙，整插补余空"（《先秦汉魏晋南北朝诗》，中华书局，1983，第1714页），江总"挂缨银烛下，莫笑玉钗长"（《初学记》，中华书局，1962，第374页）等。

充衣纱縠禅衣，曲裾后垂交输，冠禅缠步摇冠，飞翮之缨。充为人魁岸，容貌甚壮。帝望见而异之，谓左右曰："燕、赵固多奇士。"[1]

汉代步摇还进入了女性礼服系统。《西京杂记》载赵飞燕为皇后时，女弟赵合德赠送"黄金步摇、合欢圆珰"等作为贺礼。[2]《后汉书·舆服志》则具体描述了皇后步摇的结构形态。

更早的文献记载，贵族女性的礼仪性首服是假发和笄。假发有副、编、次，笄为衡笄。《周礼·天官冢宰》：

> 追师掌王后之首服，为副、编、次，追衡笄，为九嫔及外内命妇之首服，以待祭祀、宾客。（注：玄谓副之言覆，所以覆首为之饰品，其遗象若今步摇矣，服之以从王祭祀；编，编列发为之，其遗象若今假紒矣，服之以告桑也；次，次第发长短为之，所谓发鬄，服之以见王。）[3]

《诗经·鄘风·君子偕老》：

> 君子偕老，副笄六珈。（《毛传》：副者，后夫人之首饰，编发为之。笄，衡笄也。珈，笄饰之最盛者，所以别尊卑。郑笺：珈之言加也。副既笄而加饰，如今步摇上饰，古之制所有，未闻。）[4]

郑玄将副比作步摇，六珈比作步摇上的装饰，编比作假紒，可见汉制与周制具有承继关系。《后汉书·舆服志》介绍了各等级命妇的首服形态：

> 太皇太后、皇太后入庙服，绀上皂下，蚕，青上缥下，皆深衣制，隐领袖缘以绦。翦氂蔮，簪珥。珥，耳珰垂珠也。簪以瑇瑁为擿，长一尺，端为华胜，上为凤皇爵，以翡翠为毛羽，下有白珠，垂黄金镊。左右一，横簪之，以安蔮结。诸簪珥皆同制，其擿有等级焉。

> 皇后谒庙服，绀上皂下，蚕，青上缥下，皆深衣制，隐领袖缘以绦。假结，步摇，簪珥。步摇以黄金为山题，贯白珠为桂枝相缪，一爵九华，熊、虎、赤罴、天鹿、辟邪、南山丰大特六兽，《诗》所谓"副笄六珈"者。诸爵兽皆以翡翠为毛羽。金题，白珠珰，绕以翡翠为华云。

> 贵人助蚕服，纯缥上下，深衣制。大手结，墨瑇瑁，又加簪珥。长

1　（汉）班固：《汉书》卷四五，中华书局，1962，第2176页。
2　（汉）刘歆等：《西京杂记》，上海古籍出版社，2012，第15页。
3　中华书局编辑部编：《汉魏古注十三经·周礼卷八》，中华书局，1998，第60页。
4　李学勤主编：《毛诗正义（上）》，《十三经注疏》，北京大学出版社，2000，第217页。

公主见会衣服，加步摇，公主大手结，皆有簪珥，衣服同制……

公、卿、列侯、中二千石、二千石夫人，绀缯蔮，黄金龙首衔白珠鱼须擿，长一尺，为簪珥。[1]

这一首服系统由三个基本构件组成，即蔮结（巾帼、假髻）、簪珥、步摇。从表 1 可以看出，该系统对后妃命妇等级性差异的强调，其中步摇成为皇后和长公主的专用首饰。

同时可见，步摇需要与假结、簪珥组合使用，研究步摇必须将其置于整个首服套件中进行考察，因此本文将三者的组合称为"步摇套件"。

《后汉书·舆服志》系统中，步摇的基座为黄金山题，上面以桂枝作为支撑，托起一爵（雀）、九华、六兽等元素，缀以白珠，施以翡翠，是一种形态繁复的大型首饰。

"蔮结"是假发和巾帼的合称。蔮通蔮、帼，指覆盖在发上的巾帼，《释名》曰"蔮，恢也，恢廓覆发上也"[2]；结通髻，指毛发或丝织物制成的假髻。

表1	《后汉书·舆服志》女性首服等级系统及构件		
身份（场合）　　　　首服	蔮结	簪珥	步摇
太皇太后、皇太后（入庙、蚕）	翦氂蔮	瑇瑁擿、华胜、凤皇爵、白珠、黄金镊	无
皇后（谒庙、蚕）	假结	有	黄金山题（白珠珰）、桂枝、白珠、一爵九华、六兽
贵人、公主（助蚕）	大手结	墨瑇瑁擿	无
长公主（会见）	大手结	墨瑇瑁擿	有
公、卿、列侯、中二千石、二千石夫人（入庙、助蚕）	绀缯蔮	黄金龙首衔白珠鱼须擿	无

1　（南朝宋）范晔：《后汉书》，中华书局，1975，第 3676—3677 页。

2　（汉）刘熙：《释名》，中华书局，2016，第 68 页。

"簪珥"一词往往被误解为发簪与耳饰，其实是指一种耳珰装饰的簪饰。簪珥是传承上古制度的礼仪性首饰（见后文），分簪体和簪首两部分。簪体为摘，有璂瑁、鱼须等不同材质。簪首是"珥"，又有凤皇爵、黄金龙首等不同形态。

古代女子礼仪性首服从副、笄、六珈发展到元素繁多的步摇、簪珥、蔮结套件，其间必然经历了一个渐进的演化过程，战国后期至汉初就是一个关键的过渡时期。

三　早期步摇套件形态考证与复原

目前出土最完整的汉代女性礼仪首服文物，是马王堆一号汉墓棺内的假髻、簪笄、木花饰片、金丝等（图1—图6）。考古报告称，墓主人尸体"前额及两鬓有木花饰二十九件。其中花瓣形七件，三叉形，梯形，半弧形各一件……另十九件均作截锥状，长不到1厘米似为花饰上的蒂饰。这些木花饰品，当时可能是丝线或金属线联编起来，戴在前额作为装饰品的"[1]。另外，墓主人头饰的三支笄，分别为玳瑁质、角质和竹质（图5、图6）。中间的竹笄，为20支竹签分三束系起，再在距离顶端1.7厘米处用丝线缠扎而成。两边的玳瑁笄、角笄均作长板形，稍弯曲，顶端朱绘花纹，两侧面各有三个小孔，孔深约2毫米。

虽然报告称饰品"出土时均已散乱，无法复原"，但如果按假发、簪珥、步摇的三构件组合的逻辑来考察，其结构形态便水落石出了。

图1　花瓣形、三叉形、梯形、半弧形木花饰
采自《马王堆汉墓服饰研究》

图2　金线
采自《马王堆汉墓服饰研究》

1　湖南省博物馆：《马王堆一号汉墓》，文物出版社，1973，第28页。

图3　截锥形木花饰

采自《马王堆汉墓服饰研究》

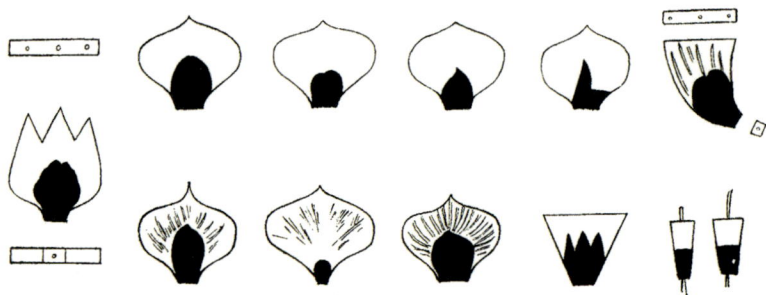

图4　一号墓主人头部附近木花饰线描图

采自《马王堆一号汉墓》

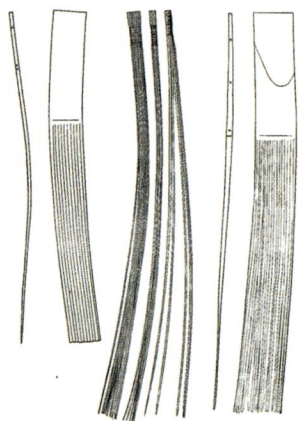

图5　一号墓竹笄、玳瑁擿、角质擿线描

采自《马王堆一号汉墓》

图6　一号墓竹笄、玳瑁擿、角质擿

采自《马王堆汉墓服饰研究》

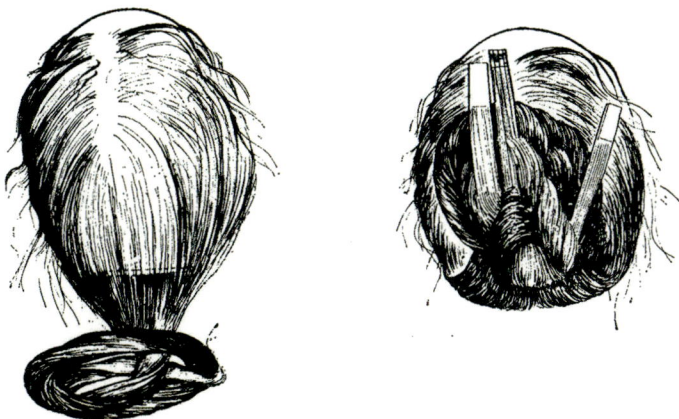

图 7　马王堆一号汉墓主人发型（含假发、簪笄）

采自《长沙马王堆一号汉墓》

图 8　马王堆一号汉墓墓主人头饰出土状态

采自《马王堆汉墓服饰研究》

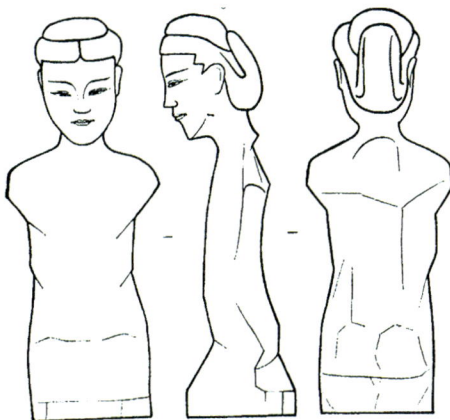

图 9　马王堆一号汉墓歌俑发型

采自《马王堆一号汉墓》

（图 7、图 8），同墓出土的着衣歌俑发型相似（图 9）。

（一）早期假发形态与用法

目前考古已发现不少战汉时期的假发实物，如包山二号楚墓、连云港海州西汉墓等。马王堆一号汉墓的墓主人前发中分，向后与后发结为一束，连缀假发再盘至头顶，以左、中、右三支簪笄固定

（二）早期簪珥形态考证与复原

簪珥的最早记载见于《管子》"簪珥而辟千金者，璆琳、琅玕也"[1]，汉代史书亦多见。一般认为《管子》的成书年

1　（汉）刘向编，黎翔凤校注：《管子校注》，中华书局，2004，第 1440 页。

代不晚于战国，簪珥的源头应更早。

《列子·周穆王》：

> 简郑卫之处子娥媌靡曼者，施芳
> 泽，正蛾眉，设笄珥，衣阿锡。曳齐
> 纨。（注：《释文》云笄音鸡。珥音
> 饵，瑱也，冕上垂玉以塞耳也。）[1]

《盐铁论·散不足》：

> 古者，男女之际尚矣，嫁娶之
> 服，未之以记。及虞、夏之后，盖表
> 布内丝，骨笄象珥，封君夫人加锦尚
> 褧而已。今富者皮衣朱貉，繁露环

佩。中者长裾交袆，璧端簪珥。[2]

综合两处文献可知，簪珥的前身是"骨笄象珥"，也即笄珥。笄珥是笄与珥、瑱组合而成的首饰，且有充足的文物例证。春秋战国时期，不少簪笄的首端为独立的收腰截锥形饰（图10），正是上古的瑱或耳珰的形状（图11、图12、图13）。由于耳珰往往带穿孔，在簪笄的一端显示出玉璧的形状，即所谓"璧端簪珥"。王后的笄珥更加特殊，称为"衡笄"，其笄首的瑱是悬垂于"副"的两侧，正对耳朵：

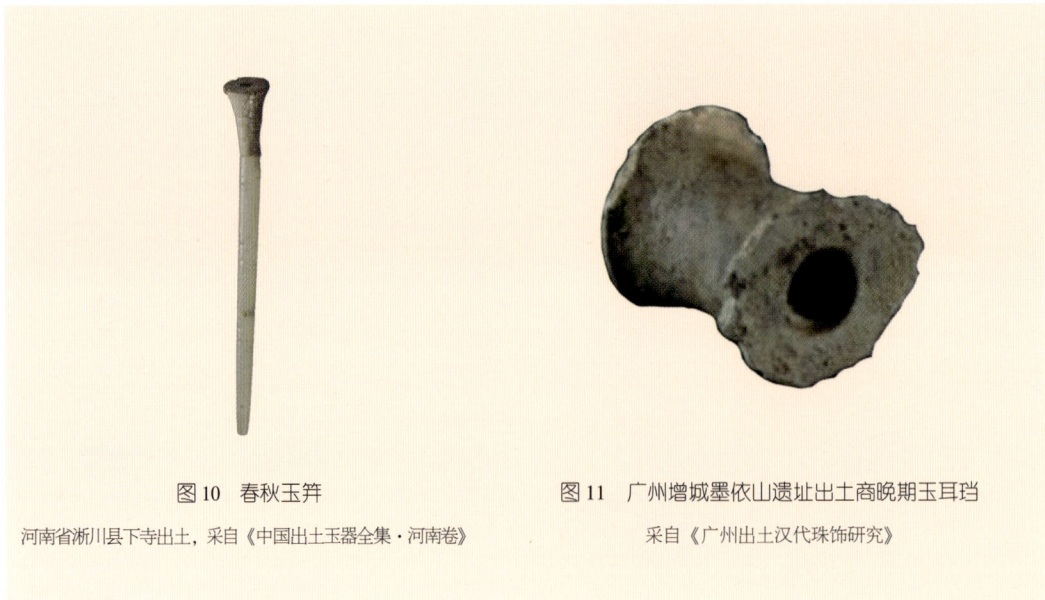

图10　春秋玉笄
河南省淅川县下寺出土，采自《中国出土玉器全集·河南卷》

图11　广州增城墨依山遗址出土商晚期玉耳珰
采自《广州出土汉代珠饰研究》

1　杨伯峻：《列子集释》，中华书局，1979，第92页。

2　（汉）桓宽：《盐铁论》，中华书局，2015，第319页。

图 12　山东临淄商王村一号战国墓出土琉璃瑱

图 13　广州番禺区小谷围岛港尾岗
东汉墓出土蓝琉璃耳珰

采自《广州出土汉代珠饰研究》

图 14　战国琉璃簪首

采自《战国琉璃巡礼》

图 15　玉骨组合笄

山西省襄汾县陶寺遗址 2023 号墓出土，采自《中国出土玉器全集》第 3 卷第 40 页

《文献通考·王礼考六》：郑康成曰，王后之衡笄，皆以玉为之，惟祭服有衡，垂于副之两旁，当耳，其下以紞悬瑱。[1]

山西省襄汾县陶寺遗址 2023 号墓出土的玉骨组合笄（图 15），笄体为骨制，笄首为玉，饰绿松石，笄首钻一孔，下面悬挂一根长条玉饰，是目前衡笄最早的形象。簪珥即衡笄的进一步发展。

西汉的簪珥形象，在洛阳八里台汉墓壁画的"姜后脱簪珥"部分有具体呈现。其事见于刘向《列女传》：

1　（元）马端临：《文献通考》（上册），中华书局，1986，第 1001 页。

周宣姜后者，齐侯之女也。贤而有德，事非礼不言，行非礼不动。宣王常早卧晏起，后夫人不出房，姜后脱簪珥，待罪于永巷……[1]

壁画中姜后额前探出一枝花首长簪，鬓发上挂有一串珠饰，左手探出伸向右侧侍臣，侍臣手持一串珠饰，即脱下的簪珥（图18）。其他妃嫔装扮也类似。而马王堆一号汉墓帛画中，老妇额前也插一枝长簪饰，以往研究多认为此即"步摇"，鬓边也有数个白点连缀的痕迹，应即簪珥，整体结构与前者高度相似。同时，徐州北洞山楚王墓女俑、洛阳涧西区西汉陶俑头也在相同位置留有孔隙，应当原也插戴簪珥。美国辛辛那提美术馆藏西汉陶俑头上则保存了相对完整的簪珥模型，垂下部分表现为珠串形象（图22），另有海外私人收藏西汉陶俑造型与前者相同，两只簪珥较为完整，上部为鸟雀云纹，下垂珠串（图23）。[2]

由此可见，姜后、马王堆帛画人物鬓边的珠串应是"簪珥"前端的"耳珰垂珠"，而马王堆一号墓的19件截锥形木饰，就对应着耳珰。

图16　马王堆一号墓T形帛画老妇形象
采自《马王堆一号汉墓》

图17　马王堆一号墓T形帛画线描
采自张玉安《汉魏南北朝步摇研究》

1　王照圆：《列女传补注》，华东师范大学出版社，2012，第47页。

2　李芽等：《中国古代首饰史》，江苏凤凰文艺出版社，2020，第362页。作者认为两件陶俑的首饰是步摇，未辨为簪珥。

图 18　洛阳八里台西汉墓壁画"姜后脱簪珥"部分

美国波士顿美术馆藏

图 19　洛阳八里台西汉墓壁画局部

美国波士顿美术馆藏

图 20　徐州北洞山楚王墓女俑

采自《徐州北洞山楚王墓》

图 21　洛阳涧西区出土西汉陶俑头

采自《洛阳陶俑》

图 22 美国辛辛那提美术馆藏西汉陶俑

图 23 海外私人收藏西汉陶俑
采自《中国古代首饰史》

图 24 越秀区内环横枝岗西汉中期墓出土琥珀耳珰
采自《广州出土汉代珠饰研究》

图 25 战国中期青铜人形灯的圆柱形耳珰
普林斯顿大学艺术博物馆藏，采自官网

先秦两汉的耳珰，有收腰圆柱形、截锥形、钉头形等。不少耳珰为中通，可以穿线悬挂其他耳饰，或将多个耳珰连缀起来。不过，马王堆一号墓主人尸体没有耳孔，而头上有左右两支簪笄。其中玳瑁笄长 19.5 厘米，角笄长 24 厘米，符合"簪以玳瑁为擿，长一尺"的描述。该墓的 19 枚截锥形耳珰两端仍有线状物残留，

而八里台汉墓壁画中的簪珥每边有 10 个左右的珠饰，数量基本吻合。

因此，笔者推测，马王堆一号墓截锥形耳珰原为 10 个一组，穿线编连后固定在玳瑁笄和角笄首端的小孔中（图 28）。根据"珥，耳珰垂珠也"的描述，簪珥上的耳珰应当还附着珍珠（图 27），从而形成壁画上珠珰摇曳的效果。

图 26　扬州邗江西湖胡场汉墓出土玛瑙耳珰

采自《中国金银玻璃珐琅器全集 3》

图 27　汉代蓝琉璃嵌珍珠耳珰

青海省文物考古研究所藏　海东市民和县胡李家汉墓出土

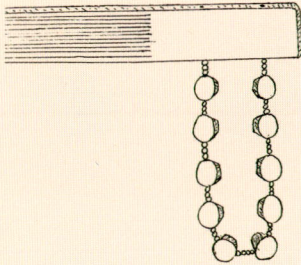

图 28　马王堆一号墓簪耳组合复原图

笔者绘

图 29　马王堆一号墓步摇组合复原图

笔者绘

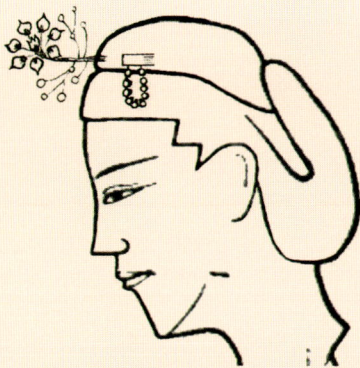

图 30　西汉步摇佩戴效果复原图（侧面）

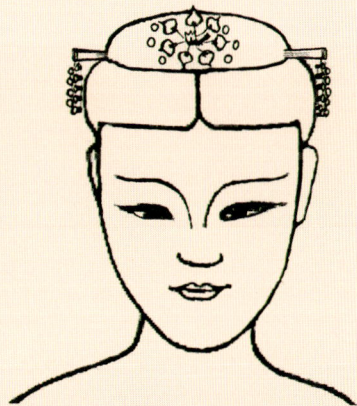

图 31　西汉步摇佩戴效果复原图（正面）

（三）早期步摇形态实证与复原

马王堆一号墓的首饰构件，除去确定的簪珥构件之外，其余是一支竹笄，7 件花瓣形木饰，三叉形、梯形、半弧形木饰各一件。考古报告称，这些木饰贴有金

叶。从文献和文物看，步摇的主体是金花。如皇后的"一爵九华"步摇，甘肃武威凉州区红花村出土的"一雀七花"金步摇（图 32），甘肃高台地埂坡魏晋墓 M4 出土的步摇金花等（图 34）。

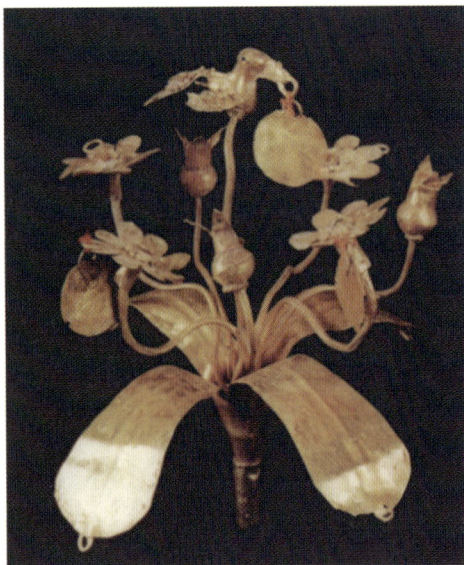

图 32　武威凉州区汗佐乡红花村西汉金步摇

甘肃省文物考古研究所藏，采自《中国金银玻璃珐琅器全集 1》

图 33　湖南长沙黑槽门东汉早期墓葬出土镶绿松石云纹金珰

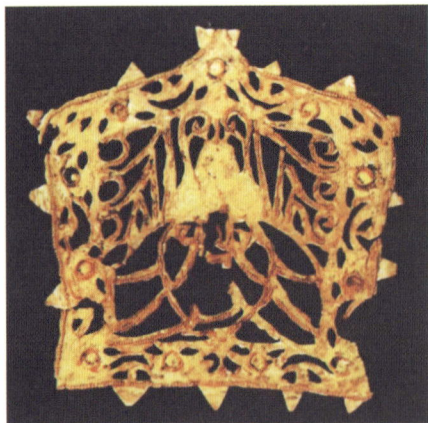

图 34　甘肃高台地埂坡魏晋墓 M4 出土金花步摇、金珰

采自《中国金银玻璃珐琅器全集 1》

可见，马王堆一号墓的 7 片贴金花瓣，应与洛阳八里台壁画图像一样，是组合为花形、插在额前的步摇。巧合的是，洛阳八里台汉墓壁画中后妃的步摇花也为 7 瓣左右，其余几片木饰则符合花蕊、花萼的形状。

因此，马王堆一号汉墓步摇套件应复原如下：7 片花瓣由金线连缀为花朵，以三叉形木饰为花蕊，以梯形、半弧形木饰为花萼花托，连缀于竹笄首。参考同墓帛画及文献记载，推测步摇上还应系有垂珠类饰物。步摇套件的佩戴效果应如图 30、图 31。

值得注意的是，步摇花一般应为黄金制品，耳珰一般为珠玉玻璃制品，而马王堆一号墓的步摇和簪珥垂珰都为木制（带贴金），推测可能是一种葬具形式。[1]

马王堆一号墓主人生于秦朝初年，距离楚国灭亡只有短短数年。宋玉《讽赋》中"垂珠步摇"搭配"翡翠之钗"的装束，正是战国后期的楚风装扮。可见战国至西汉初步摇套件已经成熟。

四　东汉魏晋步摇套件的形态考证与复原

西汉初假发、步摇、簪珥的三构件组合，奠定了《后汉书·舆服志》所记载的后妃命妇礼仪性首饰系统的基础。西汉中期至东汉，女性的发髻从垂髻、平髻演变为高髻，步摇也从平插式变为立式，同时发展为一种元素繁多的大型首饰。

《后汉书·舆服志》所谓"步摇以黄金为山题"及"金题，白珠珰，绕以翡翠为华云"[2]，是指步摇的基座是白珠装饰、施以云纹翡翠的金珰。金珰是一种桃形或近五边形的金饰件，有的上缘呈山字形翘起，即所谓"山题"。金珰文物最早见于战国燕下都辛庄头 30 号燕国贵族墓。满城汉墓、南越王墓、大云山江都王墓等高级贵族墓葬也多见。湖南长沙黑槽门东汉早期墓葬出土的金珰，主纹为掐丝云纹，镶绿松石珠，施炸珠，接近文献对皇后步摇金珰的描述（图 33）。甘肃敦煌前凉张弘妻氾心容墓，墓主人头部有蝉纹金珰，为女性头饰的金珰实例。甘肃高台地埂坡魏晋墓 M4 出土了步摇花、金珰、黄金龙首（疑似"黄金龙首衔白珠"簪珥），具备了步摇套件的主要元素（图 35）。

据左骏考证，早期的金珰是附着在男子漆纱缅冠的金饰，冠的两侧留有插戴羽毛的金饰（图 36）[3]。西汉江充作为燕赵男子，日常所服是"冠禅缅步摇冠，飞

1　马王堆一号墓主人葬于汉文帝时期。文帝提倡薄葬，"治霸陵皆瓦器，不得以金银铜锡为饰"，由于贵族墓葬不得超过帝王墓葬的规格，因此墓中基本没有出现金玉器物。

2　中华书局 1975 年版《后汉书》点校为"金题，白珠珰绕，以翡翠为华云"，误。

3　左骏：《金珰曜骏麟：看战国至汉羊纹金饰的一个新视角》，《大众考古》2019 年第 10 期。

翻之缨"，由此推测，燕赵汉族男子步摇冠，应是在漆纱纚冠的金珰上施加步摇的结构形式。北周王褒《日出东南隅行》描写"执金吾"的装束为"银烛附蝉映鸡羽，黄金步摇动襜褕"[1]。"附蝉"指以蝉纹装饰的金珰，冠上还有鸡羽和黄金步摇，仍是汉代燕代赵国男子的遗风。

图 35　甘肃高台地埂坡魏晋墓 M4 出土黄金龙首
采自《中国金银玻璃珐琅器全集 1》

后来，步摇和金珰结合的做法也被女性步摇吸收，确定了立式步摇的构式。

"一爵九华"的形象可参考武威凉州区红花村一雀七花金步摇（图32）。六兽为"熊、虎、赤罴、天禄、辟邪、南山丰大特"，对应周制的"六珈"，后四者都是传说中的神兽。汉晋高级墓葬出土了一些相应的神兽金饰形象，有些可能是首饰构件，如河北定州东汉中山穆王刘畅墓出土金羊群、金辟邪、金天禄，安徽当涂县孙吴"天子坟"出土金瑞兽等。两座墓葬也出土了步摇叶片、黄金龙首。内蒙古乌兰察布市凉城小坝子滩窖藏出土西晋金熊饰，相关研究认为应是服饰上的装饰。

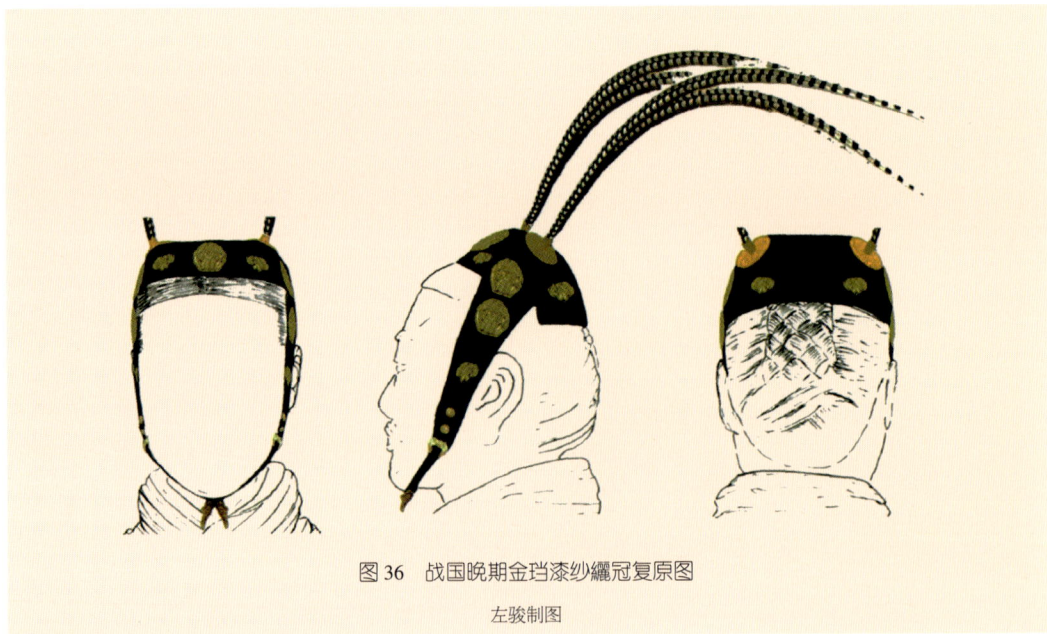

图 36　战国晚期金珰漆纱纚冠复原图
左骏制图

1　（宋）郭茂倩：《乐府诗集》卷二八，人民出版社，2010，第 647 页。

图 37　河北定州中山穆王刘畅墓出土金羊群
采自《中国金银玻璃珐琅器全集 1》

图 38　河北定州中山穆王刘畅墓出土金辟邪
采自《中国金银玻璃珐琅器全集 1》

图 39　河北定州中山穆王刘畅墓出土金天禄
采自《中国金银玻璃珐琅器全集 1》

图 40　河北定县中山王刘畅墓金龙首
采自《中国金银玻璃珐琅器全集 1》

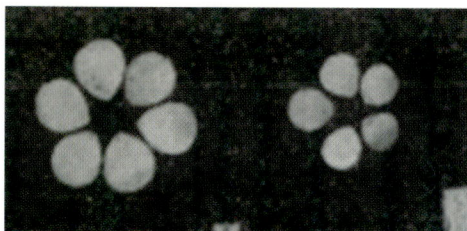

图 41　河北定州中山穆王刘畅墓出土金步摇花镊

图 42　安徽当涂县孙吴"天子坟"出土金步摇花镊
当涂县博物馆藏

图 43　安徽当涂县孙吴"天子坟"出土金瑞兽

当涂县博物馆藏

图 44　安徽当涂县"天子坟"孙吴大墓金龙首

当涂县博物馆藏

图 45　内蒙古乌兰察布市凉城小坝子滩窖藏出土西晋金熊饰

采自《金色中国》

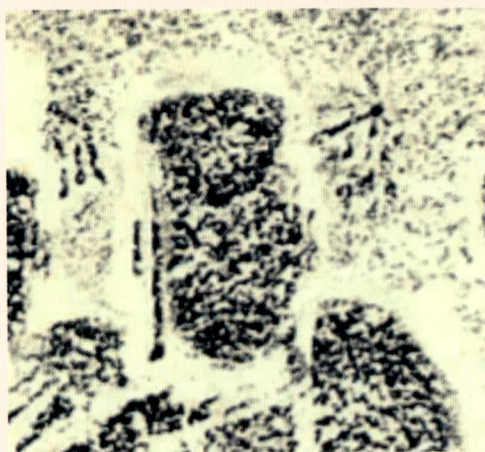

图 46　四川德阳柏隆乡出土画像砖

采自《中国画像石全集 1》

图 47　四川彭州太平乡出土汉画像砖

采自《中国画像石全集 1》

图 48　四川大邑县董场乡出土汉画像砖
采自《中国画像石全集 1》

图 49　东汉步摇套件构拟复原图
笔者制图
（五起大髻、金珰、一爵九华步摇、黄金龙首衔白珠簪珥）

《后汉书·舆服志》记载簪珥的簪体（摘）有瑇瑁摘、鱼须摘等不同材质，簪首分为凤皇爵、黄金龙首等，都装饰白珠，左右各一支，横插来固定假髻巾帼。四川出土东汉魏晋画像砖上的簪珥多有上扬式的，并在首端系珠珰或其他垂饰。

因此，综合各类文物，笔者对东汉步摇套件形态进行了构拟复原（图 49）。

汉魏六朝诗赋对步摇套件多有描写，既有礼仪性的步摇、簪珥，也有头戴类步摇饰品（金摇、金翠），插戴翠翘或耳戴珠珰的。曹植《洛神赋》：

披罗衣之璀粲兮，珥瑶碧之华琚。戴金翠之首饰，缀明珠以耀躯。

（李善注：刘骓骏《玄根赋》：戴金翠，珥珠玑。刘熙《释名》曰：皇后首饰曰副。）[1]

曹植《七启》：

戴金摇之熠耀，扬翠羽之双翘。[2]

傅玄《艳歌行·有女篇》：

头安金步摇，耳系明月珰。[3]

傅玄《艳歌行》：

1　（南朝梁）萧统撰，（唐）李善注：《文选》卷三四，中华书局，1977，第 270 页。

2　《文选》卷一九，第 488 页。

3　（南朝陈）徐陵编：《玉台新咏》卷二，中华书局，1985，第 74 页。

首戴金翠饰，耳缀明月珠。[1]

魏晋时，命妇首服系统中增加了"宝钿蔽髻"的形式，以钿数区分命妇的等级（表2）。晋成公绥《蔽髻铭》有"或造兹髻，南金翠翼。明珠星列，繁华致饰"[2] 的描述，可见这是一种以金翠、宝钿装饰的独立假髻。笔者推测，司马金龙墓屏风画贵妇头正上方的发髻即蔽髻。其髻底部为一细圈饰，上立齿状分支，悬挂点状金饰，应为宝钿，四周树立一些较长的金饰（部分脱落），两侧还有下垂的金色簪珥的痕迹（图50、图51）。

表2	晋朝命妇首服制度
级别及场合	首服
皇后（谒庙、蚕）	假结、步摇、簪珥
	或十二钿、步摇、大手髻
皇太子妃（昏礼）	九钿、步摇
贵人、贵嫔、夫人（助蚕）	七钿、蔽髻、黑玳瑁簪珥、太平髻
九嫔、公主、夫人（助蚕）	五钿、蔽髻、簪珥
世妇（助蚕）	三钿、蔽髻、簪珥
长公主（会见）	七钿、步摇、簪珥、太平髻
公主（会见）	七钿、簪珥、太平髻
公特进侯卿校世妇、中二千石、二千石夫人（入庙佐祭）	无钿、绀缯蔮、黄金龙首衔白珠鱼须擿簪珥
其他	六品下得服金钗以蔽髻

图50　司马金龙墓漆屏风（鲁师春姜）
摄于南京博物院

图51　司马金龙墓漆屏风（班婕妤）
摄于南京博物院

1　逯钦立：《先秦汉魏晋南北朝诗》，中华书局，1983，第555页。

2　（唐）虞世南：《北堂书钞》卷一三五，学苑出版社，1998，第388页。

当涂县孙吴大墓"天子坟"不仅出土了步摇花、神兽、黄金龙首、金胜饰等，还有十三枚水滴形金钿（图52）。金钿工艺为掐丝炸珠，制作精细，其中一枚比其他十二枚更硕大华美。该墓葬被疑为孙吴景帝孙休与其皇后朱氏的合葬墓。[1]孙休死后，朱皇后于甘露元年被后主孙晧逼死，与孙休合葬。《三国志·吴书·妃嫔传》注引《江表传》载孙晧曾"使尚方以金作华燧、步摇、假髻以千数"[2]。朱皇后可能仍以太后级别下葬，因此享用了步摇和比皇后更高的"十三钿"。类似

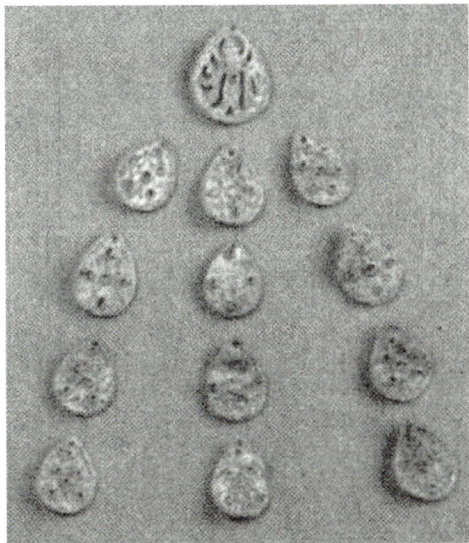

图52　水滴形金钿
采自《安徽当涂发现高等级东吴宗室墓葬"天子坟"》，《中国文物报》2017年3月10日第8版

情况可对比隋炀帝萧后礼冠，上有十二枚水滴形宝钿，又有十三棵花树，比当时皇后的"华十二树"多一树（图109）。萧后葬于唐贞观二十一年（647），其这类做法可能来自古代皇家丧葬传统。

孙吴"天子坟"的十三枚金钿是独立的，尖端有穿孔，应为悬挂式，用法与司马金龙墓屏风画类似，位于蔽髻基座位置，后世花树冠、凤冠的钿饰也在同一位置。笔者认为，宝钿的出现代替了原步摇下部的金珰，其形态、装饰工艺、位置均有相似之处，而金珰在后世女性首饰中逐渐消失。

五　金花与摇叶：步摇的核心构件考证

以往学者认为步摇的核心构件是摇叶，实为误解。步摇最核心的要素始终是金花，而金摇叶在古籍中称"金镊"，是从属构件。

从文献上看，不仅皇后步摇有"一爵九华"的形制，南朝诗文咏"步摇花"者尤多。梁范靖妇《咏步摇花》、[3] 梁简

1　安徽省文物考古研究所等：《安徽当涂发现高等级东吴宗室墓葬"天子坟"》，《中国文物报》2017年3月10日第8版。

2　（晋）陈寿撰，（南朝宋）裴松之注：《三国志》，中华书局，2001，第1202页。

3　《玉台新咏》卷二，第208页。

文帝《答新渝侯和诗书》"九梁插花，步摇为古"[1] 等，都说明步摇的标志性元素是花。

从文物看，步摇相关的文物都突出了花的形象。如川渝地区流行的东汉簪花陶俑，以巾帼插戴三支花饰，就是仿照步摇套件的形式。北魏司马金龙墓漆屏风画中，娥皇、女英、周太姜等古王后戴三支

图 53　巴蜀汉陶博物馆藏踏鼓女舞俑
采自《中国陵墓雕塑全集》

图 54　上海博物馆藏东汉女抚琴俑
采自《中国陵墓雕塑全集》

图 55　北魏司马金龙墓漆屏风（周太姜）
摄于南京博物院

图 56　北魏司马金龙墓漆屏风（娥皇女英）
摄于南京博物院

1　（唐）欧阳询：《艺文类聚（上）》卷五八，上海古籍出版社，1999，第1042页。

图 57　北魏司马金龙墓漆屏风
（舜后母）

摄于南京博物院

图 58　朝鲜安岳十六国冬寿墓壁画
刘拓摄

图 59　临淄商王村战国墓出土金耳饰
采自淄博市博物馆网站

图 60　内蒙古鄂尔多
斯市杭锦旗阿鲁柴登
出土战国耳饰

采自《中国金银玻
璃珐琅器全集 1》

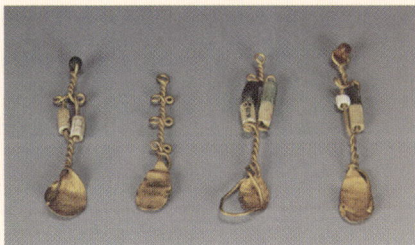

图 61　辽宁省西丰县西岔沟墓地
出土西汉耳饰
采自《中国金银玻璃珐琅器全集 1》

图 62　吉林榆树大坡老河深汉墓
出土耳饰
采自《珠光翠影：中国首饰史话》

金黄色花饰，舜后母戴一支花饰，而班婕妤、鲁师春姜等则无花饰。可见此花饰是礼制等级的标志物，即步摇花。同时发髻两边还插有下弯状的金黄色簪，簪首垂悬于耳畔，应即簪珥。朝鲜安岳十六国冬寿墓壁画上，女主人发髻前平插六花连枝形首饰，也为步摇。

以往学者所谓"摇叶"，在古籍中称"黄金锸"，属于簪珥的构件——簪以瑇瑁为擿，下有白珠，垂黄金锸。汉魏六朝词汇中"锸"可以指一种金属垂饰，如《西京杂记》：

> 上设九金龙皆衔九子金铃，五色流苏，带以绿文紫绶，金银花锸。每好风日，幡旄光影，照耀一殿，铃锸之声，惊动左右。[1]

王粲《七释》：

> 戴明月之羽爵，杂华锸之蕤葳。珥照夜之双珰，焕煜熠以垂晖。[2]

后秦弗若多罗、鸠摩罗什译《十诵律·第六诵之二》：

> 六群比丘以金银锁锸穿耳。佛言，不得以锁锸穿耳。穿耳者突吉罗。长老跋提。本白衣时着葡萄叶锸。……诸居士言，汝等不着金银叶锸，何用圈耳为？[3]

对于"锸"的声旁"聂"字，《康熙字典》这样解释："《集韵》弋涉切，音叶。与揲同。揲揲，动貌……又尺涉切，音諨。木叶动貌。"[4] "聂"加金旁，应含有金属摇叶之意。"葡萄叶锸""金银叶锸"等词汇也表明"锸"与"叶"有相近关系，"花锸""华锸"则应是指花形的金叶片。

战国至汉代中国北方存在不少垂金锸形式的饰品，如临淄商王村战国墓出土金耳饰（图59），运用炸珠、镶嵌等工艺，下垂多层夹玉金锸，极尽精美奢华。内蒙古鄂尔多斯市阿鲁柴登出土战国耳饰（图60）、辽宁西丰县西岔沟墓地出土西汉耳饰（图61）、吉林榆树大坡老河深汉墓出土耳饰（图62）等则垂素面金锸。然而，同时期周边的斯基泰文化金饰并未出现垂金锸装饰。可见，先秦以来，金锸饰的装饰工艺一直在中国北方传承、流行、发展，绝非公元前

1　（汉）刘歆等：《西京杂记》，上海古籍出版社，2012，第13—14页。

2　（宋）李昉：《太平御览》第六册，河北教育出版社，1994，第593页。

3　［日］高楠顺次郎、渡边海旭监修：《大正新修大藏经》第二十三册，新文丰出版公司，1983，第267—268页。

4　（清）张玉书等：《康熙字典》（未集中），哈佛大学汉和图书馆藏善本，第117页。

后才从中西亚传入，至于其更早的起源还有待进一步探索。

以往学界认为，汉晋时期的水滴形金片饰即为步摇的摇叶，如河北定县43号汉墓（中山穆王刘畅墓）出土24枚、南京郭家山M1东晋墓出土52枚等（图63）。韦正发现，中原南方地区的水滴形金摇叶，穿孔多在尖头，而北方草原民族步摇多在宽大的一端。[1]

但笔者认为，中原南方地区尖头穿孔的水滴形金饰有些并非摇叶，而是步摇花的花瓣。例如，安徽当涂县孙吴大墓分别出土了水滴形金饰和长形金叶（图64），

如果分别按花、叶来组合，恰好与司马金龙墓漆屏风上的步摇相契合（图65）。武威"一雀七花"汉代步摇和高台地埂坡魏晋墓步摇也都是金花配金叶，符合《咏步摇花》中"宝叶间金琼"的描写。三燕鲜卑步摇却是有叶而无花（图66），体现了前文提及的"花（华）镊"和"叶镊"的区别。

综上所述，汉式女性步摇的核心构件为金花，中原南方的尖头穿孔水滴形金饰即步摇的"花镊"，源自中国本土的传统装饰手法，并非来自中亚摇叶冠。

图63　南京郭家山M1东晋墓出土水滴形金片饰
采自《中国金银玻璃珐琅器全集1》

1　韦正：《金珰与步摇：汉晋命妇冠饰试探》，《文物》2013年第5期。

图 64　安徽当涂孙吴大墓出土金片饰（花镊、叶镊）

当涂县博物馆藏，笔者摄

图 65　北魏司马金龙墓漆屏风（周太姜头饰局部）

图 66　内蒙古博物馆藏马头步摇（叶镊）

采自《中国金银玻璃珐琅器全集1》

　　另外应辨正的是，《女史箴图》《列女仁智图》中的首饰以往被认为是步摇，但其形态并不符合步摇结构，笔者认为它们是簪珥的变体。该首饰底端为花形托饰，上部为凤鸟形饰，符合太后簪珥"端为华胜（花形胜饰），上为凤皇爵，以翡翠为毛羽"的描述；左右各一支，间隔一块发髻，相对而立，符合"左右一，横簪之，以安薿结"的描述，可以称为凤簪珥。随着发髻的升高，簪珥也从平插式变为立式。有趣的是，《女史箴图》中的部分仕女仍梳西汉早期流行的垂髻（图68），是为古风遗存的证据。

图 67　《女史箴图》摹本局部（1）

图 68　《女史箴图》摹本局部（2）

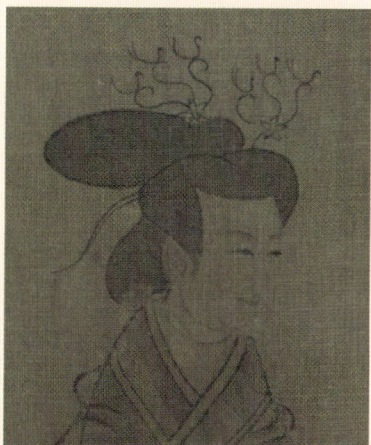

图 69　《列女仁智图》摹本局部（1）

图 70　《列女仁智图》摹本局部（2）

图 71　辽宁北票房身村二号墓出土前燕金步摇

采自《中国金银玻璃珐琅器全集1》

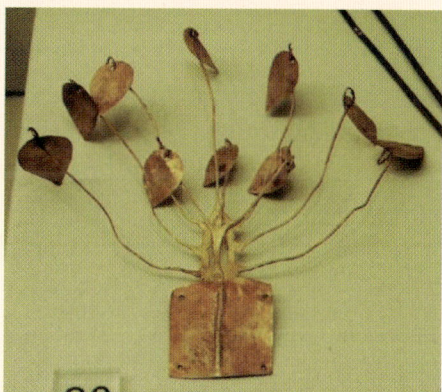

图 72　辽宁北票喇嘛洞七号墓出土金珰带孔金步摇

采自《步摇冠与步摇花》

六　汉式步摇与其他文化头饰的关系考辨

（一）汉式步摇对三燕步摇、匈奴头饰的影响

金珰步摇结合的形制又被鲜卑族学习吸收。出土发现的三燕步摇文物显示了完整的金珰枝叶结构，有时将金珰做成兽头的形状，体现了鲜卑文化的特色。鲜卑步摇文物的金珰上往往留有孔隙（图71、图72），应是缝在鲜卑帽等织物首服上的。

《十六国春秋》与《晋书》均记载，慕容鲜卑的"慕容"源于"步摇"，因其先祖莫护跋于魏初入居辽西，好戴燕代步摇而得名。《后汉书》载，乌桓妇女佩戴类似步摇的句决。乌桓与鲜卑同源，为东胡系，"慕容"与"步摇"及其别称"珠松"在音韵上也有较大相似性。《十六国春秋辑补·卷二十三》：

> 时燕代少年多冠步摇冠，（莫护）跋意甚好之，乃敛发袭冠，诸部因呼之为步摇，其后音伪为慕容，

遂以为慕容为氏焉。[1]

《晋书·载记第八》：

> 时燕代多冠步摇冠，莫护跋见而好之，乃敛发袭冠，诸部因呼之为步摇，其后音讹，遂为慕容焉。[2]

《晋书·志第十五》：

> 首饰则假髻，步摇，俗谓之珠松是也，簪珥。[3]

《后汉书·乌桓传》：

> （乌桓）妇人至嫁时乃养发，分为髻，著句决，饰以金碧，犹中国有簂步摇。[4]

除金珰枝叶式步摇冠外，鲜卑还有一种梁架式步摇冠。辽宁北票县西官营子北燕冯素弗墓出土的架梁步摇冠（图73、图74），梁架呈十字交叉，围成半球形，顶上立六支步摇，每条梁有两排小孔，同墓还出台了两件金珰[5]（图75）。辽宁朝

1　（北魏）崔鸿撰，（清）汤球辑补：《十六国春秋辑补》，齐鲁书社，2000，第174页。

2　（唐）房玄龄等：《晋书》卷一〇八，中华书局，1974，第774页。

3　《晋书》卷二五，第2803页。

4　《后汉书》卷九〇，第2979页。

5　辽宁省博物馆：《北燕冯素弗墓》，文物出版社，2015，第59页。

阳王坟山也出土了架梁步摇冠，梁上缀满金叶。并且，这种架梁式步摇冠的戴法在山西大同沙岭北魏 7 号墓漆画上有清晰的再现，架梁缝定在鲜卑帽外，男女皆可佩戴（图 77、图 78）。梁架步摇冠还影响了后来朝鲜半岛的金冠，如朝鲜大丘飞山洞 37 号伽耶墓出土金冠，内层即为梁架式步摇（图 80）。

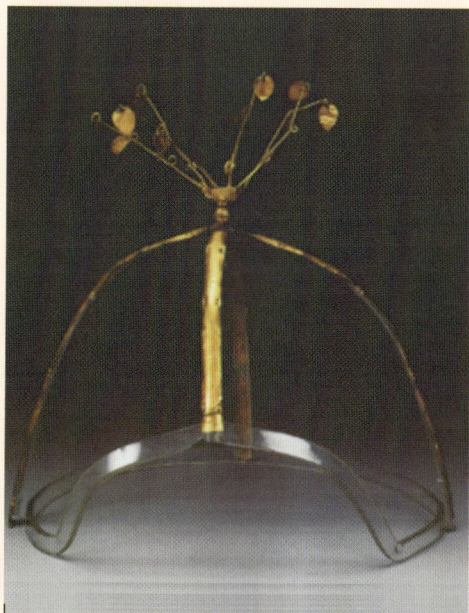

图 73　北燕冯素弗墓出土架梁步摇冠
采自《中国金银玻璃珐琅器全集 1》

图 74　北燕冯素弗墓出土步摇冠、金珰
采自《三燕文物精粹》

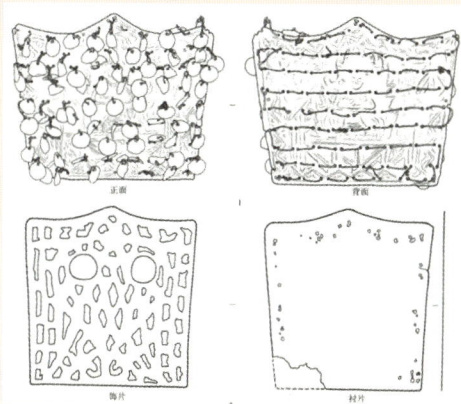

图 75　北燕冯素弗墓出土金珰线描图
采自《北燕冯素弗墓》

图 76　辽宁朝阳王坟山出土步摇冠
采自《北燕冯素弗墓》

图 77　大同沙岭北魏 7 号墓漆画局部

采自《头安金步摇，摇曳在平城》

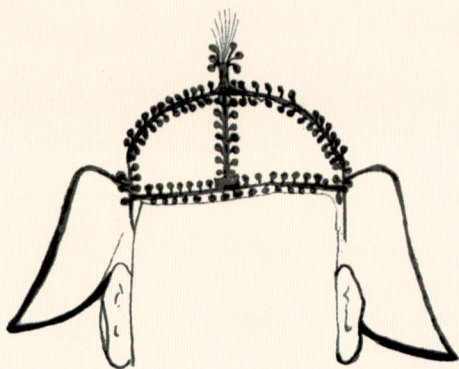

图 78　大同沙岭北魏 7 号墓漆画步摇冠线描图

采自《头安金步摇，摇曳在平城》

图 79　北朝鲜卑帽实物

采自《锦上胡风》

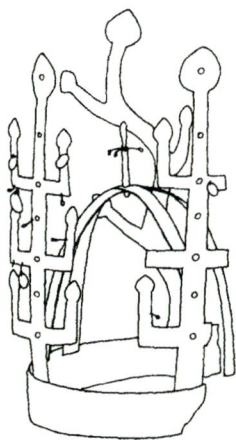

图 80　朝鲜大丘飞山洞 37 号伽耶墓出土金冠
采自《步摇、步摇冠与摇叶饰片》

实际上，鲜卑对于汉式步摇的模仿早在东汉时期已经开始，最初只是元素的移植。例如，内蒙古通辽市科尔沁右翼中旗毛力吐墓葬出土的凤鸟金冠（图 84），据考证为东汉鲜卑墓葬。其结构遵循了战国至汉代时期草原民族的动物金冠的形式（图 81、图 82、图 83），但其上立凤鸟的造型和垂金镊的装饰，则是对武威红花村金步摇的模仿。不过，该冠以点状锤纹代替了炸珠，制作工艺上仍比汉式金步摇粗糙不少。

不仅如此，匈奴首饰也受到了汉式步摇的深刻影响。例如，内蒙古鄂尔多斯市准噶尔旗西沟畔 4 号墓，被认为是归顺东汉的南匈奴贵族墓葬。[1] 该墓出土的首饰有卷云金花、金珰，下部有多个带孔金条饰（图 85），推测应是固定在织物或其他有机质首服上。两边耳饰的上部与西汉晚期

图 81　内蒙古鄂尔多斯市杭锦旗阿鲁柴登出土战国匈奴鹰首金冠饰
采自《中国金银玻璃珐琅器全集 1》

图 82　吐鲁番市交河沟北一号墓地十六号墓出土汉代车师金鹿冠饰
采自《中国金银玻璃珐琅器全集 1》

1　潘玲：《西沟畔汉代墓地四号墓的年代及文化特征再探讨》，《华夏考古》2004 年第 2 期。

图 83　1957 年陕西省神木县纳林高兔村
匈奴墓出土金冠饰

陕西历史博物馆藏

图 84　内蒙古通辽市科尔沁右翼中旗毛力
吐墓葬出土东汉鲜卑凤鸟冠饰

采自《中国金银玻璃珐琅器全集 1》

图 85　内蒙古鄂尔多斯市准噶尔旗西沟畔
4 号墓出土匈奴贵妇首饰

采自《中国金银玻璃珐琅器全集 1》44 页

图 86　西汉晚期仙人骑兽耳饰

采自《海外藏历代雕塑》

图 87　西汉陶俑局部簪耳模型

图 88　内蒙古鄂尔多斯市准噶尔旗西沟畔
4 号墓匈奴贵妇耳饰局部

山题形金耳饰（图 86）相类，下部连缀多颗镶嵌状金饰，则是对连珠式簪珥结构的模仿。整套首饰体现了对汉式巾帼、步摇、簪珥的构式和构件的模仿。

（二）汉式步摇、三燕步摇对朝鲜半岛和日本金冠的影响

东北亚相关文物显示，步摇、金珰和金镊饰，尤其是三燕文化在珰饰、泡饰上加金叶的做法，以高句丽为媒介，输出到 5—6 世纪的百济、新罗及日本岛，深刻影响了它们的冠饰。例如，韩国皇南大塚北坟、金冠塚、武宁王陵、天马塚等墓葬出土的摇叶冠，日本群马县山王金冠塚、三味塚也出土了同类冠饰。

图 89　北燕冯素弗墓缀金叶佛像纹金珰（415）
采自《北燕冯素弗墓》

图 90　辽宁朝阳十二台 88M1 号墓出土三燕鎏金铜缀泡套管摇叶
采自《三燕文物精粹》

图 91　辽宁省北票县喇嘛洞 IM5 墓出土三燕鎏金铜当卢
采自《三燕文物精粹》图版 69 页

图 92　辽宁房身二号墓出土三燕月牙形金牌饰
采自《三燕文物精粹》38 页

图93   吉林集安禹山墓区太王陵出土高句丽金带饰

采自《集安出土高句丽文物精粹》

图94   韩国庆州校洞出土新罗金冠

采自《国立庆州博物馆》

图95   吉林集安高句丽墓出土鎏金铜冠饰

辽宁省博物馆藏

图96   韩国皇南大塚南坟出土新罗银质珰饰双翼冠

图97   朝鲜平壤大成区出土高句丽
金冠饰

韩国国立中央博物馆藏

图98   朝鲜庆州天马塚出土新罗
金冠

图99   日本群马县山王金冠塚
出土金冠

汉式、鲜卑步摇文化向朝鲜半岛、日本岛传播的时间线路是较为清晰的（图89至图99），但从工艺上来说，新罗、百济和日本的冠饰制作较为简单粗糙，尚不具备汉式和三燕步摇的掐丝、炸珠、镶嵌、点翠等精细工艺，同时也有出字树、勾玉等特色装饰手法。

（三）中国步摇与中亚金冠的根本性区别

"步摇西来说"所主张的中国步摇源自中亚金冠，不仅在文物年代的时间线上无法成立（表3），而且两者在结构、元素、工艺造型上都有着根本差异（表4）。

表3	步摇与其他各类金头饰年代
文物	时间
湖南长沙马王堆一号墓步摇套件	公元前 217 年前后（公元前 3 世纪）
俄罗斯萨马尔泰女王墓金冠	约公元前 2 世纪
河南洛阳八里台汉墓壁画步摇	西汉中后期
甘肃武威红花村金步摇	西汉
内蒙古鄂尔多斯市匈奴贵妇金头饰	东汉
阿富汗席巴尔甘 6 号大月氏墓金冠	公元 1 世纪
河北定县东汉中山穆王刘畅墓步摇套件	公元 174 年前后
安徽当涂县孙吴"天子坟"步摇套件	公元 265 年前后
辽宁北票房身村二号墓前燕金步摇	公元 352 年至 370 年
韩国庆州天马塚金冠	公元 6 世纪

表4	步摇与各类金头饰结构工艺对比			
类型	基座	主干	装饰元素	工艺
汉代女子步摇套件	金珰、假髻巾帼	单簇树	金花、金叶镶、白珠等	捶揲、掐丝、炸珠、镶嵌、点翠
汉代男子步摇冠	金珰、漆纱纚冠	单簇树	应有金花、金叶	捶揲、掐丝、炸珠、镶嵌（金珰）
匈奴贵妇头饰	金珰、金条饰、帽	不明	金花	捶揲、掐丝、炸珠、镶嵌
鲜卑三燕步摇冠	金珰（梁架）、帽	单簇树	金叶镶	捶揲、掐丝、炸珠、镶嵌
俄罗斯萨马尔泰女王金冠	金带圈	多簇树	摇叶	捶揲、镶嵌
阿富汗席巴尔甘 6 号大月氏墓金冠	金带圈	多簇树	摇叶、金花	捶揲
韩国庆州天马塚金冠	金带圈	多簇树	摇叶、勾玉	捶揲

从结构上看，中国汉族和鲜卑的步摇都以金珰为基座，男子将步摇缝定于冠帽，女子步摇则安于假髻（巾帼）之上，称"簪步摇"，而非"步摇冠"，因其性质并不是冠。汉式步摇是配合假髻（巾帼）、冠帽、簪珥使用的，为了塑造复杂多变的造型，并不着意于将尺寸做得巨大。

中亚金冠则是另一种结构形式。无论是俄罗斯新切尔卡斯克公元前 2 世纪的萨马尔泰女王墓金冠（图 100），还是公元 1 世纪阿富汗席巴尔甘 6 号大月氏墓金冠（图 101），冠体都是较宽的金带制成的圈式基座，多簇枝叶插在座上，用金较多，形态较大。同时并没有文献记载这类冠有"步摇"或类似读音的名称。

图 100　俄罗斯新切尔卡斯克萨马尔泰女王墓金冠

采自《步摇花与步摇冠》

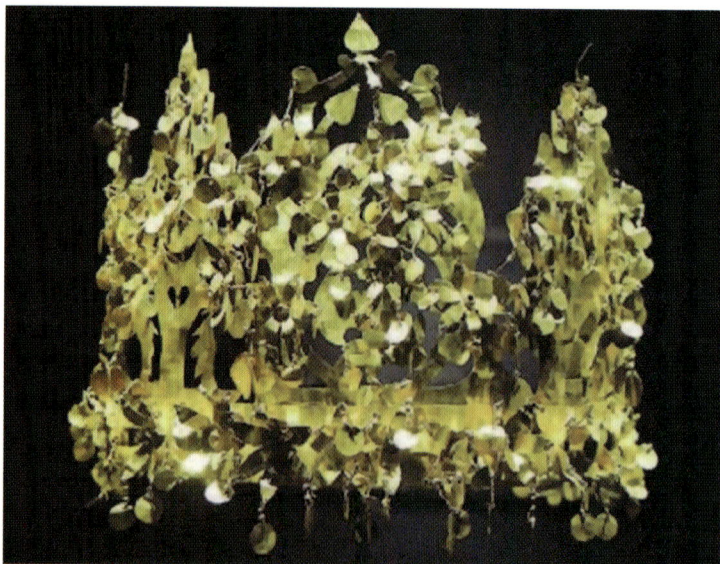

图 101　阿富汗席巴尔甘 6 号大月氏墓金冠

采自《步摇花与步摇冠》

从构成元素上说，前文已考证中国的摇叶（金镍）至少在战国时期就在北方流行，属于传统装饰工艺，且不见于同时期的斯基泰文化。西汉初马王堆一号墓步摇已经使用金镍，不可能从较晚的中亚摇叶金冠学来。

从工艺和造型上看，中国汉式步摇的工艺最为复杂困难，复合了捶鍱、掐丝、炸珠、镶嵌、点翠（诸爵兽皆以翡翠为毛羽）等，装饰手法繁复精巧，花树鸟兽的造型都是抽象写意的，带有神秘特质。萨马尔泰女王墓金冠则装饰了写实风格的女神雕像，周围镶嵌硕大的几何形宝石，金带圈、金树、鸟兽整体是素面的；席巴尔甘 6 号墓金冠则全以素面金片制作，几乎未用任何额外装饰，但以摇叶繁多、造型巨大而引人注目。这些都体现了它们与汉式步摇截然不同的工艺和造型思路。

综上所述，中国步摇有着独立的起源、别具特色的构成形式以及完整的发展脉络和传承序列。"假髻、步摇、簪珥"的三构件体系，沿袭了周代的"副笄六珈"，蕴含深厚久远的历史文化和礼制背景，与中亚金冠有着结构、元素和文化源流上的根本分别。

七　汉式女性步摇在后世的演化脉络

汉式女性的步摇套件，即步摇、簪珥、蔽结的组合，对于中国服饰文化的意义极为重大。它不仅奠定了历代女性礼仪性首服系统的基础，而且为后世各类首饰提供了基本构式和元素的参考，可谓千年典范。

作为礼仪性首服的步摇，之后主要发展出两大分支系统。

一是北朝隋唐命妇的花树博鬓以及后世的凤冠。北朝至隋唐，步摇套件逐渐合为一体：步摇演变为多个花树，簪珥演变为博鬓，蔽结（蔽髻）演变为一个类似冠胎的基座，用以附着宝钿、花树等。该系统以宝钿、花树的数量区别命妇身份等级。这在隋炀帝萧后冠、湖北安陆王子山唐吴王妃杨氏墓、安马家沟唐阎识微夫妇墓出土的冠饰上均有体现。

对于博鬓的来源，以往未有确切考证。梳理北朝至唐初文物的演变轨迹，可以看出它与古簪珥之间有着明显的承袭关系。北魏司马金龙墓屏风中舜后母插一对金首簪珥，元谧线刻舜后母插戴两对尾部渐宽的长条形簪饰，其他妇人只插一对，纳尔逊艺术博物馆藏北魏孝子石棺线刻人物，发髻上立花树，两侧插两对长簪饰。几种簪饰的位置一致，但线刻作品的簪饰已经初具博鬓的形状，应是簪珥到博鬓的过渡形态。后世博鬓通常镶有一圈珠饰，即为汉代珠串式簪珥的遗象。

图 102　北魏司马金龙墓漆屏风画舜后母

摄于南京博物院

图 103　北魏元谧石棺线刻舜后母（反色处理）

明尼阿波利艺术博物馆藏

图 104　北魏元谧石棺线刻闵子骞后母（反色处理）

明尼阿波利艺术博物馆藏

图 105　北魏元谧石棺线刻丁兰木母（反色处理）

明尼阿波利艺术博物馆藏

图 106　美国纳尔逊艺术博物馆藏北魏

孝子石棺线刻局部

采自《北魏孝子石棺线刻画》

图 107　唐初李寿墓线刻局部

西安碑林博物馆藏

图108　保利拍卖北朝花冠

采自《隋唐命妇冠饰初探》

图109　隋炀帝萧后冠复原件

扬州市博物馆藏

图110　宋钦宗朱皇后像局部

台北"故宫博物院"藏

保利拍卖的北朝花冠上，博鬓仍然是长钗式的，从花冠中穿过，用法和古簪珥"左右一，横簪之"相同。隋炀帝萧后冠的博鬓焊接在冠体上，则是更进一步的发展。应注意的是，唐之前花树博鬓系统当时并不称冠，因其性质仍然是巾帼假髻，发展到宋代才称为冠。这一系统至明代又衍生出翟冠等变体，清代至近代的汉族妇女的婚服和戏曲服饰仍对这一系统有所传承。

二是两晋南朝的雀钗双鬟系统。《释名》曰，"爵钗，钗头施爵也"。西晋至南朝时，雀钗成为后妃的礼仪性首饰，并且已经不是简单的一支钗，而是造型复杂、镶嵌杂宝的大型首饰。《晋书·元帝纪》：

将拜贵人，有司请市雀钗，帝以烦费不许。[1]

《晋起居注》：

有司奏今月九日当拜郑夫人，后、婕妤按仪注，应服雀钗袿褑。[2]

夏侯湛《雀钗赋》：

览嘉艺之机巧，持精思于雀钗，

收泉珍于八极，纳琼异以表奇，布太阳而拟法，妙团团而应规。[3]

江总《为陈六宫谢表》：

鹤籥晨启，雀钗晓暎，恭承盛典，肃荷徽章……或有风流行雨，窈窕初日，声高一笑，价起两环。[4]

从以上描述可知，雀钗极尽机巧奢华，价格昂贵，所搭配的发型是两环

图 111　唐昭陵燕妃墓壁画
陕西昭陵博物馆藏

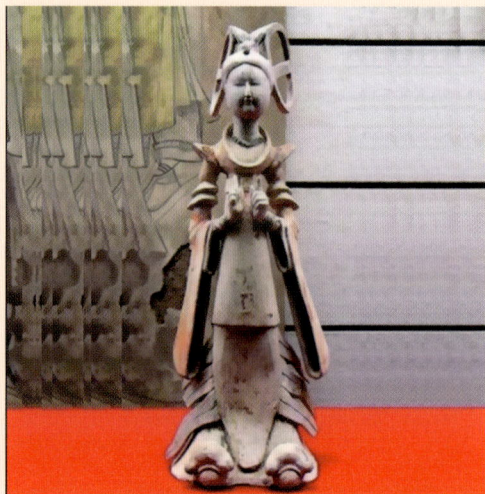

图 112　陕西长武县枣元乡郭村出土唐代陶俑
（发髻正中留有原首饰插孔）

采自《光明日报》

1　《晋书》卷六，第157页。

2　（宋）李昉：《太平御览》第二册，河北教育出版社，1994，第388页。

3　《艺文类聚》卷七〇，第1223页。

4　《艺文类聚》卷七〇，第289页。

（双鬟），搭配的服装是褂衣。这类装束到唐宋仍有传承。雀钗双鬟最初的结构为头上结双鬟假髻，髻前立金雀饰，左右长钗呈放射状排布，从而固定双鬟，即所谓"布太阳而拟法，妙团团而应规"。其构式借鉴了步摇套件，双鬟为假髻，将"一爵九华"简化为一雀，簪珥变为长钗。

《旧唐书》记载南朝梁舞的舞女以漆鬟、金铜杂花模仿雀钗双鬟。唐昭陵燕妃墓壁画以及初唐诸多舞女陶俑上都作此类装束。《旧唐书·音乐志二》：

梁以前舞人并二八，梁舞省之，咸用八人而已……舞四人，碧轻纱衣，裙襦大袖，画云凤之状。漆鬟髻，饰以金铜杂花，状如雀钗；锦履。舞容闲婉，曲有姿态。[1]

撒马尔罕古城大使厅壁画描绘的武则天及侍从也是雀钗双鬟造型，但壁画已漫漶不清（图113）。山西晋城二仙观宋代仙姑像也呈现了雀钗双鬟形态（图114）。

图113　乌兹别克斯坦撒马尔罕古城大使厅壁画摹本武则天与侍从像

图114　山西晋城二仙观宋代仙姑像
采自《中国寺观雕塑全集》

图115　北宋宣祖皇后坐像
台北"故宫博物院"藏

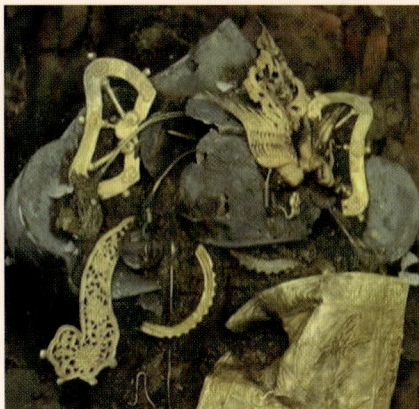

图116　遵义新蒲播州土司杨价墓南宋命妇雀钗双鬟礼冠
采自《土司遗城海龙屯》纪录片

1　（后晋）刘昫：《旧唐书》卷二九，中华书局，1979，第1067页。

北宋宣祖皇后像的冠饰前立凤凰雀饰，两侧安置金制嵌珠的小双鬓，耳侧插博鬓钗（图115）。遵义海龙屯南宋播州土司杨价墓出土了雀钗双鬓礼冠的实物（图116），前方的金雀硕大华丽，与两侧金双鬓、博鬓都固定在金冠上。杨价作为世袭土司，其夫人的命妇礼冠应符合南宋官方形制。山西芮城永乐宫元代壁画上西王母的头冠上部也为雀钗双鬓，下部则插戴博鬓钗，构式与宋代命妇冠相类，含有较多的写实成分。播州土司杨氏墓群出土的明代金冠，其中一顶在梁冠的基础上复合了花冠、翟冠、雀钗双鬓和博鬓的元素，蔚为壮观（图118）。

图117　山西省芮城县永乐宫元代壁画西王母

图118　遵义汇川区高坪镇播州土司杨氏墓明代金冠
贵州省博物馆藏

图119　敦煌莫高窟第61窟东壁门南供养人局部
采自《敦煌壁画全集》

图120　敦煌莫高窟第98窟于阗皇后像局部
采自《敦煌壁画》全集

另外，敦煌莫高窟晚唐五代至宋初壁画女供养人的礼服首饰，如第 61 窟东壁门南供养人、第 98 窟于阗皇后像等，也属于雀钗系统的变体，上立凤鸟形首饰，两侧长钗呈放射状排列，钗首垂金饰是对古簪珥的效仿。

隋唐以来，古步摇已经式微，"步摇"一词转而指代另一种流苏钗饰。但是，古步摇套件的构式、元素和文化内涵，通过花树博鬓、雀钗双鬟两大系统，衍生出明代以来的翟冠、狄髻、凤钗、戏曲冠饰以及西南少数民族银冠等，继续蓬勃发展，并传承千年，体现了步摇无与伦比的生命力和中国首饰文化极强的传承性、延续性。

唐人的"半臂""半袖""背子"
——围绕中、日两国史料的考察[*]

■ 赵诗琪（北京服装学院）

关于"半臂""半袖""背子"等服装形制的问题，学术界始终存在较大争议。沈从文《中国古代服饰研究》和周锡保《中国古代服饰史》考证了唐人的服装半臂为男、女都可穿着的短袖上装，且沈先生认为"半臂"即"半袖"[1]。他们的观点一直影响了后世的服饰研究，为多数服饰史著作和学术论文所袭用。[2] 而后，黄正建和陈诗宇等人则提出了新的观点，他们认为唐人穿着的半臂是男子的服装，唐代妇女穿着的短袖上装为"半袖"，"半臂"不等同于"半袖"[3]。至于"背子"，在不同朝代的形制变化、流行时间等说法更是不一。原田淑人认为，"半臂，背子同为一物，似起源于秦而始流行于隋唐"[4]。周锡保先生认为，唐人的背子应为短式的礼服，但并未说明其具体形象。[5] 陈诗宇等人认为，唐代背子为女性外穿的几乎无袖的外衣。[6]

对于唐人的三种服装，可谓众说纷纭，并未有统一的认识，这背后主要原因在于古代文献中的记录十分庞杂、混乱，文献

* 本文得到国家社科基金艺术学重大项目"中华民族服饰文化研究"（项目编号：18ZD20）、教育部服务国家特殊需求博士人才培养项目"中国传统服饰文化抢救传承与设计创新人才培养"（项目编号：NHFZ20210160）资助。

1 参看沈从文《中国古代服饰研究》七二《唐着半臂妇女》，上海书店出版社，2005，第301页；周锡保：《中国古代服饰史》，中国戏剧出版社，1984，第197页。

2 如高春明认为"有唐一代，半臂不惟女子可穿，男子也喜着之"。参看氏著《中国服饰名物考》，上海文化出版社，2001，第559页。

3 黄正建最早提出"半臂"为男子服饰，可参看黄正建《"半臂"为男子服饰》，《中国文物报》1992年6月21日。此后，像叶娇、陈诗宇等人也相继提出"半臂"是男服，参看叶娇《敦煌文献服饰词研究》，浙江大学，2009；陈诗宇、王非：《唐人的四时衣物》，《紫禁城》2013年第8期。

4 原田淑人：《西域绘画所见服装的研究》，《美术研究》1958年第1期。

5 周锡保：《中国古代服饰史》，中国戏剧出版社，1984，第197页。

6 陈诗宇、王非：《唐人的四时衣物》，《紫禁城》2013年第8期。

与文献之间的说法互不相同,自相矛盾之处比比皆是。文献与图像、服装实物无法对应,从而导致了服饰名物考证存在较多的争议。为厘清"半臂"和"半袖","背子"和"裲裆"等服装形制,本文在现有研究基础之上,爬梳我国现存的文献史料及各类图像,结合日本留存的服饰实物、图像和文学小说、资财帐等古文献,对唐代男子的"半臂"、女子的"半袖""背子"等服装重新进行考辨,针对学界争议较大的问题提出新观点。

一　唐代男子的"半臂"

检索我国现存的唐代文献史料可知,"半臂"是唐代男子的一种服装(表1)。从文献记载中,我们无法窥见其形制,那么唐人的半臂究竟是种什么样的服装呢?日本奈良东大寺内的正仓院南仓收藏有形制十分完整的半臂,其中一件大歌茶䑓缬絁半臂(图1)右襟里层有墨书题记,上面清楚地写着"东大寺大歌半臂 天平胜宝四年四月九日"(图2)。日本天平胜宝四年是唐天宝十一年(752)。通过日本正仓院所藏实物,可判定半臂是一种短袖、交领、有腰襕、有腰带的衣服。这种形制的服装,在唐代各阶层男性间流行,内官、武士、文官、工人、农民、演艺人员、胡人均会穿着。我国敦煌地区发现的

初唐时期石窟壁画,就已出现了图像材料(图3)。唐代各时期墓葬中也出土了穿着半臂的男性陶俑。值得一提的是,唐代女子也会穿着男子的服装。如唐薛儆墓石椁上所刻画的捧包袱侍女(图4),她外穿着男子的翻领袍,肩部突起处呈现出袍内半臂轮廓。

观察图像和实物,可发现半臂最主要的形制特征是腰襕和腰间系带。半臂的腰襕长度,从人体的腰部直至膝部。独特的腰襕不仅在唐代衣物疏中有具体描述,而且在唐人诗词中也成为嘲讽他人的代指。例如,《方干李主簿改令》中写道:

> 措大吃酒点盐,将军吃酒点酱。
> 只见门外著篱,未见眼中安郭。
> (方)
> 措大吃酒点盐,下人吃酒点鲊。
> 只见半臂著襕,不见口唇开袴。
> (李)[1]

此外,半臂腰间拈捻的布带,也是十分重要的配饰。按日本平安时期极为重要的一本文集《枕草子》中的记录,藤原皇室宫人也会穿着半臂,并且作者清少纳言在描述半臂时都会强调其上的腰带,如第一二七段"神乐的歌舞"中写道:"舞人渐次出台来,踏步的声音与拍板相合着,一面整理着半臂的带子,

---

1　(清)彭定求编:《全唐诗》第二五册,中华书局,1960,第9953页。

或理那冠和衣袍的盘领。"[1] 第二三三段"男人的无情"："那个做藏人的女婿穿着绫的表裤，苏枋得外袭，黑半臂……几乎把半臂得带子都搭上了。"[2] 这些记录恰好能够与正仓院半臂实物上的腰带相印证。

束带，是古代中国彰显礼仪的一种重要的衣装形式。中国古人讲"衣冠束带"，表明一个人只有着衣、戴冠、束带，才符合君子的立身准则和礼仪规范，故而宋人米芾在《画史》中言之：

> 近又以半臂军服被甲上，不带者谓之背子，以为重礼，无则为无礼，不知今之士服，大带拖绅乃为礼，不带左衽，皆夷服，此必有君子制之矣。[3]

米芾强调了半臂作为一种武士的戎服，[4]

不仅可以彰显军人的威仪，更借助其上的系带凸显军人的礼仪。唐代保留下来的束带文化，深深影响了日本的服饰，因此我们能够在清少纳言的文字中感受到平安皇室中的束带之风。

可以说，半臂作为唐代男子的一种代表性服装，在中、日两国跨文化交流过程中，发挥着重要的作用。唐王朝两百余年间，日本不断派遣使臣、商贾、学生及僧人来华学习与朝拜，他们羡慕唐朝的物质文明，效仿唐朝的建筑与服饰，半臂正是在这一历史时期下传播至日本，而后在日本皇室及民众间盛行。其不仅成为日本平安时代文官装束中不可或缺的一种服装，而且也作为日本乐舞表演中的一种重要演出服而广泛使用。在日本文政六年（1823）刊刻的唐朝大曲皇帝破阵乐舞图像中，就可见日本舞者穿着演出用的唐装"半臂"（图5）。

表1	唐代史料中关于"半臂"的记载
原文	出处
广陵郡，贡蕃客锦袍五十领，锦被五十张，半臂锦百段新。	《通典》卷六
关文衍为散骑常侍，画九华山图于白绫半臂，号九华半臂。	《云仙杂记》卷二引时逢《青阳记》

1　日文原本与中文译本段落号上有不一致，本文参看中文译本，见 ［日］清少纳言著，周作人译《枕草子》，中国对外翻译出版公司，2000，第228页。

2　《枕草子》，第349页。

3　（宋）米芾：《画史》，载上海师范大学古籍整理研究所编《全宋笔记》第二编，第四册，大象出版社，2006，第289页。

4　黄正建从敦煌文书中发现，半臂是唐代（至少是前期）军人必备的服饰之一。

续表

原文	出处
头玉硗硗眉刷翠，杜郎生得真男子。骨重神寒天庙器，一双瞳人剪秋水。竹马梢梢摇绿尾，银鸾睒光踏半臂。东家娇娘求对值，浓笑画空作唐字。眼大心雄知所以，莫忘作歌人姓李。	《唐儿歌》
三郎独不记何忠脱新紫半臂，更得一斗面，为三郎生日汤饼耶？何忍不追念于前时。	《松窗杂录》
衣一副四事，黄折造衫一领，白吴绫汗衫一领，白花罗半臂一领，白花罗袴一腰。	《刘梦得文集》卷二一
又与生别，掺执都门，生脱紫罗半臂。	《欧阳行周文集》卷六
玄宗赐……紫细绫衣十副，内三副锦袄子并半臂，每副四事。	《安禄山事迹》卷上
房太尉家法，不着半臂。	《妆楼记》
帛绫半臂一，碧绫兰（襕）。天王半臂一。帛绫半臂一，并绫兰（襕）。帛绫半臂一，并兰（襕）。	P. 2567V《癸酉年莲台寺诸家散施历状》
打毬汗透罗裳，令舞酒沾半臂。	P. 3618《秋吟一本》
半臂二。	P. 3274V《唐天宝年间豆卢军某营衣装勘验历》
天九春，蜀衫一，赀印。汗衫一，赀印。裈一，印。袴奴一，赀印。半臂一，白絁，印。襆头、鞋、靺各一。	S. 964V《天宝九至十载张丰儿等春冬衣装簿》
尚书右仆射马周上疏云："士庶服章，有所未通者。臣请中单上加半臂，以为得礼。其武官等诸服长衫，亦请之判余，以别文武。"诏从之。	《中华古今注》卷中
李廷璧干符中试夜，于铺内偶获袄子、半臂一对，廷璧起取衣之。	《唐摭言》卷八
咸通中，郑愚自礼部侍郎镇南海，时崔魏公在荆南，愚着锦袄子、半臂，袖卷谒之，公大奇之。	《唐摭言》卷十二
只见半臂著襕，未见口唇开胯。	《唐摭言》卷十三
紫袖长衫色，银蝉半臂花。	《才调集》卷八
成甫又作歌词十首，自衣缺胯绿衫，锦半臂，偏袒膊，红罗抹额，于第一船作号头唱之。	《旧唐书》卷一〇五
又令皇甫询于益州织半臂、背子、琵琶扞拨、镂牙合子等。	《旧唐书》卷一七四
右羽林中郎将，常衣锦半臂。	《旧唐书》卷一八六
成甫又广之为歌辞十阕，自衣缺后绿衣、锦半臂、红抹额，立第一船为号头以唱，集两县妇女百余人，鲜服靓妆，鸣鼓吹笛以和之。	《新唐书》卷五三
陛下独不念阿忠脱紫半臂易斗面，为生日汤饼邪？	《新唐书》卷七六
时前司马皇甫恂使蜀，檄取库钱市锦半臂、琵琶捍拨、玲珑鞭，颐不肯予。	《新唐书》卷一二五

原文	出处
开元末，得宝符于桃林，而陕尉崔成甫以坚大输南方物与歌语叶，更变为《得宝歌》，自造曲十余解，召吏唱习。至是，衣缺胯衫、锦半臂、绛冒额，立庐前，倡人数百，皆巾幡鲜冶，齐声应和，鼓吹合作。	《新唐书》卷一三四
皇甫询织半臂，造琵琶捍拨、镂牙箫于益州。	《新唐书》卷一八〇
永昌初，子珣上书，擢左台监察御史，无学术，语言蚩恶，后倚以按狱，多徇后旨，故赐姓武，字家臣。既诬雅州刺史刘行实弟兄谋反，已诛，掘夷先墓，得迁游击将军。常衣锦半臂自异，俄流死爱州。	《新唐书》卷二〇九
工十二人，服南诏服，立《辟四门》舞筵四隅，节拜合乐。又十六人，画半臂，执抲鼓，四人为列。舞人服南诏衣、绛裙襦、黑头囊、金佉苴、画皮靴，首饰袜额，冠金宝花鬘，襦上复加画半臂。	《新唐书》卷二二二
每节度使至，诸部献马，酋长衣虎皮，余皆红巾束发，锦缬袄、半臂。	《新唐书》卷二二二

图1 日本正仓院藏大歌茶臈缬絁半臂

采自日本正仓院官网

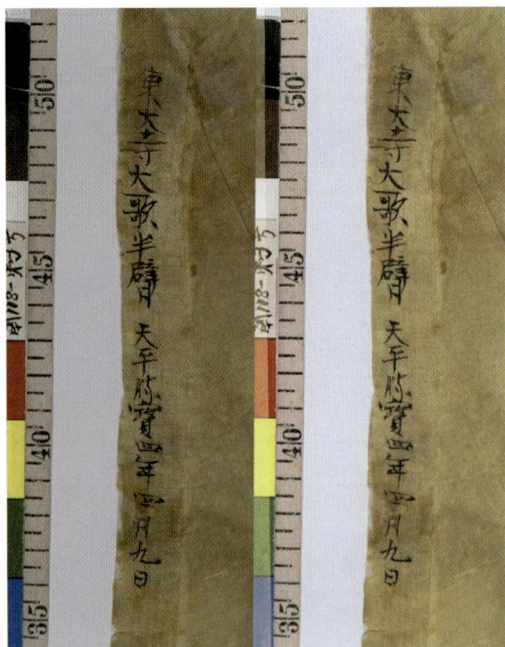

图2 日本正仓院藏大歌茶臈缬絁半臂上的墨书

采自日本正仓院官网

图3　敦煌莫高窟第321窟唐代"修塔造屋"图（穿着"半臂"修塔造屋的工人局部）

采自段文杰主编《中国敦煌壁画全集·5，敦煌初唐》，天津人民美术出版社，2006

图4　唐代薛儆墓捧包袱侍女

采自山西省考古研究所编著《唐代薛儆墓发掘报告》，科学出版社，2000

图5　日本现存的唐朝大曲皇帝破阵乐舞图

采自［日］高岛千春，［日］北爪有乡绘《舞乐图》影印本，收入《域外汉籍珍本文库》，西南师范大学出版社、人民出版社，2010

二　唐代女子的"半袖"

从唐墓壁画及其他视觉媒材中观察，女子也穿着一种短袖服装，与半臂形制极为相似。不同的是，女子服装较为短小，长度仅至女性腰部，没有腰襕和腰间的系带。如上文所述，多数学者认为这种服装即是半臂，又名"半袖"。[1] 笔者赞同黄正建等人提出的新观点，唐代女子穿着的短袖无腰襕的服装并非半臂。持此观点的学者，多基于《唐六典》《大唐开元礼》《通典》《旧唐书》中的记录"女史则半袖、裙、襦"[2]，以及《新唐书》所说"半袖、裙、襦者，东宫女史常供奉之服"[3]，论析女性外穿的短袖上装为半袖。[4] 本节笔者将从另几则文献史料出发，考察唐时妇女间流行的一种短袖窄小齐腰衫子，认为即可能就是唐代史籍中提

及的"半袖"，也证实了唐代女子所穿的短袖服装并非男子的半臂。

"半袖"一词最早见于东汉人刘熙撰写的《释名》，他在《释衣服》一章中考证半袖为"其袂半，襦，而施袖也"[5]。刘熙认为半袖是一种施短袖的襦。唐代笔记小说《酉阳杂俎》记载，楚国寺庙有一尊楚哀王金身铜像，楚哀王身着绣袄和半袖，说明半袖很可能在汉代以前，就已经出现。[6] 两汉时期，在四川出土的陶俑中，常见有穿着半袖的女性（图6）。魏晋南北朝时期，半袖仍旧十分流行，《晋书·五行志》明确记载，魏明帝戴绣帽，穿缥纨半袖。[7] 唐代以降，半袖、裙、襦成为宫廷女官间一套固定的服装组合。不过，从其他文献资料的记述里，半袖并非女子特有的服装，男子也会穿着。

那么，女子的半袖究竟是一种什么样的服装呢？在唐人看来，半袖已经不再是一种襦，而属于衫子一类的服装。根据唐

1　如孙机谈及唐代女装时指出："半臂乃是短袖的上衣。此物又名半袖，出现于三国时。"见氏著《唐代妇女的服装与化妆》，《文物》1984 年第 4 期。

2　（唐）李林甫等撰，陈仲夫点校：《唐六典》卷一二，中华书局，1992，第 352 页；（唐）杜佑撰，王文锦等点校：《通典》卷一〇八《开元礼纂类·皇后王妃内外命妇服及首饰制度》，中华书局，1988，第 2807 页；（后晋）刘昫等撰：《旧唐书》卷四五《舆服志》，中华书局，1975，第 1956 页。

3　（宋）欧阳修等撰：《新唐书》卷二四《车服》，中华书局，1975，第 523 页。女史是唐代宫廷中较底层的女官。唐代宫廷管理十分复杂，妃嫔们有"内官"制度，而管理宫中事务的宫人则有"宫官"制度。宫官职位最高，在她们之下有六局，每局皆有女官掌管。六局下又有二十四司，各司也有负责女官。此外，还有二十四掌、女史等各级女官，她们分别负责宫中衣食住行等各项事务。具体可参看高世瑜《唐代妇女》，三秦出版社，1988。

4　黄正建在《走进日常——唐代社会生活考论》一书中论述"半臂"时说："至于女子所穿，似应称为'半袖'。"参看黄正建《走进日常——唐代社会生活考论》，中西书局，2016，第 198 页。

5　（汉）刘熙：《释名》卷五《释衣服》，中华书局，1985，第 81 页。

6　（唐）段成式撰，方南生点校：《酉阳杂俎》，中华书局，1981，第 262 页。

7　（唐）房玄龄：《晋书》卷二七《五行》，中华书局，1974，第 822 页。

末五代马缟《中华古今注》"衫子背子"条中的记录：

> 衫子自黄帝垂衣裳，而女人有尊一之义，故衣裳相连。始皇元年，诏宫人及近侍宫人皆服衫子，亦曰半衣，盖取便于侍奉。[1]

马缟声称"半衣"自秦时起就流行于宫人间，因便于侍奉君王，而一直沿用。与马缟同时代的冯鉴在其《续事始》中，也考证了女子穿着的"衫子"，他引用唐人《实录》中的记载，追溯了"衫子"在唐以前的发展演变：

> 《实录》曰：古者女子衣与裳连，状如披衫，而制之短，长与裙相似。秦始皇方令短作衫子，长袖，犹至于腰。陈时宫中，尚短袖窄小衫子，才用八尺物为衫，颜色不一。隋文帝用一丈物为之，即今有印䩄缬衫子，唐宫人亦以一丈为之。[2]

冯鉴所说的秦时长袖齐腰的衫子，很可能就是马缟提及的"半衣"。这种衣服在唐代懿德太子墓壁画当中仍可找到具体实例（图7）。随后冯鉴又说南朝陈宫中开始流行的一种短袖窄小齐腰的衫子，并

图6　陶立舞俑（东汉，成都六一一所汉墓出土）
采自成都博物馆主编《花重锦官城：成都博物馆历史文物撷珍》，四川美术出版社，2018

图7　执扇宫女图［唐中宗神龙二年（706），陕西省乾县懿德太子墓第三过洞西壁北侧壁画］
采自冀东山主编《神韵与辉煌——陕西历史博物馆国宝鉴赏：唐墓壁画卷》，三秦出版社，2006

1　（五代）马缟：《中华古今注》，中华书局，1985，第20页。

2　（前蜀）冯鉴：《续事始》，载（明）陶宗仪《说郛三种》卷十，上海古籍出版社，1988，第216页。

图 8　宫女图［唐神龙二年（706），陕西省乾县乾陵永泰公主墓出土，现存于陕西历史博物馆］

采自徐光冀主编《中国出土壁画全集》卷 7，科学出版社，2011

且一直风靡至隋唐宫廷之中。根据前后语意，短袖衫子当是由半衣演变而来，只不过袖身变得尤为短小，而其形制、使用人群恰好与唐代史籍记述的半袖相符。对应与皇室有关的唐代墓葬壁画进行考察，可发现其中描绘的宫廷妇女多穿着短袖上衣，如山西太原市焦化厂唐墓、陕西省乾县乾陵永泰公主墓（图 8）、陕西省富平县宫里乡南陵村唐节愍太子墓等。此外，

还有像故宫博物院（图 9）和东京国立博物馆收藏的唐代女性陶俑（图 10），女子也穿着的是短袖窄小齐腰的上衣，衣服颜色不尽相同。随着习俗易变，在唐后期，短上衣已不见前期窄小特性，而愈渐宽博，且被扎系在裙内，不过仍旧可从图像窥见其原初的半袖形制（图 11）。尽管冯鉴所说短袖衫子的起源令人怀疑，但从以上两则文献材料和图像材料来看，至少可

图 9　灰陶彩绘打鼓女俑（唐，高 20 厘米，底宽 10 厘米，故宫博物院藏）

采自故宫博物院编：《故宫博物院藏品大系·雕塑编·3》，紫禁城出版社，2009

图 10　三彩女子俑（唐，8 世纪，高 43.7 厘米，东京国立博物馆藏）

采自［日］百桥明穗、中野彻编：《世界美术大全集·东洋编》第 4 卷，东京：小学馆，1997

以说明一种经过演变的短袖窄小外衣，曾在唐代宫廷女性间风靡一时。短袖衫子的衣身紧小、色彩丰富，十分符合女性的审美需求以及实用需要，尤其对于那些专门侍奉皇帝的女官们来说，更是工作必备的着装。

如若上述论证成立，那么将图像中女性所着的短袖外衣视为"半臂"的说法，就值得商榷。不少服饰研究者，将男子"半臂"与女子"短袖衫子"混为一谈了。至于唐人为何将早期的半袖襦视为一种女性的短袖衫子？或许是缘于衫在魏晋南北朝时期普遍流行，衫逐渐取代了襦，衫子与单襦的界定愈加模糊。对于唐人来说，两者似乎可等同。

图 11　女侍从（唐，8 世纪，陕西省西安市长安县韦曲南里王村唐墓出土，陕西历史博物馆藏）

采自徐光冀主编《中国出土壁画全集》卷 7，科学出版社，2011

三 唐代女子的"背子"

除了短袖衫子，在唐墓壁画与出土陶俑当中，我们还能看见女性上身穿着的另一种短衣，如山西长治市北董村出土的一组八人加彩演奏女子坐俑（图12），中间跪坐的两人外套了一件短袖衫子，旁边的六人则穿着一种几乎无袖的短衣。这种衣式同日本正仓院南仓库房中收藏的第43号吴女衣物（图13）形制完全一致，正仓院御物清单将其命名为"背子"。正是受这一定名影响，从事服装史研究的学者将唐代女子的背子视为一种几乎无袖的短衣。[1] 对此，笔者尝试围绕中、日两国史料，提出一种新的观点，认为无袖短衣并非唐人的"背子"，而是"裲裆"。背子在唐时，是女子穿于最外层的一种大袖礼服。

首先对于正仓院所藏的吴女衣是否为唐人的背子提出四点质疑。第一，背子确是唐代的一种服装，在敦煌歌辞《三冬雪·望济寒衣》就说道："尊夫人，也相谒。敬佛敬僧人尽说。背子衫裙百种衣，施交御彼三冬雪。"[2] 但日本正仓院收藏的第43号吴女衣物上仅写明了"东大寺前吴女六年"字样的墨书题记，并未说明这件衣物就是背子，而昭和十二年至十四年（1937—1939）日本宫内厅正仓院

图12 演奏女子坐俑（加彩，7世纪后半叶，山西长治市北董村出土）

采自 "A walk through the peony garden-women image in the Tang Dynasty" 展览图录，中日新闻社，2004

1　陈诗宇等人认为，几乎无袖的为"背子"，而中袖短袖的为"半袖""短袖"。见陈诗宇、王非《唐人的四时衣物》，《紫禁城》2013年第8期。

2　任半塘编著：《敦煌歌辞总编》（全三册），上海古籍出版社，1987，第1050页。

图 13　正仓院南仓藏第 43 号吴女衣物

采自日本正仓院官网

事务所所管书目中却写为了"赤地锦背子"。墨书题记既无明确的服装名称，"背子"一名的由来，疑为后人定名。

第二，核对日本西大寺、广隆寺、观世音寺资财帐中与吴女有关的衣物记录，并未出现"背子"。[1] 但是在一本《延喜五年观世音寺资财帐》中却提到了一件吴女衣物："绯地钱锦柄裆"[2]。日本元文三年至延亨三年（1738—1746）狮谷白莲社刻本《一切经音义》（唐代音义类训诂学著作）当中，恰好就有"柄裆"条目，词条中说："柄裆音两当。《释名》云：'其一当胸，其一当背，回以名之也。'"[3] 可见，"柄裆"即"两当"，又写作"两裆""裲裆"。裲裆是魏晋

南北朝时期的一种流行服装，其既可作为武士外穿的裲裆铠，又可作为男女日常生活穿着的衣服。根据南北朝时期乐府民歌中的描述，民众日常穿着的裲裆是以锦制作而成，且衣服上有精美的绣花。例如，《紫骝马歌》云："念郎锦裲裆，恒长不忘心。"[4]《上声歌八首》之一云："裲裆与郎著，反绣持贮里。"[5] 这种锦制的绣花裲裆，与正仓院藏的吴女衣的面料、纹饰相符。同时期，河南邓州学庄出土的画像砖（图 14），砖雕上的贵妇与侍女，外面也罩着裲裆，衣下穿着大袖衫。从图像来看，女性外穿的裲裆几乎无袖，形制上与吴女衣十分相似，可说明正仓院收藏的无袖的吴女短衣并非"背子"，而是"裲裆"。

第三，涵芬楼藏明抄本《说郛》收录的《续事始》五卷当中，明确指出"背子"是种大袖礼服：

　　《实录》曰：自秦二世诏衫子上朝服加背子，袖短于衫，以金银绢绣为之上服，宴会、朝贺，悉令服之。其裙在背子下，身与衫子齐，而大袖，以为礼服也。[6]

1　参看《西大寺资财流记帐》，载《大日本佛教全书》第一一八册，佛书刊行会，1922，第 175 页。《广隆寺资财校替实录帐》，载《大日本佛教全书》第一一九册，佛书刊行会，1922，第 65 页。

2　佛书刊行会编：《大日本佛教全书》第一一七册，佛书刊行会，1922，第 157 页。

3　（唐）慧琳：《一切经音义》卷五八，日本元文三年至延亨三年狮谷白莲社刻本。

4　（宋）郭茂倩：《乐府诗集》，中华书局，1998，第 366 页。

5　《乐府诗集》，第 656 页。

6　《续事始》，第 216 页。

图 14　贵妇出游画像砖（南北朝，邓州学庄出土，河南博物院藏）

采自《中国画像砖全集》编辑委员会编《中国画像砖全集·河南画像砖》，四川美术出版社，2005

　　《续事始》是由五代前蜀冯鉴所著。这本书承续了唐人刘存《事始》内容，又增补了不少唐或唐以前社会领域和自然领域的事物。根据书中收录的其他服饰条目可知，冯鉴转引的《实录》名为唐代《二仪实录》。恰巧，《新唐书·艺文志》就记有"刘孝孙《二仪实录》一卷"[1]。又有"袁郊《二仪实录衣服名义图》一卷，又《服饰变古元录》一卷"[2]，可惜这些史料今已散失。不过，既然冯鉴转引的是刘存的记述，也说明了《续事始》史料的来源是有一定的依据性。按照《续事始》中的说法，结合日本史籍《倭名类聚抄》摘录《杨氏汉语抄》中的记载："背子，妇人表衣，以锦为之。"[3] 可知唐人的背子是种大袖礼服，穿在最外层，袖子的长度比衫子短，有夹层，套在裙子外面，衣身长度在人体腰部附近，或接近膝盖。[4]

　　唐以后，背子形制发生了较大改变，

<hr />

1　刘孝孙就是《事始》的作者刘存。《旧唐书》录有："《事始》三卷刘孝孙撰。"见《旧唐书》卷四七《经籍》，第 2034 页。

2　《新唐书》卷五八《艺文》，第 1492 页。

3　［日］那波道圆校定：《倭名类聚抄》卷一〇，衣服类第百六十三，日本早稻田大学图书馆藏。

4　根据冯鉴《续事始》"衫"条记录，唐代"衫子"的衣身长度大约至于腰部或腰部以下处。而背子又与衫子的长度一致，说明唐代背子的衣身长度通常在人体腰部附近，或接近膝盖，最长不会超过膝盖。此外，《倭名类聚抄》引唐代辞书《辨色立成》："背子，形如半臂，无腰襕之袼衣也。""背子"形如"半臂"，但并非"半臂"，"背子"无腰襕，也可印证"背子"衣身长度。

文献记载变得尤为混乱。宋代文献中将"背子"记为"半臂",又出现了"褙子"。明代以降,文献多用"褙子",而显少写作"背子"。此外,人们又将"背心"视作"背子",而"背心"就是由"裲裆"发展而来的一种服装。总之,多种服装出现了混同与改制,尤其"背子"被等同于"半臂"或无袖"背心",是在唐以后人们才形成的认识。[1] 从文献史料推断,至少在宋以前,背子并不是一种无袖衣服。

第四,根据唐代碑铭石刻中的记载,唐人向寺院捐赠的物品中有"绣背子""扣金背子"[2]。结合《中华古今注》中的记载:

> 隋大业末,炀帝宫人、百官母妻等绯罗蹙金飞凤背子,以为朝服,及礼见宾客、舅姑之长服也。天宝年中,西川贡五色织成背子,玄宗诏曰:"观此一服,费用百金,其往金玉珍异,并不许贡。"[3]

背子制作华丽,又可作为捐赠之物,就非普通阶层妇女能够穿用。而唐代视觉图像中穿着几乎无袖短衣的女性,通常是社会底层的演艺人员,更加证明了唐人的

背子不是一种无袖或短袖的衣服。也因为背子的珍贵,所以唐代图像中并不常见其形象。现藏于大英博物馆的一件敦煌千佛洞出土的唐代佛教题材绘画(图15),右下方描绘的女供养人身上穿了一件大袖齐腰的红色外衣,很可能就是冯鉴所说的唐代"背子"。

透过以上四点论证,正仓院南仓所藏的第43号吴女衣物并不是唐代女子的背子,而是裲裆一类的衣物。笔者怀疑,那件无袖的吴女衣物,很可能是基于唐以后人们对于"背子"和"背心"的混淆,致使衣物在收入正仓院库房后,被命名为了"背子"。

作为唐代妇人的一种珍贵礼装,背子同男子的半臂一样,也传播到了日本,成为日本奈良、平安时代宫廷妇女的一种重要衣物。据现存的日本文献记载,平安时代《延喜式》缝殿寮年中御服条的中宫春季与冬季衣物中就有"背子十领"[4],而在延喜二十一年(921)《京极御息所褒子歌合》当中,"背子"被改写为了"唐衣",但它们的和名都叫作"からぎ ぬ"。由此可见,日本的唐衣就是我国唐朝的背子。融入了日本社会和文化后的背子,被更易了名字,但日本平安王朝的皇室贵族依旧延续着唐人的服制习俗。

1　关于唐以后"背子""半臂""褙子""背心"等服装的混同与改制,待后续进一步研究考证。

2　唐觉苑寺经幢中记载捐助钱物者中有"周十一娘舍绣背子",见(清)阮元《浙江文丛:两浙金石志》,浙江古籍出版社,2012,第45页。

3　《中华古今注》,第20页。

4　《延喜式》卷一四,载《国史大系》第十三卷,经济杂志社,1900,第506页。

图 15　大英博物馆收藏的唐代绘画（局部）（8—9 世纪，敦煌千佛洞出土）

采自大英博物馆官网

我们可以通过清少纳言文集中的描述，一窥究竟。她在《枕草子》第一一九段"衣服的名称"，用女官对谈的形式记录下"唐衣"：

　　那叫"唐衣"的，正是该叫作短衣呢。

　　可是，那是因为唐土的人所穿的缘故吧？[1]

值得注意的是，第九三段"登华殿的团聚"，作者回忆起长德元年（995）

1　《枕草子》，第 217 页。

二月淑景舍入宫为东宫居贞亲王的女御的故事时，特意描写了右马头相尹的女儿少将君与北野三位的女儿宰相君穿着唐衣，衣服袖口从帘子底下露出，说明当时的唐衣就是有袖子的。随后，清少纳言又说中宫值班的采女穿着下裳、唐衣、裙带、领巾的正装，这一套服装的组合搭配"令人想起唐朝的风俗"[1]。与清少纳言同一时代的还有一位十分著名的女作家紫式部，由她创作的长篇小说《源氏物语》在日本文学史上占据着重要地位。一个世纪后，藤原隆能依据小说中的内容绘制出《源氏物语绘卷》，绘卷中的贵族妇女身上叠加了达十几层的衣服，最外层的衣服就有唐衣（图16），形制与平安时代《年中行事绘卷》第五卷第五段内宴中跳舞

图16　《源氏物语绘卷》宿木—女子装束

采自德川美术馆、五岛美术馆编《源氏物语绘卷》，东京：中央公论美术出版，2009

图17　19世纪日本江户时代的女房装束图（最外层服装为日本"唐衣"）

采自《日本の染织》，第1卷，东京：中央公论社，1979

的女艺人最外层的衣服相同。从图像可看出，唐衣的袖身短于里衣，衣长也比里衣短小，与唐代《二仪实录》所描述的"背子"形制完全吻合。唐衣在日本皇室妇女间流行，直至日本江户时代仍旧是"女房装束"中最外层的服装（图17）。

在历史文化的变迁中，唐代女子的大袖礼服——"背子"，被宋以后史料记录成无袖背心，甚至被视作男子的半臂，导致人们对于唐代女子背子产生一些错误认识。而日本平安时代宫廷妇女间流行的时装唐衣，也让我们重新审视了唐代女子穿着的背子。

1　《枕草子》，第179页。

结　语

本文在学界已有研究成果的基础上，以期对唐人的"半臂""半袖""背子"等服装重新考辨。笔者赞同黄正建、陈诗宇等人提出半臂为男装，女性穿着的短袖上衣为半袖的观点。此外，笔者结合中、日新旧史料，认为这三种服装皆不相同，且各具特色。半臂作为唐代男子特有的服装，最重要的特征是有独特的腰襕和腰间的系带，借助腰间的系带可凸显男性衣装礼仪。而唐代女子穿着的短袖上衣是一种齐腰衫子，并无腰襕和腰间系带，这种半袖服装更符合女性的审美以及着装要求。

至于唐人的背子，笔者不认同以往学者提出的"背子"为"半臂"或为"无袖衣"的说法。本文尝试围绕正仓院所藏的一件吴女无袖衣服是否为唐人的背子展开论述，通过四点质疑，对唐代背子提出了新的看法，认为女子外穿的几乎无袖上衣，并非唐人的背子，而是裲裆。背子在唐代是有袖子的服装，袖子比衫子短。其作为女性的大袖礼服，穿在衫子外，非普通阶层妇女可穿着。

作为唐代代表性的服装，半臂、背子向东传入日本，被日本皇室所接受，而后迅速在日本民间流行。到了平安时代，背子在文化传播与交融过程中，演变为日本本土衣装唐衣。唐衣也成为判定唐代背子形制的最直接的证据。

"半臂""半袖""背子"等唐装，随着时间的推演，并没有消失在人们的生活之中，反而成为人们日常生活中不可或缺的着装。它们历经五代，至宋代以后，又有了新的发展与演变。

星图研究

陕西靖边渠树壕东汉壁画墓天文图中的"星"与"象"*

■ 梁　轩（内蒙古师范大学科学技术史研究院）

2015 年 5 月，陕西省考古研究院对陕西靖边杨桥畔渠树壕墓群中的一座被盗东汉壁画墓进行了抢救性发掘，于墓室拱顶上出土了一幅保存相对完整的天文图。[1] 天文图以北斗为中心，以"四宫""二十八宿"为边界，描绘了天象中的主要星官，大多数星官不仅绘有星数、星形，还有与之相应的题名以及仙人、异兽表征的"象"。学界也对这幅天文图中的星象布局展开了探讨，《陕西靖边县杨桥畔渠树壕东汉壁画墓发掘简报》（以下简称《简报》）已对图中的中外星官、黄道、日月进行了初步的释读。[2] 段毅、武家璧《靖边渠树壕东汉壁画墓天文图考释》（以下简称《考释》）则在《简报》基础上对天文图展开进一步的考释，指出该图位于观赏星图与科学星图之间，具有一定的科学内涵，整体结构属于早期的"三垣二十八宿"体系。[3] 武家璧、段毅、田勇《陕西靖边渠树壕壁画天文图中的黄道、日月及其重要意义》对贯穿整幅星图的"长白线"的性质进行了考证，认为这条"长白线"是黄道，并且反映

*　本文系国家社会科学基金一般项目"汉代族制研究"（项目编号：16BZS038）成果。

1　2009 年 5 月，陕西省考古研究院开始对靖边县渠树壕墓地被盗的两座新莽壁画墓进行抢救性发掘，其中 1 号墓前室顶部出土的是一幅天象图，图像可辨者有伏羲、女娲、西王母、羽人、牵牛、织女、雷公、电母、风伯、五车、天市、白象等天神形象。目前 1 号墓壁画尚未完全公布，仅《中国出土壁画全集·陕西卷（上）》有部分收录，本文所讨论的是 2015 年出土的靖边渠树壕东汉壁画墓天文图。参见陕西省考古研究所《2009 年陕西省考古研究院考古调查发掘新收获》，《考古与文物》2010 年第 2 期。

2　陕西省考古研究院、靖边县文物管理办：《陕西靖边县杨桥畔渠树壕东汉壁画墓发掘简报》，《考古与文物》2017 年第 1 期。

3　段毅、武家璧：《靖边渠树壕东汉壁画墓天文图考释》，《考古与文物》2017 年第 1 期。

了中国式"黄道"体系形成的重要信息。[1] 王煜《知识、传说与制作：陕西靖边渠树壕东汉壁画墓星象图的几个问题》（以下简称《问题》）一文，则对星象图中的星官布局，以及其中存在的一些问题进行了讨论与辨析，并指出这是一幅为丧葬文化服务的墓室星象图，并非科学星图，反映更多的是当时人关于天文的一些思想和观念，也存在许多制作和审美上的考虑，应该从知识、观念和制作等多种文化传统去综合理解。[2]

渠树壕东汉墓天文图虽然保存相对完整，但部分星官的"象"以及题名等关键信息存在剥落的现象，这些都给天文图的释读带来了相当程度的困扰。《简报》《考释》对天文图中星官的释读大体是正确的，但依然存在一些漏释与误读，尤其是《考释》一文中认为天文图中"三垣"仅有"天市垣""太微垣"而无"紫微垣"，以及《问题》认为"三垣"俱备的结论，其实都是值得商榷的。而对天文图中"微明""司禄""司命"等星官的解读也存在诸多可议之处。因此，针对陕西靖边渠树壕东汉壁画墓天文图中星官的释读以及整体的星象结构，有必要展开进一步的探讨。

一　渠树壕壁画墓天文图中的"太一"两宫

渠树壕东汉壁画墓天文图中，"四宫二十八宿"除了东宫苍龙与南宫朱雀中部分星宿及其题名脱落外，其余列宿的星象与题名都保存的相对完整（图1）。[3]《考释》指出图中虽无"三垣"的直接题名，但根据相关星官的题名及其相对位置，很容易辨识"三垣"所在：围绕"郎位"的六星是"太微垣"，围绕"伏羲"的是"天市垣"，图中未见"紫微垣"，以"北斗"代表"中宫"[4]。不过，王煜《问题》不同意《考释》的结论，认为"伏羲"所在的星象为"紫微垣"，"□市"为"天市垣"，天文图中"三垣"俱备。[5] 然而，从天文图整体上的星象结构与布局方位，以及"羲娲"及其手持"规矩"的象征意涵来看，《考释》与《问题》的观点似乎都存在可兹商榷之处。

1　武家璧、段毅、田勇：《陕西靖边渠树壕壁画天文图中的黄道、日月及其重要意义》，《考古与文物》2019年第1期。

2　王煜：《知识、传说与制作：陕西靖边渠树壕东汉壁画墓星象图的几个问题》，《美术研究》2020年第2期。

3　陕西省考古研究院、靖边县文物管理办：《陕西靖边县杨桥畔渠树壕东汉壁画墓发掘简报》，图版二三，第12—13页。

4　段毅、武家璧：《靖边渠树壕东汉壁画墓天文图考释》。

5　王煜：《知识、传说与制作：陕西靖边渠树壕东汉壁画墓星象图的几个问题》。

图 1　陕西靖边渠树壕东汉壁画墓天文图

（一）"郎位"与太微宫

渠树壕东汉墓天文图中斗魁以东有六星环列，星环内又有六星，累叠如堆状，两侧各绘有一人，呈相对而坐的姿势，中间隶体墨书"郎位"两字（图2）。[1]"郎位"星位于"太一"太微宫，《史记·天官书》曰：

> 南宫朱鸟，权、衡。衡，太微，三光之廷。……其内五星，五帝坐。后聚一十五星，蔚然，曰郎位。[2]

太微宫有"郎位"十五星，呈"蔚然"之状，司马贞《索隐》："《汉书》作'哀乌'，则'哀乌''蔚然'，皆星之貌状。其星昭然，所以象郎位也。"[3]《后汉书·杨秉传》："太微积星，名为郎位。"李贤注："积，聚也。"[4]"郎位"星数较多，又相互堆积，呈繁茂密集状，渠树壕东汉壁画墓天文图中"郎位"诸星积聚如堆，正是"蔚然"的形象。不过太微"郎位"有十五星，图中的"郎位"仅六星，这可能是一种省减形式。古人裸眼观象，"郎位"星数虽多，恒星

1　陕西省考古研究院、靖边县文物管理办：《陕西靖边县杨桥畔渠树壕东汉壁画墓发掘简报》，图版四三，第21页。

2　（汉）司马迁：《史记》卷二七《天官书》，（南朝宋）裴骃集解，（唐）司马贞索隐，（唐）张守节正义，中华书局，2014，第1550页。

3　《史记》卷二七《天官书》，第1552页。

4　（南朝宋）范晔：《后汉书》卷五四《杨震传附子秉》，（唐）李贤等注，中华书局，1965，第1773页。

亮度却不高，加之天气等客观因素的干扰，观象时星数或多或少在所难免。因此，渠树壕东汉壁画墓天文图中的"郎位"正是太微宫"郎位"诸星。

图 2　"郎位"

图中环绕"郎位"的六连星当是太微匡卫诸星，《史记·天官书》：太微"匡卫十二星"，司马贞《索隐》引《春秋合诚图》："太微主法式，陈星十二，以备武急也。"张守节《正义》则谓："太微宫垣十星。"[1] 太微匡卫有十二星与十星两说，而图中太微匡卫诸星仅六星，应是一种省减形式，也可能是另有所本。太微宫中两位左右对坐的神祇，当为太微宫属吏。汉代衙署分曹治事，曹内属吏有掾与史，掾为长而史次之。1972 年内蒙古和林格尔东汉墓出土的宁城护乌桓校尉幕府图中，功曹府舍外就设有三所较小的府舍，分别题有"尉曹""左仓曹""右仓曹"，诸曹府舍之内均设属吏两人，呈左右对坐之态（图 3），[2] 当为曹内掾、史无疑，形态与天文图太微宫内二神对坐的图式几乎一致，这在一定程度上凸显了太微宫的性质。《淮南子·天文训》："太微者，太一之庭也。"[3] 又《春秋元命包》："太微为天庭，理法平乱，监计援德，列宿受符，神考节书，情憜疑者也。"[4] 与作为"太一"起居之宫的紫宫不同，太微宫带有强烈的行政属性，宫内绘以掾史对坐的图式，正是太微宫作为政

图 3　宁城护乌桓校尉幕府图（局部）

1　《史记》卷二七《天官书》，第 1551 页。

2　徐光冀：《中国出土壁画全集·内蒙古卷》，科学出版社，2011，图版二三，第 24 页。

3　何宁：《淮南子集释》，中华书局，1998，第 200 页。

4　［日］安居香山、中村璋八辑：《纬书集成》，河北人民出版社，1994，第 645 页。

图 4　渠树壕东汉墓天文图中的"伏羲"与"女娲"

府衙署机构的一种象征。

(二) 伏羲、女娲与"太一"紫宫

"羲娲"二神居于斗魁左侧，女娲在左，伏羲在右，对峙而立。伏羲人首蛇身，头戴高冠，左手持莲，右手持规，头顶隶体墨书"伏羲"二字，身前、身后有十二星连呈斗形。女娲亦人首蛇身，左手脱落，右手执矩，头部剥落，见隶体墨书"女娲"二字，其头、腹、尾部各有三星（图4）。[1]《考释》认为"伏羲"周围十二联星正好与《史记·天官书》"（房心）东北曲十二星曰旗"的记载相符；而"羲娲"二神所持之"规矩"为

度量衡器，象征市场管理的各种规则、法则。[2] 因此，根据位置以及"规矩"的含义，《考释》将伏羲周围十二联星释为"天市垣"。王煜《问题》则根据星官的相对位置、星数星形以及"伏羲"的宗教意象三个方面，认为"伏羲"周围十二连星的星象应该是"紫微垣"[3]。综合而言，《考释》与《问题》两文的结论皆有一定的合理性，但也存在各自的问题。

第一，"天市"星数。汉代"天市"位于天旗十二星内，星数仅四星，且尚未从东宫列宿中独立出来，《史记·天官书》："东宫苍龙，房、心。……东北，曲十二星曰旗。旗中四星曰天市；中六星

1　陕西省考古研究院、靖边县文物管理办：《陕西靖边县杨桥畔渠树壕东汉壁画墓发掘简报》，图版四一、图版四二，第20页。

2　段毅、武家璧：《靖边渠树壕东汉壁画墓天文图考释》。

3　王煜：《知识、传说与制作：陕西靖边渠树壕东汉壁画墓星象图的几个问题》。

图 5　"天市"

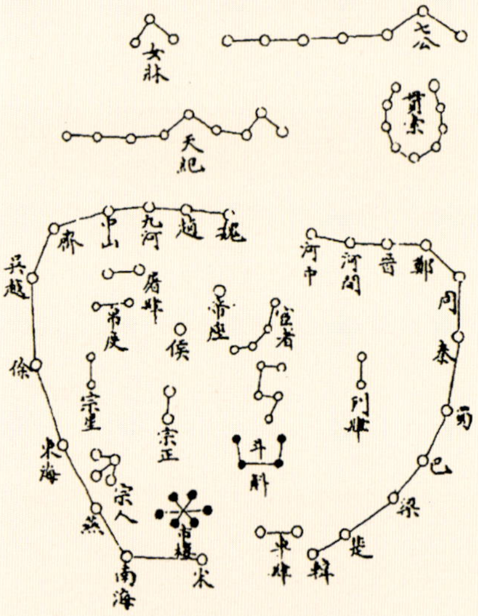

图 6　"天市垣"

曰市楼，市中星众者实，其虚则耗。"[1]
2009 年靖边渠树壕新莽 1 号壁画墓天文图中，有四星组成一个四边留口的方形星

框，框内也绘有一对禽鸟，两禽之间有朱笔题名"天市"（图 5），[2] 形象地还原了《史记·天官书》"旗中四星曰天市"的记载。而以"天市"为基础，逐渐衍生出了后世的"天市垣"，《晋书·天文志上》："天市垣二十二星，在房心东北。"[3]从"天市"到"天市垣"，不仅星数由最初的四星增至二十二星（图 6），[4] "天市"也从东宫列宿中剥离出来而独立成"垣"，成为一个与"紫微垣""太微垣"相对应的天区。"天市"虽是"天市垣"的雏形，但二者不能完全等同，而天文图中"伏羲"周围十二联星虽贴合"曲十二星曰旗"的记载，却并不符合"旗中四星曰天市"的星象。而王煜《问题》一文中也对比了靖边渠树壕新莽墓天文图"天市"与东汉墓天文图"口市"的星象，认为在星形、象征图像以及题记方面二者都完全一致，唯有星数不同。并指出墓室星象图并非科学星图，星数有差异是正常现象，因此认为渠树壕东汉壁画墓天文图"口市"十二星当为"天市垣"[5]。不过，靖边渠树壕东汉壁画墓天文图"口市"有十二星，位在西宫参、鬼宿之间，而"天市垣"二十二星位在东宫房宿、心宿东北，双禽对立的图式也并非

1　《史记》卷二七《天官书》，第 1546 页。

2　徐光冀：《中国出土壁画全集·陕西卷》，科学出版社，2011，第 47 页。

3　（唐）房玄龄等：《晋书》卷一一《天文志上》，中华书局，1974，第 295 页。

4　（北周）庾季才：《灵台秘苑》，（宋）王安礼等重修，《文渊阁四库全书》子部第 807 册，台湾商务印书馆，1986，第 11 页。

5　王煜：《知识、传说与制作：陕西靖边渠树壕东汉壁画墓星象图的几个问题》。

"天市垣"的象征图像（详见下文），从星数、位置以及双禽图式的表征来说，图中"□市"与"天市垣"明显不符，而应当释作"军市"。

第二，"三台"与"天市（垣）"的相对位置。"三台"，亦称"三能"，位于斗魁文昌宫以南、太微宫以北，"三台"六星两两相比形如阶梯，被视作"太一"往来南北两宫之间的台阶，是以"三台"星又有"泰（太）阶""天阶"之称。天文图中"三台"共三组连星，每组两星，两星之间皆绘有两只黑羽红喙的飞鸟，《考释》认为近"五车"者为"上台"，近尾、箕者为"下台"，"中台"位于斗魁之上与天市西垣之间。但《考释》却又指出："壁画提名所示的'三台'星与文献记载的位置有较大差异，上不起自文昌（斗魁以下）而起自斗魁之上，下不抵于太微而延至天市垣西南，距离太微垣甚远，不知何故如此。"[1] 渠树壕东汉壁画墓天文图显然并非现代科学意义上的星象图，其中对"三台"位置的描绘当然不可避免地存在一定误差，但这种误差不可能与文献记载偏离过大，甚至将其位置延伸至"天市垣"。问题的根源或许并不在"三台"，而在"天市垣"，《考释》将"伏羲"周围十二联星

释作"天市垣"本身就是有问题的。

第三，布局方位。《史记·天官书》："中宫天极星，其一明者，太一常居也。旁三星三公，或曰子属。后句四星，末大星正妃，余三星后宫之属也。环之匡卫十二星，藩臣。皆曰紫宫。"[2] 司马贞《索隐》引《春秋合诚图》："紫微，大帝室，太一之精也。"[3] "太一"是北极星的别称，同时也是汉代信仰体系中的至上神，"太一""子属三星"与"后句四星"同居紫宫内，而紫宫位于北天极，是以又称为"北宫"，太微宫位于紫宫之南，则称"南宫"[4]。根据天文图中"四象"的方位与布局，苍龙在东、朱雀在南、白虎在西、玄武在北，而北斗则位于天文图的正中，斗魁指向玄武，斗杓指向朱雀，因此天文图中北斗呈现的并非东西向的排列，而是呈南北向的排列。天文图中斗魁以南"郎位"周围六连星已确定为南宫太微，那么根据"四象"所标识的方位布局，斗魁与"三台"星以北"伏羲"的周围十二联星，显然就不当是"天市垣"，而应该是"太一"紫宫。

第四，"羲娲"的人文隐喻。渠树壕东汉壁画墓天文图紫宫内并未描绘"太一"的形象，而是重点描绘了"羲娲"二神的对峙组合。闻一多曾指出"羲娲"

1　段毅、武家璧：《靖边渠树壕东汉壁画墓天文图考释》。

2　《史记》卷二七《天官书》，第 1539 页。

3　《史记》卷二七《天官书》，第 1504 页。

4　《汉书·李寻传》孟康曰："紫宫，天之北宫也。太微，天之南宫也。"参见（汉）班固《汉书》卷七五，第 3179 页。

蛇尾相交的形象源于更为古老的交龙、螣蛇、延维（委蛇）等图腾，带有一种雌雄交合的意涵，不仅象征人类的繁衍生息，还蕴含了阴阳交泰、万物化生的创世意象。[1] 汉画中常以伏羲持规，女娲执矩；或以伏羲捧日，女娲捧月，来表现伏羲女娲分主天地阴阳。规矩为画圆正方的仪器，同时也象征天地阴阳，《文选·张平子〈东京赋〉》："规天矩地，授时顺乡。"注引《大戴礼》："明堂者，上圆下方。"《范子》："天者，阳也，规也；地者，阴也，矩也。"[2] 由此言之，"规矩"并非市场管理的象征，而是阴阳观念神明化的一种表达，且这种表达与"太一"密切相关。春秋战国以降，"太一"不仅是极星的别称，也是阴阳、五行、神仙等诸家公认的宇宙本源，甚至儒家亦将"礼"之起源溯及"太一"[3]。在汉儒的宇宙观中，阴阳两仪相辅相成，是天地万物化生的基础，而阴阳又本于"太一"，构成了宇宙创生的起始点。《易·系辞上》："易有太极，是生两仪。"《正义》："太极谓天地未分之前，元气混而为一，即是太初、太一。"[4] 因此，渠树壕东汉

壁画墓天文图中虽未直接呈现"太一"的形象，却通过"羲娲"所表征的阴阳二神，将"太一"生阴阳、化生万物的创世模式呈现了出来，故而"羲娲"二神的星象描绘的其实正是"太一"紫宫。

第五，紫宫匡卫星数及附属星官。紫宫为"太一"起居之宫，外围"环之匡卫十二星"，《汉书·天文志》与《史记·天官书》同，亦作"匡卫十二星"[5]，《史记会注考证》引王元启曰："按《晋志》，紫宫垣十五星，其西藩七，东藩八，考之天象，作十五星为是。"[6] 又《汉书补注》引齐召南曰："紫宫匡卫十五星，西藩七，东藩八，与太微垣十二星不同，《晋志》可证。此与《史记》并曰十二星何也？"甚至王先谦也认为"二"当为"五"[7]。但从渠树壕东汉壁画墓天文图中"伏羲"周围匡卫十二星来看，《史》《汉》的记载不误，紫宫匡卫诸星汉时仅十二星，与后世"紫薇垣"是有差异的。"伏羲"周围十二联星为紫宫匡卫诸星，那么女娲头顶、躯体、尾部诸星也就不当是"天市垣"外的"织女""河鼓"与"天桴"，而应是紫宫附属星官。

1　闻一多：《神话与诗》，天津古籍出版社，2008，第1—49页。

2　（梁）萧统编：《文选》，（唐）李善注，上海古籍出版社，1986，第106页。

3　吴丽娱主编：《礼与中国古代社会·秦汉魏晋南北朝卷》，中国社会科学出版社，2016，第18页。

4　（魏）王弼注，（唐）孔颖达疏：《周易正义》，卢光明等整理，北京大学出版社，2000，第340页。

5　《汉书》卷二七《五行志》，第1274页。

6　（汉）司马迁著，[日]泷川资言考证：《史记会注考证》，杨海峥整理，上海古籍出版社，2015，第1483页。

7　（汉）班固撰，（清）王先谦补注：《汉书补注》，上海师范大学古籍整理研究所整理，上海古籍出版社，2009，第1783页。

《史记·天官书》："前列直斗口三星，随北端兑，若见若不，曰阴德。""阴德"星"随北端兑"，兑通锐，"谓星形尖邪也"，张守节《正义》曰："阴德星，中宫女主之象。"[1] 天文图中"女娲"头戴三星，呈三角状，与呈尖锐状、表征中宫女主的"阴德"三星相类；而"女娲"腹部、尾部各有三星，一左一右，从布局来看应是紫宫外的"天枪""天棓"两星官。

综上言之，《考释》认为靖边渠树壕东汉壁画墓天文图中有"太微垣""天市垣"而无"紫微垣"；王煜《问题》中则认为天文图中"三垣"完备。整体上该图属于早期的"三垣二十八宿"星象体系，"三垣"的诸多因素也的确在图中有所呈现，但就此将"三垣"的概念套用在渠树壕东汉壁画墓天文图中显然并不可取。"三垣"概念定型于唐宋，秦汉"三垣"尚未成形，司马迁《史记·天官书》中就将整个天区划分为中宫与东宫、南宫、西宫、北宫，并无"垣"的概念，其中太微、天市分属南宫、东宫，二者尚未与"太一"紫宫等而列之。不过，从靖边渠树壕东汉壁画墓天文图所呈现的星象结构来看，此时的南宫太微已从南宫诸宿中剥离出来，成为与"太一"紫宫相对的天区，而天市却并未在天文图中呈现出来，因此渠树壕东汉壁画墓天文图整体

上是一种以"太一"南北两宫为核心的星象结构。

二　列宿的"星"与"象"

渠树壕东汉壁画墓天文图中列宿的星象保存的相对完整，东宫题名可见者"氐""房""心""尾""箕"五宿；北宫题名可见者"南斗""牵牛""织女""虚""危""营室""东壁"七宿；西宫题名可见者"奎""娄""卯""毕""胃""觜戈""参"七宿；南宫星象剥落比较严重，题名者仅见"余鬼""东井""柳""轸"四宿。《简报》《考释》以及《问题》对天文图中的中外星官都进行了考释，对列宿、星官中所描绘的"象"也做了解读，即便如此，其中依然存在许多值得进一步探讨的内容。

（一）"军市"

天文图斗魁与西宫白虎之间，有一长方形星官，该星官四角各一星，余下南北各三星、东西各一星，共计十二星，十二星连成的星环之内绘有一对禽鸟，其中有白色粉笔的题名"囗市"，"囗"字仅见字上部一横残笔，未见墨书题名（图7）。[2]《简报》《考释》根据星数、位置

1　《史记》卷二七《天官书》，第 1540—1541 页。

2　陕西省考古研究院、靖边县文物管理办：《陕西靖边县杨桥畔渠树壕东汉壁画墓发掘简报》，图版五二，第 25 页。

以及题名残笔，将该星官释作"军市"，《考释》又进一步指出"口市"环框十二星内的双禽，疑即"野鸡"星。不过，王煜《问题》一文中对比了渠树壕新莽壁画墓 M1 中的"天市"，认为除了星数不同外，该星官的星形、象征图像、题记皆与前者完全一致，而墓室星象图并非科学星图，星数有差异是正常现象，因而认为该星官当为"天市垣"[1]。不过"口市"不仅在星数上与"天市"不符，星官的位置其实也是不符的，《晋书·天文志上》曰："军市十三星在参东南，天军贸易之市，使有无通也。野鸡一星，主变怪，在军市中。"[2] 又《开元占经》引《石氏》曰："军市星，在参东南。"[3] 天文图中"口市"位在参宿以东、鬼宿以西，从星官位置而言，作"军市"显然更优。而"口市"环框十二星内的双禽也不一定是"野鸡"星，更不能作为"天市垣"的象征图像。

图 7　"口市"

1　王煜：《知识、传说与制作：陕西靖边渠树壕东汉壁画墓星象图的几个问题》。

2　《晋书》卷一一《天文志上》，第 306 页。

3　（唐）瞿昙悉达：《开元占经》，李克和校点，岳麓书社，1994，第 721 页。

父癸爵　　　　　　父丁觯　　　　　　父辛觯　　　　　　越罍

图 8　金文"雠"字

市的本义指聚众交易的场所，《说文》："市，买卖所之也。"[1]《易·系辞下》："日中为市，致天下之民，聚天下之货，交易而退，各得其所。"[2] 天文图"囗市"以双鸟为象其实也在一定程度上说明该星官主交易之性质，双禽对峙即金文中的"雠"字（图 8）。[3]《说文》："雠，双鸟也，从二隹。"段注："按，《释诂》：'仇、雠、敌、妃、知、仪，匹也。'此雠字作雠，则义尤切近，若应也、当也、酬物价也、怨也、寇也，此等义则当作雠。"[4]《金文大字典》则谓："售本无卖义，疑售、雠古本一字。《诗·抑》：'无言不雠。'郑《笺》：'教令之出如卖物，物善则其售贾贵，物恶则其售贾贱。'《释文》：'售本作雠。'《史记·高祖本纪》：'高祖每酤留饮酒雠数倍。'如淳注：'雠亦售也。'《集韵》：

'售与雠同。'《正韵》：'雠，售也。'金文从言之字多可改从口，售即雠无疑。《玉篇》：'雠，对也。'《毛诗正义》：'相对谓之雠，雠者相与用言语。'雠之初义当为相对谈恰，买卖双方须言语达成交易，引申出卖出的意思。"[5] "雠"象两鸟相对之形，有相对、匹敌的意思，引申出双方协价售卖之意。因此，"军市"内所绘双鸟的图式，并非主变怪的"野鸡"星，而就是"雠（售）"的本字，表征市场交易之象。

（二）"牵牛""织女"

天文图西南角有三星直线相连，中为大星，隶体墨书题名"牵牛"，西侧绘以牛郎牵牛图。"牵牛"西有三星呈等腰三角形相连，与"牵牛"隔白线对望，星旁则隶体墨书"织女"，并绘以织女织布

1　（汉）许慎撰，（清）段玉裁注：《说文解字注》，许惟贤整理，凤凰出版社，2007，第 403 页。

2　《周易正义》，第 351 页。

3　李圃主编，古文字诂林编辑委员会编纂：《古文字诂林》，上海教育出版社，1999，第 197 页。

4　《说文解字注》，第 262 页。

5　戴家祥主编：《金文大字典》，学林出版社，1995，第 1787 页。

图（图9）。[1]《简报》《考释》均将"牵牛""织女"分别释作牛宿、女宿，释读应该是正确的，但所呈现的星象却并不是牛宿、女宿。"牵牛"有二，其一指二十八宿中的牛宿。《开元占经》引《石氏》："牵牛六星，天府也。"[2]《史记·天官书》张守节《正义》："牵牛六星，并北宫玄武之宿。"[3] 西安交通大学汉墓星图中牛宿也是牛郎牵牛之象，牛郎前竖列三星，牛身横列三星，[4] 呈现的即牛宿六

图9 "牵牛"与"织女"

星。其二指"牵牛"指"河鼓"星官。《尔雅·释天》："河鼓谓之牵牛。"[5]《史记·天官书》："河鼓大星，上将；左右，左右将。"《索隐》引孙炎曰："或名河鼓为牵牛也。"[6] "河鼓"位于牛宿北，三星直列，中间一星明大。由此言之，图中"牵牛"的星象并非牛宿六星，而是"河鼓"三星。女宿的星象与题名之间也出现了"张冠李戴"。"织女"星官位于女宿（亦称"婺女""须女"）以北，《史记·天官书》："婺女，其北织女。织女，天女孙也。"《正义》："须女四星，亦婺女，天少府也。……织女三星，在河北天纪东，天女也。"[7] 南阳东汉牵牛织女画像石中，有一女跽坐于四星内，[8] 表现的就是女宿四星。而"织女"星官有三星，《墨子·杂守》："筑三亭，亭三隅，织女之。"陈奂云："织女三星成三角，故筑防御之亭，以象织女处隅之形。"[9] 洛阳尹屯汉墓星象图中，一女跽坐于地，头覆

1　陕西省考古研究院、靖边县文物管理办：《陕西靖边县杨桥畔渠树壕东汉壁画墓发掘简报》。

2　《开元占经》，第619—620页。

3　《史记》卷二七《天官书》，第1561页。

4　《中国出土墓室壁画全集·陕西卷》，图版四，第4页。

5　（晋）郭璞注，（唐）邢昺疏：《尔雅注疏》，李传书整理，北京大学出版社，2000，第196页。

6　《史记》卷二七《天官书》，第1564页。

7　《史记》卷二七《天官书》，第1564—1565页。

8　中国画像石全集编辑委员会编，王建中主编：《中国画像石全集6·河南画像石》，河南美术出版社，2000，图版一一六，第90—91页。

9　（清）孙诒让：《墨子间诂》，孙启治点校，中华书局，2001，第621页。

三星，三星呈三角状排列，[1] 呈现即"织女"星官。由此言之，天文图中题名为"织女"的星象，其所描绘的其实并非女宿四星，而是"织女"星官。

"牵牛""织女"位于天文图的黄道列宿带中，其位置正是牛宿、女宿，但呈现的星象却是"河鼓""织女"星官，似乎在渠树壕东汉壁画墓天文图的绘制过程中，牛宿、女宿与"河鼓""织女"星官发生了"混淆"。两组星官（宿）的关系确实错综复杂，诚如王煜指出的，"出于汉代智识阶层的文献尚且如此含混难辨，出于画匠的画像，其情况更可想而知了。"[2] 渠树壕东汉壁画墓天文图绘制过程中所发生的这种"混淆"，显然不能简单地归结为绘制失误，而是中国古代天文坐标体系调整过程中出现的一个特殊现象。冯时指出，中国古代二十八宿体系有一个漫长形成过程，过程中某些距离黄道较远的亮星就被黄道带上的暗星所取而代之，但依然会残留有某些置换的痕迹。[3] 渠树壕东汉壁画墓天文图中牛、女宿呈现"河鼓""织女"的星象，就明显残留有

"河鼓""织女"早期曾充当牛宿、女宿的痕迹。

（三）"建星"

"女娲"下方、"牵牛"上方，有四星连成平行四边形星框，内绘有一鱼（图9），《考释》《问题》中皆认为该星官为"鱼星"[4]，《开元占经》引《石氏》："鱼一星，在尾后河中。入尾十四度，去极百二十二度，在黄道外十二度也。"[5] 不过，星官星数、位置皆与"鱼星"不符。《汉书·律历志上》："中冬十一月甲子朔旦冬至，日月在建星。"《汉书补注》引宋祁曰："建星在斗后十三度，在牵牛前十一度，当云在斗牛间。"[6] "建星"为斗宿的附属星官，近黄道，《史记·天官书》："南斗为庙，其北建星。"《正义》："建六星在斗北；临黄道，天之都关也。斗、建之间，七耀之道。"[7] 图中该星官与斗宿被一条贯穿整幅天文图的"长白线"隔开，据考证这条"长白线"正是黄道，因此该星官当是"建

1　洛阳市文物管理局、洛阳古代艺术博物馆编：《洛阳古代墓葬壁画》（上卷），中州古籍出版社，2010，图版二九，第134页。

2　王煜：《汉代牵牛、织女图像研究》，《考古》2016年第5期。

3　冯时：《中国古代物质文化史·天文历法》，开明出版社，2011，第103—107页。

4　《问题》认为贯穿天文图的长白线是银河，牵牛与长白线旁边"鱼星"并不著名，也无星象图的框架意义，而图中之所以要绘出鱼星，应该是为了表达和强调经过它的银河。参见王煜《知识、传说与制作：陕西靖边渠树壕东汉壁画墓星象图的几个问题》。

5　《开元占经》，第713页。

6　《汉书补注》，第1183页。

7　《史记》卷二七《天官书》，第1564页。

星"。不过，"建星"有六星，但图中星官仅四星，星数似乎与"建星"不合，据《开元占经·石氏中官星座古今同异》："建星旧五星在黄道内，兼一星，又一星在黄道外，今测六星并在黄道内，元不入河，六星在南斗北。"[1] 可见，汉唐"建星"星数有所增损，而图中星官应是秦汉时的"建星"。"建星"内所绘之鱼应是"鯼"，《尔雅翼·释鱼二》："鯼，今之河豚。……率以冬至后来，每三头相从，号为一部。今江阴得之最早，率以冬至日则有之。故说者解《易》'信及豚鱼'，或以为即此物。盖《中孚》十一月冬至之卦，此鱼应之而来，是信之著者也。"[2] 秦汉冬至点就位于建星附近，而古时河豚冬至回游至江阴，古人以之为冬至之信，是以建星内的鯼鱼表征的正是冬至之象。

（四）"五车""三柱"与"咸池"

毕宿旁有五星弧连成留口的星环，环内绘有一龙，龙前后各有三星，三星相连呈三角状，龙身下又有三星（一星剥落），同样连成三角形。星官东端有白色粉笔题名，题名剥落仅见一"车"字（图10）。[3] 《开元占经》引《石氏》："五车五星、三柱九星，凡十四星，在毕东北"；"五车中有三柱，三星鼎足居柱，一名休格，一名旗。"[4] 此星官应是"五车"，图中三组三角形的星官当是"五车"中的"三柱"星。又《淮南子·天文训》："咸池者，水鱼之囿也。"高诱注："咸池，星名。"[5] 《史记·天官书》张守节《正义》："咸池三星在五车中、天潢南，鱼鸟之所讬也。"[6] "五车"为"太一"车舍，"咸池"则位在"五车"内，为"太一"禁苑，但天文图中"五车"内仅绘有一龙。据《春秋纬》：咸池，"五帝东舍，一名横龙……苍龙之舍也，五帝车也。"[7] 又《黄帝占》："咸池，一名黄龙。"[8] 因此，渠树壕东汉壁画墓天文图"五车"中所绘的龙正是"咸池"之象。

1　《开元占经》，第1100页。

2　（宋）罗愿：《尔雅翼》，石云孙点校，中华书局，1991，第292页。

3　陕西省考古研究院、靖边县文物管理办：《陕西靖边县杨桥畔渠树壕东汉壁画墓发掘简报》。

4　《开元占经》，第680—681页。

5　刘文典：《淮南鸿烈集解》，冯逸、乔华点校，中华书局，1989，第93—94页。

6　《史记》卷二七《天官书》，第1557页。

7　《纬书集成》，第916页。

8　《开元占经》，第740页。

图 10　"五车"

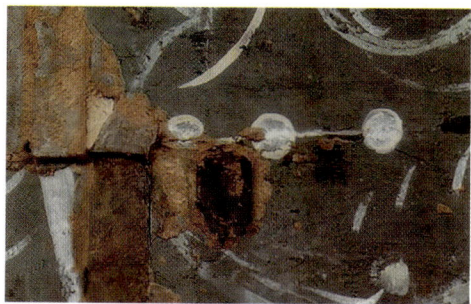

图 11　"微明"

（五）"微明"

图中东宫苍龙尾宿首端之北、黄道内侧有四星（一颗剥落），南北竖列，墨书题名前一字上部脱落缺失，似"薇"，后一字为"明"（图 11），[1] 《简报》释作"微明"。由于传统星名中并没有相关称呼，《考释》将其释为"东咸"，指出"东咸"本非亮星，"微明"是其常态，故以此名之。《晋书·天文志上》："东

咸、西咸各四星，在房心北，日月五星之道也。"[2] 东、西咸皆在房、心北，若此四星为"东咸"，何以图中不见"西咸"？而且天象中亮度"微明"的星官非常多，但皆未名以"微明"，因此释作"东咸"显然不确。该星官位在尾宿以北，特以"微明"名之，显然这一状态在占验中有着特殊的意义。《史记·天官书》张守节《正义》："天江四星，在尾北，主太阴也。不欲明；明而动，水暴出；其星明大，水不禁也。"[3] 《晋书·天文志上》："天江四星，在尾北，主太阴。江星不具，天下津河关道不通。明若动摇，大水出，大兵起；参差则马贵。"[4] 又《开元占经》引《黄帝》："天江星如常微小，则阴阳和，水旱调；其星明大，天下大水，江海溢流，五谷不熟，民人以水饥。若其星微若，参差不齐，马贵，一曰马多死。"[5] 星占中"天江"微弱则"阴阳和，水旱调"，明大则是水灾、兵乱、饥疫的大凶之兆，因此"天江"被题名"微明"，显然是出于趋吉避凶而有意为之。

（六）"东井"

图中"东井"位近"舆鬼"，六颗连

1　陕西省考古研究院、靖边县文物管理办：《陕西靖边县杨桥畔渠树壕东汉壁画墓发掘简报》。

2　《晋书》卷一一《天文志上》，中华书局，1974，第 295 页。

3　《史记》卷二七《天官书》，第 1563 页。

4　《晋书》卷一一《天文志上》，第 295 页。

5　《开元占经》，第 670—671 页。

星，有二星剥落，星形近似"U"字，口部白灰书"东井"二字，连星中绘有一禽鸟，禽鸟主体部分剥落仅残留一鸟首，[1]《简报》认为宿中禽鸟为鹌鹑。《史记·天官书》："东井为水事。"司马贞《索隐》引《春秋元命包》："东井八星，主水衡也。"张守节《正义》："东井八星……一大星，黄道所经，为天之亭候，主水衡事，法令所取平也。王者用法平，则井星明而端列。"[2] "东井"主水事，与法治关联密切，法令端正持平，"东井"诸星便会端列明亮，星象占验似乎与鹌鹑关联不大。《续汉书·律历志下》注引张衡《浑仪》："夏至在井二十一度半强，最近时也。"[3] 汉代夏至点就位于东井，而神话中有"伯赵司至"的传说，《汉书·百官公卿表上》张晏曰："少昊之立，凤鸟适至，因以名官。"其中"伯赵司至"师古注："伯赵，伯劳也。"[4] 又《左传·昭公十七年》谓："伯赵氏，司至者也。"杜预注："伯赵，伯劳也。以夏至鸣，冬至止。"孔颖达《正义》："《释鸟》云：'鶪，伯劳也'，樊光曰：《春秋》

云：'伯赵氏司至。'伯赵，鶪也。以夏至鸣，冬至去。'郭璞曰'似鶷鶡而大。'此鸟以夏至来鸣，冬至止去。故以名官，使之主二至也。《月令》，仲夏之月，'鶪始鸣'。蔡邕云：'鶪，伯劳也，一曰伯赵，应时而鸣，为阴候也。'"[5] 伯劳，又称"伯鶪""伯赵""博劳"等，夏至始鸣，而天文图中"东井"宿内所绘禽鸟，图像虽有剥落，但很可能即表征夏至的物候之鸟伯劳。

（七）"营室""东壁"

古时"营室""东壁"共为一宿，名曰"定"，《尔雅·释天》："营室谓之定，娵訾之口，营室、东壁也。"[6]《诗·墉风·定之方中》："定之方中，作于楚宫。"毛《传》："定，营室也。"郑《笺》："定星昏中而正，于是可以营制宫室，故谓之营室。"[7] 又《周礼·考工记·辀人》注曰："营室，玄武之宿，与东壁连体而四星。"[8] 渠树壕东汉壁画墓天文图中，室、壁两宿就是四星连体相合

1   段毅、李文海、张文宝等：《陕西靖边县杨桥畔渠树壕东汉壁画墓发掘简报》。

2   《史记》卷二七《天官书》，第1553—1554页。

3   （晋）司马彪撰，（梁）刘昭注补：《续汉书·律历志下》，收入《后汉书》，第3076页。

4   《汉书》卷一九上《百官公卿表上》，第721页。

5   （周）左丘明注，（晋）杜预注，（唐）孔颖达疏：《春秋左传正义》，北京大学出版社，2000，第1569页。

6   《尔雅注疏》，第195页。

7   （汉）毛亨传，（汉）郑玄笺，（唐）孔颖达疏：《毛诗正义》，龚抗云等整理，北京大学出版社，2000，第232页。

8   （汉）郑玄注，（唐）贾公彦疏：《周礼注疏》，赵伯雄整理，北京大学出版社，2000，第1283页。

图 12　"东壁"与"营室"

呈房室之象（图 12）。[1] 而天文图"室""壁"内绘有双鹿，双鹿无角，相背而食，显示图中的双鹿皆为母鹿，[2] 而"室宿"以母鹿为象，其中就蕴含了非常浓厚的政治寓意。《诗·大雅·灵台》曰："王在灵囿，麀鹿攸伏。"毛《传》："囿所以域养禽兽也，天子百里，诸侯四十里。灵囿，言灵道行于囿也。麀，牝也。"[3] 又蔡卞《毛诗名物解·释兽》曰：

《字统》曰："鹿性警防，相背而食，以备人物之害。"盖鹿群居善走者也，分背而食则相呼，群居则环，其角外向以备物之害己，故《诗》以况君臣之义。……《诗》曰："王在灵沼，于牣鱼跃。王在灵囿，麀鹿攸伏。"言人之与物异类则鱼见之深入，鹿见之决骤。今鱼乐于沼，鹿安于囿，如此则以文王之德，

1　段毅、李文海、张文宝等：《陕西靖边县杨桥畔渠树壕东汉壁画墓发掘简报》。

2　先秦秦汉时期，宫廷苑囿内常豢养有麋鹿。麋鹿又称"四不像"——角似鹿，面似马，蹄似牛，尾似驴。麋鹿雄性有角，雌性无角。麋鹿尾巴在鹿科动物尾巴中是最长的，长 30 多厘米，尾的末端有丛毛，尾垂长可达后肢的踝关节。麋鹿的拉丁名中的"Elaphurus"即是"长尾"的意思（丁玉华《中国麋鹿研究》，吉林科学技术出版社，2004，第 1 页）。从天文图"室宿"内双鹿的形态来看，双鹿皆无角，左鹿颈下似长有黑褐色长毛，右鹿尾巴较长，显示"室宿"中双鹿可能是一对雌性的麋鹿。

3　《毛诗正义》，第 1225 页。

行于灵沼、灵囿而有以及之故也。[1]

鹿群生性警防，觅食时相互召引，或相背而食，或群居而环，鹿角朝外以防外来危险。相传周文王在位时期，圣德泽被天下，不仅人安其居，就连母鹿也安于苑囿之内繁衍生息。在汉儒看来，鹿群是否安于苑囿与天子"德化"密切相关，为彰显天子之德，皇城的离宫别苑就往往被比于文王"灵囿"，《后汉书·班固传》载，汉明帝在位时营建都城洛阳，"外则因原野以作苑，顺流泉而为沼。发萍藻以潜鱼，丰圃草以毓兽。制同乎梁驺，义合乎灵囿"[2]。又《后汉书·马融传》载，汉顺帝在位时期，"揆厥灵囿，营于南郊"。李贤注："《诗·大雅》曰：'王在灵囿。'言作广成苑以比之。"[3] 而古之"室宿"表征的正是天子离宫别苑，《史记·天官书》："营室为清庙，曰离宫。"张守节《正义》："营室七星，天子之宫，亦为玄宫，亦为清庙，主上公，亦天子离宫别馆也。"[4] 又《开元占经·营室占》引《荆州占》："离宫者，天子之别宫也，主隐藏止息之所也。"[5] 由此言之，渠树

壕东汉壁画墓天文图"室宿"以双鹿为象，是王道行于禽兽的一种政治意象，同时也是"室宿"在占验上为"王囿"的一种象征性隐喻。

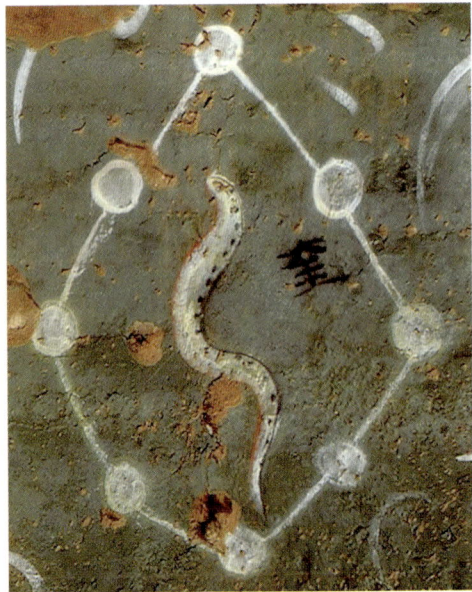

图13　"奎宿"

（八）"奎宿"

奎宿居室、壁东，八星相连呈菱形（图 13）。《史记·天官书》："奎曰封豕。"《正义》："奎，天之府库，一曰天

1　（宋）蔡卞：《毛诗名物解》《文渊阁四库全书》经部第 64 册，台湾商务印书馆，1986，第 569 页。

2　《后汉书》卷四〇下《班固传》，第 1363 页。

3　《后汉书》卷六〇《马融传》，第 1956 页。

4　《史记》卷二七《天官书》，第 1562 页。

5　《开元占经》，第 624 页。

豕，亦曰封豕。"[1] 又《汉书·天文志》："奎曰封豨。"[2] 天、封皆有大意，豕、豨指猪，司马相如《子虚赋》："羂騕褭，射封豕。"郭璞曰："封豕，大猪也。"[3] 奎宿诸星相连可能形似甲骨文中的"豕"，奎曰"封豕"或由此而来。奎宿中还有一条蛇，蛇旁题"奎"字，同样的表达也见于陕西定边郝滩东汉壁画墓的星象图中。在汉儒视阈中，蛇被喻为阴类，并与女性关联密切，《诗·小雅·斯干》："维虺维蛇，女子之祥。"郑注："虺蛇穴处，阴之祥也，故为生女。"[4] 蛇表征女子之象，同时具有非常浓厚的生殖意涵，而奎宿中特别绘以蛇之形象，也蕴含有非常特殊的人文内涵。《淮南子·天文训》："辰星正四时，常以二月春分效奎、娄。"[5] 汉时春分点就位在奎宿，《淮南子·氾论训》："春分而生，秋分而成。"[6] 先秦秦汉以来，涉及生殖繁衍的礼仪活动多集中在仲春之月，《白虎通

义·嫁娶》："嫁娶必以春者？春天地交通，万物始生，阴阳交接之时也。《诗》云：'士如归妻，迨冰未泮。'《周官》曰：'仲春之月，合会男女。令男三十娶，女二十嫁。'《夏小正》曰：'二月，冠子娶妇之时。'"[7] 专为求子而设的高禖之祀也在此月，《续汉书·礼仪志上·高禖》："仲春之月，立高禖祠于城南，祀以特牲。"[8] 由此言之，图中奎宿内蛇的图像应该是为春分点的表征之象，蕴含的是一种祈生的人文隐喻。[9]

（九）"娄宿"

图中娄宿三星相连如矩尺，星旁墨书隶体"娄"，并绘有一只形似野猪的奔兽（图14）。[10] 西安交通大学西汉墓星象图娄宿位置上亦绘有一奔兽，有学者就认为奔兽象征苑囿中牧养供以祭祀的牺牲。[11]《史记·天官书》："娄为聚众。"《正义》："娄三星为苑，牧养牺牲以共郊祀，

1　《史记》卷二七《天官书》，第1557页。
2　《汉书》卷二七《五行志》，第1278页。
3　《汉书》卷五七上《司马相如传上》，第2563页。
4　《毛诗正义》，第806页。
5　《淮南子集释》，第194页。
6　《淮南子集释》，第934页。
7　（清）陈立撰：《白虎通疏证》，吴则虞点校，中华书局，1994，第466页。
8　《续汉书·礼仪志上》，第3107页。
9　冯时认为奎宿本义取象于女性盆骨，而奎宿中绘以一蛇而喻其属阴，有祈生之义。参见氏著《中国古代物质文化史·天文历法》，第113—116页。
10　段毅、李文海、张文宝等：《陕西靖边县杨桥畔渠树壕东汉壁画墓发掘简报》，图三二，第15页。
11　雒启坤：《西安交通大学西汉墓葬壁画二十八星宿图考释》，《自然科学史研究》1991年第3期。

亦曰聚众。"[1] 娄宿确有苑囿之义，冯时却指出："娄为苑囿的意义充其量也只能反映出一种相对晚出的星占意涵，而并不可能作为娄宿宿名的本义。"综合娄宿周围其他星官的名称及其意涵，冯氏认为娄宿本义为"聚众"，即《周礼·夏官·大司马》中招众集合之义。并进一步指出西安交通大学西汉墓星象图娄宿奔兽颇似马的形象，与大司马召众集合的职官特点恰好相合。[2] 娄确有聚集之义，同时也与军旅畋猎之事密切相关，《周礼·夏官司马·大司马》："中春教振旅，司马以旗致民。"郑玄注："春习振旅，兵入收众专于农。"仲春振旅，并特设"表貉"之祭。"有司表貉，誓民。……乃设驱逆之车，有司表貉于陈前。"又《周礼·春官宗伯·甸祝》："甸祝掌四时之田，表貉之祝号。"《周礼·春官宗伯·肆师》亦谓："凡四时之大甸猎祭表貉。"所谓"表貉"，郑注："貉，师祭也。于所立表之处，为师祭，祭造军法者，祷气势之增倍也。"[3] "表貉"是一种师祭，出征时在阵前或营前立望表以祭神。"貉"是一种犬科动物，《说文》："貉，北方豸穜，从豸各声。"段注："长脊兽之穜也，故从豸。"[4] 又《汉书·杨恽传》："一丘之

貉。"师古注："貉、兽名，似狐而善睡。"[5] 貉的体貌特征与浣熊、狐狸类似，而天象图中娄宿的奔兽之"象"尾部细短且有剥落，但从体貌特征而言，呈现的应该不是奔马，而或为貉，以表征阵前聚众鼓气之意。

图14 "娄宿"

（十）"胃宿"

天文图中胃宿三星呈矩尺状，西一星脱落，顶角大星，旁墨书隶体"胃"字，其中绘有一动物，虽有剥落，但结合残象与郝滩东汉墓星象图之胃宿来看，所绘动物当为刺猬。《史记·天官书》："胃为天仓。其南众星曰廥积。"如淳曰："刍藁积为廥也。"张守节《正义》："刍藁六星，在天苑西，主积藁草者。不见，则牛

---

1 《史记》卷二七《天官书》，第1557—1558页。

2 《中国古代物质文化史·天文历法》，第116—117页。

3 《周礼注疏》，第902、804、596页。

4 《说文解字注》，第799页。

5 《汉书》卷六六《杨恽传》，第2891页。

马暴死。”[1] 胃宿表征“天仓”，其南众星则表征“廥积”，即禾稼刍稾囤积之处，睡虎简《秦律十八种·仓律》：“入禾稼、刍稾，辄为廥籍，上内史。●刍稾各万石一积，咸阳二万一积，其出入、增积及效如禾。”[2]《说文》：“廥，刍稾之藏也。从广，會声。”[3] 而“會”与“彚（汇）”音义相通，刺猬古时就称“彚（汇）”，亦用来形容禾稼丰茂、草木繁盛之貌，《诗·大雅·召旻》：“如彼岁旱，草不溃茂。”郑《笺》：“溃茂之溃当作汇，汇，茂貌。”[4] 又班彪《通幽之赋》：“柯叶汇而灵茂。”师古注：“汇，盛也。言草木本根气强，则枝叶盛而善美。”[5] 由此言之，图中胃宿之下绘以刺猬的形象，表征的当是胃宿“廥积”诸星的汇茂之象，以取禾稼茂盛、仓廪充实之义。

（十一）“心宿”“房宿”“亢宿”“氐宿”

渠树壕东汉壁画墓天文图中角宿、亢

宿的分布区域有剥落，唯角宿处显示有星宿的残留。而龙首与龙足之间有四连星（一星剥落），西侧墨书题名“氐”；苍龙前左足上有两星（一星剥落），右前足上亦有两星，四星斜向相连，右前足旁墨书题名“房”；苍龙前足西侧腹上部，四星东西连成弧形，墨书题名“心”（图15）。[6]《简报》将三宿分别释作“氐宿”“房宿”与“心宿”。

至迟至殷商，古人已经全面掌握了东宫苍龙七宿的情况，尤其是苍龙中的心宿对于古人授时测候有着非常重要的作用。[7]《史记·天官书》：“心为明堂，大星天王，前后星子属。不欲直，直则天王失计。”司马贞《索隐》引《鸿范五行传》：“心之大星，天王也。前星，太子；后星，庶子。”[8] 心宿三星屈曲不直，成都出土苍龙画像砖中，心宿三星曲矩相连，横驾在苍龙躯体上（图16）；[9] 河南陇西寨苍龙画像砖中（图17），[10] 心宿三星被绘在苍龙躯体上方，亦呈曲矩状，中

1　《史记》卷二七《天官书》，第1557—1558页。

2　陈伟主编，彭浩、刘乐贤等撰：《秦简牍合集释文注释修订本（一）·睡虎地秦墓简牍上》，武汉大学出版社，2016，第61页。

3　《说文解字注》，第776页。

4　《毛诗正义》，第1489页。

5　《汉书》卷一〇〇上《叙传上》，第4216页。

6　段毅、李文海、张文宝等：《陕西靖边县杨桥畔渠树壕东汉壁画墓发掘简报》。

7　冯时：《中国天文考古学》，中国社会科学出版社，2010，第418页。

8　《史记》卷二七《天官书》，第1546—1547页。

9　杨絮飞编著：《中国汉画造型艺术图典·龙》，大象出版社，2014，第387页。

10　潘鼐：《中国古天文图录》，上海科技教育出版社，2009，图版1.27，第15页。

图 15　东宫苍龙"氐""房""心"三宿

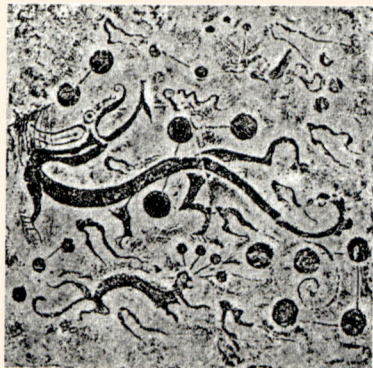

图 16　四川成都出土龙星画像砖

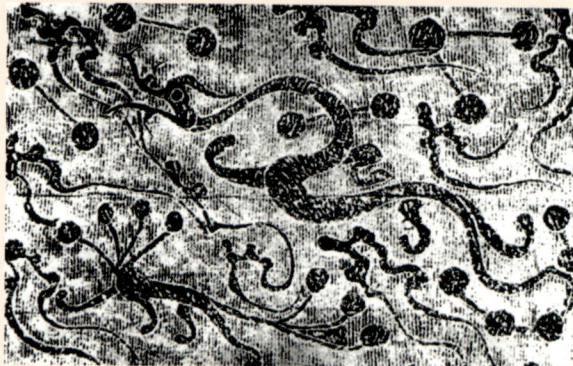

图 17　河南陇西寨出土汉画像青龙与辰马星象图

间一星明显大于其他两星,当为心宿二。渠树壕东汉壁画墓天文图中"心宿"却有四星,位在苍龙之腹,四星连成弧形,无论位置、星数,还是星形,皆与传世文献及出土材料中的心宿存在明显差异,有理由怀疑图中"心宿"之题名有误。

天文图中北斗斗杓之下有三连星,星象与题名虽有剥落,但看得出三星曲矩相连,第二星较大,一位头戴进贤冠的官员正襟危坐于三星内(图 18)。[1] 根据天文图中"四象"的方位布局,杓下三星位于尾宿与"天江"西侧,星数与位置符合心宿的星象,而"心、参两宿作为中国传统授时的主星,它的起源显然就是心

1　陕西省考古研究院、靖边县文物管理办:《陕西靖边县杨桥畔渠树壕东汉壁画墓发掘简报》,《考古与文物》2017 年第 1 期。

一等亮星，古称"大火""大辰"，地位尊崇，古时被视作"帝座"。《尔雅·释天》："大火谓之大辰。"郭注："龙星明者以为时候，故曰大辰。大火，心也，在中最明，故时候主焉。"[2] 古时心宿二为观象授时的主星，象征天子之位。《开元占经》引《石氏》曰："心为天相，一名大辰，一名大火，一名天司空。心者，宣气也，心为大丞相。"[3] 天文图中心宿三星上跽坐的官员，应该是心宿二"大火星"所象征的"天相"。

图中题名"心宿"的四星，其实当为房宿四星。《尔雅·释天》："天驷，房也。"郭注："龙为天马，故房四星谓之天驷。"[4]《国语·周语》韦注："辰马，谓房、心星也。心星，所在大辰之次为天驷。驷，马也，故曰辰马。"[5] 房宿古称"天驷"或"辰马"，四川成都苍龙画像砖与河南陇西寨苍龙画像砖中，房宿四星就刻意被绘在一匹奔兽头上，以示"天驷""辰马"之义。[6] 而房宿指苍龙之腹，《文献通考》引《石氏星经》：东方苍龙七宿，"氐胸房腹"[7]。南阳苍龙汉画像石

图18　斗杓下三星

参两宿与太阳相会于二分点的时代。"[1] 作为授时主星，心宿三星位于黄道东端，参宿三星位于黄道西端，两宿东西遥相对峙，而天文图中斗杓下三星正好与西宫参宿之象"白虎"东西对应，因而此三星才是真正的心宿。心宿三星，中间一星即心宿二（天蝎座 α 星），是一颗赤红色的

1　《中国古代物质文化史·天文历法》，第 59 页。

2　《尔雅注疏》，第 165 页。

3　《开元占经》，第 616 页。

4　《尔雅注疏》，第 195 页。

5　《国语集解》，第 125 页。

6　潘鼐：《中国古天文图录》，第 15 页。

7　（宋）马端临：《文献通考》，上海师范大学古籍整理研究所、华东师范大学古籍研究所点校，中华书局，2011，第 7619 页。

中（图19），[1] 房宿四星曲弧相连，位于龙腹下。因此，渠树壕东汉墓天文图中龙腹上题名的"心宿"，实际上当是房宿四星。龙足上题名"房宿"的四星实际上并非房宿，《史记·天官书》："氐为天根，主疫。"张守节《正义》引《星经》："氐四星为路寝。"[2] 氐宿四星表征苍龙之胸，星数、位置皆与天文图中题名的"房宿"相符，此四星显然当是氐宿四星。而天文图中的"氐宿"实际上也非氐宿，《春秋元命包》："亢四星为庙廷。"[3]《汉书·陈余传》师古注："亢者，总谓颈耳。"[4] 亢有颈部之义，亢宿

图19　河南南阳阮堂苍龙星座

图20　"司禄""司命"

1　《中国画像石全集》编辑委员会编，王建中主编：《中国画像石全集·第6卷·河南画像石》，图版一一〇，第85页。

2　《史记》卷二七《天官书》，第1548—1549页。

3　同上注。

4　《汉书》卷三二《陈余传》，第1842页。

代表东宫苍龙之颈，星数、位置皆与天文图中的"氐宿"相合。整体而言，渠树壕东汉墓天文图东宫苍龙诸宿的题名与星象存在些许不匹配的问题，可能是画师疏失之故。

三　"司命""司禄"与"黄神北斗"

根据靖边渠树壕东汉壁画墓天文图中"四象"的布局方位，北斗斗杓之南有题名为"司禄"与"司命"的两位星神，"司禄"头戴二星，星神骑象，手持一矩状物，行走在前；"司命"亦头戴二星，骑一灵龟，手捧芝草，紧随于"司禄"之后（图20）。[1]"司禄""司命"两神一前一后，沿长白线向北斗前行。

以"司禄""司命"冠名的星官有三组：其一，位于文昌宫，《史记·天官书》：

> 斗魁戴匡六星，曰文昌宫：一曰上将，二曰次将，三曰贵相，四曰司命，五曰司中，六曰司禄。[2]

其二，位于危宿，《史记·天官书》

张守节《正义》：

> 司命二星，在虚北，主衰送；司禄二星，在司命北，主官。[3]

其三，位在三台，《春秋元命包》：

> 西近文昌二星曰上台，为司命，主寿；次二星中台，为司中，主宗室；东二星曰下台，为司禄，主兵。[4]

天文图中"司禄""司命"位在角、亢之际，二者皆在黄道之外，而以上的三组"司禄""司命"皆在黄道以内，且与图中"司禄""司命"的位置相去甚远，显然以上三组星官皆不可取。《考释》认为与图中"司禄""司命"的星数及位置相当者应是"天辐""平星"两星官，"天辐"主"祠事"，"祠"通"司"，"辐"通"福"，"福"又通"禄"，是以"天辐"即"司禄"；而"平星"主决狱，与"司命"的占验接近，因此认为"平星"即"司命"。但《考释》也指出黄道穿行于角宿二星之间，继而从房宿四表的中间穿过，角、亢、氐、房诸宿与黄道之间其实并无空白地带可容纳司禄、司命之星，因而认为它们是被制图者移置于

1　陕西省考古研究院、靖边县文物管理办：《陕西靖边县杨桥畔渠树壕东汉壁画墓发掘简报》。

2　《史记》卷二七《天官书》，第1544页。

3　《史记》卷二七《天官书》，第1562页。

4　《开元占经》，第691页。

二十八宿圈内的"外官"星。[1] 王煜《问题》中则根据星象、系统和相对关系，认为天文图中"司禄""司命"当为危宿中的司禄与司命，对于二者在位置上的抵牾，王氏归因于该图并非科学意义上的天图，其绘制受到传统、审美、制作及功能、意义等多方面的影响。[2] 综合来看，对于"司禄""司命"的考证，《考释》迂曲繁复，《问题》则囿于题名与星数，对于星象及其意涵不甚考究，且两文各自的结论都存在自相矛盾与扞格之处。

从星官在天球上的位置来看，"平星""天辐"分别是角、氐宿的附属星官，皆位于二十八宿圈以外（图21），与天文图中"司命""司禄"的位置明显不符。从天文图中两神的题名来看，司者，主也，"司禄""司命"，顾名思义，为主司"禄""命"之神。《论衡·命义篇》曰："人有寿夭之相，亦有贫富贵贱之法，俱见于体。故寿命修短，皆禀于天；骨法善恶，皆见于体。命当夭折，虽禀异行，终不得长；禄当贫贱，虽有善性，终

不得遂。"[3] 汉人生死观中有"禄命""寿命"之分，"禄命"指贫富贵贱，"寿命"指死生寿夭，王充虽对"禄命""寿命"做了相对"理性"的分析，但还是指出人"有死生寿夭之命，亦有贵贱贫富之命"。也正是出于对"寿命""禄命"的迷信，"司命""司禄"成为秦汉信仰中地位非常尊崇的两位神祇，《后汉书·张衡传》："死生错而不齐兮，虽司命其不晰。"注引《春秋佐助期》曰："司命神名为灭党，长八尺，小鼻，望羊，多髭，癯瘦，通于命运期度。"[4] 由于"司命"掌管着世人生死之籍，汉代民间社会对"司命"的祭祀盛极一时，[5] 在出土文献中"司禄""司命"也时常并举，葛陵楚简中则载"择日于是期，赛祷司命、司禄"[6]；陕西长安县东汉朱书陶瓶上则录有"告上司命、下司禄"[7] 之语。天象中文昌、危宿、三台中皆有"司命""司禄"星，但三组星官的位置皆与天文图中的"司命""司禄"不符，那天象中是否还有其他主人生死、福禄的星官呢？

1　段毅、武家璧：《靖边渠树壕东汉壁画墓天文图考释》。

2　王煜：《知识、传说与制作：陕西靖边渠树壕东汉壁画墓星象图的几个问题》。

3　黄晖：《论衡校释》，中华书局，1990，第46页。

4　《后汉书》卷五九《张衡传》，第1923页。

5　《风俗通义·祀典》："民间独祀司命耳，刻木长尺二寸为人像，行者檐箧中，居者别作小屋，齐地大尊重之，汝南余郡亦多有，皆祠以猪，率以春秋之月。"参见（汉）应劭撰，王利器校注《风俗通义校注》，中华书局，1981，第384页。

6　武汉大学简帛研究中心、荆门市博物馆编著：《葛陵楚墓竹简》，收入《楚地出土战国简册合集（二）》，文物出版社，2013，第427页。

7　陕西省文管会编：《长安县三里村东汉墓葬发掘简报》，《文物》1958年第7期。

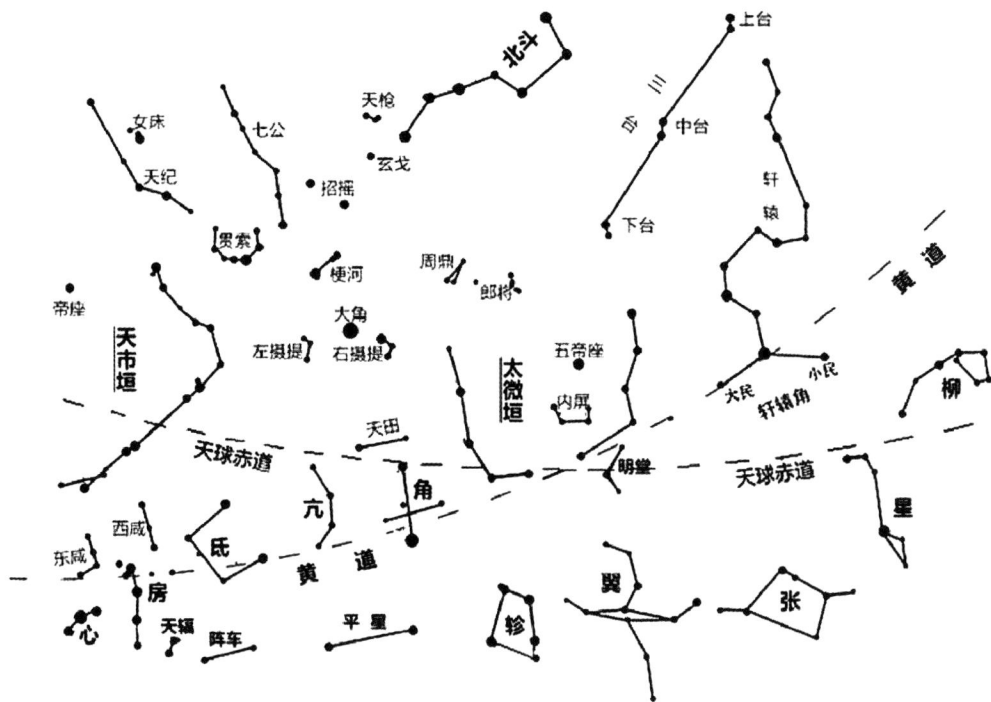

图 21　东宫、南宫部分星官布局

西周就有祭祀主"谷数"的"司禄"之礼，《周礼·春官宗伯》："若祭天之司民、司禄，而献民数、谷数。"[1] 而东宫角宿就有专门主司谷数的星官，《史记·封禅书》曰：汉初，汉高祖刘邦取法周制，制诏御史曰："其令郡国县立灵星祠。"《集解》引张晏曰："龙星左角曰天田，则农祥也。"《正义》引《汉旧仪》："龙星左角为天田，右角为大庭。天田为

司马，教人种百谷为稷。"[2]《续汉志·祭祀志下》"灵星"条则谓："龙左角为天田官，主谷。"[3] 角宿有"天田"两星（室女座 78 星和 τ 星），主谷，象征天子籍田，而禄之本义即为谷数，《孟子·滕文公上》："井地不钧，谷禄不平。"赵岐注："谷者，所以为禄也。"[4]《周礼·地官》中有"司禄"一官，职掌虽阙，但根据郑玄及清人的研究，"司禄"即主谷

1　《周礼注疏》，第 626 页。

2　《史记》卷二八《封禅书》，第 1659 页。

3　《续汉书·礼仪志上》，第 3204 页。

4　（汉）赵岐注，（宋）孙奭疏：《孟子注疏》，廖名春、孙佑平整理，钱逊审定，北京大学出版社，2000，第 163 页。

数与班禄之官。[1] "司禄"手中抱持一矩状物，《周礼·天官冢宰》："皆辨其物而奠其録。"郑玄注："故书録为禄。杜子春云：'禄当为録，定为録籍。'"[2] 禄与録通，是一种禄秩簿籍，居延汉简中就有诸多"受禄钱名籍"以及其他各种"禄簿"，而"矩"有官职与禄秩之意。[3] 天文图"司禄"手中持矩，表征的正是该星神为专主禄秩的神祇。"司禄"骑象[4] 其实也与"谷禄"之义密切相关，商周时期古人就已驯养野象，并参与军事、农耕以及祭祀等活动中，而"司禄"以象为坐骑，不仅因为驯象"从人意""随人意"[5] 的习性，应该还与驯象的形体的象征性隐喻有关，《诗·小雅·采菽》："福禄腜之。"[6] 福禄的增损与"腜"有关，而腜通肶，《尔雅·释诂》："肶、腹，厚也。"[7] 腜、腹同义，初指胃部、腹部，

以此衍生出重厚之义。驯象腹部厚实、巨大，"司禄"以驯象为坐骑，应该是取其高官厚禄之义。因此，无论是星数、位置，还是星象占验，角宿"天田"星与天文图中的"司禄"显然更为贴合。

"司命"位于南方星、轸北，轩辕角二星与之最为相匹。《周礼·春官宗伯》："若祭天之司民、司禄而献民数、谷数。"郑注："司民，轩辕角也。"贾疏引《武陵太守星传》："轩辕十七星如龙形，有两角，角有大民、小民。"[8] 轩辕诸星为南宫七宿中星宿的附属星官，轩辕角有二星即周时所祀之"司民"（狮子座 o 星与 ρ 星），《周礼正义》引李光坡曰："司民掌民数，及大比以诏司寇，司寇及孟冬祀司民之日，献其数于王。"[9] 小司寇与"司民"皆主司"民数"，而"民数"之

1　（清）孙诒让：《周礼正义》，王文锦、陈玉霞点校，中华书局，1987，第682—683页。

2　《周礼注疏》，第201页。

3　《尔雅·释诂》："……矩、庸、恒、律、戛、职、秩，常也。"参见《尔雅注疏》，第17页。

4　"司禄"的坐骑存些许剥落，从其身体形态来看，不仅似象，也有猪的些许特征，古代神话中有神兽"当康"，《山海经·东山经》："又东南二百里，曰钦山……有兽焉，其状如豚而有牙，其名曰当康，其鸣自叫，见则天下大穰。"郝懿行云："当康大穰，声转义近，盖岁将丰稔，兹兽先出以鸣瑞，故特记之。"郭璞《山海经图赞》："当康如豚，见则岁穰。""当康"又称"牙豚"，为丰年瑞兽，不过这种神兽只存在于神话中，而且传世文献中也未见以"牙豚"为坐骑的神祇，因此渠树壕东汉壁画墓天文图中"司禄"坐骑为驯象的可能性更大。参见袁珂校注《山海经校注》，上海古籍出版社，1980，第115页；（清）严可均辑《全晋文》卷一二二，商务印书馆，1999，第1277页。

5　《汉书·武帝纪》："南越献驯象。"应劭曰："驯者，教能拜起周章，从人意也。"《后汉书·孝献帝纪》："于阗国献驯象。"李贤注："驯象谓随人意也。"参见《汉书》卷六《武帝纪》，第176页；《后汉书》卷九《孝献帝纪》，第382页。

6　《毛诗正义》，第1056页。

7　《尔雅注疏》，第40页。

8　《周礼注疏》，第626—627页。

9　《周礼正义》，第1571页。

"数"指户籍之"名数"[1]。汉代"户籍"有广义和狭义之别,"狭义的户籍就是指'宅园户籍';广义的户籍,则还应包括'年细籍'在内"[2]。王彦辉指出,秦的户籍本不录年龄,"生者著,死者削"而已,但随着户籍制度的发展,开始在名籍性质的户籍外编制年籍,即张家山汉简中的"年细籍"。由于性质、用途不同,户籍和年籍最初是分离的,至迟汉武帝以后,二者合而为一。[3] 目前考古出土中虽未发现汉代户籍的原件,但从居延汉简中的"吏民出入名籍"以及其他相关文书来看,年寿信息无疑是汉代户籍中非常重要的内容。换言之,"司民"所主之"民数"不仅包含一般意义上的名籍,其中还内含记录世人生死、年寿的"年籍"或"年细籍",这在一定程度上符合"司命"主人之生死、寿夭的"神格"特质。而图中"司命"的手持物与坐骑,显然也是其"神格"的另一种表现形式。《论衡·佚文》曰:"芝草一茎三叶,食之令人眉寿庆世。"[4] 又《白虎通义·蓍龟》:"独以灼龟何?此天地之间寿考之物。"[5]

芝草与灵龟自古以来就被视作寿考之物,故而"司命"以之为手持物与坐骑。

"司民""天田"各戴两星,毗邻黄道,位于二十八宿圈以内,星象意涵也与"命""禄"相关,从星数、位置以及星象占验等各方面来看,图中"司禄""司命"就是角宿"天田"星与轩辕角"司民"星。而天文图中"司禄""司命"被绘于角、亢附近,当与秋分密切相关。《淮南子·天文训》:"辰星正四时,以八月秋分效角、亢。"[6] 汉时,秋分点就位在角、亢,而八月秋分也正是汉朝案比之时,《续汉书·礼仪志中》:"仲秋之月,县道皆案户比民。"[7] 又《周礼·地官司徒·小司徒》:"三年则大比。"郑注:"大比,谓使天下更简阅民数及是其财物也。受邦国之比要,则亦受乡遂矣。郑司农云:'五家为比,故以比为名。今时八月案比是也。'"[8] 乡部案比造籍,最终由郡国遣计吏携簿籍上报中央,《汉书·武帝纪》:"县次续食,令与计偕。"师古注:"计者,上计簿使也,郡国每岁遣诣

1　"名数"泛指户籍,《汉书·王子侯表上》:"坐知人脱亡名数。"师古曰:"脱亡名数,谓不占户籍也。"又《汉书·石奋传》:"无名数者四十万。"师古曰:"名数,若今户籍。"参见《汉书》卷十五上、卷四六,第438、2197页。

2　张荣强:《前秦建元籍与汉唐间籍账制度的变化》,《历史研究》2009年第3期。

3　王彦辉:《秦汉户籍管理与赋役制度研究》,中华书局,2016,第65—92页。

4　《论衡校释》,第1214页。

5　《白虎通疏证》,第329页。

6　《淮南子集释》,第194页。

7　《续汉书·礼仪志上》,第3124页。

8　《周礼注疏》,第324页。

京师上之。"[1] 因此，图中"司禄""司命"两神会是一种计吏的形象，且被绘于角、亢附近，正是秋分的表征之象。

值得注意的是，上计是一种中央针对地方政府的考课制度，而在汉代信仰体系中，"司禄""司命"与位于中宫的"北斗"存在密切的关联。渠树壕汉墓天文图中，"司禄""司命"皆位在斗杓以南，二神各有坐骑，各有手持之物，前后相从，循黄道向北斗前行，隐约透露出二者之间的关联。《史记·天官书》：

> 北斗七星，所谓"旋、玑、玉衡以齐七政"。杓携龙角，衡殷南斗，魁枕参首。[2]

朱文鑫《〈史记·天官书〉恒星图考》根据《史记》裴骃《集解》、张守节《正义》，对这句话进行了解释。概言之，以帝星为起点，斗杓的末星可连至角宿，即"杓携龙角"；当南斗中天时，北斗第五星玉衡与南斗遥相呼应，即"衡殷南斗"；而斗魁四星恰能与参宿两星连成直

线，似白虎之首以斗魁为枕，即"魁枕参首"[3]。以北极星为核心，通过北斗与天象中几个相对重要的星宿相互栓系，北极星就可以统摄周天星官。

渠树壕东汉壁画墓天文图中，北斗就被绘在整幅星图的中心，表现的正是以北斗统摄周天列宿的天象观，陆贾《新语》所谓"位之以众星，制之以斗衡"[4]。北斗的执掌统称为"七政"，《史记索隐》引《尚书大传》："七政，谓春、秋、冬、夏、天文、地理、人道，所以为政也。"[5] "七政"之数虽止于七，但其内涵与外延却包罗万象，其中也包含人之生死、福禄。《后汉书·赵壹传》："收之于斗极，还之于司命，使干皮复含血，枯骨复被肉。"[6] 《春秋佐助期》："七星之名并是人年命之所属，恒思诵之，以求福也。"[7] 《河图帝览嬉》："斗七星，富贵之官也，其旁二星，主爵禄，其中一星，主寿夭。"[8] 汉晋以来社会上普遍流行"黄神北斗"的信仰，《河图始开图》："黄帝名轩，北斗黄神之精。母地祇之女附宝，之

1　《汉书》卷六《武帝纪》，第164页。

2　《史记》卷二七《天官书》，第1542页。

3　朱文鑫：《〈史记·天官书〉恒星图考》，商务印书馆，1927，第11—12页。

4　王利器校注：《新语校注》，中华书局，1986，第2页。

5　《史记》卷二七《天官书》，第1542页。

6　《后汉书》卷八〇下《赵壹传》，第2628页。

7　《纬书集成》，第821页。

8　《纬书集成》，第1135页。

郊野，大电绕斗，枢星耀，感附宝，生轩。"[1] 黄帝感斗而生，是以又称"北斗君"或"黄神"，传世汉印中就有诸多"黄神"铜印，此外考古发掘中还陆续出土了许多"黄神"封泥。[2] 关于"黄神北斗"的执掌，《熹平二年张叔敬瓦缶镇墓文》谓："黄神生五岳，主生人录，召魂召魄，主死人籍。"[3] "黄神"主掌"生人录，死人籍"，而从"司禄""司命"前后相从循北斗前行的星官布局来看，"司禄"与"司命"应该是"黄神北斗"之下分管"生人录"与"死人籍"的神祇。而整幅渠树壕东汉墓天文图以北斗为中心，不仅是以北斗统摄周天列宿的天象观的直观呈现，同时也反映出北斗主司世人福禄、生死，为通天升仙的法门，揭示出北斗在汉代宗教信仰体系中的重要地位。

四　余论：黄泉下的天文学

古时"天文"这一概念并非只是日月星辰的布列，其中还蕴含了"天命"，是人间王权主义统治秩序的终极来源，《汉书·艺文志》：

> 天文者，序二十八宿，步五星日月，以纪吉凶之象，圣王所以参政也。[4]

《淮南子·要略》：

> 天文者，所以和阴阳之气，理日月之光，节开塞之时，列星辰之行，知逆顺之变，避忌讳之殃，顺时运之应，法五神之常，使人有以仰天承顺，而不乱其常者也。[5]

日、月、五星以及周天列宿所构成的天文玄象，及其背后的运行规律（"天命"），历来都是中国古代天文学探察的重点，天象图的背后也潜藏了非常重要的政治意义。渠树壕东汉壁画墓天文图，将天象中的"太一"紫宫、太微宫以及"四象""二十八宿"都绘制了出来，或许由于各种因素，图中某些星官（宿）的星数存在省减问题，甚至星宿的题名与星象之间也出现了些许混乱。但从天象图的整体布局与星象结构来看，渠树壕东汉壁画墓天文图所呈现出来的星象体系无疑

1　《纬书集成》，第 1105 页。

2　吕志峰先生对传世及后世出土的"黄神越章""黄神使者印章""黄神之印"等铜印，以及"黄神越章"的封泥，进行了详细的汇总与梳理。参见吕志峰《东汉石刻砖陶等民俗性文字资料词汇研究》，上海人民出版社，2009，第 101—107 页。

3　吕志峰：《东汉熹平二年张叔敬朱书瓦缶考释》，《中文自学指导》2007 年第 2 期。

4　《汉书》卷三〇《艺文志》，第 1765 页。

5　《淮南子集释》，第 1442 页。

是非常完整的，显然也超越了一般意义上的观象图而具有相当高的科学性。李约瑟《中国科学技术史·天学卷》在谈及中国天文图的绘制时就指出："毫无疑问，中国早在公元3世纪，甚至可能在汉代，就制成了星图，但其中没有一张流传到今天"；"了解到世界其他各地绘制天文图的情况，我们就会明白，绝不可轻视中国星图从汉到元、明这一完整的传统。"[1]渠树壕东汉壁画墓天文图的出土，一定程度上补足了中国古代天文图绘制传统的缺环，而与后世摒弃了"象"而只取星官的天文图不同，渠树壕东汉壁画墓天文图中"星""象"并存，属于古代天文图发展的早期阶段，不过在这幅天文图中，中国传统天象体系的基本框架与内容都得到相当直观的呈现，反映出汉代天文学已然非常成熟，并且达到了相当高的水平。

渠树壕东汉墓天文图具有很高的科学价值，同时天文图本身也具有非常浓厚的宗教性。古人营建墓葬时，往往将其视作一个宇宙模型，而墓室券顶象征苍穹，《史记·秦始皇本纪》：秦始皇即位之初就穿山建陵，相传陵墓中"上具天文，下具地理"[2]。西晋陆机《挽歌》中亦谓："重阜何崔嵬，玄庐窜其间。磅礴立四极，穹隆效苍天。"[3]而汉代墓室天象图

展现的不只是时人的宇宙观，其中还潜藏了汉人对"天国"的想象。《论衡·薄葬》："谓死如生，闵死独葬，魂孤无副，丘墓闭藏，谷物乏匮，故作偶人以侍尸柩，多藏食物以歆精魂。积浸流至，或破家尽业，以充死棺；杀人以殉葬，以快生意。"[4]汉人的生死观中，普遍认为死亡仅为此世的终点，生命依然会在死后继续延存，因此"事死"当如"事生"，对于人死之后天国的想象往往也会通过墓室壁画的形式呈现出来。渠树壕东汉壁画墓天文图中，展现的不仅是现实中日月星辰所构成的"天文"，也是汉人想象与虚拟出来的"天国"，其中的星官、列宿以及各种神祇、列仙、异兽所组成的"象"，都是这个虚拟的天国世界的构成要素，换言之，宗教信仰以及迷信因素一直都"渗透"在中国古代天文学中。然而，诚如戴维·林德伯格在探讨欧洲中世纪的占星术时所指出的："占星术的历史有时会因为在历史学家中流行的一种倾向而受到损害，这种倾向把占星术粗暴地斥为由愚人和江湖骗子所推行的一种原始的、非理性的或迷信的思想。当然，正如中世纪的批评者乐此不疲地指出的那样，的确存在着江湖骗子。但中世纪占星术也有其严肃的学术一面，我们绝不能让自己的态度被今

1　[英]李约瑟：《中国科学技术史·第三卷·数学、天学和地学》，梅荣照等译，科学出版社，2018，第255、264页。

2　《史记》卷六《秦始皇本纪》，第337页。

3　（西晋）陆机：《陆机文集》，上海社会科学院出版社，2000，第60页。

4　《论衡校释》，第961页。

人对它的轻视所影响。"[1] 同样的道理，陕西靖边渠树壕东汉壁画墓天文图在展现其科学性的同时，背后也承载了一套复杂的宗教信仰体系，整幅天文图也可以说是中国古代"科学"与"宗教"、"天文"与"人文"相互交织的一个产物。

1　［美］戴维·林德伯格：《西方科学的起源：公元 1450 年之前宗教、哲学、体制背景下的欧洲科学传统》，张卜天译，商务印书馆，2019，第 376 页。

荧惑星"化童"形象演变考

■ 刘 波（四川大学历史文化学院）

以日月、五星、二十八宿等星象推衍时数、占测吉凶祸福，是中国古代政治、社会生活中必不可少的行为。《汉书·艺文志》概言之："天文者，序二十八宿，步五星日月，以纪吉凶之象，圣王所以参政也。《易》曰：'观乎天文，以察时变。'"[1] 在长时期的"天人合一"文化氛围浸润下，各星辰行进轨迹、光亮样态等天体特征，被人们赋予了不尽相同的政治、社会内涵。属于"五星"之一的荧惑星，在被当作皇帝统治"明效"与否的标志时，尤显重要。《汉书·天文志》论曰："荧惑，天子理也，故曰虽有明天子，必视荧惑所在。"[2] 《太平经》结合汉代火德之运进一步展开道："子欲重知其明效，五星荧惑，为变最剧也。此明效

也。其四星不能。……火者君象，能变四时。荧惑为变最效，天法不失铢分。"[3] 汉纬《春秋文曜钩》点明了荧惑星光亮闪烁、忽明忽暗、行迹不明的天体特征，曰："南方火精，曰荧惑，荧荧然惑无定所也。"[4] 《文献通考·象纬考三》再次强调了荧惑变动不居、性烈不常的特征："然五星之变俱足以致殃，荧惑、太白为甚，而荧惑尤甚。盖荧惑火也，性烈而不常，又为执法之官，司天下过失，故其应尤为亟也。"[5] 荧惑星因其自然特点所被赋予的人文含义是执法司过，所现常伴随纷争灾乱，而非祥瑞。

荧惑星的独特性及其在中国古代政治、社会生活中的作用和影响，较早受到学者们的关注。前贤对其研究多聚焦于天

1　（汉）班固：《汉书》卷三〇《艺文志》，中华书局，1962，第1765页。

2　《汉书》卷二六《天文志》，第1281页。

3　王明：《太平经合校》，中华书局，1960，第226页。

4　［日］安居香山、中村璋八：《纬书集成》，河北人民出版社，1994，第676页。

5　（宋）马端临：《文献通考》，中华书局，1986，第2229页。

文星占与礼仪祭祀等方面，[1] 对其星神形象的研究则主要关注形象成型之后的历史时期。唐代曾盛行由众曜星官簇拥，结跏趺坐于黄牛牵行的双轮车上，周身散发五彩霞光的佛尊图像，这类统帅日月星辰游空巡行的变相图，即炽盛光佛变相图。[2] 松本荣一在这类研究中注意到"五星根据五行方位呈现了各自身体、服饰颜色"[3] 的内在逻辑，其对南方荧惑朱身的认识，颇具启发意义。孟嗣微就传世《五星及廿八宿神形图》、炽盛光佛及随从神祇图像进行了深入研究，当中涉及火星星神。[4] 廖旸亦就此类图像进行了探讨。[5] 陈万成进一步将炽盛光佛变相画一脉相承的系列图像称为"梵天火罗新型系"[6]。陈秀慧据徐州汉王乡所出汉画像石榜题，推断四首

兽身的怪物形象为东汉时期的荧惑星神。[7] 要言之，以上学者大多将目光放在佛教传入后的情况，集中于南北朝及流行于唐代的炽盛光佛与诸曜星的组合图像，对此之前的状况涉及较少；陈秀慧文章所论时段虽属汉代，但相关认识、判断仍可商榷。本文将从荧惑星的含义出发，探讨西汉至东晋时期，荧惑星神从"无形"之神[8] 到"童子"形象的形成过程。

一　汉代荧惑星的"无形"之象

通过梳理相关历史文献，在明确的童子形象成立之前，荧惑星推叠、发展出了两方面的思想内涵及相关功能：第一，与

1　以往荧惑星的专项研究上，学者们有两种较为明显的倾向。一是传世文献所载出现"荧惑守心"天象真伪的辨析。如黄一农《星占、事应与伪造天象——以"荧惑守心"为例》、刘次沅《古代"荧惑守心"记录再探》、武家璧《"荧惑守心"问题之我见》。二是人文社会中针对荧惑祭祀、占卜附会的政治意图。如黄一农《汉成帝与丞相翟方进死亡之谜》、刘复生《宋朝"火运"论略——兼论"五德转移"政治学说的终结》和《荧惑祭祀及其在宋代的流变》、韦兵《星占历法与宋代政治文化》的"荧惑入、犯"一章和《行星星占与宋代政治：以荧惑入犯、太白昼见经天为例》、赵贞《宋代的"德运"之争与大火星的祭祀》等。

2　详参孟嗣微《炽盛光佛信仰与变相》，《紫禁城》1998 年第 2 期。

3　[日] 松本荣一：《炽盛光佛并诸星图》，载《墩煌畫の研究》，东方文化学院东京研究所刊，1937，第 338—343 页。

4　孟嗣微：《〈五星及廿八宿神形图〉图像考辨》，载《艺术史研究》第二辑，中山大学出版社，2000，第 517—556 页。孟嗣微：《五星图像考源——以藏经洞遗画为例》，载《艺术史研究》第三辑，中山大学出版社，2001，第 397—419 页。

5　廖旸：《炽盛光佛再考》，载《艺术史研究》第五辑，中山大学出版社，2003，第 329—369 页。廖旸：《炽盛光佛构图中星曜的演变》，《敦煌研究》2004 年第 4 期。

6　陈万成：《唐元五星图像的来历——从永乐宫壁画说起》，载《中外文化交流探译：星学·医学·其他》，中华书局，2010，第 73—109 页。

7　陈秀慧：《东汉荧惑图像考》，《考古学报》2018 年第 2 期。

8　在荧惑有确定的童子形象之前，虽然可以从祭祀中看到荧惑星的神灵属性，但祭祀中并未描述荧惑的形、体、像。本文将未出现荧惑星神形象之前的荧惑崇拜表达为"无形"之神。

国家灾乱、兵变相联系的神秘内涵及功能。此思想、功能经人进一步移用延展至镇墓文、符咒中，有厌胜、避兵的作用；第二，荧惑星在秦代被列入国家祭祀，表现了其超自然的神灵属性。王莽祭祀改革后，五星成为五帝之从神，五星同祀体现了"五星"神灵属性的组合，这对五星神祇形象影响深远。

（一）星占中的荧惑

传世文献中，《韩非子·饰邪》较早提及荧惑星。其所论者，以荧惑星为战乱之标识，曰：

> 初时者，魏数年东乡攻尽陶、卫，数年西乡以失其国……又非天缺、弧逆、刑星、荧惑、奎台非数年在东也。[1]

包括荧惑在内的诸星被用以表示国家存亡的征兆，可以看出大约在战国时，已有荧惑主兵（表现战乱）的思想认识。

此后，《吕氏春秋·季夏纪·制乐》记载了宋景公时发生的"荧惑守心"现象，[2]以天象表达了荧惑星主罚的星占含义（以及攘灾之法），指明荧惑星与国家、国君之间的映射关系。

出土文献中，亦可察见荧惑星占含义的相关论说。马王堆帛书《五星占》曰：

> 南方火，其帝赤帝，其丞祝庸（融），其神上为荧〔惑〕。〔进退〕无恒，不可为□，〔□〕所见之〔□□〕兵革。……其出西方，是胃（谓）反明（明），天下革王。其出东方，反行一舍，所去者吉，所之国受兵，〔□□〕。营（荧）或（惑）绝道，其国分当其野〔□□〕。居之久，〔殃〕大，亟发者，央（殃）小，□〔□□〕，央（殃）大。……营（荧）或（惑）所居久者，三年而发。其与它星遇而〔□□□□〕□。在其南，在其北，皆为死亡。[3]

此段论述甚详，融南方方位、方位神赤帝（帝）、上古火神祝融（丞）、星神荧惑（神上）为一体，并就荧惑进退无恒、行迹与兵革之关系、停留时间长短与殃咎大小之关系、所在相对方位与生死存亡之关系，一一展开。银雀山出土的大略汉武帝时期的竹简亦论及荧惑所具有的占相妖祥、乱国的神秘功能，曰："月并出，星贯月，反景，倍□，□（慧）星，营（荧）或（惑），云□，夭（妖）恙

1　（清）王先慎：《韩非子集解》，钟哲点校，中华书局，2003，第122页。

2　许维遹：《吕氏春秋集释》，梁运华整理，中华书局，2009，第145页。

3　湖南省博物馆、复旦大学出土文献与古文字研究中心编纂：《长沙马王堆汉墓简帛集成》（肆），中华书局，2014，第229页。

（祥）见于天，此逆上者也，此皆乱国之气也。"[1]《史记·天官书》进一步概括荧惑的星占含义，曰："察刚气以处荧惑。曰南方火，主夏，日丙、丁。礼失，罚出荧惑，荧惑失行是也。出则有兵，入则兵散。以其舍命国。荧惑为勃乱、残贼、疾、丧、饥、兵。"[2] 礼失垂罚，施出荧惑，荧惑被认为是引发人间死伤战乱的"天道"启示。由此可见，汉初时人们赋予荧惑的含义已相当详细具体。

关于荧惑的星占学功能，何幼琦指出，如马王堆《五星占》所见，据五星行度所占对象都是军事、政治等军国大事，同经济生活没有直接关系，最重要的占验是战争，其次是内乱。[3] 江晓原据星象所占之事的不同性质，将星占体系分为"军国星占学"与"生辰星占学"，并认为古代中国的星占学始终只有军国星占学一个类型，而且承继性极强，大致在战国秦汉之际定型之后，几乎不再变化。[4] 余欣也提出，类似荧惑等星的五星占文内容，"亦为饥荒、疫疠、兵甲等有关天下治乱兴亡之军国大事，而并不用于占测个人命运"[5]。以上所论皆是。换言之，荧惑在星占使用中，因运行常动不定被赋予了"勃乱、残贼、疾、丧、饥、兵"的人文含义，所指与国家、国君相连，与普通人的个人生活、命运无关。自然，此时未显示星辰神化的神祇形象。

随后，除天象星占外，还可以在东汉时期的"符咒""镇墓文"上见到，经人（方士、术士、道士等）在特定背景下使用之后，荧惑星已顺势转化，在特定场合被赋予了厌胜、消灾、解祸、避兵等"吉相"含义，扩大了使用范围。出土光和二年（179）镇墓文云："东方起土，大白□之；南方起土，辰星威之；西方起土，营（荧）惑□之；北方起土，填星□之。"[6] 东方属木，大白属金，金克木；南方属火，辰星属水，水克火；西方属金，荧惑属火，火克金；北方属水，填星属土，土克水。此处镇土方位，以"五行相克"厌胜除殃。《论衡·谏时》曰："世俗起土兴功，岁、月有所食，所食之地，必有死者。……见识之家，作起厌胜，以五行之物，系金木水火。……设祭祀以除其凶，或空亡徒以辟其殃。"[7] 按其所论，建造动工惊扰施造处的神灵、死

1　银雀山汉墓竹简整理小组：《银雀山汉墓竹简》（贰），文物出版社，2010，第241页。

2　（汉）司马迁：《史记》卷二七《天官书》，（南朝宋）裴骃集解，（唐）司马贞索隐，（唐）张守节正义，中华书局，1982，第1317—1318页。

3　何幼琦：《试论〈五星占〉的时代和内容》，《学术研究》1979年第1期。

4　江晓原：《12宫与28宿：世界历史上的星占学》，辽宁教育出版社，2005，第2、4页。

5　余欣：《敦煌的博物学世界》，甘肃教育出版社，2013，第14页。

6　刘昭瑞：《考古发现与早期道教研究》，文物出版社，2007，第287页。

7　（汉）王充：《论衡校释》，黄晖撰，中华书局，2017，第1140页。

者，以五行之法祭祀可消灾解殃、除凶化吉，借星神力量压制安抚即是。除镇墓文外，在中古时期的道教符咒中亦可见"辟兵"含义的荧惑星。《抱朴子内篇·杂应》言辟兵之法："郑君云，但诵五兵名亦有验。……矢名仿徨，荧惑星主之……或佩西王母兵信之符，或佩荧惑朱雀之符……符指敌人。"[1] 由占验军国之事至镇土厌胜、除殃辟兵，荧惑星至此已经以"无形"之神的方式发展成为关涉国家与个人的重要神祇。尽管如此，荧惑仍是因其厌镇而非祥瑞的属性被使用。

（二）"五星"祭祀中的荧惑

除星占的内涵及功能外，材料显示，在秦汉及之后的历史时期中，荧惑是国家祭祀的重要对象。祭祀体现了荧惑星的神灵属性，现将结合马王堆出土《五星占》，从五帝、五色、五方、五星的配置进行说明。

秦汉时期树新礼典，国家祭祀在两朝皆有重要调整。秦并天下后，荧惑便已进入国家祭祀之列。[2]《史记·封禅书》载：

> 而雍有日、月、参、辰、南北

斗、荧惑、太白、岁星、填星、(辰星)、二十八宿、风伯、雨师、四海、九臣、十四臣，诸布、诸严诸逐之属，百有余庙。……各以岁时奉祠。[3]

田天考察指出，雍地诸祠庙以雍四畤、陈宝为主，是秦国国家祭祀中的最高等级，由国君亲祭，其余诸庙等级略低。[4] 同时认为，《封禅书》在这里并未明言"五星"祭祀，是分言荧惑、太白等星，故秦时五星不必同祭。[5] 据此可略推知五星祭祀形成之前的荧惑祭祀情状。

又，汉初已有"五帝"祭祀的相关记载。汉高祖二年（前205）立黑帝祠，命为北畤，改秦四畤为五畤，以示"天有五帝"[6]。汉高祖六年（前201）又在长安置祠祝官、女巫，其中"晋巫，祠五帝、东君、云中、司命、巫社、巫祠、族人、先炊之属"[7]。由此可知，祭祀是由晋巫分领，皇帝不亲祭。

而后，马王堆出土《五星占》记载：

> 南方火，其帝赤帝，其丞祝庸

1　（晋）葛洪：《抱朴子内篇校释》，王明校释，中华书局，1985，第270页。

2　本文所言国家祭祀指由皇帝亲祭或祝官、有司主领的官方祭祀行为。

3　《史记》卷二八《封禅书》，第1375页。

4　田天：《春秋战国秦国祠祀考》，《中国典籍与文化》2013年第1期。

5　田天：《秦汉国家祭祀史稿》，生活·读书·新知三联书店，2015，第46页。

6　《史记》卷二八《封禅书》，第1378页。

7　《史记》卷二八《封禅书》，第1378页。晋巫所祭五帝，是表示"天"的五帝，或是星官名，亦值得深入探讨。

（融），其神上为荧〔惑〕。〔进退〕无恒……赤芒，南方之国利之；白芒，西方之国利之；黑芒，北方之国利之；青芒，东方之国利之；黄芒，中国利之。[1]

《开元占经》引石氏（石申）曰："光五寸以内为芒。"[2] 刘乐贤认为 "芒" 是星体发出的短光。[3] 何幼琦认为此时五星的正式名称仍是岁星、太白、荧惑等古名，已同五行、五方、五帝、五丞、十日密切结合，四时有分为五时的苗头，五星作为五行、五方的 "上神" 是 "五行说" 影响的结果，木星、金星、火星等新名开始形成，还不常用。[4] 胡化凯亦认为，西汉《五星占》最先以五行与五星相配称，在此基础上《淮南子·天文训》直呼荧惑等为木火土金水五星。[5] 从《五星占》原文可见，荧惑被列为南方之神，赤色，与赤帝、辅神祝庸按部类组合，赤帝作为 "帝"、祝庸作为 "丞"、荧惑作为 "神上" 各自独立。

约与此同时，《史记·孝文本纪》记载：

> 于是天子始幸雍，郊见五帝……十六年，上亲郊见渭阳五帝庙，亦以夏答礼而尚赤。[6]

目黑杏子认为汉文帝十五年（前165）始幸雍五畤，翌年独创渭阳五帝庙以祀上帝，是基于五行说以 "五帝" 表示 "上帝"，五帝＝上帝。[7] 祠渭阳五帝庙可见五行说影响下五帝五色相互对应，其所用礼仪与雍五畤同，五帝庙 "同宇，帝一殿，面五门，各如其帝色"[8]。汉武帝时以五帝佐太一，"亳人谬忌奏祠太一方，曰：天神贵者太一，太一佐曰五帝。……于是天子令太祝立其祠长安东南郊，常奉祠如忌方。……五帝坛环居其下，各如其方。……五帝各如其色，日赤，月白"[9]。自汉文帝始，国家祭祀设置中五色、五方与五帝已密切结合，"五

1　湖南省博物馆、复旦大学出土文献与古文字研究中心编纂：《长沙马王堆汉墓简帛集成》（肆），中华书局，2014，第 229 页。

2　（唐）瞿昙悉达：《开元占经》卷六四《顺逆略例五》，李克和点校，岳麓出版社，1994，第 655 页。

3　刘乐贤：《马王堆天文书考释》，中山大学出版社，2004，第 47 页。

4　何幼琦：《试论〈五星占〉的时代和内容》，《学术研究》1979 年第 1 期。

5　胡化凯：《五行说——中国古代的符号体系》，《自然辩证法通讯》1995 年第 3 期。

6　《史记》卷一○《孝文本纪》，第 430 页。

7　[日] 目黑杏子：《前漢武帝期における郊祀体制の成立——甘泉泰時の分析を中心に》，《史林》2003 年第 86 卷第 6 号，第 39 页。

8　《汉书》卷二五《郊祀志》，第 1213 页。

9　《史记》卷二八《封禅书》，第 1386、1394 页。

帝”作为最高神从神配享祭祀，但五星尚未被纳入组合。汉宣帝时，“修武帝故事……又立岁星、辰星、太白、荧惑、南斗祠于长安城旁。”[1] 祭祀中五星缺镇星，五星仍是分而祭之。

至汉平帝时，王莽上奏：

《易》曰：“方以类聚，物以群分。”分群神以类相从为五部，兆天地之别神：中央帝黄灵后土畤及日庙、北辰、北斗、填星、中宿中宫于长安城之未地兆；东方帝太昊青灵勾芒畤及雷公、风伯庙、岁星、东宿东宫于东郊兆；南方炎帝赤灵祝融畤及荧惑星、南宿南宫于南郊兆；西方帝少皞白灵蓐收畤及太白星、西宿西宫于西郊兆；北方帝颛顼黑灵玄冥畤及月庙、雨师庙、辰星、北宿北宫于北郊兆。奏可，于是长安旁诸庙兆畤甚盛矣。[2]

按王莽的设想，神祇按类别被分为五部，各方所属神祇更明确独立，五星各自与相应的五方、五色、五帝固定同祭，明显和西汉前中期不同。“南方炎帝赤灵祝融畤及荧惑星”的配置，是在《五星占》“南方火，其帝赤帝，其丞祝庸（融），其神上为荧〔惑〕”基础上加入了二十八宿，在祭祀中继承了西汉前期的部分思想。田天认为，王莽按《周礼》所定的“元始仪”祭祀改革彻底改变了中国古代国家祭祀的性格特点。[3] 这次改革中，明确可见五星同祀，五星、五方、五色相应组合对五星神祇形象影响深远，以至受佛教影响后的五星神祇形象仍保留有这一特征，即松本荣一在研究炽盛光佛与诸曜星图时提到的，“应重视五星根据五行方位呈现了各自的身体、服饰颜色”[4]。建武二年（26）正月在祭坛背对中营一侧祀“五星”，属群神列：“初制郊兆于洛阳城南七里，依鄗。采元始中故事……其外坛上为五帝位。……日月在中营内南道……不在群神列中。……背中营神，五星也，及中（官）宿五官神及五岳之属也。”[5] 东汉国家祭祀延续汉平帝时的制度，五星

---

1 《汉书》卷二五《郊祀志》，第1250页。

2 《汉书》卷二五《郊祀志》，第1268页。《河图》虽曾记载五方五色帝形象：“东方苍帝，体为苍龙，其人长头面大，角骨起眉，背丰博，顺金授火。南方赤帝，体为朱鸟，其人尖头圆面，方颐长目，小上广下，须髯偃胸，顺水授土。中央黄帝，体为轩辕，其人面方广颡，兑颐缓唇，背丰厚，顺木授金。西方白帝，体为白虎，其人方颡直面，兑口大鼻小角，顺火授水。北方黑帝，体为玄武，其人夹面兑头，深目厚耳，垂腹反羽，顺土授木。”然而，据纬书出现的时间推测，五方五色帝神祇体、貌的形象记载反映的时期更接近东汉。［日］安居香山、中村璋八：《纬书集成》，河北人民出版社，1994，第1248—1249页。

3 田天：《西汉末年的国家祭祀改革》，《历史研究》2014年第2期。

4 ［日］松本荣一：《熾盛光佛并諸星圖》，载《墩煌畫の研究》，东方文化学院东京研究所刊，1937，第338—343页。

5 （南朝宋）范晔：《后汉书》志第七《祭祀上》，中华书局，1965，第3160页。

此后作为五帝从神渐成惯例。[1]

综上所论，秦时荧惑星神格就已独立并被列入国家祭祀。汉初受五行说影响，从汉文帝设立渭阳五帝庙和马王堆《五星占》中 "方位、帝、丞、神上" 的记载，到汉宣帝时期五星仍是分祭的祭祀配置，五帝、五星、五方、五色逐步融合，直至汉平帝祭祀改革 "分群神以类相从为五部"，五帝、五星、五方、五色固定组合的配置完整出现。东汉至隋 "五星" 皆为 "五帝" 从神，从祭祀陈设 "席用藁秸" 及 "五帝二十八宿及风雨师等座有坎，余皆平地"[2] 来看，荧惑星在国家祭祀体系中相比较而言地位虽不高，亦未见神祇体态样貌类描述，但其神灵属性已然无疑。结合前文所述星占内容推测，至东汉前荧惑星只是作为星辰被神化崇拜，仍为 "无形" 之神。[3]

二　荧惑星 "四首怪" 形象辨误

前文讨论了秦汉时期人们对荧惑的思想认识与信仰行为，得知无论是在星占中还是国家祭祀中，荧惑星都是作为 "无形" 之神存在的。在此基础上，本文尝试对近期的一项研究进行商榷。

徐州汉王乡 1 号祠堂保存了东汉元和三年（86）的画像石，其中左壁第一层最左侧是一幅四首怪图像（图 1）。武利华将此图像榜题释读为 "荣成"，认为是道教神仙 "容成子"[4]。朱浒在梳理汉代 "容成" 身份溯流时，也将此图视作 "荣成"[5]。姜生从墓葬作为 "炼形之宫" 的整体意义出发，亦认为 "四首怪" 是容

1　东汉以后，梁武帝时祭祀南郊："攒题曰皇天座。以皇考太祖文帝配。五帝、天文从祀。注曰，五方上帝、五官之神、太一、天一、日、月、五星、二十八宿、太微、轩辕、文昌、北斗、三台、老人、风伯雨师，皆从祀。其五帝二十八宿及风雨师等座有坎，余皆平地。" 后魏道武帝即位，南郊布局中荧惑亦是从神："五帝以下天文从食……席用藁秸。注曰：日、月、五星、二十八宿、天一、太乙、北斗、司中、司命、司禄、司人在中壝内，各因其方。" 北齐时 "以高祖神武配，五精帝、天文等从祀。注曰：日月、五星、北斗等于下丘。" 隋文帝时 "祀昊天上帝于圆丘，以太祖武元皇帝配，五方上帝、天文并从祀。注曰：日月、五星、内官四十二座，次官百三十六座……五帝、日月在丘第二等，北斗、五星、十二辰、河汉、内官在丘第三等。" 杜佑：《通典》卷四二，王文锦点校，中华书局，2016，第 1166—1170 页。

2　《通典》卷四二，第 1168、1166 页。

3　1978 年发掘清理的洛阳金谷园新莽壁画墓中有鸟首人身、红眼双翅、上部裸身、下着红裤腰系绿带的仙人驭龙绘图，清理简报中认为是荧惑与轩辕二星像。因壁画上并无榜题，简报中亦未进行论述说明，对这一看法，本文暂持保留观点。洛阳博物馆：《洛阳金谷园新莽时期壁画墓》，载《文物资料丛刊》(9)，文物出版社，1985，第 172 页。另，关于图中仙人所驭之兽，结合其头部形象、汉墓的龙虎图和姜生关于汉墓乘蹻研究，本文认为此处仙人所驭神兽非龙，应是虎。其意或许表示龙虎图，或许表示蹻虎仙人。洛阳博物馆供稿：《洛阳汉代彩画》，河南美术出版社，1986，第 43、46、47 页。姜生：《汉墓龙虎交媾图考——〈参同契〉和丹田说在汉代的形成》，《历史研究》2016 年第 4 期。姜生：《指鹿为龙：汉墓鹿蹻葬仪考》，《社会科学辑刊》2020 年第 1 期。

4　武利华：《汉画像石西王母图像研究之徐州样式》，载《台湾王母信仰文化——世界学术研讨会论文集》，花莲胜安宫管理委员会，2009，第 173 页。

5　朱浒：《"房中" 与升仙——汉代 "容成" 及其图像考》，《中国典籍与文化》2014 年第 2 期。

图1　徐州元和三年汉画像石（部分）

徐州汉画像石艺术馆藏

成子，并进一步解释容成子因"能善补导"的成仙修炼方式在汉代被尊为房中求仙道之法的神君，表明画像石所在墓的墓主人是汉代容成派的信徒。[1] 陈秀慧对此有不同认识，将榜题释读为"荧惑"，视其为荧惑星神，并据此将其他汉代祠堂、墓中所出双头兽一并视作荧惑星神。[2]

对此，在现有研究基础上，值得进一步观察分析者有二。

一是汉画像石的整体布局。横观整幅壁画上层，四首怪右侧依次是西王母、炎帝、老子，所示应为两汉时期的尸解信

1　姜生：《汉帝国的遗产：汉鬼考》，科学出版社，2016，第162页。

2　陈秀慧：《东汉荧惑图像考》，《考古学报》2018年第2期。陈氏文章单凭榜题字形判断四首四身怪为荧惑星神。但此幅壁画中的榜题书写道劲乖张，释读存在争议。第二字以"口"字看图示字形似"或"，但战国楚简中"成"字似"口"的写法，如郭店楚简所存。《说文》释"城"："以盛民也。从土从成。成亦声氏征切。"若将图示字左部件视作"午"，下部一横部分视为"土"，和"城"字写法也很相似，如新蔡葛陵楚简所存。单从字形上看读作"成"或"城"亦有可能。因此本文对陈氏的考释保留观点。张守中：《郭店楚简文字编》，文物出版社，2000，第195页。（汉）许慎：《说文解字》，中华书局，1963，第288页。张新俊、张胜波：《新蔡葛陵楚简文字编》，巴蜀书社，2008，第207页。

仰。[1] 两汉时期盛行 "合气之术"，容成公因 "能善补导" 是汉代房中求仙道法之神君。[2] 在对诸如此类问题进行理解、判断的时候，容易被忽略的往往是这种画像石内容产生的那个时代的思想史背景。马王堆三号汉墓出土的竹书《十问》，即容成子为黄帝讲述修炼神仙不死之道：

> 明大道者，其行陵云，上自麋榣，水流能远，龙登能高，疾不力倦，□□□□□□□巫成招□□不死。巫成招以四时为辅，天地为经。巫成招与阴阳皆生，阴阳不死，巫成招与相视。有道之士亦如此。[3]

这部经典所代表的正是战国两汉黄老道与神仙家、方术家发生结合乃至形成道教的历史背景；其核心是服务于死者的死后成仙。在这一背景下，才可能造就徐州汉画像石上西王母、容成子、老子、炎帝等神祇比肩同堂的信仰空间，这些神祇现

于此处亦是汉代尸解变仙信仰的绝好体现。[4] 荧惑则始终未出现于汉代的墓葬神祇图谱或道书中，若将容成释作荧惑，则在其功能角度缺乏思想史的背景支持。

又，案《列子·汤问》曰："唯黄帝与容成子居空峒之上，同斋三月，心死形废，徐以神视，塊然见之，若嵩山之阿，徐以气听，硁然闻之，若雷霆之声。"[5] 杨伯峻注引《艺文类聚》言王叔岷 "容成子" 作 "广成子"[6]。复案《庄子·在宥》曰：

> 黄帝立为天子，十九年，令行天下。闻广成子在于空同之上，故往见之，曰：我闻吾子达于至道，敢问至道之精。……闲居三月，复往邀之。……至道之精，窈窈冥冥，至道之极，昏昏默默。无视无听，抱神以静，形将自正。必静必清，无劳女形，无摇女精，乃可以长生。目无所见，耳无所闻，心无所知，女神将守形，形乃长生。……故我修身千二

1　《汉帝国的遗产：汉鬼考》，第 170—206 页。

2　《汉帝国的遗产：汉鬼考》，第 163 页。

3　《长沙马王堆汉墓简帛集成》（陆），第 143 页。

4　相关理解可参姜生《汉帝国的遗产：汉鬼考》，第 162—206 页。

5　杨伯峻：《列子集释》，中华书局，1979，第 157 页。

6　汪绍楹点校的《艺文类聚》据上海图书馆藏南宋绍兴刻本为底本，相似部分亦作 "容成子"，查四库全书本《艺文类聚》作 "广成子"，则王氏注可能是据四库全书所载。（唐）欧阳询：《艺文类聚》，汪绍楹点校，上海古籍出版社，1982，第 1682 页。（唐）欧阳询：《艺文类聚》，《四库全书·子部·类书类》第 888 册，台湾商务印书馆，1982 年影印本，第 932 页。关于《四库全书》本《艺文类聚》相关研究另可参考孙麒：《文渊阁〈四库全书〉本〈艺文类聚〉初探》，《四川师范大学学报》2005 年第 2 期。孙麒：《〈四库全书〉本〈艺文类聚〉考论——以文渊阁本与文津阁本为例》，《图书情报工作》2011 年第 7 期。

百岁矣，吾形未尝[1]衰。[2]

《在宥》篇作"广成子"。饶宗颐认为"广成子"与"容成子"互为异文，《庄子·在宥》文字可视为容成之遗说。[3]如此，《列子》《艺文类聚》所载或可视为同种情况。从音韵学角度，"容"字上古音属东部余纽，"广"字为阳部见纽，东冬阳三部互通为上古楚方言特色，[4]将容成子与广成子视为同一人，有其内在的合理性。由此可见，早期文献中容成子被视为象征"长生之法"或"成仙"意味的神祇而存在，具备升仙系统中的功能。

图2　山西万荣县阎景村汉墓天文图
感谢运城市文物工作站供图

二是陈氏举例中杂有瑞兽"地轴"。两汉墓葬壁画中星象往往以圆点形式出现于天文图像中，如山西省运城市万荣县阎景村出土汉墓天文图（图2），右下方白色圆点所示的星辰旁隐约可见墨书"大白"。1987年发现的西安交通大学西汉墓壁画与2015年发掘的陕西靖边县渠树壕东汉墓壁画均较完整地保留了天文图，其中所绘二十八宿，除圆点连接的星象及榜题外，均用动物或人的图画对星宿的内涵进行了具象化说明。这表明西汉晚期，根据祭祀、墓葬场合的不同，有将星神绘为动物形、人形的社会表达基础。而陈氏文章中所分第一类荧惑图像（图3），实际与绘制于朝鲜德兴里壁画古墓（408）前室北墙墓顶的"地轴"瑞兽（指祥瑞的动物）形象更相符。德兴里壁画古墓前室墓顶共描绘了十八只瑞兽，北墙上有九只，"地轴"左侧头部前方有榜题"地轴一身两头"（图4）。

《诗含神雾》曰："邶鄘卫王郑，此五国者，千里之城，处（九）州之中，名曰地轴。"[5]《河图括地象》曰："昆仑

1　关于"尝"字，据各家所注底本不同，写法上有区别。《庄子集释》和《庄子注疏》写作"常"。《庄子集解》和《庄子校诠》以续古逸丛书影印宋刊本为底本，写作"尝"。郭庆藩：《庄子集释》，王孝鱼点校，中华书局，1961，第379—381页。（晋）郭象注，成玄英疏：《庄子注疏》，中华书局，2011，第209页。（清）王先谦注：《庄子集解》，商务印书馆，1936，第61页。王叔岷撰：《庄子校诠》，"中研院"历史语言研究所，1999，第390页。

2　《庄子集解》，第61页。

3　饶宗颐：《〈传老子师〉容成遗说钩沉——先老学初探》，《北京大学学报》1998年第3期。

4　详参刘宝俊《冬部归向的时代和地域特点与上古楚方音》，《中南民族学院学报》1990年第5期；邴尚白《〈容成氏〉的篇题及相关问题》，载《上博馆藏战国楚竹书研究续编》，上海书店出版社，2004，第367页。

5　钟肇鹏、萧文郁：《七纬（附论语谶）》，中华书局，2012，第254页。

图3　所谓"荧惑图像"

陈秀慧：《东汉荧惑图像考》，《考古学报》2018年第2期

图4　朝鲜德兴里古墓壁画（局部）

朝鲜画报出版部：《高句丽古坟壁画》，朝鲜画报社，1985，图65

之山为地首，上有握契。[1] 满为四渎，横为地轴，上为天镇，立为八柱。"[2] 西晋木华《海赋》曰："又似地轴，挺拔而争回。"[3]《南齐书·乐志》记载《高德宣烈乐》曰："义满天渊，礼昭地轴。"[4] 北周王褒《善行寺碑》中记载："是知璇玑盈缩，并运天枢，江汉所宗，争环地轴。"[5] 北周庾信《哀江南赋》曰："竞动天关，争回地轴。"[6]"地轴"为支撑和控制大地旋转的轴枢，天象围天枢（或为天关）转动，地形绕地轴回旋。古人

观念中地上州域与天上列宿均有对应，地轴与北斗七星及其他星宿同绘制于墓室的天文图中，是意指"天地精通，神明列序"[7]，还是表达祥瑞，或另有内涵，暂不得详解。

根据汉代社会的生死观念及丧葬礼俗来看，墓葬或祠祀的装饰选材往往是共识的吉祥符号。象征"天罚、执法、大兵、祸、动乱、残贼、疾、丧、饥"的荧惑常被援引于国君、军国事务中，即使现于符咒、镇墓文，亦是星辰含义延伸后的厌

1　陈美东猜测"握契"是地首之上有可供执握的楔子状的东西，相当于地体转轴的一头。陈美东：《中国古代天文学思想》，中国科学技术出版社，2013，第310页。

2　《纬书集成》，第1091页。

3　（南朝梁）萧统：《文选》卷一二，李善注，中华书局，1977，第180页。

4　（南朝梁）萧子显：《南齐书》卷一一《乐志》，中华书局，1972，第183页。

5　《艺文类聚》卷七六《内典部上》，1307页。

6　（南北朝）庾信：《庾子山集注》卷二，倪璠注，许逸民点校，中华书局，1980，第133页。

7　《纬书集成》，第1090页。

胜、辟兵、消灾、除殃，如表示起土厌胜或者表示"五石丹方"的"神药"[1]，不太可能被引入升仙系统。汉墓素多忌讳，"四首怪"出现在汉墓的这种空间位置，应该是作为和西王母、老子、炎帝一样的神祇至圣之属被选入，是引导死者在死后世界炼形成仙的大神，而不可能是厌镇性的甚或内含灾异性的存在，视作荧惑星现于此处意义难明。因此应是容成子，而非荧惑星神。

基于墓葬整体意义及"地轴"神兽图像两方面原因，本文认为以孤例榜题的识别为依据，而断定四首怪是东汉时期的荧惑星神，存在证据链上的缺环。对于此类艰涩问题更应通过立体的多维度的方法，给予更加谨慎的观察分析和识别。

三 "降为人"与后世童子形的关联

那么，"荧惑"作为东汉前中期的"无形"之神，在此后历史中会发生怎样的变化？其变化的内在逻辑如何？兹拟钩稽文献，试对这一过程做出描述。

两汉时期的历史文献中有不少童谣，其内容往往取材于生产生活，浅显易懂、简短上口，流传便利灵活。随着两汉谶纬的神秘化发展，一部分童谣逐渐与日常生产生活区隔开来，带有了政治预言的性质。在这过程中，荧惑与童谣逐渐结合，最终构建出来《搜神记》中的童子形象。

关于周朝灭商的记载，《论衡·语增》曰：

> 案周取殷之时，太公《阴谋》之书，食小儿丹，教云殷（亡）。兵到牧野，晨举脂烛。[2]

《论衡·恢国》记载更为详细，曰：

> 传书或称武王伐纣，太公《阴谋》，食小儿以丹，令身纯赤，长

---

1 东汉镇墓文残文，曰："南方赤，□□属征，□藏在心，□□齿，其□朱爵，身有□夕处大阝有火，□□为荧星，丙丁下入地中，丹沙石政重□两以填□主忧，五□辟金兵，立填以后益虫桑。如律令。□母万世无咎。"（罗振玉：《罗振玉学术论著集·第三集·古器物识小录》，古籍出版社，2010，第383页）刘昭瑞认为镇墓文中"'神药'与五方、五星有关，汉代五星说中南方色赤，在五方为丙丁位"（刘昭瑞：《考古发现与早期道教研究》，文物出版社，2007，第291、295页）。《灵宝自然斋仪》曰："南方丹天，三炁流光，荧星转烛，洞照太阳，上有赤精。开明灵童，捵欲火兵，备守三舍。"（上海古籍出版社、法国国家图书馆编：《法藏敦煌西域文献》14，上海古籍出版社，2001，第113页）结合经文前后五方五星论述，荧星指荧惑。乾隆时《福州府志》"荧星祠在华林寺西，明万历二十六年建，旧在九仙山，名明离殿。"（《中国方志丛书·福州府志》，成文出版社，1967，第339页）《福州坊巷志》释"火帝庙"一条："在坊西华林寺侧，本名明离殿，又称荧星祠。明万历六年建，祀火神，称曰火德星君。"（林家溱：《福州坊巷志·林家溱文史丛稿》，福建美术出版社，2013，第175页）因此，此处荧星可能指的是荧惑。《太清石壁记》上卷中记载《五石丹方》："五石者是五星之精。……丹砂，太阳荧惑之精。"（《道藏》第18册，第767页）雷志华认为五石除与五方、五色搭配外，还与五星搭配，把《太清石壁记》文与《淮南子·地形训》五种矿物对照，可以发现两者是一脉相承。雷志华：《汉代五石研究》，博士学位论文，山西大学，2013，第10页。

2 《论衡校释》，第343页。

大，教言殷亡。殷民见儿身赤，以为
天神。及言殷亡，皆谓商灭。兵至牧
野，晨举脂烛。[1]

两处记载均提到 "食小儿以丹"。周
家台秦墓出土简牍《病方及其他》记载
"女子蛊"，曰："并合和之。即取守室二
七，置梱中，而食以丹，各盈其复
（腹）。"[2] 马王堆汉墓出土帛书《养生
方》记载："取守宫置新麤（甕）中，而
置丹麤（甕）中，令守宫食之。"[3] 关于
守宫喂养，《汉书·东方朔传》亦有类似
记载："置守宫盂下，射之，皆不能中。"
颜师古注："守宫，虫名也，术家云，以
器养之，食以丹砂，满七斤，持治万杵，
以点女人体，终身不灭。"[4]《汉书·司马
相如传》记载："其土则丹青赭垩，雌黄
白坿，锡碧金银。"张揖曰："丹，丹沙
也。"颜师古曰："丹沙，今之朱沙也。"[5]
从出土秦简《病方及其他》的记载到
《汉书·东方朔传》对 "守宫" 以丹
（砂）予以喂食的连续记载，以及《汉

书·司马相如传》记载的旁证，明显可
知，"食小儿以丹" 的 "丹"，即丹砂
（朱砂）。

小儿被喂食朱砂以保持全身赤色，稍
长后言殷亡，殷民见浑身赤色的小儿，以
为是天神。赵岐注《孟子》曰："一说曰
赤子，婴儿也，少小之心。"[6] 宋均注
《乐稽耀嘉》曰："凡物初生，多赤者
也。"[7] 颜师古注《汉书·贾谊传》曰：
"赤子，言其新生未有眉发，其色赤。"[8]
"殷民见儿身赤，以为天神" 体现了初生
婴儿的神圣性。朱熹注《孟子》曰："赤
子之心，则纯一无伪而已。"[9] 古人认为
童蒙情识未定，有未及教化 "自然无伪"
的特点，所以相比成人更具神圣性。如颜
师古所言，新生婴儿原本色赤。喂小儿食
丹砂，使其长大后身体能保持赤色，似是
效仿婴儿赤身维持其神圣性，由儿童所传
的话语，在社会中似乎更具影响力。王子
今认为 "小儿" 以 "天神" 的身份，传
布了 "殷亡" 的预言，成为 "武王伐纣"
的舆论准备。此言可能只是传说，但

1　《论衡校释》，第826—827页。

2　武汉大学简帛研究中心、荆州博物馆、湖北省文物考古研究所编：《秦简牍合集》（三），武汉大学出版社，2016，第247—248页。

3　《长沙马王堆汉墓简帛集成》（陆），第45页。

4　《汉书》卷六五《东方朔传》，第2843页。

5　《汉书》卷五七《司马相如传》，第2535—2536页。

6　（东汉）赵岐：《孟子赵注》，广西师范大学出版社，2018，第256页。

7　《纬书集成》，第547页。

8　《汉书》卷四八《贾谊传》，第2284页。

9　（宋）朱熹：《四书章句集注》，中华书局，1983，第292页。

"世谓童谣，荧惑使之"确是汉世前后民间影响十分明显的观念。[1] 由此可见，东汉时已有小儿作为天神做出亡国预言的社会观念基础。

又《论衡·订鬼》载：

> 世谓童谣，荧惑使之，彼言有所见也。荧惑火星，火有毒荧，故当荧惑守宿，国有祸败。……世谓童子为阳，故妖言出于小童，童、巫含阳，故大雩之祭，舞童暴巫。[2]

此条材料常被引为"荧惑化童说"的凭证，黄晖注曰："此文谓荧惑星使童谣。……亦谓童谣为气导童子使言，与此义同。"[3] 德格鲁特曾指出"童谣"流传于街市巷里被视作神圣的启示，王充似乎解释了汉代的驱邪儿童，如巫师扮演其重要角色一样，这些儿童也具有驱邪的功能，因为他们由神输入了活力。[4] 串田久

治提出，在汉代随着荧惑星神秘化、拟人化推进的同时，各种各样的"谣"汇集为"童谣"[5]。增尾伸一郎认为童谣是荧惑之精变成小童在地上传达天意。[6] 这些讨论都程度不一地言及童谣与荧惑的具体联系，不无启发。然而，事实上单凭此段文献，还不能判断童谣是荧惑星使儿童传唱，还是荧惑之精变成小童所传。这一问题直接关涉荧惑星在汉代拟人化的程度问题。至此，能够看到《语增》《恢国》两篇中"小儿、天神、亡国预言"与《订鬼》篇中"荧惑、童谣、国有祸败"的独立元素并未完全融合于一体，但已具备"荧惑化童说"的基本元素，且"荧惑守宿，国有祸败"的说法亦未超出荧惑星在汉代的星占含义。

汉末魏初的宋均[7]注《春秋文曜钩》时，情况发生了进一步变化。曰：

> 庶人争权，赤帝之精。

1　王子今：《汉代儿童的世界》，中华书局，2018，第 634 页。

2　《论衡校释》，第 941—944 页。

3　《论衡校释》，第 942 页。荧惑无常继而出现童谣的观念，至三国时期仍可看到遗存。东吴末帝孙皓欲迁都武昌，百姓以为患苦，左丞相陆凯以童谣劝谏，曰"臣闻翼星为变，荧惑作妖，童谣之言，生于天心，乃以安居而比死，足明天意，知民所苦也"。(晋) 陈寿：《三国志》卷六一《陆凯传》，中华书局，1982，第 1401 页。清人杜文澜编《古谣谚》，荧惑降世童谣妖言出现的说法亦采辑入。(清) 杜文澜：《古谣谚》，周绍良点校，中华书局，1958，第 1059 页。江庆柏也对古代童谣的思想倾向、产生基础、形式特点进行过论述。江庆柏：《试谈古代童谣》，《南京师大学报》1986 年第 1 期。

4　[荷兰] 德格鲁特：《论古代中国之巫术信仰》，庞政梁译，《淮北煤师院学报》1992 年第 2 期。

5　[日] 串田久治：《中国古代における「谣」の思想史的研究》，博士学位论文，大阪大学，1998，第 159 页。

6　[日] 增尾伸一郎：《谶纬·童谣·荧惑——古代アジアの予言的歌谣とその思惟》，载《〈予言文学〉の世界——過去と未来を繋ぐ言説》，勉诚出版株式会社，2012，第 40 页。

7　李梅训认为《后汉书》所载"宋均"是"宗均"之讹，为纬书作注的"宋均"应生于东汉末年，卒于西晋初年，曾为魏博士。李梅训：《宋均生平著述考论》，《山东师范大学学报》(人文社会科学版) 2004 年第 5 期。

注曰：庶人，项羽、刘季者也。争权，并欲起也。

宋均注：**火星降为人，争权以乱国**。[1]

此条材料对研究荧惑星神祇形象非常重要，却在以往研究中被忽视。首先，首次明确提到 "火星降为人" 的星神幻化，初现荧惑星神祇形象。其次，指出荧惑星神的神祇形象为笼统的 "人"，并未细化为 "童子"。这则文献中含有 "火星、降为人、争权乱国" 三种重要的 "荧惑化童说" 构成元素。

约撰于汉末至魏晋间的道教经典《女青鬼律》[2] 亦提到荧惑星神在人间化身为人形，曰：

道曰：天下愦愦，常如浮云。君图其臣，妇谋其夫。荧惑太白变作人，专作苟语小儿边。走作邪伪相交连，扑子喉咽不得吞。治进道路更相传。[3]

荧惑星、太白星降世为人，专起妄言传至童子，邪恶诈伪之事接连相起，妄言

难以制止，传至路边街头更加扩散。荧惑（主礼）、太白（主杀）在星占上侧重点不同，[4] 但其征伐含义类似，结合前引 "世谓童谣，荧惑使之" 和后引《晋书·天文志》中五星之精降地细分后的人形，此处荧惑太白形象笼统为 "人" 主要表达两星降世所带来的混乱，其 "专作苟语小儿边" 应是主指荧惑。《女青鬼律》中所描述的内容已十分接近下文《搜神记》故事内容，不同之处是在描述中荧惑变作 "人"，非 "童子"。

最终，裴松之注《三国志》引干宝《搜神记》：

永安二年三月，有一异儿，长四尺余，年可六七岁，衣青衣，来从群儿戏，诸儿莫之识也。皆问曰："尔谁家小儿，今日忽来？" 答曰："见尔群戏乐，故来耳！" 详而视之，眼有光芒，爚爚外射。诸儿畏之重问其故。儿乃答曰："尔恶我乎？我非人也，乃荧惑星也，将有以告尔：三公鉏，司马如。" 诸儿大惊，或走告大人，大人驰往观之。儿曰："舍尔去乎！" 竦身而跃，即以化矣。仰面视

1　《纬书集成》，第 666 页。

2　《女青鬼律》的成书年代略有争议，萧登福认为撰作年代在汉末至魏晋间，白彬、代丽鹃认为在东晋中期。从 "荧惑太白变作人" 来看，此时应正处 "荧惑化童" 说的演变与流传阶段，还未具体为 "童子" 形，因此本文采用萧氏观点。萧登福：《正统道藏总目提要》，文津出版社，2011，第 765 页。白彬、代丽鹃：《试从考古材料看〈女青鬼律〉的成书年代和流行地域》，《宗教学研究》2007 年第 1 期。

3　《道藏》第 18 册，第 284 页。

4　此处星占含义据《史记·天官书》的记载。《史记》卷二七《天官书》，第 1317、1322 页。

之，若引一匹练以登天。[1]

材料中显然已有完整的荧惑童子形象叙事。案，干宝自序《搜神记》内容来源："考先志于载籍，收遗逸于当时。"[2] 这表明，荧惑星变成小童降世预言的观念，在当时应有一定程度的流行。相同故事在后世文献中亦有所见，情节基本一致。这则故事中同时保留了《论衡·恢国》"小儿、天神、亡国预言"，《论衡·订鬼》"童谣、荧惑、国有祸败"及《春秋文耀钩》宋均注"火星、降为人、争权乱国"的诸种元素。至此，清晰可见荧惑星作为天神降世，幻化为一位身穿青衣的六七岁小童，预言政权归于司马氏的完整故事，荧惑星神的童子形象完整地出现了。

魏晋南北朝时期，五星神降世幻化为人的说法渐为常见。[3]《晋书·天文志》进一步完整地言及五星之精化为人："凡五星盈缩失位，其精降于地为人。岁星降为贵臣；荧惑降为童儿，歌谣嬉戏；填星降为老人妇女；太白降为壮夫，处于林麓；辰星降为妇人。吉凶之应，随其象告。"[4] 此后，荧惑星的童子形象流传不绝，《隋书》以至明代朱权编撰《天皇至道太清玉册》均有相同记载。值得说明的是，童子形象的荧惑星均有"荧惑星降到人间"这个前提，严格说来这只是荧惑星在人间的幻化形象，并非神祇本来形象。北宋董逌编纂《广川画跋》言："秘阁所藏《五星二十八宿真形图》，唐阎立本画。五星独有金、火、土，二十八宿存者十三，余亡失。……《道藏》传五曜图，金为女形，火为童子形，木为帝王形，土为老人形，而此画金形若美女，两鬟如羽翼，乘飞凤而翔洋，土为道人，不知何据。"[5]《广川画跋》提及《道藏》所传火曜神祇的童子形象，已无"降世为人"的前提，是纯粹的星神形象，非星神幻化形象，其形象应是承袭《搜神记》《晋书》。

结　语

星神崇拜史不绝书，然祀星之俗起于何时，今已难考。萧登福在研究敦煌写卷时曾言及："今日所见敦煌出土的写卷中，有许多佛经提到祭祀星斗之法，以为祀星

1　《三国志》卷四八《三嗣主传》，第 1177 页。

2　（东晋）干宝：《搜神记》，汪绍楹校注，中华书局，1979，第 2 页。

3　《魏书》记载："太史奏，荧惑在匏瓜星中，一夜忽然亡失，不知所在。或谓下入危亡之国，将为童谣妖言，而后行其灾祸。"太宗及众人对"天上失星"之诣皆大惊不得解，崔浩认为"姚兴据咸阳，是荧惑入秦矣"。八十余日后，秦地大旱"童谣讹言，国内喧扰"，此是荧惑星降世之旁证。（北齐）魏收：《魏书》卷三五《崔浩传》，中华书局，1974，第 808—809 页。

4　（唐）李淳风：《晋书》卷一二《天文志中》，中华书局，1974，第 320 页。

5　（北宋）董逌：《广川画跋校注》，张自然点校，河南大学出版社，2012，第 317 页。

可以避灾解难。"[1] 敦煌出土的佛经之前，祀星可以避灾解难的观念在两汉时期已有相当复杂的呈现。以荧惑星为例，秦时荧惑星神已被列入国家祭祀。从汉文帝设立渭阳五帝庙和《五星占》的描述可见，五帝、五方、五色、五星逐步结合，至王莽祭祀改革后，明确可见五星同祀。五星、五方、五色相应组合对五星神祇形象影响深远，以至受佛教影响后的五星神祇形象仍留有这一特征。从祭祀可见，荧惑星神至东汉前中期仍是 "无形" 之神。

从星占可见蕴含 "天罚、执法、大兵、祸、动乱、残贼、疾、丧、饥" 等含义的荧惑星，早期使用中往往与国君、军国大事相连，不涉及普通人的个人生活、命运。即使之后出现在镇墓文、符咒中，扩大了使用范围的情况下，亦是其星占含义延伸转化后的消灾除殃、辟兵解难，未见于升仙象征系统。综合墓葬整体意义及朝鲜德兴里古坟 "地轴" 瑞兽两方面原因，徐州汉王乡石壁中的 "四首怪" 不宜被视作荧惑星神。

神祇形象的形成非一日之功。荧惑星神 "童子" 形象的形成，其轨迹清晰可寻。两汉时期，深受以隐语、神学逻辑解释经书和政治的谶纬文化影响，明代孙瑴在《论语摘辅象》题解中道出纬书的重要性："荧惑之下为小儿，太白之降为老人，皆象也。后世之谪星、谪仙、谪天女，或世见，或不世见，于《圣贤群辅录》幸而得比焉。谓纬书尽妄者，渊明之纯粹，何得妄收。"[2] 从东汉《论衡·订鬼》中 "世谓童谣，荧惑使之……国有祸败" 和《论衡·恢国》中 "赤身小儿、天神、亡国预言"，到《春秋文曜钩》宋均注中 "火星降为人，争权以乱国" 的记载，"童子、荧惑、乱国" 诸种元素紧密融合，由此逐渐构建出荧惑星神的童子形象，最终在《搜神记》中得见完整。宋均注《春秋文曜钩》"火星降为人" 的关键材料，在时间段上正好填补了《论衡》与《搜神记》之间的发展情况，或许早于《女青鬼律》看到明确的荧惑星变作人的描述，使荧惑星 "童子" 形象的形成轨迹更加完整。汉晋以后受佛教影响，荧惑星又有《五星二十八宿真形图》所绘 "六手持武器驴头" 形象和《梵天火罗九曜》记载的 "红发冲顶忿怒" 形象，这是另一种情况。日本曾有 "荧惑化童" 故事的流传，[3] 亦有学者将9世纪流行于敦煌地区的《陀罗尼经》中火曜译为 "红身童子"[4]，这提示我们 "荧惑化童" 或有更复杂的流布情况，其间文化的相互传播及接受亦值得探讨。

1　萧登福：《从敦煌写卷中看道教星斗崇拜对佛教之影响》，载《第二届敦煌学国际研讨会论文集》，汉学研究中心，1991，第323页。

2　（明）孙瑴编：《古微书》卷二六，载《景印文渊阁四库全书》第194册，台湾商务印书馆，1986，第989页。

3　［日］松本正造：《聖德太子傳圖會》，文盛堂，1887，第86—88页。

4　廖旸：《从黑水城星曜曼荼罗看汉藏夏之间的文化勾连》，《敦煌研究》2018年第4期。

四

墓葬研究

宫殿与墓葬传统的交融：东汉地上石人的起源与意义

■ 齐　广（四川大学考古文博学院）

东汉地上石人是一种列置于墓葬、祠堂、庙宇等地的特殊石雕。李零、[1] 林通雁、[2] 林梅村、[3] 徐龙国[4] 等学者做过比较系统的整理和研究，基本梳理了目前已经发现的石人材料，并就其起源、意义等问题提出一系列有益的见解，为后来许多针对某类造型石人的研究打下良好的基础。其中，林梅村先生较早提出秦汉时期大型雕塑的兴起受到北方草原文化的影响，这一观点被学界广泛认可。但值得注意的是，汉代中原地区地上石刻的题材与草原地区流行的鹿石存在较大差异，并非是对后者的直接模仿。且西汉时期地上石刻主要出现在武帝时期，武帝后至东汉前期的陵墓地上石刻几无发现与记载，与东汉中后期兴起的用于陵墓和庙宇的石刻之间也没有直接继承关系。[5] 东汉地上石刻在发展过程中更多是自身文化的演进，形成独有的题材和造型传统。讨论东汉石刻的起源与意义仍有一定的必要性。笔者以东汉地上石人为例进行研究，供学界参考。

一　东汉地上石人的发现

目前已发现的东汉地上石人共计三十余具，时代集中在东汉中后期，根据其人物造型、服饰等大致可以分为胡人与汉人两种，少量兼具胡汉特征。笔者据此分

1　李零：《翁仲研究》，载氏著《入山与出塞》，文物出版社，2004，第41—86页。

2　林通雁：《东汉陵园墓地大型石雕艺术试论》，载中国陵墓雕塑全集编辑委员会编《中国陵墓雕塑全集3》，陕西人民美术出版社，2009，第3—62页。

3　林梅村：《秦汉大型石雕艺术源流考》，载氏著《古道西风：考古新发现所见中西文化交流》，生活·读书·新知三联书店，2000，第99—168页。

4　徐龙国：《山东发现的汉代大型胡人石雕像再研究》，《美术研究》2017年第3期。

5　霍巍：《四川东汉大型石兽与南方丝绸之路》，《考古》2008年第11期。

类，梳理并介绍主要材料。

（一）胡人形象的石像

东汉石人中有一类具有胡人特征的石人，多为坐姿。以往的著录与研究中，习惯将这种姿势称为踞坐，已有学者研究指出这种称呼有误，[1] 本文将其统称为坐式石人。

目前发现的坐式石人以山东中部较为集中，在河北及河南等地也有发现。如1996 年山东临淄人民路中段发现一具汉代石人，[2] 高 2.28 米，[3] 坐姿，头戴尖帽，面部为菱形，深目高鼻，尖下巴，胸部刻出乳头状突起，双手下垂相交抱于腹部，圈点纹腰带（图 1）。[4] 类似造型的石人在青州也有发现，发现时石人在古河道中。[5] 石人高约 3.05 米，坐姿，头戴尖顶圆帽，身着有波浪纹的交领袍，双臂收拢捧于胸前，双手交叉对握，脸狭长呈菱形、双目深凹、深鼻高目，身躯呈方柱状坐于一石座上（图 2）。[6]

图 1　山东临淄徐家庄石人　　　图 2　山东青州石人　　　图 3　河南孟津上古村石人

1　张维慎：《谈"踞坐俑"及其相关问题》，《文博》2020 年第 2 期。

2　王新良：《山东临淄出土一件汉代人物圆雕石像》，《文物》2005 年第 7 期。

3　淄博市临淄区文物管理局：《临淄文物志》，文物出版社，2015，第 125 页。

4　中国陵墓雕塑全集编辑委员会：《中国陵墓雕塑全集 3》，陕西人民美术出版社，2009，图版一一。

5　郑岩：《汉代艺术中的胡人形象》，载氏著《逝者的面具：汉唐墓葬艺术研究》，北京大学出版社，2013，第126 页。

6　《中国陵墓雕塑全集 3》，图版十。

图4　河北石家庄小安舍村石人

山东邹县（今邹城市）西关曾发现了一件石雕人像，上半部雕刻较好，通高1.48米，头戴平巾帻，脸部呈椭圆形，两眼近三角形，鼻梁隆起，带有胡人特征，双肩微耸，双手偏右拥物，[1] 与淄博、青州等地的石人造型不同。此外，1999年在河南孟津县平乐乡上古村发现

一具石人，[2] 高1.2米，头戴尖帽，身着右衽短襦，右腿跪地，左腿前屈，呈单腿跪姿，右手执物在膝盖上，左手在胸前执物（图3），[3] 具有明显的胡人特征。河北石家庄小安舍村亦发现有两具石人，[4] 男像高约1.74米，女像高约1.6米，身

1　郑建芳：《邹城发现汉代石雕人像》，《文物》2000年第7期。

2　陈长安：《洛阳古代石刻艺术·陵墓卷》，中州古籍出版社，2016，第56页。

3　《中国陵墓雕塑全集3》，图版八。

4　河北省石家庄市文保所：《石家庄发现汉代石雕裸体人像》，《文物》1988年第5期。

体应为坐姿，双手交叉于胸前，露出乳房肚脐与生殖器，两像均雕刻有衣领斜纹，腰间都系菱形饰带，男戴武弁，女戴帽（图4）。[1] 其冠帽具有汉人特征，而面部形象与服饰又具有的胡人形象的特点，对比前述坐式、袒胸露乳的胡人石像来看，这两具石人表现的也是胡人。

此外，在山东临淄、兖州，河北邢台也发现了胡人形象的石人，他们在造型上与上文介绍的石人类似，多头戴尖帽、深目高鼻、裸身系腰带，一般都是坐式。现将目前可见的汉代地上胡人石像材料列表于下（表1）。

表1				汉代地上胡人石像一览			
序号	发现地点	时代	数量	形态	高度	出处	刻铭
1	山东临淄徐家庄	东汉晚期	1	坐姿，头戴尖帽，深目高鼻，双手下垂相交抱于腹部，刻有乳头，圈点纹腰带	2.28米	《中国陵墓雕塑全集3》，图版一一	
2	山东临淄左家庄	东汉晚期	1	坐姿，头戴尖帽，深目高鼻，脸部尖圆，双手下垂相交抱于腹部，乳头突出，领部刻有圆形衣领	1.7米	《临淄文物志》，第124、125页	
3	山东临淄西孙徐姚村	东汉晚期	1	仅余上半部，头戴尖帽，高鼻深目，帽尖前倾	残高1.2米	《美术研究》2017年第3期	
4	山东青州	东汉晚期	1	坐姿，头戴尖顶圆帽，深目高鼻，身着有波浪纹的交领袍，双臂收拢捧于胸前，双手交叉对握	3.05米	《逝者的面具：汉唐墓葬艺术研究》，第126页	
5	山东兖州金口坝	东汉晚期	1	坐姿，头部戴尖帽，双手交叉于胸前	1.35米	《文物》1995年第9期	
6	山东烟台牟平	建和元年(147)	3	头部两面刻脸，头顶发髻高耸，面部鼻高眼凹，颧骨凸起，身着长袍，双手交叉抱于胸前	略小于真人	《中国文物报》2000年3月19日第1版	身上刻有："古胡人曰吉墓伯""急急如律令""建和元年"等文字

1 中国陵墓雕塑全集编辑委员会：《中国陵墓雕塑全集2》，陕西人民美术出版社，2009，图版一、图版二。

续表

序号	发现地点	时代	数量	形态	高度	出处	刻铭
7	山东邹县西关	东汉晚期	1	上半部雕刻较好，头戴平巾帻，脸部呈椭圆形，两眼近三角形，鼻梁隆起，双手持以柄状物	1.48米	《文物》2000年第7期	
8	河南孟津上古村	东汉晚期	1	头戴尖帽，身着右衽短襦，右腿跪地，左腿前屈，呈单腿跪姿，右手执物在膝盖上，左手在胸前执物	1.2米	《洛阳古代石刻艺术·陵墓卷》，第56页	
9	河北邢台柏乡	东汉晚期	1	面部风化严重，头顶略尖，后额突出，双手交叉于胸前	1.2米	《文物春秋》2006年第5期	
10	河北石家庄小安舍村	东汉晚期	2	坐姿，双手交叉于胸前，露出乳房肚脐与生殖器，两像均雕刻有衣领斜纹，腰间都系菱形饰带，男戴武弁，女戴帽	男像1.74米；女像1.6米	《文物》1988年第5期	

（二）汉人形象的石像

在东汉石人中有一类具有汉人特征的石人，多为站姿。汉人石像的分布范围较广，在山东、河南、陕西、北京、四川等地都有发现。这些石人造型类似，很多成对出现，一般是一人捧盾、一人拥彗。山东曲阜麃君墓石人即比较典型，目前保存在山东曲阜孔庙。其中一具，高约2.5米，戴冠穿长袍，拱手捧盾，前侧刻"汉故乐安太守麃君亭长"（图5-1）；[1]

另一件高约2.4米，头戴冠，穿长袍，双手偏右拥彗，前侧刻"府门之卒"（图5-2）。[2] 桓帝永寿二年（156）所立《礼器碑》记有"故乐安相鲁麃季公"的字样，[3] 与石人所记应是一人，则石人的年代在永寿二年之后。在曲阜陶洛村汉墓群还出土了三具石人。东侧一件石人，高2.38米，躬身站立，双目平视，身穿大领长袍，头戴纱帽，双手合抱捧物，左臂胁下佩剑（图6-1）。[4] 西侧一件石人，

---

1 《中国陵墓雕塑全集3》，图版一。

2 《中国陵墓雕塑全集3》，图版二。

3 毛远明：《汉魏六朝碑刻校注（一）》，线装书局，2009，第198—204页。

4 《中国陵墓雕塑全集3》，图版三。

高 2.22 米，高鼻合口，头包布巾，身穿大领长袍，双手偏右合拥一物（图 6-2）。[1] 余一件石人较小，高 1.7 米，双目圆睁、高鼻合口、头戴圆冠，身穿宽领长袍，双手偏右拥物。[2] 根据造型判断其时代应当是东汉中后期。传说前两件石人属于汉鲁王墓，[3] 东汉时期的鲁王仅光武帝次兄鲁哀王刘仲及其嗣子刘兴两人，刘仲死于南阳郡的小长安之战中，之后追封鲁王，未葬于曲阜。刘兴于光武帝建武二年（26）就封鲁王，在建武二十八年（52）又徙为北海王，[4] 墓葬也不会在曲阜，鲁王墓之说应当是后世的附会。

5-1　山东曲阜麃君墓捧物石人　　　　　5-2　山东曲阜麃君墓拥物石人

图 5　山东曲阜麃君墓石人

1　《中国陵墓雕塑全集 3》，图版四。

2　孔繁银：《曲阜的历史名人与文物》，齐鲁书社，2002，第 437 页。

3　石松日奈子、杨效俊：《中国古代石雕论——石兽、石人与石佛》，《考古与文物》2010 年第 6 期。

4　（南朝宋）范晔：《后汉书》卷一四《宗室四王三侯列传》，中华书局，1965，第 555—556 页。

6-1　山东曲阜陶洛捧物石人　　　　6-2　山东曲阜陶洛拥物石人
图6　山东曲阜陶洛石人　　　　　　　　　图7　北京丰台石人

北京丰台永定河中曾发现一具石人，[1]
高约 1.5 米，头戴网状帻，身穿交领宽袖
长袍，双手拱于胸前捧盾（图7），[2] 造型
与曲阜发现的两处捧盾石人类似。陕西华
阴西岳庙也曾发现一具石人，青石圆雕，
高 1.75 米，头戴平冠，身穿宽领阔袖长
袍，手持长条状物，胸前刻有"西岳神
道阙"的字样。[3] 据《华山庙碑》所载，
西岳庙在两汉之际被毁，至东汉桓帝延熹

八年（165）重建，[4] 石人的年代应在同
时。这件石人与曲阜的三件拥物石人造型
类似，可能也是与捧物石人组合使用的。
河南登封嵩山中岳庙前保存有一对石人，
高约 1.2 米，头部较大，顶平，身着袍
服，双手拄剑而立。推测其年代与中岳庙
汉三阙年代相近，汉三阙的年代为东汉安
帝元初五年（118）[5]，石人的年代应当距

1　李零：《翁仲研究》，载氏著《入山与出塞》，第64页。

2　《中国陵墓雕塑全集3》，图版六。

3　卢慧杰：《华山西岳庙石刻》，《文博》2001年第6期。

4　《汉魏六朝碑刻校注（一）》，第246—250页。

5　吕品：《中岳汉三阙》，文物出版社，1990，第19页。

此不远。

四川都江堰曾出土多件石人，其中1974年出土的石人较为特殊。石人高2.9米，头戴冠，面带微笑，身穿长衣，束腰，两手袖在胸前，像底有榫头。石像上有铭文"建宁元年闰月戊申朔廿五日都水掾""尹龙长陈壹造三神石人珍水万世焉""故蜀郡李府君讳冰"。据铭文可知，这尊石像应当是东汉灵帝建宁元年（168）所造的李冰石像。[1] 李冰石像用于镇水，与其他墓葬与庙宇前使用的石人在功能与意义上不同。

此外，在山东邹城、陕西华阴、四川渠县等地也发现有汉人形象的石人，他们在造型上多头戴冠或巾帻，身着袍服，躬身向前。现将目前可见的汉代地上汉人石像材料列表于下（见表2）。

表2				汉代地上汉人石像一览			
序号	发现地点	时代	数量	形态	高度	出处	刻铭
1	山东曲阜麃君墓	东汉晚期	2	一件戴冠穿长袍，拱手捧盾；一件头戴冠，穿长袍，双手偏右拥彗	捧盾2.5米，拥彗2.4米	《中国陵墓雕塑全集3》，图版一	捧盾胸前刻"汉故乐安太守麃君亭长"，拥彗胸前刻"府门之卒"
2	山东曲阜陶洛村	东汉晚期	2	一件躬身站立，身穿大领长袍，头戴纱帽，双手合抱捧物，左臂胁下佩剑；一件身穿大领长袍，头包布巾，双手偏右合拥一物	捧物2.38米，拥物2.22米	《曲阜的历史名人与文物》，第437页	
3	山东曲阜陶洛村	东汉晚期	1	双目圆睁、高鼻合口、头戴圆冠，身穿宽领长袍，双手偏右抱物	1.7米	《曲阜的历史名人与文物》，第437页	
4	山东邹城匡庄	东汉晚期	1	脸部长方形，双手叠放于腰际，头有冠帻包裹	1.2米	《文物参考资料》1956年第10期	
5	北京丰台永定河	东汉晚期	1	头戴网状帻，身穿交领宽袖长袍，双手拱于胸前捧盾	1.5米	《入山与出塞》，第64页	
6	陕西华阴西岳庙	延熹八年（165）	1	头戴平冠，身穿宽领阔袖长袍，手持长条状物，	1.75米	《文博》2001年第6期	胸前刻有"西岳神道阙"

---

[1] 四川省灌县文教局：《都江堰出土东汉李冰石像》，《文物》1974年第7期。

续表

序号	发现地点	时代	数量	形态	高度	出处	刻铭
7	陕西富平石人	东汉晚期	2	东侧石人身着袍服，佩剑，双手合抱于胸前；西侧石人，身着长袍，躬身向前，双手偏右合抱一棒状物	捧物残高1.55米，拥物2.56米	《十院校美术考古研究文集》，第308—310页	
8	河南登封中岳庙	元初五年（118）	1	头部较大，顶平，身着袍服，双手挂剑而立	1.2米	《中岳汉三阙》，第19页	
9	四川渠县	东汉晚期	1	自颈部以下断裂，身着长袖宽袍，束腰，双手拱于胸前	残高1.97米	《四川文物》2013年第2期	
10	四川都江堰	建宁元年（168）	1	头戴冠，面带微笑，身穿长衣，束腰，两手袖在胸前，像底有榫头	2.9米	《文物》1974年第7期	石像有铭文"建宁元年闰月戊申朔廿五日都水掾""尹龙长陈壹造三神石人珍水万世焉""故蜀郡李府君讳冰
11	四川都江堰	东汉晚期	1	直立持臿，宽衣垂袖，束腰，两足露出衣外	1.85米	《文物》1975年第8期	
12	四川都江堰	东汉晚期	3	自颈部断裂，宽衣垂袖，束腰，两手拱于胸前，足穿官靴，底部有榫头	一件残高2.2米	《四川文物》2018年第6期	

二　东汉石人的起源与传统

（一）坐式胡人石像的起源

以往研究中，有学者根据石人出土的位置及汉画像中出现的跪拜图像，认为胡人石像可能用于崇拜或镇水。[1] 但需要注意的是，秦汉时期的跪坐人像，一般表现的是身份较低的侍从，崇拜或镇水可能出于后人的附会，并非坐式石人的本来功能。秦汉时期一直有制作大型铜人的传统，李零先生即认为东汉石人直接源头应当是作为宫殿装饰物的翁仲，[2] 徐龙国先生亦持此说，认为"墓前石人是对宫殿立铜人的摹写"[3]。笔者赞同此说，但研

1　郑岩：《汉代艺术中的胡人形象》，载郑岩《逝者的面具：汉唐墓葬艺术研究》，第126页。

2　李零：《翁仲研究》，载氏著《入山与出塞》，第41—86页。

3　徐龙国：《山东大型胡人石雕像与欧亚文化交流》，《中国国家博物馆馆刊》2018年第10期。

究仍可更加深入，通过对宫殿铜人的具体研究进而讨论胡人石像的功能与意义。目前还未发现秦汉时期大型金人的实物，但通过丰富的文献资料，我们可以大致了解秦汉时期金人制作与使用的传统。

秦汉至曹魏，宫廷一直有制作金人的传统。《史记·秦始皇本纪》记载："（秦始皇）收天下兵，聚之咸阳，销以为钟鐻金人十二，重各千石，置廷宫中。"《汉书·五行志》也记有此事。[1] 此后，东汉灵帝时也制作金人。[2] 到东汉末期，献帝迁都于许，重新建设宫城，也制作了金人。[3] 至魏明帝迁都洛阳，制作金人的传统得到继承。[4]

在形象上，这些金人都是模仿胡人的。《汉书·五行志》："有大人长五丈，足履六尺，皆夷狄服……作十二金人以象之。"[5] 何晏《景福殿赋》记载："爰有遐狄，镣质轮菌。"[6] 韦诞《景福殿赋》也提道："又有外城金狄，诡貌殊姿。"[7]《水经注·渭水》："魏明帝景初元年（237），徙长安金狄，重不可致，因留霸城南。"[8]《三国志·明帝纪》注引《魏略》记载："（魏明帝）大发铜铸作铜人二，号曰翁仲，列坐于司马门外。"[9] 所谓"夷狄服""金狄""诡貌殊姿""遐狄"等无疑表明这些金人的形象都是仿自胡人。

在造型上，这些金人都呈坐姿。《汉书·王莽传》说："莽梦长乐宫铜人五枚起立"[10]，张衡《西京赋》："高门有闶，列坐金狄。"[11] 卞兰《许昌宫赋》记载："坐金人于闱闼，列锺簴于广庭。"[12] 何晏《景福殿赋》记载金人："坐高门之侧

1　（汉）班固：《汉书》卷二七《五行志》，中华书局，1962，第1472页。

2　《后汉书》卷七八《宦者列传》，第2537页。

3　（清）严可均辑：《全三国文》卷三〇《卞兰·许昌宫赋》，中华书局，1958，第1223页下栏；《全三国文》卷三二《韦诞·景福殿赋》，第1235页下栏；《全三国文》卷三九《何晏·景福殿赋》，第1272页上栏。

4　（晋）陈寿：《三国志》卷三《明帝纪》，中华书局，1982，第110页；（唐）房玄龄等：《晋书》卷二七《五行志》，中华书局，1974，第823页。

5　《汉书》卷二七《五行志》，第1472页。

6　《全三国文》卷三九《何晏·景福殿赋》，第1272页上栏。

7　《全三国文》卷三二《韦诞·景福殿赋》，第1235页下栏。

8　（清）王先谦：《合校水经注》卷一九《渭水》，中华书局，2009，第293页。

9　《三国志》卷三《明帝纪》，第110页。

10　《汉书》卷九九《王莽传》，第4169页。

11　（南朝梁）萧统：《文选》卷二《西京赋》，中华书局，1977，第39页。

12　《全三国文》卷三〇《卞兰·许昌宫赋》，第1223页下栏。

堂。"[1]《三国志》注引《魏略》："（魏明帝）大发铜铸作铜人二，号曰翁仲，列坐于司马门外。"[2] "坐"，能够"起立"，都说明其造型为坐姿。

在位置上，秦汉时期长安城的金人普遍立于宫廷正门。《三辅黄图》："（秦始皇）销锋镝以为金人十二，以弱天下之人，立于宫门。"[3]《史记正义》引《三辅旧事》："（金人）汉世在长乐宫门"[4]，班固《西都赋》："立金人于端闱"[5]，端闱即宫廷正门。张衡《西京赋》："高门有闶，列坐金狄。"[6] 这种在宫门列置金人的做法在东汉都城洛阳得到延续，《后汉书·宦者列传》："（汉灵帝）又使掖庭令毕岚铸铜人四列于仓龙、玄武阙。"[7] 此后，许都景福殿和曹魏的洛阳宫殿也列有金人。韦诞《景福殿赋》记载金人"列于应门，肃有容威"[8]。《诗·大雅·緜》："迺立应门，应门将将。"毛传：

"王之正门曰应门。"[9]《三国志·明帝纪》注引《魏略》记载金人"列坐于司马门外"[10]，所谓司马门，亦指宫廷的正门。又《晋书·石勒载记》说："（石）勒徙洛阳铜马、翁仲二于襄国，列之永丰门。"[11] 后赵的石勒将魏明帝铸造的金人迁到都城襄国的宫门。综上可知，秦汉至魏晋时期，金人多成对列置于宫廷正门。

从文献记载来看，秦汉魏晋时期，宫门列置金人已经成为了一种传统。秦汉宫门的金人都是坐姿的胡人形象，与目前发现的汉代胡人石像一致，早期的坐式胡人石像可能就是仿自金人。笔者在山东考察期间观察到，在临淄徐家庄发现的石人身上有浅扇形纹饰，状似铠甲（图1）。临淄左家庄石人、山东青州石人（图2）也有类似纹饰。扬雄《甘泉赋》提到宫廷的金人"嵌岩岩其龙鳞"[12]，描述的是金人身着铠甲的形象。胡人石像上的浅扇形

1　《全三国文》卷三九《何晏·景福殿赋》，第1272页上栏。

2　《三国志》卷三《明帝纪》，第110页。

3　何清谷：《三辅黄图校释》卷一《秦宫》，中华书局，2005，第46—47页。

4　（汉）司马迁：《史记》卷六《秦始皇本纪》，中华书局，1982，第309页。

5　《文选》卷一《西都赋》，第25页。

6　《文选》卷二《西京赋》，第39页。

7　《后汉书》卷七八《宦者列传》，第2537页。

8　《全三国文》卷三二《韦诞·景福殿赋》，第1235页下栏。

9　（汉）郑玄笺、（唐）孔颖达等正义：《毛诗正义》卷一六《大雅》，载《十三经注疏》，上海古籍出版社，1997，第511页。

10　《三国志》卷三《明帝纪》，第110页。

11　《晋书》卷一百五《石勒载记》，第2738页。

12　《汉书》卷八七《扬雄传》，第3526页。

纹饰，可能就是模仿金人制作的表现。汉代墓葬装饰，很多都模仿自宫廷，胡人石像也是这种情况。秦汉的金人，除了"彰圣主之威神"[1] 立于门侧，显然也具有守卫和分界的作用。胡人石像形象模仿自宫廷的金人，功能与意义也与金人相同。

（二）汉人形象石人的起源

除了都江堰发现的几具石人外，目前已知汉人形象石人多用于墓葬和庙宇。李冰石像比较特殊，时代较晚，此处不纳入讨论。山东曲阜麃君墓石人自铭为"亭长"。亭长是汉代的基层治安官员，又可指门吏，蔡质《汉仪》："洛阳二十四街，街一亭；十二城门，门一亭。"[2]《续汉书·百官志》："（郡）正门有亭长一人。"[3]《史记》集解引应劭："旧时亭有二卒，其一为亭父，掌开闭扫除。"[4]

这种亭长门吏也常见于汉代的画像材料，最早可以追溯到西汉晚期。如西汉晚期的陕西西安曲江翠竹园一号墓，在北壁墓门西侧发现身着袍服、佩剑拱手的门吏形象，[5] 东汉前期陕西旬邑县百子村壁画墓墓门甬道有题记为"亭长"的袍服、佩剑捧盾的人物图像；[6] 东汉中期的河北望都一号墓的墓门两侧分别有题记为"门亭长""寺门卒"的门吏图像，两人都头戴赤帻，身穿袍服，躬身而立，其中一人执彗，另一人捧盾，[7] 与曲阜陶洛石人、曲阜麃君墓石人的造型和组合相仿。

河南淅川出土过一件汉代画像砖，其上的人物戴冠、着长衣、双手执戟站立，头部上方有"门亭长"的字样，[8] 江苏睢宁县博物馆藏汉代画像石上两个单阙与拥彗、捧盾亭长组合出现；[9] 四川泸州十一号石棺画像，一件单阙的两旁分别有一人弯腰侍立，一人捧盾，一人拱手；[10] 四川芦山县汉墓墓门画像石也有拥彗与捧盾亭

1　《全三国文》卷三九《何晏·景福殿赋》，第 1272 页上栏。

2　（汉）蔡质：《汉官典职仪式选用》，载（清）孙星衍等《汉官六种》，中华书局，1990，第 211 页。

3　（晋）司马彪：《续汉书》志第二八《百官志》，第 3621 页。

4　《史记》卷八《高祖本纪》，第 442 页。

5　西安市文物保护考古所：《西安曲江翠竹园西汉壁画墓发掘简报》，《文物》2010 年第 1 期。

6　陕西考古研究所：《陕西旬邑发现东汉壁画墓》，《考古与文物》2002 年第 3 期。

7　北京历史博物馆、河北省文物管理委员会：《望都汉墓壁画》，中国古典艺术出版社，1955，图版十八、图版二二。

8　周到、吕品、汤文兴：《河南汉代画像砖》，上海人民美术出版社，1985，图版一五五。

9　中国画像石全集编辑委员会：《中国画像石全集 4》，河南美术出版社、山东美术出版社，2000，图版一三二。

10　中国画像石全集编辑委员会：《中国画像石全集 7》，河南美术出版社，2000，图版一九四。

长结合的图像。[1] 这些人物往往出现在墓门附近，或与门阙图像组合出现，结合题记，可以确信这些图像表现的也是亭长门吏。对比墓葬图像与石人两种材料，两者在题名、形象、组合上都是一致的，是同一形象在不同载体上的表现。墓上石人出现的时间较晚，应是对墓葬装饰图像的模仿。

（三）两类石人间的关系

胡人与汉人两类石人的作用与意义相仿，在文献记载和考古材料中都发现过以胡人作为门吏的相关材料。如《后汉书·应奉传》李贤注引《谢承书》说："颍川纶氏都亭，亭长胡奴名禄。"[2] 在河南方城杨集出土的一件画像石，图像上的胡人右手拥彗，左手执钺，右上方还有"胡奴门"的榜题（图8），[3] 画面中表现的就是胡人亭长迎送的形象。山东新泰县出土过一件画像石，画像石的右格中有一头戴尖帽、深目高鼻，双手拥彗的胡人。[4] 邹城西关石人面部明显带有胡人的特征，但其姿势是拥彗，这说明东汉时期一定范围内存在以胡人为亭长门吏的做法，胡人形象石人的作用应当也是门吏。两者的造型显著不同，产生这种差异的

主要原因是其制作传统不同，而非功能不同。

图8　河南方城杨集汉墓出土胡奴门画像石拓本

1　《中国画像石全集7》，图版五五。

2　《后汉书》卷四八《应奉传》，第1607页。

3　中国画像石全集编辑委员会：《中国画像石全集6》，河南美术出版社，2000，图版四三。

4　山东省博物馆、山东省文物考古研究所：《山东汉画像石选集》，齐鲁书社，1982，图版二〇七。

从目前的发现来看，两类石人的年代基本都在东汉中后期，因为多数石人缺少明确的纪年，很难判断两类石人的早晚关系。总的来说，坐式胡人石像来自宫殿中的金人传统，躬身汉人石像来自墓葬中亭长门吏画像，石人的意义也受到两种来源的影响，两者都是在东汉以来墓葬展示作用加强，墓葬装饰从墓内扩展到墓外、墓前使用大型石刻这一时代背景下兴起，体现了汉代宫殿与墓葬装饰传统的融合。

三　东汉门吏石人的使用与意义

（一）门吏石人的位置

从目前的情况来看，墓地、庙宇前的石人一般是成对出现的。由于石人位于地上，易于移动，其原始位置难以还原，只能根据文献进行推测。

《水经注·谷水》记载："阳渠水又东流，迳汉广野君郦食其庙南……庙宇东面，门有两石人对倚。北石人胸前铭云：门亭长。石人西有二石阙，虽经颓毁，犹高丈余。阙西即庙故基也，基前有碑，文字剥缺，不复可识。"[1] 李零先生认为石

阙在东而石人在西。[2] 从文献记载来看，庙宇东向，石人在庙宇东侧，石阙应当是靠近庙宇在石人西侧。那么郦食其庙的地面设施自西向东依次为郦食其庙、石碑、石阙、石人。《水经注·洧水》记载："迳汉宏农太守张伯雅墓，莹域四周，垒石为垣，隅阿相降，列于绥水之阴。庚门，表二石阙，夹对石兽于阙下。冢前有石庙，列植三碑。碑云：德字伯雅，河南密人也。碑侧树两石人，有数石柱及诸石兽矣。"[3] 地面设施自西向东排列大致为石阙、石兽、石人、石碑、石庙、墓冢。对比两则记载可以发现，郦食其庙的石人位于地面设施的最外侧，张伯雅墓的石人则位于墓园内部，在石阙以内，郦食其庙石人起到分界的作用，张伯雅墓则不同。

从文献记载来看，地上石刻很多都出现在路口或路侧，目前发现的墓阙上，很多都会题有墓主的姓名，标识墓地范围，如洪适所言"汉人所作墓阙神道者，弟欲表封陌、限樵牧尔"[4]，《张公神碑》亦云"玄碑既立，双阙建兮。□□□□大路畔兮。亭长阖□□扞难兮"[5]，此处的亭长可能就是石人。山东曲阜麃君墓前两具石人前侧分别有"汉故乐安太守麃君亭长""府门之卒"（图5）的题刻，西岳

1　《合校水经注》卷一六《谷水》，第260页。
2　李零：《西岳庙与西岳庙石人——读〈西岳庙〉》，载氏著《万变：李零考古艺术史文集》，生活·读书·新知三联书店，2016，第189页。
3　《合校水经注》卷二二《洧水》，第333页。
4　（宋）洪适编：《隶释》卷一三，中华书局，1986，第145页。
5　（清）严可均辑：《全后汉文》卷九八《阙名·张公神碑》，商务印书馆，1999，第1002页上栏。

庙石人前侧有"西岳神道阙"的题名，[1]
写明了墓主与庙主。山东省博物馆收藏的
汉代石狮也有类似情况，后颈题铭："洛
阳中东门外刘汉所作师子一双"。但不同
的是，石人身上题刻字体尤大，且在易于
观察的前侧，显然具有观看的功能。这可
能也与石刻位置的不同有关，处在最外侧
石人要起到标识墓主或庙主的功能，必然
要选择铭刻更容易看到的字体。从另一角
度来看，石人身上较大的字体，也说明其
起到标志的作用，应该处在墓园的最
外侧。

石柱、石阙、石人等都具有代表分界
的功能，彼此之间可以相互替代。在没有
石阙、石柱的情况下，石人应当是位于墓
区的最外侧，存在其他分界标志的情况下
也会列置于墓园的其他位置。

（二）门吏石人的功能与意义

上文已指出，胡人形象石人模仿自宫
殿的金人，汉人形象的石人模仿自墓葬门
吏图像，其功能、意义自然也与金人和墓
葬门吏图像相似，都具有门吏的功能。在
汉代门吏图像中，常可以见到阙的形象。
阙在汉代本是门的标志物，后来也用于墓
葬。汉代画像中阙和守门亭长常同时出
现，在西岳庙石人上还有"西岳神道阙"

的题记。由此可知，门吏石人与阙的作用
是一致的，都是分界标志。郦食其庙北石
人胸前有"门亭长"的题铭，[2] 山东曲阜
麃君墓前两具石人也有类似题刻。这些体
现了墓主身份，也起到彰表的作用。

从文献来看，在汉代以后的南朝与隋
唐时期，地面石刻都具有等级意义。《唐
六典》就记载墓地石刻："凡石人、石兽
之类，三品已上用六，五品已上用四。"[3]
根据目前唐墓前石刻的情况，应是三品以
上官员使用石人、石虎、石羊各两件，五
品以上用石人和石羊各两件，五品以下则
不能使用石人石兽。[4] 汉代的情况尚不明
确，从目前考古发现和记载的情况来看，
石兽、石柱等应该都没有明确的等级限
制，被社会各阶层广泛使用。石人的情况
可能不同，目前有明确归属信息的包括西
岳庙、中岳庙、郦食其庙、山东曲阜麃君
墓、张伯雅墓等，其中西岳庙与中岳庙都
由东汉中央政府建设，郦食其曾受封广野
君，麃君与张伯雅也都官至两千石，等级
都比较高。结合文献中亭长多为太守门吏
的记载，不能排除石人在东汉具有等级意
义的可能。此外，山东青州、临淄徐家庄
的胡人石像体量较大，可能就与它们模仿
宫廷制作，使用者的等级较高有关。

汉代地方有对上官迎来送往的制度，

1　卢慧杰：《华山西岳庙石刻》，《文博》2001 年第 6 期。

2　《合校水经注》卷一六《谷水》，第 260 页。

3　（唐）李林甫等撰，陈仲夫点校：《唐六典》卷四《礼部尚书》，中华书局，1992，第 119—120 页。

4　杨宽：《中国古代陵寝制度史研究》，上海古籍出版社，1985，第 82 页。

要求迎送必须要"迎界上""尽界罢"[1]。这些亭长门吏形象，表现亭长迎来送往的场景，亭长迎谒即代表分界，这些场景在汉代图像中也常出现。此外，《水经注·沁水》注引《晋书地道记》："丹水又迳二石人北，而各在一山，角倚相望，南为河内，北曰上党，二郡以之分境。"[2] 就是以石人分界的实例。上文提到，郦食其庙石人在祠庙设施的最外侧，也起到分界的作用。汉代门亭长这种低级属吏往往为太守私人征辟，也为长官私人役使。[3] 在长官墓前设置亭长，也是合乎情理的。亭长石人来自西汉中晚期以来墓葬中使用门吏守门图像的传统，同时期陵墓石兽也有类似情况，经历了从墓内向墓外的重要转变，[4] 都是东汉厚葬表墓之风盛行的体现。

（三）石人意义的流变

关于石人的意义，郑岩[5]和朱浒[6]先生曾进行过研究，认为胡人石像用于崇拜与镇水。本文认为胡人石像的本来功能还是门吏，但在东汉中后期包括胡人石像在内的一些石人在特定场景下可能被赋予新的意义。

汉魏以来有很多石人的神异故事，《荆州记》："相传汉淮南王安被诛，其子奔逸来至，一夜忽化为石人，当县门而立。"[7] 这则故事中的石人立于县门，应是时人根据现实进行的联想。《水经注·浊漳水》："鼓之东南，有石人援桴，状同击势，耆旧言，燕山石鼓鸣则土有兵。"[8]《水经注·巨洋水》引郭缘生《续征记》："逢山在广固南三十里，有祠并（石人）、石鼓。齐地将乱，石人辄打石鼓，闻数十里。"[9]《十六国春秋》记载："宣光陵石人皆行数步，宫中鬼哭。"[10] 这些故事显然都是对现实中石人的神异化想象，认为石人有预示危机的神奇功能。

在文献中，保留着许多崇拜石人活动的记载，曹丕《列异传》记载有石侯治

1　（汉）卫宏：《汉官旧仪》，载（清）孙星衍等《汉官六种》，第 37 页。

2　《合校水经注》卷九《沁水》，第 152 页。

3　卜宪群：《吏与秦汉官僚行政管理》，《中国史研究》1996 年第 2 期。

4　王煜：《汉墓"虎食鬼魅"画像试探——兼谈汉代墓前石雕虎形翼兽的起源》，《考古》2010 年第 12 期。

5　郑岩：《汉代艺术中的胡人形象》，载氏著《逝者的面具：汉唐墓葬艺术研究》，第 126 页。

6　朱浒：《汉画像胡人图像研究》，生活·读书·新知三联书店，2017，第 290—304 页。

7　（宋）李昉撰，夏剑钦、王巽斋点校：《太平御览》卷五二《地部十七》，中华书局，1960，第 253 页。

8　《合校水经注》卷一〇《浊漳水》，第 225 页。

9　《合校水经注》卷二六《巨洋水》，第 394 页。

10　（北魏）崔鸿著，（清）汤球辑补，聂溦萌、罗新、华喆点校：《十六国春秋辑补》卷四《刘聪》，中华书局，2020，第 48 页。

愈疾病立祠的故事。[1]《风俗通义》记载汝南彭氏墓前的石人因为被传闻有治病的神力而被崇拜的故事，[2] 此事也见于《抱朴子内篇》，[3] 作者对这种信仰持批评态度，说明当时这种崇拜在民间确实存在。一则较晚的记载具有一定启发性，《太平寰宇记·关西道》："（六石人）元在县东南七里，同在一处，前赵石勒所造，置在石人村，西魏入关，遂移石人于府门外，经宿还归本处，往往夜行，昼则在本处，今县东南十五里有二枚，县东北一里有二枚，东南七里有二枚，村人祷祭。"[4] 记录了对石人的祭祀活动，石人被神化从而成为民间崇拜的偶像。

目前确定具有祭祀含义的石人实物也有发现，四川都江堰发现的一具李冰石人，上有"尹龙长陈壹造三神石人珎水万世焉"的题记，[5] 学者多认为是蜀地官员为纪念与祭祀李冰，消弭水患所作。《水经注·谷水》记载魏明帝时期在河南县修千金堨与五龙渠后也制作有石人，[6] 山东枣庄发现的北魏时期的石人铭有"此石人令守桥堰，人蛟不得毁坏，有辄毁坏，殃及万世"[7] 的字样。以石人镇水可能是汉至北朝被普遍接受的一种认识，这应该是东汉晚期以来石人意义流变的一种。《魏书·释老志》记载北魏太武帝于太平真君七年（440）下诏灭佛："自今以后，敢有事胡神及造形像泥人、铜人者，门诛"[8]，明确要求破坏所有胡神造像。这次运动主要针对佛像，但各种"胡神"或也波及。目前发现的胡人形象的石人大都破坏严重，可能就与这次运动有关，这也提醒我们不能一概而论，认为发现于河道附近的石人都是用于镇水，也可能是在北魏毁坏胡神像运动中被推倒于河道中的。

需要说明的是，可能是早期存在的石人或其他石类的崇拜传统催生东汉晚期至魏晋时期的石人神异故事，而这种石人神话故事又导致了对石人的崇拜活动出现。两者相互影响，门吏石人为守卫陵墓庙宇而作，而在民间被神异化。

1　（三国魏）曹丕：《列异传》，载《鲁迅全集8·古小说钩沉》，人民文学出版社，1973，第258页。

2　王利器：《风俗通义校注》卷九《怪神》，中华书局，1981，第406页。

3　王明：《抱朴子内篇校释》卷九《道意》，中华书局，1985，第175—176页。

4　（宋）乐史撰，王文楚等点校：《太平寰宇记》卷二九《关西道五》，中华书局，2007，第618页。

5　四川省灌县文教局：《都江堰出土东汉李冰石像》，《文物》1974年第7期。

6　《合校水经注》卷一六《谷水》，第251页。

7　李锦山：《枣庄市近年发现的一批古代石人》，《文物》1983年第5期。

8　（北齐）魏收：《魏书》卷一一四《释老志》，中华书局，1974，第3034页。

结　论

东汉地上石人除了都江堰发现的石人外，按照形象主要可以分为坐式胡人与躬身汉人两种。坐式胡人石像是对汉晋时期宫廷正门列置金人的模仿，躬身汉人石像则大多来自墓葬亭长门吏画像，在墓葬中起到仪卫和分界的作用。

石人一般在墓葬与庙宇中成对出现，与石阙、石柱相同，都是内外分界的标志，在没有石阙、石柱的情况下，石人应当位于墓区的最外侧，存在其他分界标志的情况下也会列置于墓园的其他位置。

东汉流行崇儒重丧的思想，不朽与留名成为士人共同的理想追求。选官制度也很大程度上依靠声名，美名不仅是道德追求，也是士人出仕为官的现实需要，子孙、门生、故吏纷纷致力于为亡者扬名。同时，墓祭之风流行，墓地在社会政治文化生活中起到了重要作用。两者结合之下，选择着重营造墓上设施成为必然。因此，地上石人与石阙、石兽、石碑、石柱等在这一时期同时兴起，一方面作为标志物指示墓葬的位置，另一方面也是对亡者德行以及生者孝行等的旌表。这也反映出两汉间墓葬模仿宫殿宅邸设计，装饰自墓内向墓外扩展的重要变化，关于这一问题，由于涉及更大背景，笔者拟另文论述，兹不赘述。而东汉晚期以后，一些原本用作墓地装饰的门吏石人被认为具有神异性，成为民间的崇拜对象。

班剑仪卫：北魏洛阳时代墓葬门卫图像研究

■ 白炳权（中山大学历史学系）

北魏平城、洛阳时代的墓葬、葬具中，门卫形象多有发现。[1] 平城时代门卫图像大体呈现出"传统门吏""胡人武士、侍者""护法神式门卫"三元分立局面，其中"护法神式门卫"图像是平城时代墓葬中带有佛教护法神形象因素的门卫图像。此类门卫图像根植于佛教护法神思想与传统门神理念，具有护卫墓室与庇佑墓主的功能。北魏迁洛以降，墓葬图像集中于葬具，门卫图像在洛阳时代则整体转向世俗化与规制化。平城时代墓葬中的"护法神式门卫"图像在这一时期的葬具中急剧衰减，"世俗门卫"形象取而代之，成为主流图样。前贤时彦对此颇为注意，已经展开了初步探讨。[2] 但在此前研究中，洛阳时代葬具中出现的世俗门卫形象，一般被认为是传统守卫、辟邪门吏的延续，缺乏深入考察。[3]

从平城时代的多元杂糅到洛阳时代的趋于一统，平城时代身着铠具、凶悍的武士图像逐渐褪去铠具与凶悍面相，改用礼仪性质浓厚的着裲裆、挂刀门卫，笔者将这一趋势称作门卫图像的"文质化"，这种文质化恰与北魏后期文化转型相契合。

1　魏晋南北朝墓葬、葬具门区部位的"守卫人像"屡经变迁。考古简报、报告对两汉以降墓葬中的此类形象称谓不一，如"门吏""力士""武士""仪卫""将军"等。在利用考古简报、报告展开研究时，学人对此未作细致考辨，往往直接采用考古简报、报告命名。在笔者看来，这些人物形象具有两个共同特点，一是所处位置为"门区"，如墓葬的墓门、甬道口，石棺的前挡等；二是具有特殊的守卫职能。因此，笔者在此统一使用"门卫"一词指代墓葬门区守卫人像。

2　笔者曾在前贤时彦研究的基础上，进一步研讨平城时代"护法神式门卫"图像的生成历程与墓葬功能，参看白炳权《门吏的神格化——北魏平城时代武士图像》，《美术观察》2019 年第 5 期。

3　日本学者富田幸次郎率先指出宁懋石室门卫图像与佛教护法天王之间的联系，但限于文章体例（博物馆期刊上的介绍性文章），没有展开深入研究。参看 Kojiro Tomita（富田幸次郎），"A Chinese Sacrificial Stone House of the Six Century A. D", *Bulletin of the Museum of Fine Arts*，Boston，Vol. 40，No. 2（1942），pp. 98–110. 此后，林圣智进一步指出宁懋石室外壁武士图像与北朝日常建筑空间中的门卫图像关系密切，同时可能受到佛教护法天王力士、镇墓武士俑的双重影响，其总体功能为镇守与辟邪。参看林圣智《北魏宁懋石室的图像与功能》，《美术史研究集刊》2005 年第 18 期。其他北朝石葬具门卫图像的考察角度与具体观点均不出林圣智等人讨论范畴，此不赘述。

此外，洛阳地区部分葬具门卫图像如出一辙，如曹连石棺、元谧石棺、上窑村升仙石棺等，这些图像是否出自同一粉本或工匠作坊？故此，笔者将立足前辈学人研究成果，首先，从平城时代到洛阳时代门卫图像组合模式变迁入手，探讨平城时代"护法神式门卫"的衰落与文质化门卫图像的勃兴。其次，笔者将从洛阳时代门卫服饰的几个核心要素（小冠、裲裆、袴褶）入手，研讨洛阳时代门卫图像的来源与流变。再次，笔者将以墓葬门卫图像为中心，推敲北魏洛阳时代宫廷作坊中产生的门卫图样。与此同时，笔者将探讨墓葬门卫图像与"挂刀（杖、杵）文吏/武士俑"之间的联系。最后，笔者将在北魏迁洛后丧葬文化转型的大背景下，研讨洛阳时代挂刀门卫图像所具有的丧葬礼仪内涵。

一 门卫图像的文质化趋势

北魏迁都洛阳后佛教发展至极盛，洛阳城内"昭提栉比，宝塔骈罗"[1]。熙平元年（516）灵太后胡氏所建永宁寺拥有南北朝时期最宏阔的佛塔，洛阳工匠在该寺南门"图以云气，画彩仙灵……拱门有四力士，四师子……"[2]。此等寺院图像装饰，在洛阳城内大小寺院中风靡一时，佛教图像已经成为王公贵族以至广土众民知识图景中的寻常之物。在佛教昌盛时代，平城时期创造的"护法神式门卫"图像却在洛阳墓葬中销声匿迹，护法神门卫为何会呈现"断崖式"的消退？就此问题，林圣智曾提出"佛教因素消减说"，指出北魏迁洛后北魏丧葬制度改革，墓葬门卫图像中的佛教因素逐渐减少。[3] 但是，这不足以解释门卫图像整体趋于统一的现象。与此同时，迁洛前后门卫图像具体变迁历程也有待细致研究。为了便于讨论，笔者收集了洛阳时代墓葬门卫图像资料，制作了表1。

从表1中可以看到，门卫图像中的挂刀门卫逐渐成为主流模式。但是，笔者注意到挂刀门卫的流行并非一蹴而就，其间存在不同门卫图像的交错反复。以洛阳古代艺术博物馆（原洛阳古墓博物馆）馆藏的石床B为例（图1），博物馆并未给出该石床确切年代范围，笔者认为应在北魏迁洛之初。[4] 该石床采用浅浮雕技艺，长195厘米，高45厘米，石床横栏部分

1　（北魏）杨衒之撰：《洛阳伽蓝记校释·原序》，周祖谟校释，中华书局，1963，第23—24页。

2　《洛阳伽蓝记校释》卷一《城内》，第7页。

3　林圣智：《墓葬、宗教与区域作坊——试论北魏墓葬中的佛教图像》，《美术史研究集刊》2008年第24期。

4　林圣智曾从石床风格、瑞兽布局等角度切入，指出该石床年代可上溯到"五世纪末孝文帝迁都洛阳之初"。笔者认同林圣智的看法，并将略其所详，对石床的其他特征加以讨论。参看林圣智《图像与装饰：北朝墓葬的生死表象》，台大出版中心，2019，第142页。

表1						洛阳时代墓葬门卫图像[1]		
形制	时间	墓葬/葬具	出土地点	墓主	民族	方位	描述	来源
石棺	神龟年间（518—520）	榆社石棺	山西榆社	方兴	汉	石碣正面	拄刀门卫	《山西考古》，2000，考察
	正光五年（524）	元谧石棺	洛阳	元谧	胡	头挡	拄刀门卫	*Orientation*，1999
	孝昌三年（527）	宁懋石棺	洛阳	宁懋	—	头挡	持刀门卫	《中原文物》，1980（2）
	永安元年（528）	曹连石棺	洛阳	曹连	汉	头挡	拄刀门卫	《曹连石棺》，2019
	洛阳时代	洛阳上窑村墓	洛阳	不详		头挡	拄刀门卫	《考古》，1980（3）
石床	迁洛初期	石床A[2]	洛阳	—	—	左右床足	护法神式门卫	《洛都美术史迹》，1991，考察
	迁洛初期	石床B	洛阳	—	—	左右床足	护法神式门卫+世俗门卫	《洛都美术史迹》，1991，考察
	迁洛前后	残石床A	洛阳	—	—	左右床足	持戟门卫	《文物世界》，2008（2），考察
	迁洛前后	石床围屏99号	洛阳	—	—	围屏	拄刀门卫	《洛阳北魏世俗石刻线画集》，1987
	洛阳时代	北艺孝子护法石床18	—	—	—	左右床足	护法神式门卫	《北艺图录（18）》，考察
	洛阳时代	北艺石床23	—	—	—	左右床足	拄刀门卫	《北艺图录（23）》，考察
	北朝晚期	安大略博物馆石床	—	—	—	中床足	拄刀门卫	*Museum of Art*，1984
壁画	正光元年（525）	元怿墓	洛阳	元怿	胡	甬道东西壁	拄刀门卫	《文物》，2002（2）

[1] 相关墓葬材料在此依次列出，表中使用简称。王太明：《榆社县发现一批石棺》，载山西省博物院山西省考古学会、山西省考古研究所编：《山西省考古学会论文集（三）》，山西古籍出版社，2000，第119—123页。Eugene Y. Wang, "Coffins and Confucianism—the Northern Wei Sarcophagus in the Minneapolis Institute of Arts", *Orientation*, Vol. 30, No. 6 (1999), pp. 56-64. 郭建邦：《北魏宁懋石室和墓志》，《中原文物》1980年第2期。黄明兰：《洛阳北魏画象石棺》，《考古》1980年第3期。司马国红、顾雪军：《洛阳北魏曹连石棺墓》，科学出版社，2019。石床A、B，均参见宫大中《洛都美术史迹》，湖北美术出版社，1991，第298—303页；王雁卿：《山西大同出土的北魏石棺床》，《文物世界》2008年第2期；黄明兰：《洛阳北魏世俗石刻线画集》，人民美术出版社，1987，第91页；大同北朝艺术研究院编著：《北朝艺术研究院藏品图录：石雕》，文物出版社，2016，第99、18、23页。Elinor Pearlstein, "Pictorial Stone from Chinese Tomb", *The Bulletin of the Cleveland Museum of Art*, Vol. 71, No. 9 (1984), p. 305. 徐婵菲《洛阳北魏元怿墓壁画》，《文物》2002年第2期。

[2] 石床A、B均藏于洛阳古代艺术博物馆，为了便于行文避免混淆，笔者用英文字母进行编号。

图 1　石床 B 床足

洛阳古代艺术博物馆藏

使用多层水波纹构成的中心向两边扩散式壶门，这种样式的壶门多见于平城时期的石床。[1] 横栏中使用近似棱形和椭圆形层叠的二方连续网格，网格内有成对瑞兽。这种瑞兽表现形式多见于迁洛之前的石床。[2] 三个床足的表现手法也颇为独特，中床足为"铺首+三只神兽"，左床足为"畏兽+铺首+武士"，右床足布局与之类似。畏兽、铺首、武士三种形象均有镇墓、辟邪内涵，就笔者统计，北朝石床在一个床足上一般仅使用一种形象，最多使用两种图像，而石床 B 却三种形式并用，显示出图像题材上的杂糅。在三种形象中，畏兽图像虽渊源甚早，在两汉已经萌芽，[3] 北魏平城墓葬中也偶有出现，但大量运用于葬具且形成固定模式是在迁洛以后。[4] 因此，石床 B 带有诸多平城时代石床因素，图像布局也较为杂糅，体现了北魏迁洛之初石床图像体系的组合再造。石床 B 的门卫图像也具有这种杂糅特点，石床 B 左足为一拱手人物，束发，宽袖，脚下踩有一只卧兽；右足为一披帛人物，左手持刀（或为杵），脚下也踩一卧兽。

1　有关石床水波纹饰的类型学研究，参看白月《大同地区出土北魏葬具的研究》，硕士学位论文，西北大学，2017，第 51—56 页。

2　有关北朝石床床座的图像与装饰研究，参看林圣智《北魏平城时期的葬具》，载《古代墓葬美术研究》（第二辑），湖南美术出版社，2013，第 191—213 页。

3　畏兽起源主要有"西来说"与"本土说"两种，前者代表学者为施安昌，参看施安昌《北魏冯邕妻元氏墓志纹饰考》，《故宫博物院刊》1997 年第 2 期。后者认为畏兽起源于两汉画像传统，杂糅了部分外来因素。代表学者有林巳奈夫、焦博。参看［日］林巳奈夫《獸鐶·鋪首の若干をめぐって》，《東方學報》1985 年第 57 册；焦博《关于"乌获"等神兽图像的探讨》，《苏州文博论坛》2015 年第 6 辑。近年来畏兽本土起源说逐渐占据主流地位，笔者基本认同这一看法。但是，具体到北朝畏兽图像，畏兽图像在不同载体上的流行时间不一，其内在原因还有待进一步探究。

4　刘美斌和山本忠尚对北朝畏兽形象做过细致统计，参看［日］山本忠尚《畏獸考》，载《日中美術考古学研究》，吉川弘文館，2008，第 237 页；刘美斌《北朝畏兽研究》，硕士学位论文，南京大学，2018，第 68—73 页。

左足人物与两汉以来拱手门吏极为相似，但脚下却踩一卧兽，杂糅了佛教护法神因素。右足人物应为佛教护法神，但技艺较为朴拙，头部过大，身材比例不协调。

洛阳古代艺术博物馆藏石床 A 同样刻画了门卫图像（图 2）。石床采用浅浮雕技艺，长 241 厘米，高 51 厘米。中足为铺首，左右两足各一护法力士形象，均赤膊坦胸，披 X 形披帛，一手持金刚杵，一手手掌散开。头部饰有莲形头光，赤足屹立于莲花座上。X 形披帛与手掌下垂摊开的造型均出现于迁洛后的龙门石窟，在同时期的佛教造像碑中也颇为流行（图 3-1、图 3-2）。[1] 与此同时，石床侧边仅用"绳纹+忍冬"纹饰组合，这种纹饰组合多见于平城时代石床，迁洛后石床侧边纹饰组合以"莲瓣纹"为主。[2] 因此，笔者认为石床 A、B 均属北魏迁洛初期，展现出护法神式门卫向世俗门卫过渡时期的多种门卫元素混杂状态。

除此之外，分别收藏于云冈石窟博物馆和大同北朝艺术博物馆的两具石床也值得关注。这两具石床系零散收集，难以确定具体年代。云冈石窟博物馆藏残石床 A 残长 134 厘米，横框高 27.2 厘米，床高（带足高）59 厘米，王雁卿指出该石床床足呈束腰状，具有洛阳地区石床特征，判断该石床年代在北魏迁洛前后。[3] 笔者认为还可从石床高度、横栏布局入手考量。平城时代石床高度大多在 30—40 厘米，而该石床高 59 厘米，接近洛阳时代石床平均高度。[4] 石床横栏刻有一条游龙，龙向左侧行走，龙体瘦长，肘部卷毛雕成三叶忍冬状，龙体外的空白处雕满忍冬叶。这种游龙装饰多见于北朝晚期石床，如加拿大安大略皇家博物馆所藏北朝石床，当属北魏迁洛以后的新形制。[5]

大同北朝艺术博物馆藏孝子护法石床（18）同样使用"护法神式门卫"，笔者判断该石床年代为洛阳时代（图 4）。[6] 该

1　有关力士披帛样式的变迁研究，参看［日］八木春生《X 字状天衣についての一考察》，载《雲岡石窟文様論》，法藏館，2000，第 187—207 页。

2　有关石床前立板纹饰的研究，参看［日］山本忠尚《囲屏石牀の研究》，载同氏著《日中美術考古学研究》，第 123—126 页。

3　王雁卿：《山西大同出土的北魏石棺床》，《文物世界》2008 年第 2 期。

4　有关北朝石床高度的详细统计，参看韦正《北朝高足围屏床榻的形成》，《文物》2015 年第 7 期。

5　有关加拿大安大略皇家博物馆所藏北朝石床的研讨，参看 Elinor Pearlstein，"Pictorial Stone from Chinese Tomb"，*The Bulletin of the Cleveland Museum of Art*，Vol. 71，No. 9（1984），p. 305。

6　该石床虽由北朝艺术研究院收集，但从技法、石材、图像配置上看，该石床与洛阳石床较为相似。笔者曾就此请教参与编纂图录的张庆捷先生，承蒙先生告知相关情况，在此致谢！根据张庆捷先生介绍，北朝艺术研究院所藏石床大多收集自大同周边一带，部分来自河南、山西南部等地，但具体情况已经难以考究。笔者认为该石床或许便是河洛地区征集所得文物。

图2　石床A左右两足

洛阳古代艺术博物馆藏

3-1　龙门石窟龙骧将军洞力士

3-2　山东益都贾智渊妻张宝珠造像

图3　X形披帛与手掌下垂摊开造型

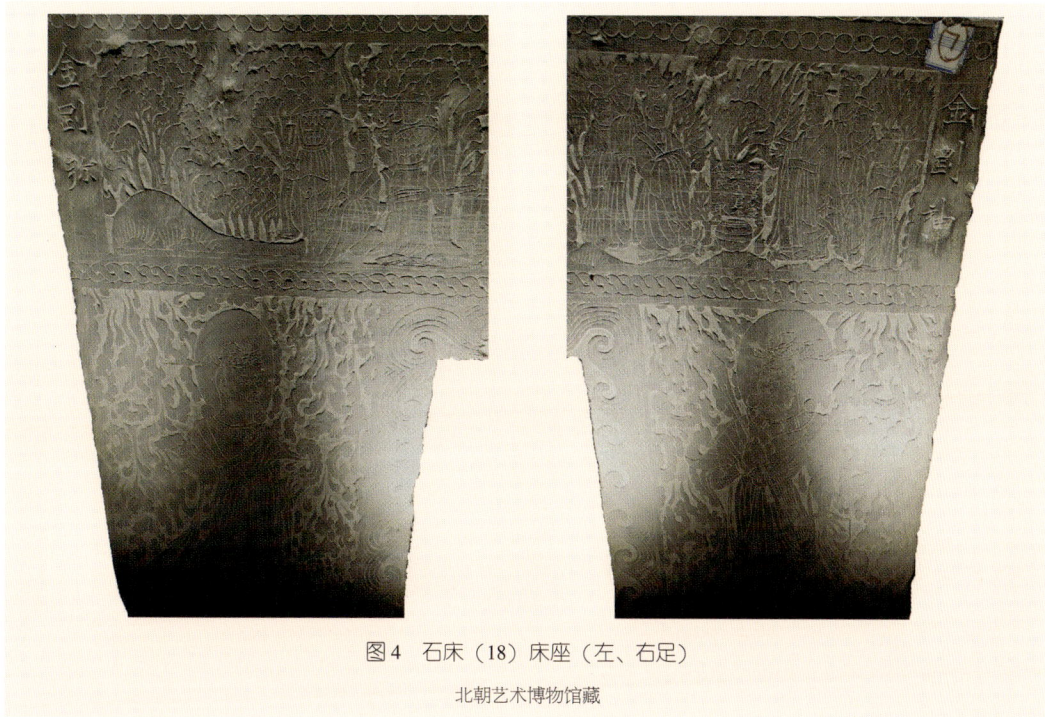

图4 石床（18）床座（左、右足）
北朝艺术博物馆藏

石床为石灰岩材质，材质较为细腻，长213.5厘米，高52厘米，左右两足各雕一金刚力士，上方对应横栏处有榜题，左足榜题为"金刚弥"，右足榜题为"金刚神"。左足护法神披 X 形披帛，头部饰有莲形头光，赤足屹立于莲花座上，右手握拳提起，左手摊开下压；右足护法神服饰同左足，但右手持金刚杵，左手摊开下压。从榜题和形象刻画来看，左右床足护法神均来源于佛教图像系统。

饶有趣味的是，洛阳古代艺术博物馆藏石床 A 与北朝艺术博物馆藏石床（18）床足均为护法神，服饰、姿势较为一致，但北朝艺术博物馆石床护法神下颌多须、束发。笔者仔细比对了洛阳时代门卫头部的刻画方式，发现北朝艺术博物馆藏石床护法神（18）面部刻画方式与洛阳时代挂刀门卫面部极为接近（图 5-1、图 5-2）。此外，该石床横栏共 9 个方框，刻画了 8 幅孝子故事图，均有榜题，榜题字迹道劲有力、技艺成熟，应当生产于洛阳时代孝子石床围屏大量流行之后。[1] 由此推测，该石床制作时间当在洛阳时代中晚期。当

1　北魏洛阳时代葬具孝子图多出现于石床围屏与石棺棺板上，石床前立板横栏出现孝子图的例子极少，且孝子图模式颇为成熟。对此类石床前立板孝子图的初步研究，参看赵超《北朝石床与石屏风——由深圳博物馆"永远的北朝——北朝石刻艺术展"谈起》，载赵超、吴强华编《永远的北朝：深圳博物馆北朝石刻艺术展》，文物出版社，2016，第5—18页。

5-1　石床 A（18）　　　　　　　　　5-2　石床（18）
洛阳古代艺术博物馆藏　　　　　　　　北朝艺术博物馆藏

图 5　门卫头（面）部刻画方式对比

洛阳石床门卫图像形成"挂刀门卫"统一规制后，护法神门卫随之销声匿迹，当工匠再次制作护法神门卫时，难免受到当时流行已久的挂刀门卫图像影响，产生了这种"混搭"现象。

通过上述洛阳时代"护法神式门卫"图像的考察，我们得以了解"护法神式门卫"迁洛前后衰落的具体历程。"护法神式门卫"的衰落经历了一个反复波折的过程，在洛阳时代中后期依旧不乏丧家选择这一门卫模式。但是通过北朝艺术博物馆孝子护法石床（18）护法神的混搭现象，可以看到挂刀门卫图像因素已经逐渐渗入护法神形象中，彰显出世俗挂刀门卫图像的流行。

二　文质门卫的诞生与服制改革

《魏书·礼志四》载：

（天兴）六年（403），又诏有司制冠服，随品秩各有差，时事未暇，多失古礼。世祖经营四方，未能留意，仍世以武力为事，取于便习而已。[1]

1　（北齐）魏收：《魏书》卷一〇八《礼志四》，中华书局，1974，第 2817 页。

此处记载颇为简略，但从中不难窥见北魏早期服制两大特点，一是多失古礼，二是取于便习。"多失古礼"应指北魏服制掺杂了不少游牧民族服饰因素（如风帽等），"取于便习"应指北魏早期服制中的"小（窄）袖"因素，便于从事武力活动。从太延元年（435）大同沙岭壁画墓中可以看到，这种便于活动的窄袖、风帽服饰因素在北魏初期颇为流行。如沙岭壁画墓出土漆皮上的墓主夫妇并坐像，两人衣袍颇为宽大，但袖口较小，且带风帽（图6-1）。漆皮画中还出现了一些着裲裆人物，如漆皮（七）中一名士兵身着甲片呈菱形的裲裆铠，窄袖上衣，手挽缰绳（图6-2）。漆皮（八）中两名士兵头戴兜鍪，身着菱形甲片裲裆铠，窄袖上衣，左手持环首刀，右手握盾（图6-3）。[1]

太和十年（486）以降，北魏政府展开了旷日持久的服制改革，从公服到常服，褒衣博带式的汉家服饰在北魏中高阶层士民中渐次流行。时至北魏末年，洛阳地区褒衣博带之风已盛，侍从仪卫之服也因此大变。从尔朱世隆宰制魏廷时发生的一件"奇事"中，不难窥见服饰风尚的变迁：

忽有河内太守田怗家奴告省门亭长云："今旦为令王借车牛一乘，终日于洛滨游观。至晚，王还省，将车出东掖门，始觉车上无裤，请为记识。"时世隆封王，故呼为令王。亭长以令、仆不上，西门不开，无车入省，兼无车迹。此奴固陈不已，公文列诉。尚书都令史谢远疑谓妄有假借，白世隆付曹推检。时都官郎穆子容穷究之，奴言："初来时至司空府西，欲向省，令王嫌迟，遣二防阁提仪刀催车。车入，到省西门，王嫌牛小，系于阙下槐树，更将一青牛驾车。令王着白纱高顶帽，短小黑色，傔从皆裙襦袴褶，握板，不似常时服章。"[2]

尔朱世隆未曾让家奴借车，但家奴却信誓旦旦地说自己亲眼见到尔朱世隆乘车出行。此后不久，尔朱世隆兵败身亡。这一记载多半不是真实的历史事件，而是洛阳城坊里巷中流传的诸多诡谲的神异故事之一。"牛车出行"是洛阳时代葬具上描绘墓主灵魂远行的常见图像，[3] 此则故事

1　简报认为两个士兵手持"剑"，笔者认为两个士兵手持兵器带有环首，且有悬腕绳，用来固定刀柄，应为环首刀。有关环首刀悬腕绳的讨论，参看夏超伦《唐代横刀研究》，硕士学位论文，上海师范大学，2018，第45—46页。

2　《魏书》卷七五《尔朱世隆传》，第1670页。

3　北魏墓葬中牛车、鞍马与墓主灵魂的出行产生联系，最早见于大同沙岭壁画墓（435），此后鞍马、牛车与墓主夫妇逐渐成为墓葬中的固定组合模式。在石床葬具图像中，此种组合模式一般表现在石床围屏上，如美国波士顿美术馆藏石床围屏、王子云《中国古代石刻画选集》刊载的十二幅石床围屏（A组围屏）、沁阳石床围屏。相关研讨，见林圣智《图像与装饰：北朝墓葬的生死表象》，第159—220页；徐津《波士顿美术馆藏北魏孝子石棺床的复原和孝子图研究》，载《古代墓葬美术研究》（第三辑），湖南美术出版社，2015，第119—140页。

6-1 大同沙岭壁画墓漆皮墓主夫妇像

6-2 大同沙岭壁画墓漆皮（七）着裲裆士兵

6-3 大同沙岭壁画墓漆皮（八）士兵格斗图

图6 大同沙岭壁画墓漆皮

应据此改编，用来预言尔朱世隆的败亡。值得玩味的是，尔朱世隆借车一事中，人物出现的先后顺序为"持仪刀人物—牛车—尔朱世隆—裙襦袴褶的傧从"。这种人物出场顺序与北魏围屏石床大体相近，可见，这则预言故事的创作借鉴了诸多北魏洛阳时代丧葬图像内容。此外，当这则故事流传于洛阳里坊之中，人们眼中的贵族侍从人物已经换上了较为宽大的裙襦袴褶。[1] 尔朱世隆的仪卫服饰同洛阳时代挂刀门卫大致相同。正是在侍从、仪卫服饰由窄袖衣袴转变为广袖大袴的洛阳时代，着广袖袴褶、裲裆甲（衫）、挂刀门卫图像陡然流行，遍及造像碑、葬具、壁画乃至俑具造型。[2] 门卫、仪卫形象与服制改革之间的联系，可谓昭然若揭。可是，仅将门卫形象归因为北魏洛阳时代褒义博带服饰的流行，似乎还无法完整解释门卫形象的生成历程。

笔者注意到，太和十七年（493）王肃进入魏廷，其后王肃曾参与北魏"威仪文物"的整理：

> 自是器遇日隆，亲旧贵臣莫能间

也。魏主或屏左右与肃语，至夜分不罢，自谓君臣相得之晚……时魏主方议兴礼乐，变华风，凡威仪文物，多（王）肃所定。[3]

所谓"威仪文物"应该包括上文提及的仪卫服饰问题。根据徐冲对冯熙墓志制作历程的研究，王肃对北魏文化改革的深度参与在太和十九年（495）年底，[4] 而太和十九年正是北魏深化服制改革的关键节点：

> 引见群臣于光极堂，班赐冠服。[5]

1　有关尔朱世隆的这则预言应该产生于尔朱世隆把持朝政期间，即建明二年（531）到中兴二年（532）。其时，北魏褒义博带服饰已经形成。文中还提到侍从所着衣服"不似常时服章"，应指服饰宽大，不适应日常生活，反而适应重大礼仪场所。此外，值得注意的是，此处尔朱世隆"坐牛车，着白纱高顶帽"与南朝帝王形象颇为相近，那么，在这则故事中是否还掺入了尔朱世隆意图篡权的寓意呢？根据孙正军的研究，南北朝时期，白纱高顶帽为南朝帝王冠式，北朝帝王形象则偏好冕服，故而此处的描写颇为奇怪，有待日后进一步讨论。从史源和文本结构角度入手分析，北齐魏收在编纂《尔朱世隆传》时，将这则材料放到两条预示尔朱世隆败亡的怪异事件后，最后总结道"世隆怅然，意以为恶，未几见诛"，从中可以窥见时人对此条记录的看法，即诸多怪异事件预示了尔朱世隆的败亡。参见孙正军《重视图像自身的脉络：以〈历代帝王图〉皇帝异服为线索》，载《唐研究》第二十四卷，北京大学出版社，2019，第301—338页。《魏书》卷七五《尔朱世隆传》，第1671页。

2　学界对此早有关注，大多从陪葬俑具角度切入，讨论洛阳时代墓葬门卫图像与挂刀文吏俑之间的关系。日本学者小林仁较早对洛阳时代陶俑展开系统研究，指出着裲裆挂刀文吏俑高度异常，等于或仅次于镇墓武士俑高度，由此推测这类俑具可能具有镇墓辟邪职能。参看［日］小林仁《洛陽陶俑の成立とその展開》，载《美學美術史論集》第14辑，成城大学大学院文学研究科，2002，第221—246页。后收入［日］小林仁《中国南北朝隋唐陶俑の研究》，思文閣出版社，2015，第15—62页。此后日本学者吉村苣子继续展开讨论，从墓葬图像与俑具互动角度入手，指出迁洛之后流行的挂刀俑、挂刀石人可能受到南朝挂刀武士图像（如丹阳市金王陈村南朝墓）的影响，是北魏政权汉化政策的物质体现。参看［日］吉村苣子《中国墓葬における人面・獣面鎮墓獣と鎮墓武士俑の成立》，東京国立博物館編《Museum》2012年638号，第15—27页。

3　（宋）司马光：《资治通鉴》卷一三八《齐纪四》，"武帝永明十一年十月"，（元）胡三省音注，中华书局，2011，第4418页。

4　徐冲：《冯熙墓志与北魏后期墓志文化的创生》，载《唐研究》第二十三卷，北京大学出版社，2017，第109—143页。

5　《魏书》卷七下《高祖纪下》，第179页。

北魏政府迁洛不久即班赐冠服，此举无疑具有昭示文化革新的政治意义。同年八月，北魏"初置直斋、御杖左右武官"[1]。此时所设"直斋""御杖"应属太和十七年（493）《职员令》引入南朝"直阁将军"制度的后续，丰富了直阁将军制度下的各级属官。[2] 王肃引入的南朝威仪文物恰恰与服制、禁卫制度均有联系。值得玩味的是，"裲裆"在南北朝中后期逐步经历了"军事戎服"向"武官常服""礼仪常服"的转变历程。[3] 梁陈时期中央武官侍从以各式裲裆衫（甲）为宿卫常服：

> 陈永定元年（557），武帝即位，徐陵白："所定乘舆御服，皆采梁之旧制……"
>
> 直阁将军、诸殿主帅，朱服，武

冠。正直绛衫，从则裲裆衫。[4]

北齐禁卫服制也广泛使用裲裆衫（甲）：

> 又有募员武贲队……在左者皆左卫将军总之，在右者皆右卫将军总之，以备警卫。其领军、中领将军，侍从出入，则着两裆甲，手执棓杖。左右卫将军、将军则两裆甲，手执檀杖。[5]

北齐禁卫制度又多承袭北魏建制，因此裲裆或许在洛阳时代已经成为禁卫服制内容之一。[6] 这一推论在文献中找不到直接证据，[7] 但在洛阳时代帝王礼佛出行图中，手持带穗环首仪刀护卫出行的仪卫便身着裲裆甲（图7）。[8] 这至少说明裲裆是当时禁卫的常见服饰之一。

1　《魏书》卷一一三《官氏志》，第2993页。

2　关于北魏直阁将军的研究，参看张金龙《北魏后期禁卫武官制度考论》，《兰州大学学报》（社会科学版）2001年第6期。

3　南北朝裲裆衫礼仪性质逐步强化，在南北朝后期亦可当作一般礼服使用。参看陈丽君《魏晋南北朝裲裆衫研究》，硕士学位论文，北京服装学院，2012，第20—28页。

4　（唐）魏徵等：《隋书》卷一一《礼仪志六》，中华书局，1973，第218、225页。

5　《隋书》卷一二《礼仪志七》，第280—281页。

6　"齐文宣受禅之后，警卫多循后魏之仪"，《隋书》卷一二《礼仪志七》，第280页。有关北朝禁卫制度沿革的研究，参看张金龙《魏晋南北朝禁卫武官制度研究》，中华书局，2004，第818—825页。

7　北魏禁卫制度研究多从制度层面着手，探讨官职设置与职能变迁，对禁卫服制的探讨因史料匮乏未能展开。参看张金龙《北魏后期的直阁将军与"直卫"诸职》，《文史哲》1999年第1期；张金龙《北魏前期禁卫武官制度考论——以史籍记载为中心》，《历史研究》2003年第3期。

8　可以确定的是，北魏洛阳时代宫廷禁卫常用环首刀，在世宗驾崩后，王显随即遭到政敌清算，"朝宰托以侍疗无效，执之禁中，诏削爵位。（王显）临执呼冤，直阁以刀环撞其腋下，伤中吐血，至右卫府一宿死"。见《魏书》卷九一《术艺传》，第1969页。可见当时洛阳宫廷禁卫以环首刀为常备兵械。夏超伦对隋代以前刀环（筑）杀人的情况做过细致研讨，参看夏超伦《唐代横刀研究》，第42—46页。

图 7　龙门石窟宾阳洞孝文帝礼佛图线描图（北魏末）

北魏后期还出现了"朱衣直阁"，如元顼"冤（冕）旒延属，表色动容，加朱衣直阁。明帝春秋方富，敦悦坟典，命为侍学。王执经禁内，起予金华，转正员郎"[1]。结合元顼宗室身份和此后迁转官职，所谓朱衣直阁应该是进一步强化"直阁将军"的礼仪职能。如太和十年（486）"八月乙亥，给尚书五等品爵已上朱衣、玉佩、大小组绶"[2]，可见朱衣对应品阶较高的官僚。梁武帝天监元年（502），进入北魏的褚緭在参加北魏元会看到大臣服饰时，曾作诗讥讽"帽上着笼冠，袴上着朱衣"[3]，也可佐证朱衣在

北魏的礼仪内涵。这种朱衣直阁保留至北齐，当北齐禁卫参与郊祭卤簿时，"则督将平巾帻，绯衫甲，大口袴"，在重大礼仪场合任督将的禁卫地位较高，因此，"平巾帻，绯衫甲，大口袴"应为北齐高级禁卫礼仪服饰。根据张金龙研究，北齐直阁属官的等级序列为"朱衣直阁—直阁将军—直斋—直寝—直后"。朱衣直阁为高级禁卫军官。[4] 如此一来，经由这则材料，可以窥见北魏朱衣直阁服饰的大体样貌。

这种仪卫服饰样貌还出现在刘宋时期

1　毛远明校注：《汉魏六朝碑刻校注》第 6 册，线装书局，2008，第 378 页。

2　《魏书》卷七《高祖纪下》，第 161 页。

3　（唐）姚思廉：《梁书》卷二〇《陈伯之传》，中华书局，1973，第 315 页。

4　参看张金龙《魏晋南北朝禁卫武官制度研究》，第 791 页。

的一则游冥府奇闻中：

> 宋沙门智达者，益州索寺僧也，行颇流俗，而善经呗。年二十三，宋元徽三年六月病死，身暖不殓，气息稍通，至三日旦，而能言视。自说言：始困之时，见两人皆着黄布裤褶，一人立于户外，一人迳造床前，曰："上人应去，可下地也。"达曰："贫道体羸，不堪涉道。"此人复曰："可乘攀也。"……至于朱门，墙阙甚华，达入至堂下。堂上有一贵人，朱衣冠帻，据床傲坐，姿貌严远，甚有威容，左右兵卫百许人，皆朱衣拄刀，列直森然。贵人见达，乃敛颜正色谓曰："出家之人，何宜多过？"达曰："有识以来不忆作罪。"[1]

若仔细玩味这条材料，文中"皆朱衣拄刀"人物形象正与梁代宫廷禁卫和北魏朱衣直阁相近。可见，此种朱衣拄刀人物形象流行较广，知识阶层对此也颇为熟悉。

值得注意的是，王肃整顿威仪文物之前，蒋少游和刘昶从太和中叶以降就长期参与服制改革。蒋少游对南朝服制颇为熟稔，刘昶更是出身刘宋宗室。[2] 刘昶墓已在大同发现，该墓年代在476—486年间，是刘昶在平城预营的夫妻冢，墓葬画像砖贴近南朝画像砖流行手法与样式，[3] 可见刘昶北奔后对南朝文化念念不忘。拥有南朝文化背景的两人对北魏服制的影响极为深远。张珊通过梳理南北朝墓葬俑具服饰，进一步指出，南朝袴褶形制在蒋少游、刘昶参与的服制改革中被引入北魏服制系统，进而影响洛阳地区的俑具与墓葬壁画。[4]

综上所述，南朝禁卫制度、服饰制度中，已然出现洛阳时代"广袖袴褶，裲裆甲（衫），拄刀"门卫的部分图像要素。故此，笔者认为北魏洛阳时代拄刀门卫的形成是多重因素叠加和动态层累的过程。太和十年（486）以降的服制改革为门卫图像的形成提供了服饰因素，王肃对北魏"威仪文物"的整理引入了南朝禁卫、仪卫相关规制内容；与此同时，北魏增加了直阁将军下属官职，出现朱衣直阁

1　王国祥：《冥祥记研究》，文史哲出版社，1999，第235—236页。

2　蒋少游曾出使南朝，观摩南朝相关建制。此后蒋少游又担任将作大匠，对洛阳时代的宫廷作坊影响颇深。见《魏书》卷九一《术艺传》，第1970—1971页。刘昶是刘义隆第九子，受刘子业猜疑而降魏。见《魏书》卷五九《刘昶传》，第1307—1308页。

3　丹扬王墓墓主身份目前尚有争议，李梅田认为该墓墓主为卒于太延三年（437）的丹阳王叔孙建；王银田和倪润安认为该墓墓主刘昶。结合该墓多室墓形制与画像砖技法，笔者采信刘昶墓说法。参看李梅田《丹扬王墓考辨》，《文物》2011年第12期；王银田《丹扬王墓主考》，《文物》2010年第5期；倪润安《怀仁丹扬王墓补考》，《考古与文物》2012年第1期。

4　参看张珊《东晋南朝的袴褶——兼论中国古代袴褶服的起源》，《南京艺术学院学报》（美术与设计）2017年第1期。

等属官，完善了直阁将军制度。多重因素的叠加，共同催生了北魏洛阳时代颇为流行的挂刀门卫形象。

就图像角度而言，北魏已知最早有明确纪年的此类人物形象出现于北魏正光五年（524）元谧石棺前挡。元谧石棺前挡门卫戴小冠，着广袖大口袴褶，外套裲裆，挂刀。可是，元谧石棺的制作距离北魏迁洛近三十年，而元谧石棺门卫图像技法纯熟，显然源自成熟的门卫图像粉本。与此同时，洛阳时代流行一种戴小冠，着直（宽）袖缚袴，外套裲裆，挂刀的门卫形象。这种门卫图像仅出现在元怿墓与洛阳围屏石床（99 号）中（图 8）。显然，洛阳时代流行着两种大同小异的门卫图像，同时，根据笔者统计（详见下文），广袖大口袴褶门卫图像逐渐占据主

流地位。

反观南朝门卫图像，南朝门卫存在裲裆、着筒袖铠、不着铠具三种类型（见表 2）。建山金家村墓（齐代帝陵）出现挂刀、着筒袖铠的"直阁将军"图像，此种图像迅速成为此后帝陵规格墓葬的重要组成部分。此后，挂刀守门将军流传至余杭地区，余杭工匠可能根据建康帝陵流传过来的粉本或砖模进行改造，重新制作了披裲裆、挂刀的"左（右）将军"图像。但是，"小冠""宽袖袴褶"等图像因素得以保留，成为余杭小横山门卫图像与建康帝陵门卫图像的共通之处。与此同时，河南邓县学庄墓门券与墓室内部砖柱上出现披裲裆、挂刀人物形象。[1] 姑且不论这些门卫图像之间是否存在传承关系，就形象而言，贯穿始终的是"小冠"

图 8　洛阳围屏石床（99 号）

1　该墓年代颇有争议，笔者认同韦正的看法，认为该墓年代不晚于南齐隆昌元年（494）。有关该墓年代争议与讨论，参看韦正《将毋同：魏晋南北朝图像与历史》，上海古籍出版社，2019，第 97—102 页。

表 2			南朝门卫图像服饰要素[1]				
地域	时间	地区	墓葬	首服	主服	足服	来源
建康周边	南齐晚期	江苏丹阳	建山金家村墓	小冠	广袖袴褶+筒袖铠（有披膊）	高头履	《文物》，1980（2）
	南齐晚期	江苏丹阳	胡桥吴家村墓	不详	不详	不详	《文物》，1980（2）
	南齐晚期	江苏丹阳	鹤仙坳墓	不详	不详	不详	《故宫博物院院刊》，2019（7）
	萧梁中期	江苏南京	狮子冲 M1	小冠[2]	不详	不详	《南朝真迹》，Z353
	萧梁中期	江苏南京	狮子冲 M2	小冠[3]	不详	不详	《南朝真迹》，Z444
	南朝中晚期	浙江余杭	小横山 M8	小冠	广袖袴褶+护颈裲裆铠（有披膊）	高头履	《余杭小横山墓》，2013，第60—70页
	南朝中晚期	浙江余杭	小横山 M9	小冠	广袖袴褶+护颈裲裆铠（有披膊）	高头履	《余杭小横山墓》，2013，第71—80页
	南朝中晚期	浙江余杭	小横山 M10	小冠	广袖袴褶	—	《余杭小横山墓》，2013，第81—88页
	南朝中晚期	浙江余杭	小横山 M65	—	广袖袴褶	高头履	《余杭小横山墓》，2013，140—145
	南朝中晚期	浙江余杭	小横山 M100	—	广袖袴褶+护甲（形制不详）	高头履	《余杭小横山墓》，2013，186—194
	南朝晚期	浙江余杭	余杭庙山墓	小冠	广袖袴褶+裲裆	高头履	《东南文化》，1992（Z1）
	南朝晚期至隋	浙江余杭	小横山 M12	小冠	广袖袴褶	高头履	《余杭小横山墓》，2013，第89—92页
汉水流域	南朝早中期	河南邓县	邓县学庄墓	小冠	广袖袴褶+裲裆甲	高头履	《邓县画像砖墓》，1958

1　杭州市文物考古研究所、余杭博物馆编：《余杭小横山东晋南朝墓》，文物出版社，2013，第63（M8）、74（M9）、82（M10）、142（M65）、189（M100）、92（M12）页。河南省文物局文物工作队：《邓县彩色画像砖墓》，文物出版社，1958，第7页。南京博物院：《江苏丹阳胡桥、建山两座南朝墓葬》，《文物》1980年第2期，图版五。左骏、张长东：《模印拼砌砖画与南朝帝陵墓室空间营造——以丹阳鹤仙坳大墓为中心》，《故宫博物院院刊》2019年第7期。广西壮族自治区文物工作队：《广西壮族自治区融安县南朝墓》，《考古》1983年第9期。南京市博物馆总馆，南京市考古研究所编著：《南朝真迹：南京新出南朝砖印壁画墓与砖文精选》，江苏凤凰美术出版社，2016，第359、449页（Z353、Z444为墓砖编号）。

2　狮子冲 M1 号墓残砖（编号 2013NQSM1：Z353）可见小冠图像，见《南朝真迹：南京新出南朝砖印壁画墓与砖文精选》，第359页。

3　狮子冲 M2 号墓残砖（编号 2013NQSM1：Z444）可见小冠图像，见《南朝真迹：南京新出南朝砖印壁画墓与砖文精选》，第449页。

"广袖袴褶"两种服饰因素。北魏洛阳时代门卫图像与此相同，二者可能存在某种联系。但是，笔者倾向于耿朔的观点，所谓"葬者，藏也"，墓葬内部图像不易为外人所知，[1] 南北之间的粉本流传更是难上加难。同时代南北地域墓葬图像的简单比对与探讨，其结论难免流于推测。因此，笔者认为北魏贵族与宫廷作坊未必了解南朝帝陵的"直阁将军"图像与地方豪族墓葬的"左右将军"图像。但是，洛阳时代门卫又与二者有着诸多相似之处。要探寻这种大同小异门卫图像的生成历程，需要下沉到北魏洛阳时代墓葬改革的时代背景中。

南北朝后期，裲裆的地位逐步提高，成为武官常服与仪式性服饰，逐步摆脱了单调的戎服武质色彩，文质色彩更为突出。洛阳门卫图像统一采用裲裆服制与此不无关系。此外，挂刀门卫与挂刀文吏俑均出自贵族与高官墓葬，极少出现于中下层墓葬中，似乎成为特定阶层的墓葬规制。[2] 考虑到上文提及的北魏迁洛后对南朝禁卫制度的引进，王

肃对威仪文物的整顿。笔者认为，南北朝高等级墓葬中的挂刀门卫图像更有可能是各自独立完成，却有着共通的现实人物模板，即穿裲裆、广袖袴褶、持仪刀的仪卫。换言之，南北墓葬都是从日常制度、人物形象入手，运用各自略有差异的理解方式，从而形成大同小异的挂刀门卫图像，使得最终呈现的挂刀门卫既有联系又有不同。

具体到北魏洛阳地区，墓葬门卫图像与挂刀文吏俑中均存在"直袖"与"广袖"并存的混杂现象，但广袖袴褶逐渐占据主流地位。在时人心中，这种人物形象具有"形容端雅"的特点。因此，北魏洛阳丧家与作坊更青睐小冠与广袖袴褶的搭配。[3]

在南朝中后期志怪故事中，可以窥见时人对"戴小冠、穿袴褶"人物形象的认知：

> 六月二十一日夜，梦一人，年可三十许，白布袴褶，平上帻，执手

1　耿朔指出"在墓葬文化的框架下，如果没有非常明确的证据，我们是很难建立起物与物的直接联系的"。有关墓葬图像流传问题的讨论，参看耿朔《层累的图像：拼砌砖画与南朝艺术》，人民美术出版社，2020，第150—161页。

2　北魏洛阳时代行政力量对丧葬规制干预颇多，宿白曾揭示了北魏洛阳帝陵与贵族墓葬的排列规律，探讨其背后的礼制内涵。参看宿白《北魏洛阳城和北邙陵墓——鲜卑遗迹辑录之三》，《文物》1978年第7期。苏哲从工匠作坊角度切入，指出洛阳时代存在以东园秘器为代表的"官府作坊"与奉终里为代表的"民间作坊"。参看苏哲《魏晋南北朝壁画墓の世界：絵に描かれた群雄割拠と民族移動の時代》，白帝社，2007，第135页。韦正将洛阳时代成熟的葬具传统称作"洛阳规制"，并对相关的礼制改革进行初步探讨。参看韦正《北朝晚期墓葬壁画布局的形成》，《艺术史研究》第16辑，中山大学出版社，2014，第145—189页；韦正《北魏洛阳时代的墓葬礼制建设》，载《考古、艺术与历史——杨泓先生八秩华诞纪念文集》，文物出版社，2018，第41—56页。

3　北魏迁洛后，贵族与官僚的文化修养普遍提升，在人物形象品评上偏好文雅气质。王永平将其称作"文雅化"。参看王永平《迁洛元魏皇族与士族社会文化史论》，中国社会科学出版社，2017，第102—148页。

版，版黑色，形容乃端雅见敬，自称
"赵丞使下官相闻"……

又眠，未熟，忽见一人，长可七
尺，面小口鼻……着朱衣，赤帻上戴
蝉，垂缨极长……三人着紫袴褶，平
巾帻，手各执简，简上有字，不
可识。[1]

上述两则材料出自陶弘景《周氏冥
通记》，基本反映了齐梁之际时人对戴
小冠、穿袴褶文吏的认知。在当时志怪
文学中，此类文吏多属天庭或地府中下
层文官，手执简牍或笏板，执掌文书工
作，在形象上与北魏洛阳时代门卫图像
极为相似。正如吕博所言"服饰在中古
历史中常常具有独特的'社会角色'标
识作用，不同的着装会带来不同的视觉
和心理感受"[2]。当洛阳贵族家庭选择
侍从、仪卫人物时，形容端雅的挂刀门
卫随即成为他们的首选。墓葬门卫服饰
的偏好成为洛阳时代文化、政治动向的
一面镜子，映射出北魏汉化进程中的一
个细节。

总而言之，北魏洛阳时代墓葬门卫
的形成是一个多种因素交织的过程。服
制改革为门卫图像的制作提供了基础条
件；南朝禁卫制度的引入进一步影响北

魏宫廷禁卫服饰；与此同时，在追求文
雅时尚的洛阳贵族眼中，"端雅"的广
袖袴褶仪卫受到青睐。北魏工匠随即给
门卫穿上广袖袴褶、裲裆甲（铠），配
上仪刀，从而形成了洛阳时代文质彬彬
的门卫图像。

三　门卫图样与区域作坊

武定元年（543）十一月廿三日，
来自翟国东天竺的使主翟门生葬于邺
城。此前不久，翟门生的家人为翟门生
制作了一具颇具特色的双阙围屏石床。
考虑到翟门生早年"遂入皇魏，嘱主上
优容，大垂褒赍"[3]，其在北魏洛阳和东
魏邺城的地位颇高。即使墓志有夸大成
分，结合翟门生墓中精美石门、石床，
也不难想见其身份地位与财力。值得注
意的是，原本身为"萨甫"的西域胡
人，其墓中石床围屏却刻画了竹林七贤
图和孝子图。赵超据此认为翟门生石床
与此后粟特石床迥异，反而与洛阳时代
石床相近，基本承袭了洛阳时代石床工
艺与画像题材。赵超进一步将北朝石床
演变历程划分为三个阶段，一是北魏迁
洛之前，二是北魏迁洛至东魏末年

1　［日］麦谷邦夫、［日］吉川忠夫编：《〈周氏冥通记〉研究》，刘雄峰译，齐鲁书社，2010，卷二、一，第
　　116—117、30—31页。

2　吕博：《头饰背后的政治史：从"武家诸王样"到"山子军容头"》，《历史研究》2016年第4期。

3　赵超：《介绍胡客翟门生墓门志铭及石屏风》，载荣新江、罗丰主编《粟特人在中国：考古发现与出土文献的新
　　印证》，科学出版社，2016，第673—684页。

（493—550），三是北齐与北周期间（551—588）。赵超将翟门生石床划归第二阶段，此说颇有见地。韦正也指出北魏洛阳时代葬具传统对后世影响深远，并将其称为"洛阳规制"[1]。揆诸史料，北魏末年，当高欢控制洛阳政局之际，他已经开始着手将人力、物力向邺城转移。天平元年（534），高欢全面撤出洛阳，《北齐书》《北史》记载相同，现移录如下：

> （534年）诏下三日，车驾便发，户四十万狼狈就道。神武留洛阳部分，事毕还晋阳。[2]

可见当时搬迁较为仓促，转移民众数量极为庞大。如此庞大的移民群体中必然有为数不少的工匠，具体数字难以考实。但是，邺城随即展开一系列营建事业，可据此略窥洛阳迁邺工匠数量：

> （535年）东魏发民七万六千人作新宫于邺，使仆射高隆之与司空胄曹参军辛术共营之。（《资治通鉴》）[3]

负责营建事业的高隆之甚至将洛阳宫殿木材运往邺城。[4] 建筑木料尚且未能"幸免"，作为重要人力资源的匠人被整体迁往邺城，也在情理之中。不晚于武定六年（548）制作完成的安阳固岸（IIM57）双阙围屏石床（以下简称安阳石床）便是洛阳匠作传统的产物。[5] 安阳石床床座横栏每幅画面外围用金箔贴出四方形画框，这种"以金饰棺"的做法是洛阳时代"官府作坊"的遗风。[6] 可见，东魏邺城葬具作坊对洛阳葬具工艺与布局传承颇多。故此，翟门生石床受到洛阳葬具影响的推论，应无疑义。

此后，学界对翟门生其人、围屏上的竹林七贤图关注较多，对石床门阙上对称

1　韦正：《将毋同：魏晋南北朝图像与历史》，第185—230页，

2　（唐）李百药：《北齐书》卷二《神武帝纪下》，中华书局，1972，第18页。（唐）李延寿：《北史》卷六《齐本纪上》，中华书局，1974，第224页。

3　此事散见诸书，《资治通鉴》首尾叙事完整。《北齐书》卷一八《高隆之传》、卷三八《辛术传》，第236、501页。《资治通鉴》卷一五七《梁纪十三》，第4958页。

4　"天平初，迁邺草创，右仆射高隆之、吏部尚书元世俊奏曰：南京宫殿，毁撤送都，连筏竟河，首尾大至，自非贤明一人，专委受纳，则恐材木耗损，有关经构。"《北史》卷四六《张耀传》，第1705页。

5　河南省文物考古研究所：《河南安阳固岸墓地考古发掘收获》，《华夏考古》2009年第3期。

6　早在明元帝时期，便产生了在棺具上涂饰金箔的做法。史载"太宗亲临其（穆观）丧，悲恸左右。赐以通身隐起金饰棺"。《魏书》卷二七《穆崇传》，第664页。

分布的"挂刀门卫"却鲜少论及。[1] 实际上，翟门生石床双阙上穿广袖袴褶、挂刀的门卫图像在洛阳时代广泛分布于墓室壁面、石棺、石床和墓葬俑具，且拥有此类形象的墓主均为高级官僚或贵族。在洛阳兵燹不断、人口流移的情况下，洛阳葬具上的挂刀门卫还能如此完整地呈现在东魏末年一个胡人葬具上，挂刀门卫在洛阳墓葬中的地位于此可见一斑。

我们不禁要追问，洛阳时代挂刀门卫图像规制是如何形成的？这一图像何以广泛分布于高等级墓葬？笔者将综合现存洛阳葬具、墓室壁画中的挂刀门卫图像，对此略作讨论。

目前已知的洛阳时代挂刀门卫形象共七例，其中六例属于葬具，一例属于墓室壁画。首先，笔者将以现存较为完整、披露材料较多的三具石棺为中心（元谧石棺、曹连石棺和上窑村石棺），讨论门卫图像在葬具上的传播与流变。

三具石棺门卫均着广袖服，小冠带簪导，裲裆甲的肩部扣带部分刻画格外细致（图9-1至图9-3）。从人物刻画技巧上看，元谧石棺（图9-1）和上窑村石棺门卫图像（图9-3）头身比为1∶5，曹连石棺门卫（图9-2）头身比为1∶4.5，较为接近。三具石棺门卫图像中的左侧门卫身材与脸部偏细长，右侧门卫图像身材与脸部偏宽大。就门卫图像组合模式而言，三具石棺均采用"门扉+门卫"组合模式（图10-1至图10-3），[2] 元谧石棺与曹连石棺门扉乳钉都使用"4×3"排列方式。门扉上侧构图略有差异，元谧石棺门扉上侧采用"畏兽（左）+摩尼宝珠（中）+畏兽（右）"构图，且门扉拱门融合了佛教石窟窟龛艺术；[3] 曹连石棺门扉上侧采用"凤凰（左）+兽首（中）+凤凰（右）"构图；上窑村石棺门扉上侧采用"凤凰（左）+摩尼宝珠（中）+凤凰（右）"构图。构图上虽略有差异，设计理念却颇为一致，都致力于组合畏兽、瑞兽（凤凰等）与摩尼宝珠、兽面，以达到辟邪与往生的目的。如果将视线扩大到整具石棺，三具石棺共同之处更是比比皆是，例如，三具石棺共同使用的某些孝子故事，左右两挡的"人物骑乘升天图"，等等。

1　有关翟门生石床围屏七贤图的讨论，参看耿朔《层累的图像：拼砌砖画与南朝艺术》，第154—157页。有关翟门生其人与围屏整体图像布局的研究，参看［日］黑田彰《翟門生覚書：呉氏蔵東魏武定元年翟門生石床について》，《京都語文》2017年第25卷；［日］黑田彰《呉氏蔵東魏武定元年翟門生石床について：翟門生石床の孝子伝図》，《文学部論集》2017年第101卷。

2　据考古发掘人员记录，上窑村石棺出土时尚有彩绘门扉，"（头挡）门扇朱绘，中有铺首衔环，出土时其色彩尚鲜艳"，可惜当时保护技术不到位，后来经雨水冲刷与氧化作用很快消失不见。参看黄明兰《洛阳北魏画象石棺》，《考古》1980年第3期。

3　元谧石棺前挡大门门柱采用石窟中常见的束帛柱，龛楣尾部两端刻画了两个回首鸟头，常见于石窟佛龛。有关束帛柱的研究，参看王雁卿《北魏平城时期的装饰纹样》，载王银田等著《北魏平城考古研究——公元五世纪中国都城的演变》，科学出版社，2017，第131—134页。

9-1　元谧石棺门卫　　9-2　曹连石棺门卫　　9-3　上窑村石棺门卫

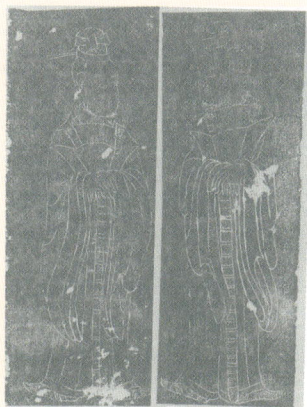

图9　门卫图像

10-1　元谧石棺前挡图　　10-2　曹连石棺前挡图　　10-3　上窑村石棺前挡

图10　前挡图像

另外，三具石棺门卫图像在部分细节上的差异也不可忽视。这种大同小异的图像同样出现在南朝门卫图像中，耿朔指出南齐时代建造的江苏丹阳金家村、吴家村"直阁将军"图像在此后帝陵墓葬中的表现略有差异（如铠具上的不同），这种差异可能是由于"部分旧砖模得到传承，部分砖模遗失，于是工人重新制作砖模"[1]。耿朔从技术角度入手，重新阐释图像的再造与流传，也为北朝门卫图像的讨论提供了新的视角。就北朝石葬具制作工艺而言，葬具制作流程与拼砌砖画略有差异，大致可分为两部分：一是线刻样稿

1　耿朔：《层累的图像：拼砌砖画与南朝艺术》，第78、83页。

绘制，二是根据样稿勒石施工。[1] 从耿朔对南朝帝陵砖模的研究来看，竹林七贤、羽人戏龙虎等图像均具有多套砖模。反观北魏葬具，门卫图像、孝子、仙人骑龙虎图像也存在大同小异的现象，其时的北魏宫廷作坊和民间作坊中，同一题材应当有不止一套粉本存在。这是洛阳葬具图像出现"小异"现象的技术背景。

不同葬具同类图像之间又呈现出诸多联系，在一些局部细节上也较为相似。图像上的相似性与墓主社会阶层相近有关。元谧为赵郡王干之子，有墓志存世，多为谀美之词，[2] 其生平经历见于《魏书》《北史》。元谧出自献文帝一脉，其父元干是孝文帝的异母弟，二人关系颇为亲近，迁洛后孝文帝一度委以重任，"迁洛，改封赵郡王，除都督冀定瀛三州诸军事、征东大将军、冀州刺史，开府如故，赐杂物五百段，又密赐黄金十斤"[3]。此

后元干因贪淫不遵典法被免官，但仍旧以王还第，死后还得到"东园秘器、陪葬长陵"的殊荣。元谧暴虐无礼，但蒙受父荫，最终也获赠"东园秘器"[4]。曹连出身曹魏宗室，或为齐王曹芳后裔，[5] 这种精美的高规格石棺极有可能来自宫廷作坊。上窑村石棺墓主不详，但上窑村墓在景陵区东十里，揆诸北魏墓志，"景陵东冈""景陵东阿""景陵东山"屡见不鲜，且大多为北魏宗室。[6] 因此，结合上窑村墓墓址以及石棺形制，上窑村墓墓主应为北魏上层贵族。三具石棺极有可能来自宫廷作坊，甚至可能出自同一批东园工匠之手。[7] 结合门卫图像的"大同小异"现象，笔者认为石棺、石床、墓室壁画的门卫图像虽然可能出自宫廷作坊，却并非来自同一粉本稿样。不过，可以肯定的是，这些挂刀门卫图像大都源自形容端雅的"戴小冠、穿裲裆、挂刀"门卫形象，只

1　有关中古石质葬具制作技艺的考察，参看李杰《魏晋南北朝石棺椁勒石技法研究》，《西北美术》2016年第3期。

2　元谧墓志载赵超《汉魏南北朝墓志汇编》，天津古籍出版社，1992，第142—143页。

3　《魏书》卷二一上《赵郡王干传》，第542页。

4　《魏书》卷二一上《赵郡王干传附子谧传》，第544页。

5　司马国红、顾雪军编著：《北魏洛阳曹连石棺墓》，科学出版社，2019，第18—23页。

6　宿白曾对北魏洛阳陵区做过系统研究，根据出土墓志标示的景陵周边（东、南、西三面）陪葬墓区推定景陵所在。从宿白统计来看，景陵东侧陪葬人数最多（6方墓志）。就笔者所见，葬于景陵东部的还有元尚之（正光四年）、元则（孝昌二年）、元华光（孝昌元年）等人。可见，在景陵东部区域形成一片较大规模的贵族葬区。参看宿白《北魏洛阳城和北邙陵墓——鲜卑遗迹辑录之三》，《文物》1978年第7期；赵超《汉魏南北朝墓志汇编》，第141、165、200页。

7　邹清泉曾以"孝子图"为中心，讨论元谧石棺、上窑村石棺与葬具作坊"东园"的关系，指出洛阳时代贵族墓葬中的画像石棺、围屏石床大多源于"东园"，民间葬具也受到东园秘器粉本的影响。参看邹清泉《北魏墓室所见孝子画像与"东园"探考》，《故宫博物院院刊》2007年第3期。笔者大致认同邹清泉的观点，本文将略其所详，着重探讨宫廷作坊运作下，"门卫图样"如何影响葬具、壁画乃至俑具形制。

是在具体表现形式上略有差别，显示出工匠群体对同一种形象的不同塑造方式，这是洛阳时代门卫图样"大体相同，略有差异"的文化背景。笔者将这种大同小异的门卫图像表现方式称作"门卫图样"。

因此，笔者推断洛阳时代挂刀门卫源自同一种人物形象，从中衍生出多种不同的粉本样式，广泛应用于宫廷作坊之中，由此产生了石床与墓室壁画中略有变化的门卫图像。

如北朝艺术博物馆收藏的石床（23）左右两足门卫图像（图11-1、图11-2），[1]外形与石棺门卫基本相同，但挂刀姿势略有差异，左足门卫以右手扶刀身，左手挂刀，左足门卫以左手扶刀身，右手挂刀。元怿墓（525）甬道东西两壁各绘制两个门卫（图12），均着双领广袖衣，挂刀，外套裲裆，下穿白色缚袴，脚穿尖头鞋，鞋帮上有四条一组的竖条纹。元怿墓门卫与三具石棺门卫图像大致相同，一些细节尤为相似。元怿墓门卫鞋帮上的竖条纹在元谧、曹连、上窑村石棺门卫图中均有出现，挂刀时略微上翘的食指与曹连石棺门卫如出一辙。但是，元怿墓门卫图像统一使用缚袴，有别于石棺与石床的大口袴，可以视作对门卫图样的灵活调整。[2]

11-1　石床（23）左足
北朝艺术博物馆藏

11-2　石床（23）右足
北朝艺术博物馆藏

图12　元怿墓（525）甬道
东壁南侧门卫画像

图11　北朝艺术博物馆藏石床（23）

1　图录将石床左右两足门卫图像释作"挂鸠杖老人"。笔者曾在山西大同北朝艺术博物馆进行实地观察，发现该石床门卫图像与石棺门卫大体相似，手中所执长条状物体带环首，显然是环首仪刀而非鸠杖，因此笔者将其称作"挂刀门卫"。参看大同北朝艺术研究院编著《北朝艺术研究院藏品图录：石雕》，文物出版社，2016，第23号石床文字介绍。

2　元怿墓经过胡太后返政后的改葬，葬礼达到最高等级。其墓室营建不见于记载，应当也达到了最高规格，那么墓室壁画也应出自宫廷作坊。元怿生平，见《魏书》卷二二《清河王怿传》，第591—592页。墓志载赵超《汉魏南北朝墓志汇编》，第172—174页。

通过上述讨论，我们得以了解洛阳时代门卫图像源于宫廷作坊，此后流行于石棺、石床、墓室壁画。与此同时，洛阳墓葬中挂刀文吏（武士）俑悄然流行，在一段时间内成为墓葬中的重要俑具。目前洛阳地区已知最早出现俑具的北魏纪年墓是延昌三年（514）元睿墓，距离北魏迁洛有一段空窗期。但是，从元睿墓中成熟的俑具模型来看，此前应当经过一段时间的积累与改造。因此，文吏俑的制作可以追溯到北魏迁洛之初。[1] 至迟在宣武帝末期，挂刀文吏俑已经开始流行，这与挂刀门卫图像的流行时间相近。

早期挂刀文吏俑多为直袖，后期均为广袖。此外，以建义元年（528）河阴之变为分界点，拥有挂刀文吏俑的墓主身份发生了变化。河阴之变前，拥有挂刀文吏俑的墓主如元睿为昭成帝第七子；元怿为北魏晚期重臣，葬礼规格极高，元邵则为元怿之子。元邵墓文吏俑与元怿墓文吏俑（残）颇为相似，或许出自同一作坊。郭定兴出身太原郭氏，本人名位不显，但弟弟郭安兴曾任"永宁、景明都将"，参与永宁寺与景明寺建造工程。[2] 日本学者市元昌指出，永宁寺陶俑手法、材质与洛阳墓葬俑具颇为相似，二者或许有着相近的制作工艺。[3] 因此郭安兴虽主攻佛教工程，对宫廷作坊中各色俑具、葬具粉本应当并不陌生。郭安兴作为郭定兴丧葬事宜的操办者，郭定兴墓中相关俑具应该由其经手，在制作过程中难免使用熟悉的俑具

1　日本学者小林仁认为北魏迁洛之初的若干年内（十年左右），相关陶俑制作机构尚未成熟，在孝明帝时期俑具方才迅速增加。因此，他认为孝明帝时期是北魏迁洛后陶俑制作机构的成熟期。参看［日］小林仁《中国南北朝隋唐陶俑的研究》，第 19 页。小林仁的看法过分依赖现有考古材料，没有充分评估尚未发掘的北魏墓葬中的俑具。实际上，平城时代已经形成了较为成熟的官府陶器作坊。平城地区曾发现两处官方窑口遗址，一是西册田遗址，另一是西湾瓦窑遗址，因此，小林仁的说法有待商榷。笔者进而注意到，《魏书》中记载了赵修归乡葬父一事，这一记载透露出北魏迁洛初期葬具制作情况。赵修是北魏迁洛前后的佞臣，在世宗时宠遇达到巅峰。适逢赵修归葬其父，于是赵修运用权势促使宫廷作坊为其父葬礼服务，"于京师为制碑铭，石兽、石柱皆发民车牛，传至本县。财用之费，悉自公家。凶吉车乘将百两，道路供给，亦皆出官"。赵修为赵郡人，从"传至本县"来看，其葬父应为归葬赵郡祖坟，这在洛阳时代颇为常见（详见日本学者室山留美子对洛阳时代汉人官僚贵族葬地的研究）。值得注意的是，赵修在京师预制了"碑铭、石兽、石柱"，还携带了数百辆"吉凶车"，这些吉凶车一般用来陈放俑具和各种丧葬用品（参看日本学者池田温对唐代丧葬令的复原研究，池田温详细梳理了北朝以来相关丧葬用车制度）。赵修返回洛阳后随即被王显、高肇等人构陷至死，其葬父当不晚于景明四年（503）。因此，至迟在景明四年，北魏宫廷已经能够大量产出高规格葬具与丧葬俑具。赵修生平，见《魏书》卷九三《恩倖传》，第 1998—2000 页。有关洛阳时代官僚迁葬的研究，参看［日］室山留美子《北魏漢人官僚とその埋葬地選択》，《東洋学報》2006 年第 87 卷第 4 号，第 1—32 页。有关中古丧葬用车制度的研究，参看［日］池田温《唐令拾遗》，栗劲、霍存福、王占通、郭延德编译，长春出版社，1989，第 755—757 页。

2　元睿墓志载毛远明校注《汉魏六朝碑刻校注》第 4 册，第 298—299 页。元邵墓志载《汉魏六朝碑刻校注》第 6 册，第 161—162 页。《北史》记载，郭安兴曾参与永宁寺建造"宣武、明帝时，豫州人柳俭、殿中将军关文备、郭安兴并机巧。洛中制永宁寺九层佛图，安兴为匠也"。郭安兴的永宁都将因此而来，照此推论"景明都将"可以证明郭安兴曾参与洛阳景明寺工程。见《北史》卷九十《郭安兴传》，第 2985 页。对此，罗新、叶炜曾做过简单考证，参看罗新、叶炜《新出魏晋南北朝墓志疏证（修订本）》，中华书局，2016，第 91—92 页。

3　［日］市元昌：《北魏俑の発生と画期をめぐって》，载古代学协会编《古代文化》2007 年第 59 卷第 1 号。

模型与粉本图样。此外，郭定兴墓拄刀文吏俑高达 42.3 厘米，镇墓武士俑高度只有 40.2 厘米。拄刀文吏俑高度远超墓葬中其他俑具，且单独放置在墓室西侧，紧贴西壁，周边几乎没有其他陪葬品，显得极为突兀。一般而言，墓葬中俑具高度与重要性成正比，因此镇墓武士俑一般远高于其他人物俑具。而郭定兴墓拄刀文吏俑的反常高度与突出布局，反映出拄刀文吏俑在墓葬空间也具有镇墓守卫功能。[1] 因此，郭定兴墓拄刀文吏俑的形象与职能均与拄刀门卫图像重合，郭安兴在设计墓葬时可能借鉴了宫廷作坊的门卫图样。河阴之变后，拥有拄刀文吏俑的王温、杨机身份地位低于元怿、元睿等人，此时的拄刀文吏俑也未必与宫廷作坊存在联系。综上所述，从墓主身份来看，建义元年（528）河阴之变前拥有拄刀文吏（武士）俑的墓主或为北魏宗室，或与宫廷作坊关系密切，河阴之变后分布更为广泛。这种变化或许与河阴之变后洛阳长期混战，宫廷作坊粉本流散民间与等级规制走向松散有关。

通过上述考察不难发现，一方面，拄刀文吏俑形成之初与宫廷作坊关系密切；另一方面，拄刀文吏俑与拄刀门卫图像在形制上同样经历了直袖到广袖的变迁过程，在墓葬功能上也颇为相似，二者之间应该存在相互影响的现象。可惜的是，图像与俑具的互动中，何者占主导地位已经难以考究。可以确定的是，洛阳时代形成的拄刀门卫形象在不同载体中广为流行，形成了一种大同小异的区域作坊样式。

四　文质门卫的礼制内涵

孝昌元年（525）冬，元顺在洛阳街头目睹元熙一家七人丧仪队伍，心中倍感酸楚，遂同灵太后说起此事：

初，中山王熙起兵讨元叉，不果而诛，及灵太后反政，方得改葬。顺侍坐西游园，因奏太后曰："臣昨往看中山家葬（元熙），非唯宗亲哀其冤酷，行路士女，见其一家七丧，皆为潸然，莫不酸泣。"[2]

初，中山王熙起兵讨元叉，不果而诛。及灵太后反政，方得改葬。顺侍坐西游园，因奏太后曰："臣昨往看中山家（元熙）葬，非唯宗亲哀其冤酷，行路士庶见一家十丧，皆为青旐，莫不酸泣。"[3]

《魏书》《北史》皆载此事，叙述略有出入（下画线部分）。"一家十丧"与

1　小林仁最早揭示这一现象，参看［日］小林仁《中国南北朝隋唐陶俑の研究》，第21页。
2　《魏书》卷一九中《任城王云传附元顺传》，第482页。
3　《北史》卷一八《任城王云传附元顺传》，第663页。

"一家七丧"问题,赵万里对此略作考证,笔者认同其说,应以"一家七丧"为是。[1] 所谓"七丧"是指元熙、诱、纂及熙子晫、晫弟仲献、叔献和元诱妇薛氏。正光元年(520),元熙因反对元叉专政,遂起兵于邺,起兵"甫十日"为长史柳元章等人所杀,传首京师。[2] 其余六人均因元熙之事受到牵连。[3] 灵太后返政后,于孝昌元年改葬元熙等人,于是出现了元顺在洛阳街头看到的丧仪队伍。值得玩味的是,葬礼丧仪队伍引发了洛阳士庶的共鸣,可见洛阳时代丧仪出行队伍的公众效应。也正是因为这一公众效应,灵太后下令改葬元熙等人,借此向洛阳士民宣告政府态度。孝昌元年,当元熙一家七口的丧仪出行队伍浩浩荡荡地走在洛阳大街上,此时的北魏王朝已经逐渐走向没落。故此,在洛阳士民看来,丧生于元叉专政时代的元熙等人自有其悲壮意味。

如果我们回到二十五年前的洛阳街头,时人对浩浩荡荡的丧仪队伍又是另一番观感。迁洛以降,洛阳地区死后葬仪日益铺陈,"今人生为皂隶,葬拟王侯,存没异途,无复节制。崇壮丘陇,盛饰祭仪,邻里相荣,称为至孝"[4]。丧仪出行队伍给人直观的视觉感受,成为洛阳时代彰显身份或财富的重要手段。正是在这一时代背景下,文质彬彬的挂刀门卫进入高等级墓葬中,成为高等级葬具的重要组成部分。

这种挂刀形象与洛阳时代的班剑葬仪关系颇深。班剑又称仪剑,起源于汉魏间,丧仪中的班剑仪卫则正式形成于西晋时期。[5] 因在实际运用与图像中多见环首形制,一些文献中又将班剑与仪刀等同,以至于二者难以明确区分。[6] 笔者考虑到中古时期用环兵刃多属刀类,故此将门卫图像(俑具)统一称作挂刀门卫(俑具)。[7] 与此同时,如邓县学庄墓门卫所

1　赵万里:《汉魏南北朝墓志集释》,载《石刻史料新编》第三辑,台北新文丰出版社公司,1982,第91页。

2　《魏书》卷一九下《南安王桢传附元熙传》,第504页。

3　七人当中,元纂、元诱、元诱妻薛伯徽、元晫、元熙墓志均已出土。见毛远明校注《汉魏六朝碑刻校注》第5册,第351—367页。

4　《魏书》卷一八《临淮王谭附元孝友传》,第424页。

5　"汉仪,诸臣带剑至殿阶解剑。晋世始代之以木,贵者犹用玉首,贱者用蚌、金、银、玳瑁为饰。"(唐)徐坚等:《初学记》卷二二,中华书局,1962,第526—527页。

6　如《唐六典》对班剑与仪刀界定颇为模糊。"今仪刀盖古班剑之类,晋、宋已来谓之御刀,后魏曰长刀,皆施龙凤环;至隋,谓之仪刀,装以金银,羽仪所执。"(唐)李林甫等:《唐六典》卷一六《卫尉寺》"两京武库"条,陈仲夫点校,中华书局,2014,第461页。

7　这一观点最早由沈从文在服饰研究中提及,未作展开,参看沈从文《中国古代服饰研究》,上海书店出版社,2005,第217—218页。范淑英从唐代壁画墓仪仗图入手,提出"仪卫腰际斜佩的为横刀,直立拄于胸下的为仪刀",唐代仪仗图对北朝继承颇多,因此这一观点同样适用于北朝墓葬。参看范淑英《唐墓壁画中所见的仪仗用具》,载陕西历史博物馆编《唐墓壁画国际学术研讨会论文集》,三秦出版社,2006,第59页。

用仪刀刀柄处绘有纹饰，而班剑的突出特征便在于"假作剑形，画之以文"[1]，可见二者形制极为接近，中古墓葬中挂刀门卫所用之仪刀极有可能源于班剑。饶有趣味的是，北魏班剑仪卫丧葬礼制的高峰期便在洛阳时代。[2] 洛阳时代的班剑仪卫具有区分社会等级、彰显威仪的重要作用。在洛阳时代"家有吉凶，务求胜异"的厚葬氛围中，[3] 班剑仪卫逐渐成为高级贵族普遍青睐的丧仪形式，进而影响门卫图像与丧葬俑具。因此，笔者认为有必要对班剑葬仪、挂刀门卫图像、挂刀俑具三者之间的互动交错加以讨论，以此揭示洛阳时代挂刀门卫所具有的"丧葬威仪"内涵。

洛阳时代统治阶层内部出现阶层急剧分化现象，[4] 追求威仪之风日盛，如元子思"中尉出行，车辐前驱，除道一里，王公百辟避路"；元禧"曾遣家僮传言于烈，求旧羽林武贲执仗出入"。生前仪卫的追求催生了死后葬仪的日益铺陈，[5] 此风日炽，上至高级贵族，下至中下层官员、平民百姓，均将仪卫视作一种荣耀，

李元护弥留之际，尚且不忘交代死后丧葬仪卫之事，"谓左右曰：'吾常以方伯簿伍至青州，士女属目。若丧过东阳，不可不好设仪卫，哭泣尽哀，令观者改容也。'家人遵其诫"。尔朱世隆得志后甚至追赠尔朱新兴"为晋王，加九锡，给九旒銮辂、虎贲班剑三百人、辒辌车；准晋太宰、安平献王故事"[6]，班剑人数达三百人之多，冠绝北朝。另外，一般而言，班剑仪卫在礼制上仅供部分高级贵族使用，大多数普通贵族与官僚无权使用。因此，挂刀门卫图像与挂刀俑具应运而生，从而得到众多高级官僚与贵族的追捧。

关于挂刀俑具在墓葬中的作用，笔者认为还可以从俑具排列布局方式入手加以考察。上文提到日本学者小林仁对洛阳时代挂刀文吏俑的看法，他认为这些挂刀文吏俑具有镇墓功能。笔者认为这一看法具有一定合理性。但是，仔细比对洛阳时代墓葬挂刀文吏、武士俑的数量与排列位置，笔者认为小林仁的说法仅适用于一部分墓葬。另一部分墓葬中，挂刀文吏与武

1　《资治通鉴》卷九二《晋纪十四》"晋明帝太宁元年三月"条，第 2961 页。

2　［日］石井仁：《虎贲班剑考：汉六朝の恩赐・殊礼と故事》，《东洋史研究》2001 年第 59 期。

3　《北齐书》卷四《文宣帝纪》，第 51 页。

4　川本芳昭对洛阳时代的阶层分化意识与北族意识的消长做过细致探讨，参看［日］川本芳昭《北魏高祖の汉化政策の理解について》，《九州大学东洋史论集》1981 年第 9 卷，第 55—78 页；［日］川本芳昭《北魏高祖の汉化政策についての一考察：北族社会の変质との関系から见た》，《东洋学报》1981 年第 61 卷，第 252—285 页。

5　《魏书》卷十四《高凉王孤附元子思传》、卷三一《于栗䃅传》，第 353、739 页。

6　李元护事迹，见《魏书》卷七一《李元护传》，第 1586 页。尔朱世隆事迹，见《魏书》卷七四《尔朱荣传》，第 1655 页。

士俑在墓葬中扮演"班剑仪卫"角色。　　　为了进一步讨论，笔者制作了表3。

表3		洛阳时代拄刀文吏俑、镇墓武士俑的数目与高度[1]		
墓葬		高度（厘米）	来源	备注
元睿墓（514）	文吏俑	—	《考古》，1991（9）	1个拄刀武士俑和2个执盾武士俑
	武士俑（3）[2]	残10.5（推测复原40余厘米）		
郭定兴墓（522）	文吏俑（1）	42.3	《考古》，1991（9）	1个拄刀文吏俑和2个武士俑
	武士俑（2）	40.2		
侯掌墓（524）	文吏俑	—	《文物》，1991（8）	—
	武士俑（2）	35		
元怿墓（525）	文吏俑（1）	残9.8（推测复原40余厘米）	《文物》，2002（2）	1个文吏俑头，疑为拄刀文吏俑[3]
	—			
染华墓（526）	文吏俑	—	《考古》，1993（5）	2个拄刀武士俑
	武士俑（2）	29		
元邵墓（528）	文吏俑（9）	23.9—24.9	《考古》，1973（4）	2个拄刀武士俑，1个按盾武士俑
	武士俑（3）	30—30.8		
王温墓（532）	文吏俑（3）	22.5（普通文吏17.8）	《文物》，1995（8）	3个按盾武士俑
	武士俑（2）	30		
杨机墓（533）	文吏俑（8）	26	《文物》，2007（11）	1个按盾武士俑，1个拄刀武士俑
	武士俑（2）	32.2		
偃师 YDIIM1101	文吏俑	—	《考古》，1991（8）	—
	武士俑（1）	残30.3（推测复原约35厘米）[4]		
联体砖厂2号墓	文吏俑（8）	22	《考古》，1991（5）	—

1　上文已经出注的材料不再标注。洛阳市文物工作队：《洛阳孟津、北魏墓发掘简报》，《文物》1991年第8期。中国社会科学院考古研究所河南二队：《河南偃师杏园村四座北魏墓》，《考古》1991年第8期。偃师商城博物馆：《河南偃师两座北魏墓发掘简报》，《考古》1991年第5期。洛阳市第二文物队：《偃师前杜楼北魏石棺墓发掘简报》，《文物》2006年第12期。偃师商城博物馆：《偃师南蔡庄北魏墓》，《考古》1991年第9期。

2　括号内为俑具数量。

3　元怿之子元邵下葬时间与元怿颇为接近，元邵墓中俑具较为丰富，兼有拄刀文吏与武士俑（应当出自宫廷作坊）。参照元邵墓规格，元怿墓中当有不少俑具，只是经过多次盗掘，仅剩一个文吏俑残头。经过比对，该文吏俑残头与元邵墓文吏俑颇为接近，经小林仁推测，元怿墓文吏俑复原高度约40厘米，或为拄刀文吏俑。参看［日］小林仁《中国南北朝隋唐陶俑の研究》，第24—25页。

4　该武士俑头部不存，身躯完好，小林仁根据洛阳墓葬中俑具头部的平均高度，推测该俑具原高应在35厘米左右。

从表 3 可以看到部分墓葬中挂刀文吏俑数目达到八个或九个之多，如此数目的俑具一般不会承担镇墓职能。仔细考察元邵墓、杨机墓与联体砖厂 2 号墓俑具的组合方式，元邵墓与 9 件挂刀文吏俑一同摆放的俑具还有 4 件骑马鼓吹俑、3 件击鼓俑等传统仪卫俑群俑具。由于杨机墓被人为损坏，难以复原墓葬原境，从仅剩的俑具组合看，挂刀武士俑与持盾武士俑组成墓葬中的镇墓俑组合（图 13-1 至图 13-3），8 件挂刀文吏俑则另作他用。值得注意的是，杨机墓中还有 22 件武士俑、6 件风衣俑、4 件甲具骑装俑等仪仗俑具，可见挂刀文吏俑极有可能属于仪仗俑群。联体砖厂 2 号墓的挂刀文吏俑的组

合模式与元邵、杨机墓极为相似，考古简报也将其归入仪仗俑群中，与之组合的俑具有 5 件风帽俑、4 件鼗鼓俑、1 件吹箫俑等。挂刀文吏俑与鼓吹俑具的组合同丧仪中班剑仪卫规制极为接近，如元晖死后"给羽葆、班剑、鼓吹二十人，羽林百二十人"[1]。可见一部分挂刀俑具可能直接模仿自丧仪中"班剑仪卫"规制，由于班剑仪卫属于较高规制丧仪，未纳入明确丧葬规制的挂刀仪卫俑很快成为追求死后威仪的替代品。

如果我们回顾北魏洛阳的一次丧礼流程，当我们跟随送丧行列走过街市，青旍满衢，灵车中满载各式丧葬用品，彰显着墓主身前社会地位。[2] 石棺与石床作为最

13-1 杨机墓挂刀武士俑　　13-2 杨机墓持盾武士俑　　13-3 杨机墓挂刀文吏俑
图 13 杨机墓镇墓俑

1　《魏书》卷一五《常山王遵附元晖传》，第 380 页。

2　洛阳时代厚葬成风，不论是葬具还是俑具，丧家都希望借此向世人彰显孝心与权势地位。赵修葬父之时"酒犊祭奠之具，填塞门街"，当地百姓与官僚贵族对俑具与葬具均可获得直观的视觉体验。《魏书》卷九三《恩倖传》，第 1998 页。

接近遗体的葬具，相关图像引人注目，石棺前挡和石床中足的挂刀门卫无疑同样具有彰显威仪的礼仪内涵。借由严谨有序的丧葬礼制，北魏墓葬的图像、俑具与葬仪整合为一体，并最终成为高级贵族丧葬中的定制。如此一来，门卫图像与丧礼紧密结合，转变为表现墓主社会身份等级的重要介质。

结　语

北魏迁洛以降，平城时代多元杂糅的墓葬图像传统趋于规制化，逐渐形成统一的洛阳墓葬传统。在这一趋势之下，平城时代护法神式门卫图像渐次衰落，世俗门卫图像勃兴。在这些世俗门卫图像中，戴小冠、着袴褶、裲裆的挂刀门卫图像逐渐占据主流地位，并进一步成为高级贵族墓葬的重要组成部分。此类门卫图像诞生于迁洛前后，其外在服饰要素大多源于汉化潮流下的服制改革，具有"形容端雅"的重要特质，展现出迁洛后北魏上层统治集团文化气质的巨大变迁。此后，挂刀门卫图像逐渐发展成熟，在宫廷作坊中形成稳定的"粉本"，并在诸多高级贵族葬具与壁画中流传。这种门卫粉本在具体运用中经工匠微调，产生了洛阳时代石床与墓室壁画中大同小异的门卫图像。这种成熟的门卫图像粉本与同样出自宫廷作坊的挂刀文吏（武士）俑关系密切，极有可能存在相互借鉴、共同发展的现象。二者具体关系尚不明朗，但是可以确定的是，二者的功能与外在形象较为接近。因此，挂刀门卫形象在不同载体中广为流行，形成了一种大同小异的区域作坊样式。此外，一部分挂刀文吏俑在墓葬中归属仪仗俑群，集中表现墓主出行威仪。由此，挂刀仪卫极有可能源自北魏洛阳时代盛行的班剑仪卫丧仪，具有表现丧葬威仪的重要作用。在洛阳时代"务求胜异"的厚葬氛围之下，班剑葬仪与挂刀门卫图像、挂刀俑具形成有机互动，礼仪与图像形成一个紧密联系的整体。这一趋势在北朝晚期墓葬中越发突出，北朝晚期长斜坡墓道中大量绘制丧礼仪卫壁画，成为下葬时彰显墓主生前权势地位的重要工具。

隋唐墓葬中的"房中乐"题材[*]

■ 周 杨（厦门大学历史系）

隋唐时期墓葬中，墓室壁画或随葬品中常涉及音乐题材，以往研究多将其视作讨论音乐、舞蹈的素材。事实上，这些内容是礼乐文化在墓葬制度中的一种表现，它们不仅具有礼制内涵，同时还是现实礼乐建设的一种映射。其中，"房中乐"题材专门用以彰显"后妃之德"，在墓葬中与墓主人身份直接相关，具有一定特殊性。本文以下即对此专门讨论。

一 文献所见"房中乐"之渊源

"房中乐"之名，最早可追溯至周代，《周礼·磬师》《仪礼·燕礼》中皆有提及，汉代延续其传统。《汉书·礼乐志》云："又有《房中祠乐》，高祖唐山夫人所作也。周有《房中乐》，至秦名曰《寿人》……孝惠二年，使乐府令夏侯宽备其箫管，更名曰《安世乐》。"[1] 据此可知，汉之《房中祠乐》及《安世乐》乃追溯周之《房中乐》而来，那么周之《房中乐》又为何？《周礼·春官·磬师》载"教缦乐燕乐之钟磬"，清人孙诒让《正义》曰："燕乐用二《南》，即乡乐，亦即房中之乐。盖乡人用之谓之乡乐；后、夫人用之谓之房中之乐；王之燕居用之谓之燕乐，名异而实同。"[2] 据此可知，"燕乐"因其用者身份不同而各有所称，"房中乐"即后、夫人所用"燕乐"之专指。

魏晋时期，"房中乐"的使用一度与飨神之乐相混淆。曹魏初建时，王粲作登歌《安世诗》以述神灵鉴飨之意，遭到侍中缪袭奏对："《安世乐》犹周《房中乐》也。往昔议者，以房中歌后妃之德，宜改《安世》名《正始之乐》，后读汉《安世歌》，亦说神来宴飨，无有后妃之

---

* 本文为国家社科基金青年项目"汉唐时期丝绸之路音乐文物综合研究"［项目编号：20（KG026）］阶段性成果。

1 （汉）班固：《汉书·礼乐志》，中华书局，2003，第1042页。

2 （清）孙诒让著，汪少华整理：《周礼正义》，中华书局，2015，第2268页。

言。思惟往者谓房中乐为后妃歌，恐失其意。"[1] 其时为何会有这种混淆，有学者曾对《安世房中歌》予以辨析。张树国先生指出，《安世房中歌》作为宗庙祭歌，应包括《房中燕乐》与《房中祠乐》两部分，二者各有所指，"房中乐"指《房中燕乐》，"安世乐"指《房中祠乐》。[2] 上文中缪袭所谓《安世乐》是指宗庙祭祀之《房中祠乐》，以往歌后妃之德的"房中乐"即《房中燕乐》。可见，《周礼》所用"房中乐"，其内涵在汉初即出现分化，在魏晋之时更有不同理解。后世对于"房中乐"的解释，其实都是根据各自需要，对其本体意义进行截取。这同时也反映出，作为后妃所用之"房中乐"，应与飨神之乐存在界线。

隋初进行礼乐重建，对"房中乐"进行了修订。不过，在礼乐路线上是依从王肃还是郑玄之说，隋文帝产生了犹豫。在此期间，主持制礼作乐的牛弘等人针对帝、后在现实政治中的关系，对"房中乐"是否用钟一事进行了讨论。皇后房内之乐，"据毛苌、侯苞、孙毓故事，皆有钟声"。牛弘等人"采肃统以取正"，认为房中乐不宜用钟，并将高祖所作《地厚》《天高》作为房内曲。[3] 据此可知，隋文帝制定的礼乐路线，实则是在

"祖述周官"的基础上展开，其中"房中乐"不得使用钟磬。

至隋炀帝时，礼书监柳顾言进奏，依郑玄之说言"房内之乐，非独弦歌，必有钟磬"，对"房中乐"进行了增修。[4] 相比隋文帝时，房中乐增加钟磬"以取正于妇道"，进而彰皇后之德。由此，钟磬元素随之成为隋唐"房中乐"的代表性符号。在隋唐礼乐建设的语境下，"房中乐"题材作为礼乐制度的一部分，亦进入墓葬礼制中，成为后妃身份的一种标识。

二　隋炀帝萧后墓中的"房中乐"题材

隋炀帝及萧后墓位于扬州曹庄蜀冈西峰顶部，分为两座。[5] 据墓志可知，1号墓（M1）为隋炀帝墓。隋炀帝墓志刻于唐贞观元年（627），其中指出唐太宗曾对隋炀帝墓进行了改葬，并将其与萧后合葬于扬州，故推测2号墓（M2）为萧后之墓。M2为砖室墓，在墓道东西壁各有一龛，内置动物俑。主墓室呈腰鼓形，长5.97米，宽5.9米。在其东、西、北三

1　（南朝梁）萧子显：《南齐书·乐志》，中华书局，1972，第178页。

2　张树国：《论〈安世房中歌〉与汉初宗庙祭乐的创制》，《杭州师范大学学报》2010年第5期。

3　（唐）魏徵、令狐德棻等：《隋书》卷一五《音乐下》，中华书局，1973，第354页。

4　《隋书》卷一五《音乐下》，第374—375页。

5　南京博物院、扬州市文物考古研究所、苏州市考古研究所：《江苏扬州市曹庄隋炀帝墓》，《考古》2014年第7期。

壁各有三龛，耳室位于主墓室南部东、西两侧。随葬品包括陶器、瓷器、铜器、漆木器、铁器、玉器等 600 余件（套）。从墓葬形制与随葬品组合来看，M1 年代不早于贞观元年。萧后于贞观二十二年死后与炀帝合葬，故 M2 年代在唐初。

十六国以降，在礼乐重建的背景下，北朝诸政权在墓葬仪仗俑群中塑造"鼓吹乐组合"以彰显墓主的身份或等级，可以看作音乐题材与墓葬制度的一种嫁接。然而，从两墓耳室所出陶俑看，并未发现鼓吹乐俑。彰显礼乐文化因素的内容，体现在萧后墓所出的钟磬组合中，包括铜编钟一套，共 16 件；铜编磬一套，共 20 件（图 1）。[1] 编钟、编磬仅为萧后墓所出，隋炀帝墓中不见。张学锋先生指出，这套钟磬组合当为隋"房内乐"代表，以象征萧后所享皇后之礼，[2] 这种认识颇有见地。

隋承北周而来，在文化上亦延续以关陇文化为华夏文化之正统。隋虽短祚，但二帝礼乐路线殊途。隋文帝即位之初，虽然名义上以《周礼》为纲制定礼乐，但其君臣在对待关东与江南的态度上，始终带有一种抱残守缺的文化偏见。[3] 一方面，隋文帝不仅与南朝对立，同时固守"关中本位政策"，对关东地区的北齐文化同样加以排斥。在对待制礼作乐的态度上，这种文化偏见体现得更为明显。军事征伐上的胜利，使其坚持北周固有的礼乐路线，将南梁之乐视为"亡国之音"；同时，他将礼乐之事视作"彪炳功成"之举，而非治国之根本。[4] 然而，隋代的礼乐路线并非一成不变，亦非一蹴而就，而是伴随着统一的进程逐步推进的。如果说隋初礼乐路线的确立，是为了在巩固新政权的基础上平衡各方的利益诉求，那么

图 1　扬州曹庄隋炀帝萧后墓出土铜制编钟、编磬

1　图 1 由南京市考古研究院马涛先生提供，据以改制。

2　张学锋：《扬州曹庄隋炀帝墓研究六题》，《唐史论丛》2015 年第 2 期。

3　史睿：《北周后期至唐初礼制的变迁与学术文化的统一》，载《唐研究》第 3 卷，北京大学出版社，1997，第 170 页。

4　《隋书》卷一四《音乐中》，第 345 页。

平陈之后，文帝被动地开始接受关东文化，并以此为基础在墓葬中以新的组合形式，塑造了全新的礼乐符号。至隋炀帝时，以大业四年（608）十月丙午诏书颁布为标志，隋朝完全放弃北周至隋文帝以来的文化路线，全面认同中原文化。[1]

上文所述萧后墓出土的钟磬组合，正是《周礼》中"房中乐"传统发展至隋炀帝时期，在墓葬中的一种物质性体现。相比其实际功能，该组合主要承担着一种符号性作用，体现着隋代后期至唐初，礼乐建设上在实践层面进一步回归"周礼传统"的走向。

三　唐韦贵妃墓壁画中的"房中乐"题材

李唐初建时，因"军国多务"，礼乐沿用隋制。唐代的礼乐建设，从贞观时期方才真正提上日程。唐太宗君臣在备考旧礼的基础上，以"五礼"框架初步建立起唐代的礼制体系，是为"贞观礼"。贞观时期的李寿墓，无疑是"贞观礼"在

墓葬层面的一种体现，此节倪润安先生已有详细论述。[2] 在"贞观礼"的框架下，太宗君臣通过斟酌南北、考以古音，以期建立"大唐雅乐"。李寿墓壁画及其石椁图像中的乐舞图，皆反映出该时期礼乐建设的探索。

唐高宗即位后，为了建立新的统治话语，一度试图以"显庆礼"取代"贞观礼"[3]。与唐太宗时期"平其散滥、以为折中"的礼乐路线不同，高宗在新的政治环境下，需要通过礼乐文化以建立新的秩序。具体到"乐"的层面，就需要平衡"雅乐""俗乐"与"胡乐"三者之力量。对此，唐高宗通过"礼乐复古"的方式来强调自身的话语权。一方面，他通过复兴源自华夏正声的"琴乐"来抑制"胡乐"[4]；另一方面，他通过限制西域杂戏、幻术的入华来抑制"俗乐"[5]。这种"礼乐复古"的倾向在墓葬中亦有体现。在墓葬中，出现一类怀抱古琴的陶俑，表现出"琴乐"成为一时之风尚。[6]此外，上元三年（676）哀皇后墓中仿古陶礼器的使用，亦即基于这一路线。对

1　沈睿文：《中国古代物质文化史·隋唐五代卷》，开明出版社，2015，第5页。

2　倪润安：《唐李寿墓的"贞观探索"》，《考古》2016年第11期。

3　（宋）王溥：《唐会要》卷三七《五礼篇目》，中华书局，1960，第670页。

4　（后晋）刘昫等：《旧唐书》卷二八《音乐一》，中华书局，1975，第1046—1047、1068页。

5　《旧唐书》卷二八《音乐一》，第1073页。

6　显庆元年（656）贾敦颐与显庆二年（657）张士贵墓中皆有此类陶俑出土。参见洛阳市文物考古研究院《唐代洛州刺史贾敦颐墓的发掘》，《中国国家博物馆馆刊》2013年第8期；洛阳市文物考古研究院编《洛阳红山唐墓》，中州古籍出版社，2014，第1—63页；陕西省文管会、昭陵文管所《陕西礼泉唐张士贵墓》，《考古》1978年第3期。

此，沈睿文先生进行了有益的探索。[1] 凡此种种，为我们勾勒出韦贵妃墓营建的时代语境。

韦贵妃于贞观元年被唐太宗册立为贵妃，位列四夫人之首，在长孙皇后去世后执掌六宫之政。唐高宗永徽元年（650），封纪国太妃。唐高宗麟德二年（665），韦贵妃在陪同高宗封禅泰山途中病逝，并于乾封元年（666）陪葬昭陵。

韦贵妃墓位于陕西省礼泉县烟霞镇陵光村，是一座长斜坡墓道双室砖墓，全长49米，共开有4个壁龛。[2] 墓室平面呈弧方形，前室边长2.92—3.2米，后室边长4.05—4.7米。该墓采用了 "因山为墓" 的建筑形式，所在山梁仅低于昭陵九嵕山。同时，其形制采取了唐代中前期具有特殊礼制意义的双室砖墓，[3] 并使用了具有等级标识意义的石椁。

墓内绘制壁画，其中后甬道东、西两壁上绘一组乐舞图（图2）。[4] 其中乐伎与舞者，共10人，皆为女性，端坐于筵上。乐伎头梳双环望仙髻，髻上饰花簪。内着圆领紧袖衣，外套紫色、红色或绿色交领博袖襦，腰着围裳，下着长裙。其中有两人外加半臂。其画面有多处残破，经辨识推测，其乐舞组合形式如下：东壁上

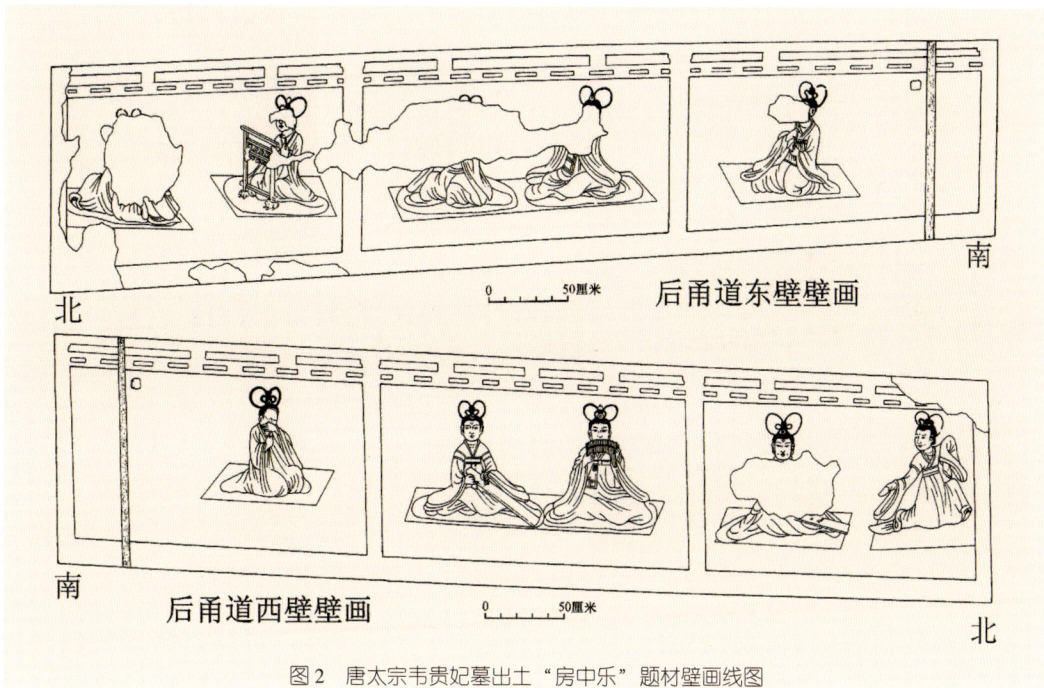

图2　唐太宗韦贵妃墓出土 "房中乐" 题材壁画线图

1　沈睿文：《唐哀皇后所见陶礼器》，载《唐研究》第23卷，北京大学出版社，2017，第421—440页。

2　陕西省考古研究院、昭陵博物馆：《唐昭陵韦贵妃墓发掘报告》，科学出版社，2017，第16—24页。

3　齐东方：《略论西安地区发现的唐代双室砖墓》，《考古》1990年第9期。

4　采自陕西省考古研究院、昭陵博物馆《唐昭陵韦贵妃墓发掘报告》，图九〇、图九一。

从北到南分别为舞蹈伎、编磬伎、笙伎、尺八伎、筚篥伎；西壁从北到南分别为舞蹈伎、琴伎、排箫伎、卧箜篌伎、啸叶伎。

相比这一时期墓葬壁画中的乐舞图，韦贵妃墓所见乐舞图较为特殊。其一在于表现形式上，唐高宗永徽至麟德时期政治核心区的墓葬中，伎乐组合多以乐俑的形式表现，韦贵妃墓则在贞观年间的李寿墓之后，重新开始以壁画形式表现。其二在于用乐组合上，自隋代以来直至唐玄宗天宝年间，墓葬中无论是伎乐俑还是壁画表现乐舞组合，用乐形式多以四弦曲项琵琶、五弦琵琶、竖箜篌、腰鼓等胡乐系组合为主体（图3）。[1] 韦贵妃墓壁画中则不见此类组合，而完全采用了传统汉式清乐的配置。

除了对汉式传统清乐的强调，韦贵妃墓壁画乐伎中还有三人较为特殊。第一人是位于东壁北端的编磬伎。[2] 通过前节可知，编磬作为钟磬元素，自隋炀帝以来成

3-1　唐李寿墓壁画所见乐舞组合

3-2　隋韦裔墓出土琵琶乐俑

3-3　唐牛进达墓出土腰鼓乐俑

3-4　唐贾敦颐墓出土乐俑

图3　隋唐墓葬壁画、伎乐俑中的基本用乐组合元素

1　图3-1采自方建军、刘东升主编《中国音乐文物大系·陕西卷、天津卷》，大象出版社，1999，第145页；图3-2采自张全民《略论关中地区隋墓陶俑的演变》，《文物》2018年第1期，图版一六；图3-3采自陕西咸阳市文物局编《咸阳文物精华》，文物出版社，2002，第91页；图3-4采自前揭《唐代洛州刺史贾敦颐墓的发掘》，《中国国家博物馆馆刊》2013年第8期，图版四三、图版四四、图版四五。

2　该器形制又如方响。《旧唐书·音乐志二》载："梁有铜磬，盖今方响之类。方响，以铁为之，修八寸，广二寸，圆上方下。架如磬而不设业，倚于架上以代钟磬。"（《旧唐书》卷二九，第1078页）可知唐代方响渊源于南朝梁时铜磬而来，其图像在敦煌壁画中多有出现，韦贵妃墓壁画所见编磬较之在形制和架的结构上略有差别，更似磬而非方响，故仍从属于钟磬元素。

为"房中乐"中的代表性元素，用以彰显"皇后之礼"。在目前唐代墓葬壁画所见乐舞图中，出现编磬者仅此一例。即使是后来于咸亨二年（671）安葬的唐太宗燕德妃，亦未使用这一组合，而是采用了一套胡乐组合；其布局形式也与当时一般模式相同（图4）。[1]

第二人是位于西壁中部左侧的卧箜篌伎。关于其演奏乐器，报告将其释为"琴"，但形制显然与琴有别，且用小竹片演奏的方式亦不同于琴。《旧唐书·音乐志》载："琴十有二柱，如琵琶。击琴，柳恽所造。恽尝为文咏，思有所属，摇笔误中琴弦，因为此乐。以管承弦，又

以片竹约而束之，使弦急而声亮，举竹击之，以为节曲。"[2] 又云："筝，本秦声也。相传云蒙恬所造，非也。制与瑟同而弦少。案京房造五音准，如瑟，十三弦，此乃筝也。杂乐筝并十有二弦，他乐皆十有三弦，轧筝，以片竹润其端而轧之。筑，如筝，细颈，以竹击之，如击琴。"[3] 对比日本正仓院藏唐琴可知（图5），[4] 琴有徽无柱，故其记载当有误。汉唐时期乐器中似琴且有柱者，当为汉魏之时流行的卧箜篌。[5] 卧箜篌作为汉魏之乐的代表，多出现于河西地区魏晋十六国时期墓葬壁画中，北朝时则多见于高句丽墓壁画中。[6] 不过，文献中直到《隋书》"高丽

图4　唐太宗燕德妃墓壁画乐舞图

1　图采自昭陵博物馆编《昭陵唐墓壁画》，文物出版社，2006，第172—175页。
2　《旧唐书》卷二九《音乐志二》，第1075页。
3　《旧唐书》卷二九《音乐志二》，第1076页。
4　图采自金维诺主编《中国美术全集·漆器》，黄山书社，2010，第223页。
5　《旧唐书》卷二九《音乐志二》载："旧说亦依琴制，今按其形，似瑟而小，七弦，用拨弹之。"第1076页。
6　王希丹：《集安高句丽墓壁画的音乐考古学研究》，人民音乐出版社，2019，第192—213页。

图5　日本正仓院藏唐代金银平文琴

乐"中方对"卧箜篌"一名有明确记载。[1] 又韩国文献《新罗古记》载："晋人以七弦琴送高句丽……后但云玄琴。"[2] 可见，唐代卧箜篌的直接来源虽然是高句丽系统，但更早似可追溯至中原汉魏传统之中。故知壁画中乐伎演奏乐器应为卧箜篌，《旧唐书》所云"击琴"者，或是五代时对卧箜篌的别称。与编磬一样，唐代墓葬图像中的卧箜篌仅此一例，较为特殊。但是，若将其置于高宗"礼乐复古"的背景下则不难理解。作为汉晋传统音乐的符号，它被赋予某种礼制意义，进而融入具有"皇后之礼"意义的"房中乐"题材之中。

第三人是西壁南侧的啸叶伎。《通典》所云"衔叶而啸，其声清震"[3]，即指"啸叶"。又《通典》载："（清乐）乐用钟一架，磬一架，琴一，一弦琴一，瑟一，秦琵琶一，卧箜篌一，筑一，筝一，节鼓一，笙二，笛二，箫二，篪二，叶一，歌二。"[4] 其中可见，"叶"是"清乐"组成乐器之一。"啸叶"当时是将魏晋以来的"啸"与"叶"相融合的一种演奏形式，用于汉式传统的清乐之中。此种演奏形式亦不见于唐代其他墓葬图像中，具有特殊性。但其亦为汉晋之传统，因而与"礼乐复古"之路线相契合。

无论是壁画基本形式的回归，还是清乐组合与编磬元素的使用，均体现出韦贵妃墓的特殊性。我们认为，这种现象一方面源自当时的时代语境，另一方面亦是出于高宗对是否以皇后之礼安葬韦贵妃的掂酌。

1　《隋书》卷一五《音乐下》，第380页。

2　郑花顺：《关于玄琴的原形的再考察》，载《汉唐音乐史首届国际研讨会论文集》，2011，第341页。

3　（唐）杜佑撰：《通典》卷一四四《乐四》，王文锦、王永兴等点校，中华书局，1988，第3683页。

4　《通典》卷一四六《乐六》，第3717页。

在形象史学研究中，特殊与差异往往揭示出一个时代中相比主流而言的另一种发展势能。欲对韦贵妃墓乐舞图进行深入解读，就需要我们了解高宗时期礼乐建设的总体走向。以咸亨三年（672）为界，高宗的礼乐建设大致分为前后两个阶段，前一阶段以"显庆礼"的颁布为标志。在全面确立华夷秩序的同时，高宗试图在礼乐文化层面重新建立"雅乐""俗乐"之界线，并在"胡汉并流"的现实下，将"雅乐"凌驾于"胡乐"之上。具体在用乐层面，这种界线的确立即表现为礼乐文化的复古化倾向。在此语境下，使用壁画还是俑群组合来表现音乐主题，壁画是采用关陇传统还是关东模式，用乐组合是用胡乐组合还是传统清乐，这些内容不仅在文化上体现着高宗的态度，也在政治上暗示着高宗的选择。无论是壁画还是俑群组合，本质上都是一种符号，它们在墓葬中体现着礼乐文化中的符号性秩序。

从某种程度上讲，"显庆礼"的颁布不仅基于高宗初年的政治格局，同样还与武则天有密切联系，此节亦有学者论及。[1] 许敬宗、李义府作为新集团的重要人物，同时也充当着制定"显庆礼"的实际幕后推手。因此，以"显庆礼"替代"贞观礼"的实质，是初唐新旧元从的话语权之争，也注定会伴随着摇摆和反复。唐高宗在推行"显庆礼"期间，墓葬中的燕乐组合一改隋唐以来的关陇传统，由壁画转而以俑群组合的形式呈现，而这一传统的渊源可追溯至北齐。这一微妙举动暗示出，高宗在文化取向上放弃了唐太宗立足关陇的路线，重新向关东地区敞开门户，用以加强对东方士族的文化怀柔。然而，随着"废王立武"与"二圣时代"的到来，武后集团迅速崛起。高宗自身的话语权尚未得到巩固，其礼乐路线则在内外形势所迫下，不得不改弦更张。反映在物质文化层面，自麟德以降，墓葬中乐舞题材的表现出现了向关陇传统反复的态势，即以壁画表现乐舞，基本形式为"二女对舞、乐舞相伴、突出胡乐"。这种变化，从一个侧面揭示出其时的礼乐文化向"贞观礼"的回归。

咸亨元年（670）对唐廷来说无疑是多事之秋，同时也是高宗礼乐路线全面调整的转折点。吐蕃在上半年联合于阗攻陷龟兹，高宗被迫诏罢安西四镇；高宗遣薛仁贵出兵吐蕃，于大非川遭遇惨败，吐蕃由此尽占吐谷浑故地。国际形势的急转直下，使得初唐时期建立起的华夷新秩序也面临着严峻挑战。至咸亨三年许敬宗逝世，高宗前期的礼乐改革亦随之结束。从中我们不难看出，韦贵妃逝世前后，正值高宗推行新礼的关键点。

对于韦贵妃的特殊安葬，不仅出于个人感情之需要，更关系到唐高宗礼乐路线的大方向。在墓葬制度准许的条件下，折中地以对其加以"皇后之礼"，暗示了高

1　吴丽娱：《〈显庆礼〉与武则天》，载《唐史论丛》第10辑，三秦出版社，2008，第9—24页。

宗意图坚持其礼乐路线的决心。将实物形式的编钟、编磬以壁画形式的清乐组合加以替代，实际上是唐高宗对于"房中乐"题材的一种变通，借以使其内涵与墓葬制度相协调。其目的即在于体现"房中乐"所代表的"皇后之礼"。不过，韦贵妃毕竟只是贵妃，终究不是皇后。因而壁画在用乐组合的使用上，仅绘编磬而不见编钟。在绘制的位置上，壁画也并未绘制于墓室之中，仅是含蓄地绘于后甬道两壁。这处微妙的细节，也表现出韦贵妃墓在营建过程中彰显身份的意图，在墓葬制度的限制下有所折中。从乾封元年至咸亨三年的数年间，国内外形势经历了巨大转变，唐高宗的礼乐路线也被迫反复，燕妃墓中乐舞图的设置和内容回归到了贞观年间的旧传统之中，即标示着高宗礼乐路线的整体转向。

此外，在与韦贵妃墓同时期的墓葬中，新城长公主墓在其墓志中明言"葬事宜依后礼"。报告附录所言，该墓从墓葬形制、随葬品、壁画内容与丧事礼仪上，皆未能体现出其"后礼"之实，高宗欲对其依"后礼"安葬或许只是一种虚而无实的荣誉；[1] 沈睿文先生通过其墓葬中"太一出行"主题的丧葬图像，认为其应按"后礼"下葬；[2] 卢亚辉先生在此基础上，结合其中木明器及陶靴，认为这些细节应当纳入"后礼"标准之中。[3] 由于韦贵妃墓被盗严重，其中是否随葬此类随葬品不得而知，但从其墓葬规格与葬地来看，享受哀荣甚至更在新城长公主之上。其中壁画的"房中乐"主题，亦应引起重视。

综上所述，韦贵妃墓壁画中的乐舞图，当为隋唐墓葬"房中乐"题材的第二种表现形式，用以彰显"后妃之德"，并在一定程度上体现出皇后之礼的殊荣。在高宗礼乐复古的背景下，这种"礼同皇后"的殊荣，当被纳入"后礼"标准之中。

四　武惠妃石椁中的"房中乐"题材

在高宗之后的几十年间，唐朝经历了"武周革命"与"李唐反正"两个重要时期。在稳定政治局面后，唐玄宗着手重建礼制。开元二十九年（741），在改撰《礼记》、削编旧文今事的基础上，一百五十卷的《大唐开元礼》修成。[4]

1　陕西省考古研究所、陕西历史博物馆、礼泉县昭陵博物馆：《唐新城长公主墓发掘报告》，科学出版社，2004，第139—142页。

2　沈睿文：《唐宋墓葬神煞考源——中国古代墓葬太一出行系列研究之三》，载《唐研究》第18卷，北京大学出版社，2012，第201—223页。

3　卢亚辉：《武则天时代墓葬的考古学研究——基于初、盛唐墓葬与政治文化集团的考察》，博士学位论文，北京大学，2018，第74—80页。

4　《通典》卷四《礼一》，第1122页。

"礼乐相须以为用",制礼的另一面即为作乐。武周革命对"雅乐"框架的冲击以及对"雅乐"框架下燕乐体系的破坏,客观上为"俗乐"与"胡乐"的发展创造了空间。唐高宗时期建立起的"雅乐""俗乐"与"胡乐"平衡并行的礼乐秩序,此时已不复存在。与高宗刻意对立"雅俗"与"胡汉"不同,唐玄宗采取的礼乐路线是"兼顾胡汉、整合雅俗",通过消弭其间界线,使得"三乐"走向合流。作为玄宗礼乐路线之代表的"胡部新声",即是在这一背景下创立的。开元二十四年(736),唐玄宗"升胡部于堂上","胡部新声"这一新的乐舞形式确立。天宝中,玄宗"又诏道调、法曲与胡部新声合作",进一步将不同宗教的音乐纳入其礼乐框架之下。[1] 开元、天宝年间的墓室壁画皆呈现出一定时代性特点,其中的乐舞图亦表现出一定的程式化特征。[2] 以韩休墓壁画所见乐舞图为例,周伟洲先生指出此类乐舞图像表现的即是"胡部新声"[3]。

值得注意的是,这类壁画题材的使用与墓主身份直接相关,并且不以墓主生前是否对音乐喜好为必要条件。在内容上,其中的用乐组合基本兼顾了"雅乐""俗乐""胡乐"三个系统。由此可知,此类题材具有制度性指向。在礼乐文化视角下,它不仅表现出唐玄宗在礼乐建设中的尝试,也代表了唐玄宗的政治愿景。上述内容,是我们考察武惠妃敬陵石椁"房中乐"题材的基本语境和前提,只有把握此节,才能不被图像中形式化的枝节所误导。

武惠妃生前深得唐玄宗宠爱,于开元二十五年(737)逝世,死后追赠"贞顺皇后",葬于敬陵。敬陵位于西安市长安区庞留村,是一座长斜坡墓道单室砖墓。墓中所绘壁画,符合唐玄宗开元以后墓葬壁画的基本布局。本文所论"房中乐"题材,主要见于石椁图像中。

石椁为庑殿顶仿木结构,高约 2.3 米,宽约 2.6 米,长约 4 米,由 5 块椁顶、10 块廊柱、10 块椁板、6 块基座共 31 块石头组成,其内外均以阴线刻绘不同题材的图像。其中伎乐图共 9 组,均刻于立柱上(图6)。[4] 其中舞伎 2 人,乐伎 7 人,均戴冠或束髻,上身半裸或全裸,臂上戴钏,束腰,颈饰项圈,单足立于莲花、忍冬、宝相花之上。乐伎分别演奏五弦琵琶、四弦曲项琵琶、细腰鼓、横笛等乐器,舞伎则表演胡旋舞,洋溢着西域胡乐的特色。

关于武惠妃石椁,此前已有论文和专

1　(宋)欧阳修、宋祁等:《新唐书·礼乐十二》,中华书局,1975,第476—477页。

2　郭美玲:《西安地区玄宗时代墓室壁画经营与布局》,载《西部考古》第 13 辑,科学出版社,2017,第231—247页。

3　周伟洲:《唐韩休墓"乐舞图"探析》,《考古与文物》2015年第 6 期。

4　图采自陕西历史博物馆编《皇后的天堂:唐敬陵贞顺皇后石椁研究》,文物出版社,2015,第24、80、100—105页,笔者据以改制。

图 6　唐玄宗武惠妃敬陵石椁所见"房中乐"题材

著对其详细介绍，[1] 相关研究亦颇具规模。程旭、[2] 葛承雍、[3] 杨瑾、[4] 韩香、[5] 王庆卫、[6] 李丹婕[7]等学者从其艺术风格、创作手法、乐舞形式、花鸟仕女图像、胡人驯兽图像、勇士神兽图像等对其形式与内涵进行了不同面向的研究。从中我们可

1　程旭、师小群：《唐贞顺皇后敬陵石椁》，《文物》2012 年第 5 期；陕西历史博物馆编：《皇后的天堂——唐敬陵贞顺皇后石椁研究》。

2　程旭：《唐武惠妃石椁纹饰初探》，《考古与文物》2012 年第 3 期。

3　葛承雍：《唐贞顺皇后（武惠妃）石椁浮雕线刻画中的西方艺术》，载《唐研究》第 16 卷，北京大学出版社，2010，第 305—324 页；《再论唐武惠妃石椁线刻画中的希腊化艺术》，《中国国家博物馆馆刊》2011 年第 4 期；《唐代宫廷女性画像与外来的艺术手法——以新见唐武惠妃石椁女性线刻画为典型》，《故宫博物院院刊》2012 年第 4 期。

4　杨瑾：《唐武惠妃墓石椁纹饰中的外来元素初探》，《四川文物》2013 年第 3 期。

5　韩香：《中西文化的交融与借鉴——唐武惠妃石椁"胡人驯兽图"再探讨》，《唐史论丛》2014 年第 2 期。

6　王庆卫：《墓葬中的窣堵波：再论武惠妃石椁勇士神兽图》，《敦煌学辑刊》2014 年第 1 期。

7　李丹婕：《冥心净域——敬陵石椁花鸟人物图像内涵试释》，载《唐研究》第 23 卷，北京大学出版社，2017，第 397—420 页。

知，石椁图像的基本形式是具有浓郁的西方艺术风格的"拂菻样"。沈睿文先生指出，此类图像属于帝后一级的高等级墓葬，具有较明确的等级指向。[1] 因此，虽然宗教内涵固然不容忽视，但首先应当注意到的是其制度性约束。

齐纪先生对唐代墓葬中的石椁进行了系统的梳理，[2] 从中可见，石椁图像涉及乐舞题材者，除唐初的李寿墓外，仅见于敬陵石椁。有研究者指出，玄宗以此"营造的繁华乐舞世界让武惠妃遗忘生前家族命运沉沦的灰暗，忘却锥心的丧子之痛，忘记死亡的恐惧"[3]。这种论断有其可取之处，但若将其置于礼乐文化背景下，这样的设置显然超出情感需求，而从属于玄宗所建立的礼乐框架内。

制度的建立不以个人的情感及喜好为转移，武惠妃生前能歌善舞暂且不论，关键在于其死后玄宗以皇后之礼对其安葬这一事实。既要彰显皇后身份之殊荣，又要将音乐题材嫁接其上，最合理的方式即是配之以"房中乐"。石椁上的乐舞组合，实质上代表了玄宗对"房中乐"题材的一种着意刻画。葬以石椁是汉地丧葬传统之一，本源自《周礼》之制。[4] 在传统葬具载体上融合胡乐，同时也融入了宗教的因素，这恰恰与唐玄宗"兼顾胡汉、整合雅俗"的礼乐路线相一致。以此种形式表现"房中乐"题材，既不同于此前萧后墓中以钟磬为符号，也不同于高宗"礼乐复古"路线下以清乐式壁画表现的思路，但又符合隋唐墓葬制度之框架。

结　语

综上所述，隋唐墓葬中的"房中乐"题材，实际上是现实礼乐文化中"房中乐"的一种物质性表现。在墓葬语境下，其彰显"皇后之德"的内涵被符号化，进而成为体现"皇后之礼"的标识，从而构成隋唐礼乐文化建设的组成部分。隋炀帝、唐高宗、唐玄宗三个时期内"房中乐"题材在墓葬中表现形式和用乐组合的变化，深刻反映出当时政治环境与礼乐文化的背景有所差别。正是由于这种差别，造成了三个时期礼乐路线的差异。"房中乐"题材作为墓葬中的一种符号，与现实中的政治背景与礼乐建设相呼应，组成了礼乐文化、礼乐制度与礼乐符号的完整面相。在此基础上我们应当看到，隋

1　沈睿文：《唐代丧葬画像与绘画的关系》，载上海博物馆编《于阗六篇——丝绸之路上的考古学案例》，北京大学出版社，2014，第127—168页。

2　齐纪：《唐代石椁研究》，硕士学位论文，北京大学，2003。

3　程旭：《唐武惠妃石椁纹饰初探》。

4　沈睿文：《论墓制与墓主国家和民族认同的关系》，载《中古中国祆教信仰和丧葬》，上海古籍出版社，2019，第42页。

唐时期墓葬中对"房中乐"的塑造并不是偶然的。其内涵皆是对《周礼》的一种截取式追溯，本质上都是在礼乐重建的背景下，通过"祖述周官"，以实现对礼乐符号的再塑造，进而实现其礼乐框架的构建与完善。

文本研究

敦煌佛顶尊胜陀罗尼经变的样式演变*

■ 陈凯源（陕西师范大学历史文化学院）

《佛顶尊胜陀罗尼经》（以下简称《尊胜经》）是一部密教经典，该经早在周隋之际已被译成汉文，但没有流行，直到唐代佛陀波利译出后才广泛流传。《佛顶尊胜陀罗尼经序》[1] 对《尊胜经》在唐代的翻译流行情况有大致记载，仪凤元年（676）罽宾僧人佛陀波利来华在五台山上遇一老人，老人称汉地众生多造罪业，出家之辈多犯戒律，唯有《尊胜经》能灭众生恶业。在得知佛陀波利没有把《尊胜经》带来后，老人嘱咐佛陀波利回印度取经，将来在汉地弘传。随后，佛陀波利回印度取《尊胜经》，在永淳二年（683）来到长安并翻译此经。《尊胜经》在唐代有五种译本，[2] 另有若干陀罗尼单本和仪轨本流行于世。唐宋两代，佛顶尊胜陀罗尼信仰风行全国，《尊胜经》不仅被多次翻译，各地僧俗大众更是广树尊胜经幢，在盛唐时期敦煌石窟中亦开始出现依据《尊胜经》绘制而成的经变。

敦煌石窟中的佛顶尊胜陀罗尼经变（以下简称尊胜经变）共有 8 铺（表 1），分别位于莫高窟盛唐、晚唐和北宋建造的洞窟中。王惠民、[3] 下野玲子、[4] 郭俊

---

* 本文得到 2019 年国家社科基金重大招标项目 "敦煌佛教文学艺术思想综合研究（多卷本）"（项目编号：19ZDA254）子课题三 "敦煌佛教美术思想研究"、陕西师范大学中央高校基本科研业务费专项资金资助项目 "唐代敦煌密教经变研究"（2021TS057）资助。

1 （唐）志静：《佛顶尊胜陀罗尼经序》，载《大正藏》第 19 册，第 349 页。

2 唐代《佛顶尊胜陀罗尼经》的五个佛经译本收录于《大正藏》第 19 册，分别为：佛陀波利译《佛顶尊胜陀罗尼经》，第 349 页下；杜行颛译《佛顶尊胜陀罗尼经》，第 353 页上；地婆诃罗译，彦悰笔受《佛顶最胜陀罗尼经》，第 355 页中；地婆诃罗译《最胜佛顶陀罗尼净除业障咒经》，第 357 页中；义净译《佛说佛顶尊胜陀罗尼经》，第 361 页下。

3 王惠民：《敦煌佛顶尊胜陀罗尼经变考释》，《敦煌研究》1991 年第 1 期。

4 ［日］下野玲子著，牛源译，刘永增审校：《莫高窟第 217 窟南壁经变新解》，《敦煌研究》2011 年第 2 期；［日］下野玲子：《敦煌仏頂尊勝陀羅尼経変相図の研究》，勉诚出版，2017。

叶、[1] 高秀军[2] 等学者曾对部分洞窟中的尊胜经变进行过专题研究，笔者亦曾对敦煌尊胜经变的发现过程和研究情况进行简要的梳理。[3] 在前人的基础上，笔者对敦煌石窟中的尊胜经变进行全面考察后，发现不同时期的尊胜经变在构图样式上既存在差异，相互之间又有继承关系，同时盛唐时期尊胜经变的部分图像对北宋的尊胜经变也产生一定的影响。故不揣冒昧，尝试对敦煌石窟中的尊胜经变样式及发展形态进行探讨。

表 1	敦煌石窟佛顶尊胜陀罗尼经变概况	
时代	洞窟编号	位置
盛唐	第 217 窟	主室南壁
	第 103 窟	主室南壁
	第 23 窟	主室窟顶东披
	第 31 窟	主室窟顶东披
晚唐	第 156 窟	前室南侧窟顶
北宋	第 55 窟	主室北壁西起第一铺
	第 454 窟	主室北壁西起第一铺
	第 169 窟	前室北壁

一 敦煌石窟中的尊胜经变

（一）盛唐时期的尊胜经变

盛唐时期敦煌石窟中的尊胜经变共4铺，分别位于莫高窟第 217 窟主室南壁、第 103 窟主室南壁、第 23 窟主室窟顶东披和第 31 窟主室窟顶东披。这几铺壁画，过去被认为是法华经变，后来日本学者下野玲子考证其为尊胜经变，[4] 这一观点引发学界的热议，并得到多数学者的认可。

莫高窟第 217、第 103 窟的尊胜经变均通壁绘制于洞窟主室南壁（图 1、图 2），从构图样式上来看，两者十分接近。这两铺尊胜经变均以青绿山水为背景，中

1　郭俊叶：《敦煌壁画中的经架——兼议莫高窟第 156 窟前室室顶南侧壁画题材》，《文物》2011 年第 10 期；郭俊叶：《莫高窟第 217 窟佛顶尊胜陀罗尼经变中的看相图及相关问题》，《敦煌学辑刊》2015 年第 4 期。

2　高秀军：《敦煌莫高窟第 55 窟研究》，博士学位论文，兰州大学，2016，第 212—226 页。

3　陈凯源：《敦煌佛顶尊胜陀罗尼经变研究综述》，《陇东学院学报》2019 年第 4 期。

4　［日］下野玲子著，牛源译，刘永增审校：《莫高窟第 217 窟南壁经变新解》。

图 1　莫高窟第 217 窟尊胜经变

采自数字敦煌

图 2　莫高窟第 103 窟尊胜经变

采自数字敦煌

法会以十分明确的界限划分出来，主法会东侧及下方为《尊胜经》正文的相关内容，主法会西侧则绘制唐代僧人志静为此经撰写的序文内容，即佛陀波利如何将《尊胜经》传入中国，《尊胜经》在唐代的翻译与流传的历史。前贤对这两铺经变已有较为细致的考证，故本文不再对这两铺经变的画面进行释读。

莫高窟第 23 窟的尊胜经变位于洞窟主室窟顶东披，整铺壁画呈梯形状，保存完好（图 3）。该铺经变中央为佛说法图，说法图上部为天宫，两侧及下部围绕中央佛说法图的是受持陀罗尼和《尊胜经》的相关情节。现按《尊胜经》[1] 经文顺序对第 23 窟尊胜经变的相关画面进行梳理，具体如下：

画面 1：绘须弥山，山上有七座相连的汉式建筑。考证：《尊胜经》开篇讲述善住天子在善住堂会与诸天女游戏娱乐，以及尔后善住天子去求救帝释天的情节。画面 1 只绘有建筑和树木，并无人物形象，表现帝释天和善住天子所居的天宫。

画面 2：从左到右依次绘制猴、野狗、蛇三种动物。考证：经文记载："尔时帝释须臾静住入定谛观，即见善住当受七返恶道之身，所谓猪狗野干猕猴蟒蛇乌鹫等身。"这一画面中猴、野狗、蛇三种动物象征善住七返恶道的情况。

画面 3：一人横卧地上如尸体状，有血从其身体流出，一狼跑向尸体，作舐食状。考证：经中提道，善住七返恶道投胎

成畜生时"食诸秽恶不净之物"，野狗跑向尸体作舐食状的画面应指这一描述。

画面 4：一方城内有刀山、火海，两人合掌对坐跪拜，另有五个半裸瘦小的亡者在其中。考证：经文记载，善住除七返受畜生身外，还堕诸地狱。画面里描绘的刀山、火海和亡人即表示地狱。

画面 5：茅屋右侧画有院墙，院内有一人牵一孩童。考证：经文记载，善住堕诸地狱后，"从地狱出希得人身，生贫贱家而无两目"。该画面被牵着的孩童应指善住从地狱转得人身后成为"无两目"的盲童。

画面 6：有三人作礼拜状从天宫中乘云而下，这三个人物，皆头束发髻，穿大袖衣，有一人在前，两人在后，形成一主二侍的人物格局。考证：经中讲到帝释天因怜悯善住天子业因，前往誓多林园求世尊为善住天子讲法。描绘的是帝释天从天宫到世尊讲法处的情节，三个人物中排最前的应是帝释天。

画面 7：佛结跏趺坐于莲座之上，两侧及前方有弟子、菩萨围绕。考证：此画面对应的是佛给帝释天及诸菩萨弟子讲授尊胜陀罗尼的情节。

画面 8：汉式建筑下方画有院墙，内有一妇人抱婴儿坐于屋内，四女子站立于屋外。画面 9：一拱顶西域式建筑内有一人抱婴儿，建筑外有二婆罗门形人物。考证：上述两个画面均绘有抱婴儿的情节，

1　下文所引佛经，如无特别说明，均出自佛陀波利译《佛顶尊胜陀罗尼经》。

结合经文来看，这两个画面所要表现的应是经中因听闻陀罗尼而得生不同善处的内容。

画面 10：汉式瓦葺建筑内有一人面向放有经书的桌子，作抄写状或阅读状。画面 11：一人坐于褥上，双手持经卷，作诵读佛经状。其前有一人双手合十而跪。考证：这两个画面对应经文中书写流通受持读诵听闻供养陀罗尼，能灭一切罪业的内容。画面 11 中描绘的应是诵读陀罗尼情景，而画面 10 伏案者应是在抄写陀罗尼。

画面 12：二人作礼拜状站立于宝幢两侧，宝幢上有经架。画面 13：山岳顶部有经架。画面 14：左侧绘有两层楼阁，上层楼阁内有经架；三处经架上均放置经卷。画面 15：绘有佛塔，佛塔内放置经卷。考证：《尊胜经》载："若人能书写此陀罗尼，安高幢上，或安高山或安楼上，乃至安置窣堵波中"，画面 12 至画面 15 即对应此段经文。

画面 16：六比丘作礼拜状环绕佛塔，佛塔内置佛像。

画面 17：二人双手合十跪于内有佛像的佛塔前作礼拜状，佛塔旁有一比丘双手合十面向礼拜者。考证：两个画面均描绘人们礼拜佛塔的情节，这应是表现经文中"于四衢道造窣堵波，安置陀罗尼，合掌恭敬旋绕行道归依礼拜……又是如来全身舍利窣堵波塔"的内容。

画面 18：一具完整的骷髅横卧于地面，下方一人合掌而跪，另一人俯身两手伸向骷髅。骷髅头骨位置有云涌出，云上

一人合掌而跪。考证：经文载："取其亡者随身分骨，以土一把诵此陀罗尼二十一遍，散亡者骨上即得生天。"此画面即描绘咒骨升天的情节。

画面 19：上方一人和二从者乘云从天宫往左下飞去。穿俗衣者双膝下跪于佛前，佛身后有比丘跟随，佛左手摸下跪者头顶。跪者乘着从佛左手处上升之云，向右上天宫飞去。考证：经文最后说，佛让帝释天将尊胜陀罗尼授予善住天子，善住天子得到解脱后，"（帝释天）与善住天子将诸天众……尔时世尊舒金色臂，摩善住天子顶，而为说法授菩提记"。画面所表现的正是善住天子前去礼拜供养佛，随后佛为善住摩顶授记的情节。

通过对上述画面情节的分析，可看出第 23 窟尊胜经变的各个情节在设计上进行一定程度上的安排：中央为主法会，其上方有天宫，右侧有云从天宫飘出而下，即帝释天从天宫乘云前去向佛请教陀罗尼法；主法会右侧从上到下依次为向亡者骨撒土，善住天子七返受畜生身，堕地狱后得人身，生贫贱家而无两目的画面；主法会下方从右往左为受持尊胜陀罗尼能转生各种家庭，抄写尊胜陀罗尼安高幢、高山、楼和窣堵波中能得到种种功德的相关情节；主法会左侧上方为善住天子受持尊胜陀罗尼解脱后前往去礼拜供养佛，佛为善住天子摩顶授记，最后善住天子返回天宫。总体来说，该铺经变的各个画面大致是从天宫开始以顺时针方向，按照经文顺序绘制而成。

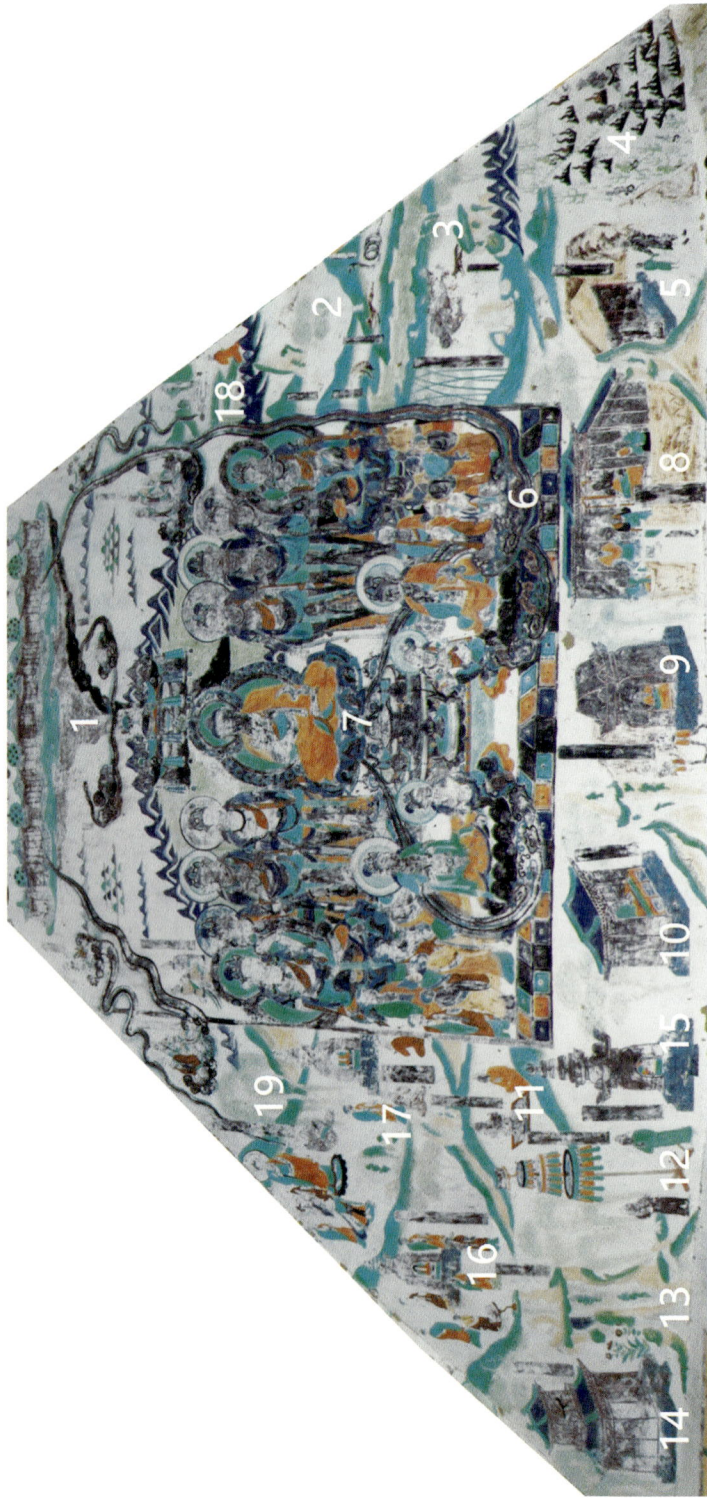

图3　莫高窟第23窟尊胜经变

采自数字敦煌

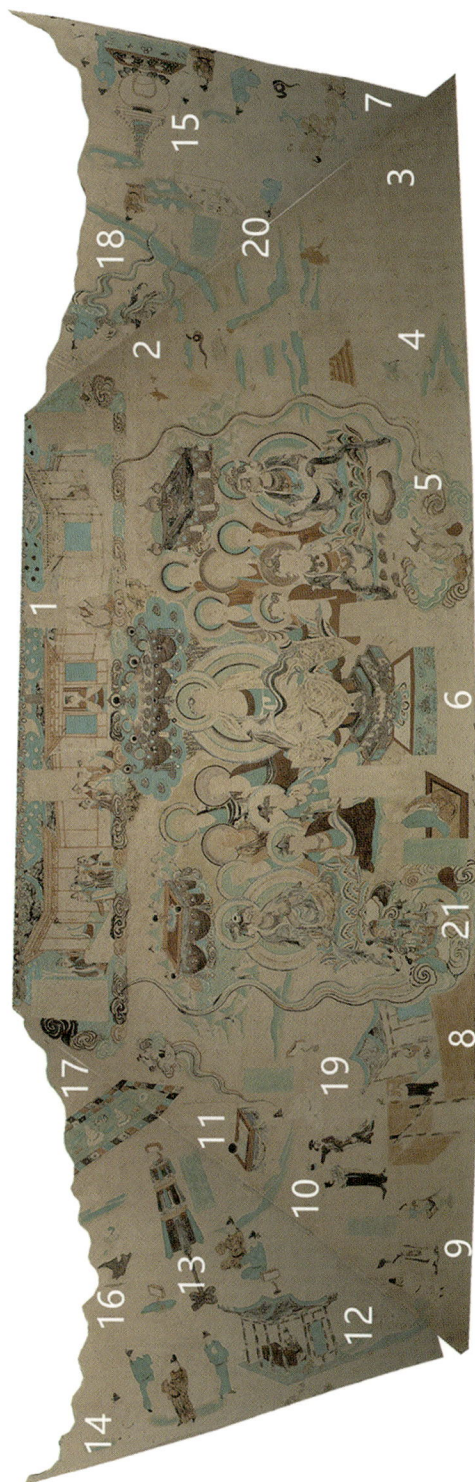

图4　莫高窟第31窟尊胜经变

采自《敦煌石窟全集·法华经画卷》

莫高窟第 31 窟的尊胜经变位于洞窟主室窟顶东披，部分画面延伸至南披和北披，整铺壁画大致呈梯形状，与第 23 窟类似，除少部分画面褪色外，其余保存完好（图 4）。该铺经变中央为主法会，主法会上部为天宫，中央主法会的两侧为受持陀罗尼和《尊胜经》的相关情节。现按照经文顺序对第 31 窟尊胜经变的相关画面进行梳理。具体如下：

画面 1：绘有三座相连的汉式建筑，建筑之间和建筑内都有若干人物。考证：该画面表现的是帝释天和善住天子所居天宫。对应经文开篇善住天子在善住堂会与诸天女游戏娱乐，以及尔后善住天子向帝释天求救的内容。

画面 2：绘制猴、野狗、蛇三种动物。画面 3：褪色严重，但能看见象征地狱的刀山、火海等图像的作画痕迹。画面 4：褪色较为严重，但能看见一人抱着一婴儿。考证：这三个画面分别表现的是帝释天入定后，看见善住天子"七返恶道""堕诸地狱""生贫贱家而无两目"的情节。

画面 5：有三人作礼拜状从天宫中乘云而下，三人双膝跪于云上，有一人在前，两人在后，形成一主二侍的人物格局。考证：该画面为帝释天因怜悯善住天子从天宫到世尊讲法处的情节，三个人物中最前方的应为帝释天。

画面 6：佛结跏趺坐于莲座之上两侧及前方有弟子、胁侍菩萨围绕、闻法菩萨和供养菩萨。考证：此画面对应的是佛给帝释天讲授佛顶尊胜陀罗尼的情节。

画面 7：一人手持经卷作诵经状盘膝而坐，一蛇、三夜叉或罗刹作听经状于持经人前。考证：《尊胜经》中写道："闻此陀罗尼，千劫已来积造恶业重障……蚊虻龟狗蟒蛇一切诸鸟，及诸猛兽一切蠢动含灵，乃至蚁子之身更不重受。"该画面可理解为动物、夜叉、罗刹听闻尊胜陀罗尼的内容。

画面 8：画有一带院墙及院门的汉式建筑，内有一人坐于屋内，另一人抱婴儿站于屋前。画面 9：绘有三人，其中有一婆罗门形人物手抱婴儿。画面 10：一妇人右手托举一婴儿，另一妇人于前举起双手作接婴儿状。考证：这三个画面图像均有婴儿，结合经文来看，这应是象征着闻尊胜陀罗尼而转生种种善处的情景。[1]

画面 11：有一桌子，上有一宝珠形物体和两匹绢布状物体。考证：佛经中没有关于宝珠的内容，但有这样的描述："此佛顶尊胜陀罗尼，犹如日藏摩尼之宝，净无瑕秽净等虚空，光焰照彻无不周遍。"这一宝珠形物体或是指代经文里所描述的"日藏摩尼之宝"。

画面 12：绘一座汉式建筑，一人伏

1　画面 10 的图像，贺世哲先生将其命名为"玩布偶图"，郭俊叶则认为图像中的布偶为摩睺罗，表现的是妇女手拿摩睺罗以乞子的内容，应命名为"乞子图"。参看贺世哲《敦煌壁画中的法华经变》，载敦煌研究院编《敦煌石窟经变篇》，甘肃民族出版社，2000，第 156 页；郭俊叶《敦煌壁画、文献中的"摩睺罗"与妇女乞子风俗》，《敦煌研究》2013 年第 6 期。

案作抄经状于建筑中，建筑顶部有一经架。画面13：二人合掌跪于宝幢前，宝幢上有一经架。画面14：四人合掌作礼拜状围绕山岳，其中三人站立，一人双膝跪地，山岳顶上有一经架。考证：佛经记载书写流通受持读诵听闻供养陀罗尼，能灭一切罪业，并提到将陀罗尼"安高幢上，或安高山或安楼上"，画面12至画面14对应的应是这一描述。要说明的是，画面12中汉式建筑的顶部有一经架，这个画面除代表抄写尊胜陀罗尼外，还代表安尊胜陀罗尼于楼上的情节，因此画面12具有"异时同图"的效果。

画面15：四人合掌作礼拜状围绕一佛塔，其中三人跪地，一人站立。考证：该画面绘制的是人们绕塔礼拜的情节。与其他盛唐时期的尊胜经变不同，第31窟的尊胜经变只绘出一个佛塔。这种情况应是受到壁面面积限制的原因，因此只表现"于四衢道造窣堵波，安置陀罗尼，合掌恭敬旋绕行道归依礼拜"的情节。

画面16：由于褪色较为严重，画面难以看清，从现存的棕色图像轮廓判断应为禽鸟类动物形象。另外，该图像上方有一处不太明显的长头冠鸟类动物的勾线痕迹。考证：经中提道："诸飞鸟畜生含灵之类，闻此陀罗尼一经于耳，尽此一身更不复受。"画面16应对应经文中的"飞鸟畜生含灵之类"。

画面17：在各色砖块筑成的水池中有二童子坐莲花上，另有莲花、宝珠浮于水中。考证：该画面为其他盛唐时期的尊胜经变里没有的图像，净土三经之一的《佛说阿弥陀经》称："极乐国土有七宝池，八功德水充满其中，池底纯以金沙布地。四边阶道，金、银、琉璃、颇梨合成。"[1] 在敦煌石窟中的净土经变中也多绘有"七宝池""化生童子"等画面，其表现形式与画面17十分相似。因此，画面17所描绘的是一个莲池，它象征着极乐净土，对应经文中闻尊胜陀罗尼能往生极乐世界的内容。

画面18：一人手持钵形容器作泼洒状，胡跪于一堆散乱的骸骨前。骸骨上方有两朵云涌出，其中一朵云上有一人合掌而跪。考证：该画面对应经文"取其亡者随身分骨，以土一把诵此陀罗尼二十一遍，散亡者骨上即得生天"。

画面19：一人作诵经状合掌跪于褥上，对面有一经架。诵经人头部有云涌出，云上一人合掌而跪。考证：经文中说："佛言若人能日日诵此陀罗尼二十一遍，应消一切世间广大供养，舍身往生极乐世界。"该画面中的白衣人跪对经架作念诵状，应是在念诵尊胜陀罗尼，从其头部涌出的云，对应的是念诵尊胜陀罗尼能往生极乐世界。

画面20：一人跪于上小下大的双层四方坛前，坛上有花等供养品。考证：经文称："佛言若诵此陀罗尼法，于其佛前先取净土，作坛随其大小，方四角作，以

1　（后秦）鸠摩罗什译：《佛说阿弥陀经》，载《大正藏》第12册，第346页。

种种草华散于坛上。"画面 20 即对应经文这一描述。

画面 21：一主三侍从乘云而下，侍从手持两幢伞。考证：经文最后说，佛让帝释天将尊胜陀罗尼授予善住天子，善住天子得到解脱后，往佛所设大供养。画面中的主人应是善住天子，表现的是其于佛前听法的情景。

通过分析，可发现第 31 窟尊胜经变在构图方式上与第 23 窟相似，但各情节分布较为散乱，同时新出现不少此前没有的图像。如四方坛、散乱的尸骨以及莲池，这些图像与其他盛唐时期的尊胜经变存在明显不同，有的是首次出现。

（二）晚唐时期的尊胜经变

晚唐时期的佛顶尊胜陀罗尼经变有 1 铺，位于第 156 窟前室窟顶南侧（图 5），但该铺经变残损严重，仅下方部分画面保存下来。现将该经变现存画面进行考释如下：

画面 1：有一主二侍双手合十，从乘云而来。考证：该画面表示的是帝释天从天宫而下，为善住天子向佛求救的画面。

画面 2：上方残损，但下方能看见蛇及其他动物的形象。考证：此处代表的是善住天子"七返畜身"的内容。

画面 3：上方残损，但仍保留半身跪于地上的人物形象，与之相对的是一人双手合十跪于褥上。考证：由于该画面残损较多，该画面只能初步推测为听闻或诵读尊胜陀罗尼的情节。

画面 4：绘有一楼房，楼顶有一经架，楼内有一人抄写经卷。画面 5：有一经幢，经幢顶部有一经架，经幢下方有一人作跪拜状面向经幢。考证：这两个画面代表抄写尊胜陀罗尼和将陀罗尼安于楼顶和经幢上的情节。

画面 6：有一四方供桌，上有四件方形物品似为展开的经卷，有三人分别于桌前和桌侧合十礼拜。画面 7：残损严重，目前仅见一人站立、一人合十作礼拜状于一案前。考证：这些画面应与经中提倡的书写流通受持读诵听闻供养尊胜陀罗尼有关。

图 5 莫高窟第 156 窟尊胜经变

敦煌研究院提供

（三）北宋的尊胜经变

北宋的佛顶尊胜陀罗尼经变共有 3
铺，分别位于莫高窟第 55、454、169 窟。
与唐代不同，北宋莫高窟第 55、454 窟的
尊胜经变（图 6）以全新的"三联式"
结构样式出现，中部绘天宫及说法会，左
右两侧以条幅画的形式绘制受持陀罗尼的
相关情节，但条幅画中各画面之间没有连
贯情节，内容相对独立。王惠民指出这两
铺尊胜经变两侧的条幅画内容，有继承关
系，但中部说法图的内容有一些显著的不
同，如第 55 窟经变中部上方绘制有天宫
的画面，但第 454 窟经变的这一位置却绘
制与经文无关的内容，经变中部下方的内
容亦与经文毫无关系。[1] 因学界对这两铺
尊胜经变做过详细考证，此不赘述其画面
细节。

北宋第 169 窟的尊胜经变（图 7）残
损较为严重，能判断的画面不多，现将经
变保存下来的画面梳理如下：

画面 1：绘有一座庭院，房内有两
人。考证：该画面表现的是帝释天和善住
天子所居天宫。

图 6　莫高窟第 55 窟尊胜经变
采自《敦煌石窟全集·密教画卷》

图 7　莫高窟第 169 窟尊胜经变
敦煌研究院提供

1　王惠民：《敦煌佛顶尊胜陀罗尼经变考释》。

画面 2：一佛作说法状，前有一狗，另有三人跪于褥上，皆作听法状。考证：该画面绘有听陀罗尼的人和狗，应是表示《尊胜经》中"闻此陀罗尼，千劫已来积造恶业重障……蚊虻龟狗蟒蛇一切诸鸟，及诸猛兽一切蠢动含灵，乃至蚁子之身更不重受"的内容。

画面 3：绘有一床，一人跪于榻上作诵经状，另一人上身赤裸，下身着裳，两腿前伸，两膝微弯，半躺着于榻上。考证：《尊胜经》中提道"佛言若人遇大恶病，闻此陀罗尼……亦得除断"。半躺于床上者应为遇大恶病之人，该画面表现的是闻尊胜陀罗尼远离一切恶病的情节。

画面 4：有一经幢，幢顶上有一经架。画面 5：有一楼房，楼顶安有一经架。考证：这两个画面表示将陀罗尼安于经幢顶上和楼顶的情节。

尽管第 169 窟尊胜经变残损严重，但从现有画面的释读情况来看，该经变中部为佛说法图，东侧为受持陀罗尼经相关情节，这种构图方式与第 55、454 窟较为相似。

以上是针对以往未进行详细考证的第 23、31、156、169 窟尊胜经变的画面考释。为更直观地分析比较敦煌石窟中的尊胜经变，结合上述考释的内容和已有的研究成果，将这 8 铺尊胜经变中可确定的画面与经文一一对照（表 2），以供下文研究参考。

表 2	敦煌莫高窟佛顶尊胜陀罗尼经变画面与经文对照[1]							
经序内容 （志静《佛顶尊胜陀罗尼经序》）	洞窟编号							
	217	103	23	31	156	55	454	169
婆罗门僧佛陀波利，仪凤元年从西国来至此汉土。	√	√						
到五台山次遂五体投地，向山顶礼。	√	√						
礼已举首忽见一老人从山中出来。	√	√						
僧闻此语不胜喜跃，遂裁抑悲泪至心敬礼，举头之顷忽不见老人，其僧惊愕倍更虔心。	√	√						
系念倾诚回还西国，取佛顶尊胜陀罗尼经。	√	√						
至永淳二年回至西京，具以上事闻奏大帝，大帝遂将其本入内，请日照三藏法师，及敕司宾寺典客令杜行颛等，共译此经。	√	√						

1　此表格主要依据下野玲子、王惠民、高秀军等学者的学术成果以及笔者实地考察后绘制而成。参考成果有［日］下野玲子著，牛源译，刘永增审校：《莫高窟第 217 窟南壁经变新解》；［日］下野玲子：《敦煌仏顶尊胜陀罗尼经变相図の研究》，第 113—114 页；王惠民：《敦煌佛顶尊胜陀罗尼经变考释》；高秀军：《敦煌莫高窟第 55 窟研究》，第 212—226 页；郭俊叶：《敦煌莫高窟第 454 窟研究》，甘肃教育出版社，2016，第 645—648 页。

续表

经序内容 （志静《佛顶尊胜陀罗尼经序》）	洞窟编号							
	217	103	23	31	156	55	454	169
敕施僧绢三十匹。	√							
帝遂留翻得之经，还僧梵本。	√							
其僧得梵本将向西明寺，访得善解梵语汉僧顺贞，奏共翻译，帝随其请，僧遂对诸大德共顺贞翻译讫。	√							
僧将梵本遂向五台山，入山于今不出。	√							

经文内容 （佛陀波利译《佛顶尊胜陀罗尼经》）	洞窟编号							
	217	103	23	31	156	55	454	169
如是我闻。一时薄伽梵在室罗筏，住誓多林给孤独园，与大苾刍众千二百五十人俱，又与诸大菩萨僧万二千人俱。	√	√	√	√		√	√	
尔时三十三天于善法堂会，有一天子名曰善住。	√	√	√	√		√	√	√
与诸大天游于园观，又与大天受胜尊贵，与诸天女前后围绕，欢喜游戏种种音乐，共相娱乐受诸快乐。	√	√		√		√		
尔时善住天子即于夜分闻有声言。	√	√						
善住天子却后七日命将欲尽，命终之后生赡部洲……从地狱出希得人身生于贫贱，生贫贱家而无两目。	√		√	√		√		
尔时善住天子闻此声已，即大惊怖身毛皆竖愁忧不乐，速疾往诣天帝释所，悲啼号哭惶怖无计。	√	√		√				
尔时帝释须臾静住入定谛观。	√	√	√	√		√		
即见善住当受七返恶道之身，所谓猪狗野干猕猴蟒蛇乌鹫等身。	√	√	√	√	√	√	√	
食诸秽恶不净之物。			√					
尔时帝释即于此日初夜分时……于世尊所到已顶礼佛足右绕七匝，即于佛前广大供养。	√	√	√	√	√	√	√	√
尔时如来顶上放种种光，遍满十方一切世界已。	√	√						
其光还来绕佛三匝，从佛口入。	√							
若有人闻一经于耳，先世所造一切地狱恶业，悉皆消灭当得清净之身，随所生处忆持不忘。	√							

续表

经文内容 （佛陀波利译《佛顶尊胜陀罗尼经》）	洞窟编号							
	217	103	23	31	156	55	454	169
天帝若人命欲将终，须臾忆念此陀罗尼……一切如来之所观视，一切天神恒常侍卫。	√							
闻此陀罗尼，千劫已来积造恶业重障……蚊虻龟狗蟒蛇一切诸鸟，及诸猛兽一切蠢动含灵，乃至蚁子之身更不重受。	√			√		√	√	√
或得大姓婆罗门家生，或得大刹利种家生，或得豪贵最胜家生。[1]	√		√	√		√	√	
此佛顶尊胜陀罗尼，犹如日藏摩尼之宝，净无瑕秽净等虚空，光焰照彻无不周遍，若诸众生。	√	√		√				
天帝此陀罗尼所在之处，若能书写流通受持读诵听闻供养。能如是者一切恶道皆得清净，一切地狱苦恼悉皆消灭。	√		√	√		√	√	
若人能书写此陀罗尼，安高幢上，或安高山，或安楼上。	√	√	√	√	√	√	√	
乃至安置窣堵波中……于四衢道造窣堵波，安置陀罗尼，合掌恭敬旋绕行道归依礼拜……是如来全身舍利窣堵波塔。[2]	√	√	√	√		√		
尔时阎摩罗法王，于时夜分来诣佛所……绕佛七匝顶礼佛足，而作是言。	√	√						
尔时护世四天大王，绕佛三匝白佛言，世尊唯愿如来为我，广说持陀尼法。	√	√				√		
白月圆满十五日时，持斋诵此陀罗尼……永离病苦一切业障悉皆消灭，一切地狱诸苦亦得解脱。	√	√						
佛言若人遇大恶病，闻此陀罗尼，即得永离一切诸病，亦得消灭应堕恶道，亦得除断。	√	√					√	√

1　郭俊叶指出第31、55、454窟中过去认为是"耍布偶图"的画面应为"乞子图"，该画面中的布偶为摩睺罗，表现的是妇女手拿摩睺罗以乞子的内容。笔者认为"乞子图"所要表达的内容应与经文中"或得大姓婆罗门家生，或得大刹利种家生，或得豪贵最胜家生"的描述相关，故将"乞子图"认定为是依据上述经文所绘制的画面。参考郭俊叶《敦煌壁画、文献中的"摩睺罗"与妇女乞子风俗》一文。

2　第217、103、23窟佛顶尊胜陀罗尼经变中均绘有三座佛塔，三座佛塔的外形相似，各佛塔对应的经文内容可参考下野玲子《莫高窟第217窟南壁经变新解》一文。第31窟佛顶尊胜陀罗尼经变中仅绘一座佛塔，笔者认为这应该与不同时期壁画构图样式的变化有关，但其所表达的经文内容是一致的。

续表

经文内容 （佛陀波利译《佛顶尊胜陀罗尼经》）	洞窟编号							
	217	103	23	31	156	55	454	169
所生之处莲华化生。				√		√	√	
佛言若人先造一切极重恶业……或生水中，或生禽兽异类之身。				√		√	√	
取其亡者随身分骨，以土一把诵此陀罗尼二十一遍，散亡者骨上即得生天。	√	√	√	√		√	√	
佛言若人能日日诵此陀罗尼二十一遍，应消一切世间广大供养，舍身往生极乐世界。	√			√		√	√	
佛言若诵此陀罗尼法，于其佛前先取净土，作坛随其大小，方四角作，以种种草华散于坛上……诵此陀罗尼一百八遍讫。				√		√	√	
尔时天帝于世尊所，受此陀罗尼法奉持还于本天，授与善住天子。	√	√	√			√		
尔时帝释至第七日，与善住天子将诸天众……于佛前立踊跃欢喜坐而听法。	√	√	√			√		
尔时世尊舒金色臂，摩善住天子顶，而为说法授菩提记。	√	√	√			√		

需要补充说明的是，至今在吐蕃占领敦煌时期营建的洞窟中，尚未发现尊胜经变。但《尊胜经》作为吐蕃社会流行较广的密教经典，[1] 敦煌文献中亦保存有吐蕃时期汉译本《尊胜咒》8 件，藏译本《圣净治一切恶趣顶髻尊胜陀罗尼》10 件、《顶髻尊胜心要陀罗尼》8 件。[2] 这说明尊胜信仰在中唐时期亦流行于敦煌地区。过去，台湾学者赖文英指出榆林窟第 25 窟正壁的八大菩萨曼荼罗与不空翻译的《佛顶尊胜陀罗尼念诵仪轨法》有关，可能是尊胜曼荼罗。[3] 赖鹏举先生认为榆林窟第 25 窟的八大菩萨曼荼罗为"佛顶尊胜系"造像定型为"一佛八菩萨"的典型，其源出于善无畏的《尊胜佛顶修瑜伽法仪轨》，而后由不空的《佛顶尊胜陀罗尼念诵仪轨法》加以简化而成。[4] 那

1　才让：《延续寿命法：〈尊胜陀罗尼〉吐蕃译本与流传》，《敦煌研究》2021 年第 2 期。

2　赵晓星：《吐蕃统治敦煌时期的持明密典——中唐敦煌密教文献研究之二》，《敦煌研究》2014 年第 2 期。

3　赖文英：《唐代安西榆林窟 25 窟至卢舍那佛》，《圆光佛学学报》1999 年第 4 期。

4　赖鹏举：《敦煌石窟造像思想研究》，文物出版社，2009，第 250—256 页。

么，中唐时期尊胜经变为何消失？其与八大菩萨曼荼罗的出现是否有关？这些问题都有待进一步探讨。

二 敦煌尊胜经变的图像比对

敦煌石窟中的尊胜经变自盛唐开始出现，一直到北宋才结束。从上文经变画面与经文对照表可知，尊胜经变的发展并不是一成不变的，在不同的时期，经变中图像会出现新的变化和特征。新图像为何产生？这是我们想要探讨的内容。在进行下一步分析前，笔者认为有必要厘清敦煌石窟中的这 8 铺尊胜经变所在洞窟的建造时间。

莫高窟第 217 窟的营建时间学界多有争论，但基本可以确定大致在初唐末至盛唐初的 8 世纪初叶。[1] 在莫高窟唐前期洞窟分期中，第 103 窟与第 217 窟同为唐前期的第三期，而且两个洞窟的形制以及绘制的壁画题材和风格相近，开凿时间应相距不远。至于第 23 窟，樊锦诗、刘玉权二位先生将该窟定为唐前期的第四期第一类洞窟，这类洞窟营造的时代主要开始于天宝时期，晚不过代宗初期，而作为第四期第二类洞窟的第 31 窟，其开凿时代上限早不过天宝，下限晚不过建中二年（781）。[2] 贺世哲先生认为第 31 窟大约开凿于大历前后（766—779）。[3] 武海龙则将第 31 窟开凿年代的时间范围进一步缩小，认为是大历十一年（776）至吐蕃占领敦煌之前这段时间。[4] 第 156 窟为晚唐时期建造的洞窟，[5] 第 55 窟建于 962 年至

1　《敦煌莫高窟内容总录》将该窟建造时间定为景云年间，贺世哲认为该窟建于神龙年间之前，段文杰认为该窟修建于神龙年间，张景峰认为该窟建于神龙至景云年间。参考敦煌文物研究所整理《敦煌莫高窟内容总录》，文物出版社，1982，第 75—76 页；贺世哲《从供养人题记勘莫高窟部分洞窟的营建年代》，载敦煌研究院编《敦煌莫高窟供养人题记》，文物出版社，1986，第 203—204 页；段文杰《唐代前期敦煌的莫高窟艺术》，载敦煌文物研究所编《中国石窟·敦煌莫高窟（三）》，文物出版社，1987，第 161—176 页；张景峰《敦煌莫高窟第 217 窟主室供养人画像调查新发现》，《敦煌研究》2016 年第 2 期。

2　樊锦诗、刘玉权：《敦煌莫高窟唐前期洞窟分期》，载敦煌研究院编《敦煌研究文集·敦煌石窟考古篇》，甘肃民族出版社，2000，第 143—181 页。

3　贺世哲：《敦煌壁画中的法华经变》，第 156 页。

4　武海龙：《敦煌莫高窟第 31 窟金刚经变说法图主尊探微》，《敦煌学辑刊》2013 年第 2 期。

5　莫高窟第 156 窟的建造时间有不同说法，贺世哲先生通过对第 156 窟主室内供养人题记的分析，认为第 156 窟主室窟主为张议潮，营造时间早不过咸通二年（861）。贺先生又根据该窟甬道和前室的题记，指出第 156 窟甬道和前室绘壁的主持人应是张准深，时间可能在咸通八年（867）张议潮归阙长安任沙州刺史时。该研究观点对此后学术界影响颇深，暨远志、荣新江等学者总体上和贺世哲先生持一致的观点。陈明通过对第 156 窟内人物题记进行重新比对考查，并参照张议潮本人的官阶品级和职衔变化，推断第 156 窟的始建时间有可能在大中五年（851），并断定该窟建成的时间应该在大中十二年前后。李国、沙武田认为第 156 窟主室和前室均由张议潮主持完成，建造时间在大中五年至大中十年。具体研究参看贺世哲《从供养人题记看莫高窟部分洞窟的营建年代》，第 209 页；暨远志《张议潮出行图研究——兼论唐代使涯节制度》，《敦煌研究》1991 年第 3 期；荣新江《归义军史研究——唐宋时期敦煌历史考索》，上海古籍出版社，2015，第 5—6 页；陈明《关于莫高窟第 156 窟的几个问题》，《敦煌学辑刊》2006 年第 3 期；李国、沙武田《莫高窟第 156 窟营造史再探》，《敦煌研究》2017 年第 5 期。

964 年。[1] 至于第 454 窟，王惠民先生认为该窟建于 10 世纪 70 年代，比第 55 窟晚十余年，贺世哲先生则认为第 454 窟建成时间在太平兴国五年（980）以后。[2]

第217窟

第103窟

第23窟

第31窟

图 8　莫高窟第 217、103、23、31 窟尊胜经变天宫画面

采自数字敦煌、《敦煌石窟全集·法华经画卷》

1　关于莫高窟第 55 窟的建造时间，贺世哲先生认为第 55 窟的建窟时间在 962 年前后；陈菊霞认为第 55 窟建成于乾德二年（964）四月；高秀军认为第 55 窟建于 962 年至 964 年四月这段时间内。参看贺世哲《从供养人题记看莫高窟部分洞窟的营建年代》，第 227 页；陈菊霞《S. 2687 写本与莫高窟第 61、55 窟的关系》，《敦煌研究》2010 年第 3 期；高秀军《敦煌莫高窟第 55 窟研究》，第 48—54 页。

2　关于莫高窟第 454 窟的建造时间，参看王惠民《敦煌佛顶尊胜陀罗尼经变考释》；贺世哲《从供养人题记看莫高窟部分洞窟的营建年代》，第 229 页。另外，马德认为第 454 窟即敦煌文书 P. 3457《河西节度使司空曹元深造大窟功德记》所记载的曹元深于 940—942 年修建的大窟，参看马德《敦煌莫高窟史研究》，甘肃教育出版社，1996，第 130—134 页。

换言之，盛唐时期的 4 铺尊胜经变中，第217、103 窟绘制时间较早，而第 31 窟绘制时间较晚，已经接近中唐时期。随后的是晚唐第 156 窟，最后的是北宋第 55、454、169 窟。

首先，第 217、103、23、31 窟虽同为盛唐时期建造的洞窟，但通过这四个洞窟尊胜经变中的各个画面进行对比，可以

发现第 31 窟尊胜经变有多处不同于其他三铺经变的地方。如经变中的天宫画面，第 217、103、23 窟天宫画面较为相似，均绘有 7 座相连的汉式建筑，而第 31 窟的天宫仅绘出 3 座汉式建筑（图 8）；第 217、103、23 窟里均有经文最后佛为善住天子摩顶授记的画面（图 9），而这一画面在第 31 窟中没有出现；关于经中

第217窟　　第103窟　　第23窟

图 9　莫高窟第 217、103、23 窟尊胜经变佛为善住天子摩顶授记画面
采自数字敦煌、《敦煌石窟全集·法华经画卷》

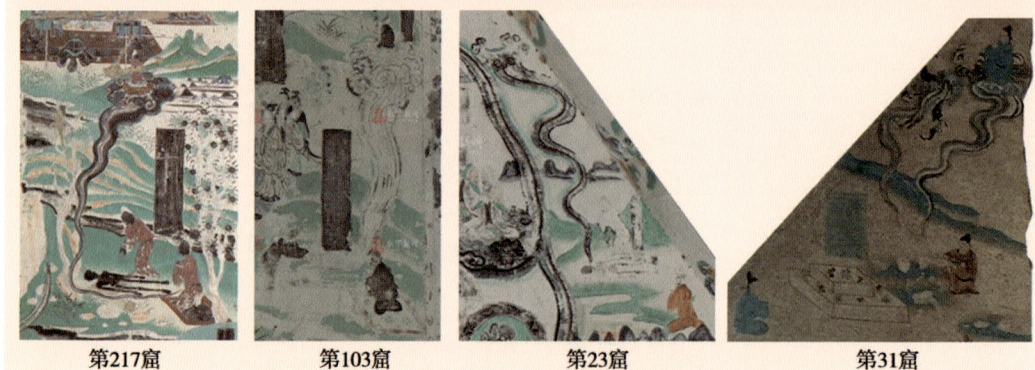

第217窟　　第103窟　　第23窟　　第31窟

图 10　莫高窟第 217、103、23、31 窟尊胜经变咒骨升天画面
采自数字敦煌、《敦煌石窟全集·法华经画卷》

"取其亡者随身分骨，以土一把诵此陀罗尼二十一遍，散亡者骨上即得生天"这一描述，第31窟这一画面中的尸骨是分离、散乱的，而第217、103、23窟的尊胜经变中的这一画面则是一具完整的骷髅（图10），可见第31窟经变图像中尸骨分离的情况更接近经文"其亡者随身分骨"的描述。

其次，作为莲池、四方坛等部分较为特别的画面，在同为盛唐时期的第217、103、23窟尊胜经变中均无发现，只出现在较晚建造的第31窟中。而有趣的是，第31窟出现的这些特殊画面，虽然没有在其他盛唐的洞窟中发现，但有不少相似的画面却能在北宋的尊胜经变中找到。如第55、454窟中出现莲池（图11）、四方坛（图12）、转生不同家庭（图13）、咒骨升天（图14）的画面。

另外，第31窟中念诵陀罗尼往生极乐世界、置陀罗尼于塔并绕塔礼拜的图像

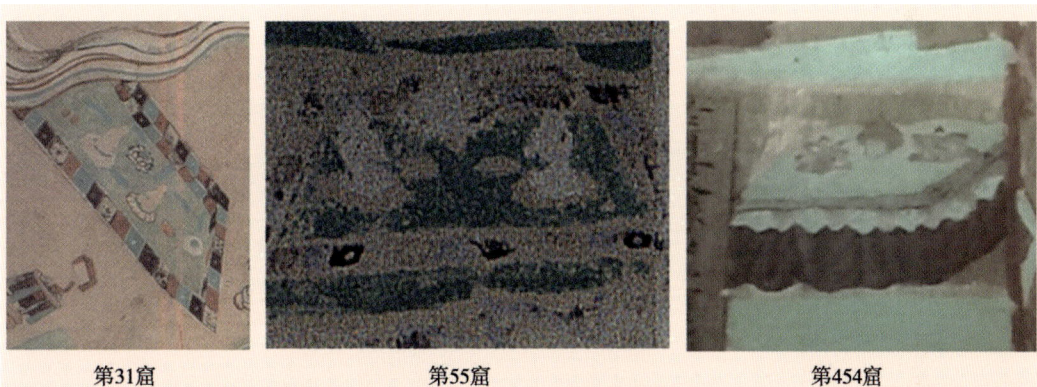

| 第31窟 | 第55窟 | 第454窟 |

图11　莫高窟第31、55、454窟尊胜经变莲池图
采自《敦煌石窟全集·法华经画卷》《敦煌石窟全集·密教画卷》

| 第31窟 | 第55窟 | 第454窟 |

图12　莫高窟第31、55、454窟尊胜经变四方坛画面
采自《敦煌石窟全集·法华经画卷》《敦煌石窟全集·密教画卷》

第31窟   第55窟   第454窟

图 13   莫高窟第 31、55、454 窟尊胜经变转生不同善处家庭的画面

采自《敦煌石窟全集·法华经画卷》《敦煌石窟全集·密教画卷》

第31窟   第55窟   第454窟

图 14   莫高窟第 31、55、454 窟尊胜经变咒骨升天画面

采自《敦煌石窟全集·法华经画卷》《敦煌石窟全集·密教画卷》

（图 15、图 16）与第 55、454 窟中的相应图像也十分相似。可见，第 31 窟的尊胜经变十分特殊。

上文已经提到，第 217、103、23 窟这三个洞窟建造时间相距不远，且这三铺尊胜经变在部分图像上有相似之处，因此三者之间应有着一定程度的继承关系。第 31 窟建造时间虽为盛唐时期，但时间已

第31窟　　　　　　　　　第55窟　　　　　　　　　第454窟

图 15　莫高窟第 31、55、454 窟尊胜经变念诵陀罗尼往生极乐世界画面

采自《敦煌石窟全集·法华经画卷》《敦煌石窟全集·密教画卷》

第31窟　　　　　　　　　第55窟　　　　　　　　　第454窟

图 16　莫高窟第 31、55、454 窟尊胜经变置陀罗尼于塔并绕塔礼拜画面

采自《敦煌石窟全集·法华经画卷》《敦煌石窟全集·密教画卷》

经到盛唐晚期，接近中唐时期，这个时间很关键。

开元三大士来华后，相继翻译多部密教经典和大量仪轨，使密教在中国开始系统传播，为唐代密宗的形成做出重要贡献。在不空等人的大力弘扬以及唐代诸位帝王的扶持下，密宗迅速发展。不空作为唐代著名的密僧，曾于天宝十三载（754）到达武威，设坛灌顶，翻译密典，大弘密教。不空在河西弘扬密教的事迹，一直被认为对河西密教的发展有着重要作用。[1] 查看不空的译著，可发现不空曾翻译尊胜陀罗尼及其念诵仪轨。从敦煌藏经洞出土尊胜陀罗尼写本情况来看，佛陀波利译本最多，其次为不空译本，可见不空翻译的尊胜陀罗尼普及程度仅次于佛陀波利译本。与佛陀波利不同，不空翻译尊胜陀罗尼时，按照纯密的思想，并重新制定较为复杂的仪轨，需要设坛供养，念诵咒语。此时依据《尊胜经》发展出一些破地狱的仪轨，即所谓的"尊胜法"[2]。不仅如此，与第 31 窟时代相近，建成于大历十一年（776）的莫高窟第 148 窟中，出现大量汉传密教题材的壁画，其标志着敦煌汉传密教发展进入一个新阶段。[3] 这与敦煌密教的发展，以及不空河西传法应有着密切的联系。以上种种因素，为第 31 窟尊胜经变中新图像的产生提供了

条件。

莫高窟第 217、103、23 窟的尊胜经变主要参照佛陀波利翻译的《尊胜经》绘制而成，由于绘制时间较早，后期纯密思想对其影响较少。而第 31 窟建造于盛唐晚期，此时密宗已经形成并发展壮大，影响深远。另外，我们还需要注意观想法在密教仪式中的引入。随着密教的发展，密教仪式从简单的念诵陀罗尼咒语逐渐衍变成一种复杂的观想行为。佛陀波利译本的《尊胜经》在描述于曼荼罗道场中念诵陀罗尼时，没有提到任何观想的行为，但这种情况在不空的《佛顶尊胜陀罗尼念诵仪轨法》中已经发生变化。不空的《佛顶尊胜陀罗尼念诵仪轨法》要求修行者先作曼荼罗坛城，随后根据仪轨中的描述观想曼荼罗和供养诸尊，并通过观想进而与主尊合为一体。[4] 因此，图 12 中四方坛的出现，正是这一时期"尊胜法"盛行，重视仪轨的表现。至于该画面中修行者双手合十跪于四方坛前，则很可能是尊胜仪轨法中观想行为在图像上的一种展示。

第 31 窟中的莲池，也是同时期尊胜经变中的特例。在此图像中，水池由各色砖块筑成，水池中有莲花和童子，代表净土世界中的化生童子和七宝池。唐代净土

1　赵晓星：《吐蕃统治时期敦煌密教研究》，甘肃教育出版社，2017，第 235—237 页。

2　刘淑芬：《灭罪与度亡——佛顶尊胜陀罗尼经幢之研究》，上海古籍出版社，2008，第 6 页。

3　彭金章主编：《敦煌石窟全集·密教画卷》，商务印书馆（香港），2003，第 37—41 页。

4　[日] 篠原亨一：《尊胜佛顶陀罗尼坛法》，《华林国际佛学学刊》（第一卷）2018 年第 1 期。

法门盛行，对于大部分佛教信徒来说，他们礼佛念经的主要目的是死后能摆脱轮回，往生极乐世界。严耀中先生指出："密教在发展其自己的思想体系时，一些密僧在翻译密经，创作曼陀罗及仪轨的过程中不断吸纳净土内容。"[1] 这说明尊胜信仰在发展的过程中与净土信仰出现合流的现象。《尊胜经》虽然不是净土经典，但在其经变中加入净土元素，这对信众来说无疑更具吸引力，更能推动尊胜信仰的流布。

第31窟有一妇人右手托举一婴儿，另一妇人于前举起双手作接婴儿状的图像，贺世哲先生将其命名为"玩布偶图"[2]，郭俊叶则认为图像中的布偶是摩睺罗，表现的是妇女手拿摩睺罗以乞子的内容，应命名为"乞子图"[3]。此图像在《尊胜经》中并没有相关记载，但我们在第55、454窟尊胜经变中也能发现类似的图像，而且第454窟此图像旁边有榜题载"若有女人怀孕受持佛顶尊胜陀罗尼即生"。故将其解读为因听闻尊胜陀罗尼而转生种种善处的情景，至于图像中这种看似"玩布偶"的方式是否与尊胜仪轨的实行有关，还需要作进一步探讨。

综上，不同时期敦煌尊胜经变中的图像不尽相同，经变中的图像会随着不同时期尊胜信仰的发展及社会需求的情况而不断发生着变化，这种变化在第31窟尊胜经变中体现得尤为明显。第31窟由于建造时间为盛唐晚期，此时受密教发展的影响，该窟的尊胜经变中出现不少与密教仪轨相关的图像，这些图像对此后的尊胜经变产生了一定的影响。

三　敦煌尊胜经变的样式演变

对敦煌尊胜经变中的单个图像进行比对分析后，我们将研究视角扩大，对该经变整体的样式作进一步探讨。

笔者认为可将这8铺尊胜经变的构图样式分为三类：第一类为第217、103窟的尊胜经变，它们均通壁绘制于洞窟主室南壁，对经文中的各个情节绘制较为完整，而且绘制出经序的内容；第二类为第23、31、156窟的尊胜经变，它们绘制于窟顶东披或窟顶，规模较小，所绘制情节较第一类尊胜经变少，也没有绘制出经序的内容；第三类为北宋第55、454、169窟的尊胜经变，这三铺经变为"三联式"结构，在样式上完全异于前两类尊胜经变，中部为佛说法图，两侧绘制受持陀罗尼经相关情节。

在第一类的尊胜经变中，我们可以发现第217、103窟的尊胜经变不仅在样式上十分接近，而且在很多细节图像上也非

1　严耀中：《汉传密教》，学林出版社，1999，第119页。

2　贺世哲：《敦煌壁画中的法华经变》，第156页。

3　郭俊叶：《敦煌壁画、文献中的"摩睺罗"与妇女乞子风俗》。

常相似。如中部主法会上方的天宫，同样绘制出 7 座汉式建筑，主尊佛下面均有一块方形大榜题；东侧如何受持尊胜陀罗尼的各个场景在布局和具体画面上也非常相像。过去，日本学者山崎淑子曾指出第 217 窟南壁壁画中左胁侍菩萨与第 103 窟南壁壁画中右胁侍菩萨几乎完全一样，认为两者是据同一粉本绘制。[1] 这一观点非常重要，说明这两铺尊胜经变很可能是根据同一粉本或相互参照后绘制而成。至于这两铺尊胜经变在部分画面上表现出来的差异，其原因可能有以下两点：一是两个洞窟的南壁壁面面积不同，第 217 窟主室东西长 5 米，[2] 第 103 窟主室东西长 3.95 米，[3] 可见第 217 窟南北两壁壁面面积比第 103 窟更大，画师在绘制第 217 窟的尊胜经变时，有更充裕的空间让其发挥；二是与第 103 窟建造者信息不明不同，第 217 窟作为敦煌当地大族建造的洞窟，可推测第 217 窟在建造过程中所投入的财力与物力应比第 103 窟更多。[4] 因此，第 217 窟的尊胜经变比第 103 窟的尊胜经变画面情节更丰富，绘制得更加精细。

另外，第一类尊胜经变中，有一个特别之处，即经变中绘出经序的内容，这种情况在其余 6 铺尊胜经变中均未出现。施萍婷等《关于莫高窟第 217 窟南壁壁画的思考》一文曾列举四点质疑该经变是否为尊胜经变的理由，其中一点认为把一部佛经中的序绘入经变中，这不符合经变画的规律。[5] 在《尊胜经》流传的过程中，其经序和经文的关系是十分密切的，在敦煌藏经洞出土的《尊胜经》写经中，也多抄有经序，此外在尊胜经幢上经序也常与经文同刻一幢。对于经序的内容为什么只出现在第 217、103 窟的尊胜经变中，我们可以从尊胜信仰在敦煌的流行情况来分析。

从永昌元年（689）志静撰写经序，到莫高窟第 217 窟尊胜经变的绘出，不过短短二十年左右的时间。《尊胜经》能在翻译出来后不久就广泛流布，除此经本身可净除地狱等恶道之苦及其破地狱的功能为人们所推崇外，更为关键的一点是《尊胜经》能与五台山及文殊信仰联系起来。正如经序所说，《尊胜经》是佛陀波利在五台山上得到文殊菩萨化身的老人指

1　[日] 山崎淑子:《试论敦煌莫高窟第 217 窟》，载敦煌研究院编《2000 年敦煌学国际学术讨论会文集·石窟考古编》，甘肃民族出版社，2003，第 215—224 页。

2　石璋如:《莫高窟形（一）》，"中研院" 历史语言研究所，1996，第 523 页。

3　石璋如:《莫高窟形（一）》，第 561 页。

4　从目前的情况来看，第 103 窟没有发现与洞窟建造者相关的供养人像和题记，洞窟建造者信息并不明确，而第 217 窟过去一直被认为是敦煌大族阴氏所造洞窟，但最近亦有研究认为该窟为刘氏所建。参看贺世哲《从供养人题记看莫高窟部分洞窟的营建年代》，第 203—204 页；马德《敦煌阴氏与莫高窟阴家窟》，《敦煌学辑刊》1997 年第 1 期；张景峰《敦煌阴氏与莫高窟研究》，甘肃教育出版社，2017，第 135—276 页；陈菊霞《敦煌莫高窟第 217 窟营建家族新探》，《故宫博物院院刊》2020 年第 8 期。

5　施萍婷、范泉:《关于莫高窟第 217 窟南壁壁画的思考》，《敦煌研究》2011 年第 2 期。

点后带到中国的经典，是一部得到文殊菩萨认可的经典。唐王朝是中国历史上第一个把五台山确定为文殊道场的政权，这极大地推动五台山及文殊信仰的发展。第217窟尊胜经变绘有佛陀波利在五台山上遇文殊老人的情节，这一情节在敦煌石窟的五台山图中也多有绘出，是五台山图中的标志性情节之一。由此可见，《尊胜经》与五台山及文殊关系密切。

作为新译出不久的经典，其经变画在敦煌石窟中首次出现，如何让敦煌当地的老百姓认识和了解《尊胜经》，这是一个十分重要的问题。在此情况下，将经序的内容与尊胜经变一同表现出来，是一个可行的方法。一方面能让人们更好地了解该经的传译情况，另一方面能够借助文殊信仰的影响力，使尊胜信仰更好地在敦煌当地推广。而到绘制第二类尊胜经变时，由于壁画从洞窟的南壁转移到窟顶的东披，绘制空间大大减少，已经不太可能将经文和经序的内容全都画上去。更重要的一点是第二类尊胜经变绘制的时间比第217、103窟要晚，此时尊胜信仰在敦煌已有一定的基础，这一点从藏经洞发现的《尊胜经》写本可以证明。据笔者统计，从敦煌藏经洞流出散藏于各地的《尊胜经》、尊胜陀罗尼单本、仪轨以及其他相关文献共计约304号，其中最早有题记记载的是北大D077号和上图094号《尊胜经》写本，它们均抄写于开元五年（717）。基于此，再将经序内容绘制到经变上以增强尊胜信仰影响力的做法已非十分必要。因此，在绘制空间有限和无须再

绘制经序内容以扩大尊胜信仰影响力的情况下，画师省去经序的内容，直接绘制经文里的内容，以确保在有限的空间内绘制出完整的尊胜经变。

第二类尊胜经变与其他两类相比，最大的不同是其出现的位置从洞窟主室的南壁转移到洞窟东披或窟顶。这种变化带来的最大问题是画师在绘制壁画时，供其创作的空间大大减少。因此，我们能看到第二类尊胜经变在情节上较第一类少，除缺少经序的内容外，还缺少阎摩罗法王来诣佛所供养和四大天王请佛为讲授尊胜陀罗尼法（图17）等情节。我们注意到，第二类尊胜经变的规模虽然较小，但经中主

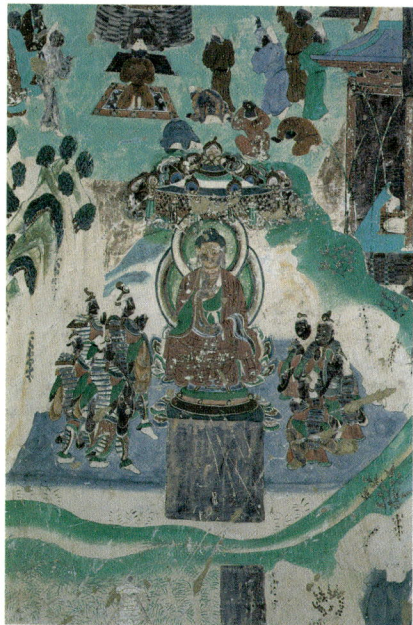

图17　莫高窟第217窟尊胜经变四大天王请佛讲法画面

采自《敦煌石窟全集·法华经画卷》

要的内容还是尽可能地绘制出来，特别是受持尊胜陀罗尼的益处以及如何受持尊胜陀罗尼这类画面。这些保留下来的画面对画师来说显然更为重要，而这些画面恰恰实用性较强。这种对经变画面的选择方式，与持明密教以实践、修持密法为主的特点十分符合。对于广大普通信众来说，受持尊胜陀罗尼的益处以及如何受持尊胜陀罗尼这类画面，能给他们提供具体受持尊胜陀罗尼的实践经验，更具有现实意义和有利于尊胜信仰在敦煌当地的推广。而《尊胜经》中关于阎摩罗法王和四大天王请佛为他们讲授尊胜陀罗尼法的描述，并非该经的核心内容，对信众而言，这部分的描述也没有太多实质性的功用。因此，画师在创作空间有限的情况下，舍去阎摩罗法王和四大天王请佛讲授尊胜陀罗尼法的内容，选择保留实用性较强的画面。

到了北宋，第三类的尊胜经变开始在敦煌石窟中出现，这类尊胜经变为"三联式"结构，中部绘制天宫及说法图，左右两侧为条幅画。这种"三联式"的经变样式并非北宋尊胜经变所独有，其实早在唐前期的观无量寿经变中已大量使用。以条幅画的形式来表现《尊胜经》的故事情节，是北宋尊胜经变最明显的一个变化。王惠民先生认为莫高窟第55、454窟尊胜经变两侧的条幅画内容，有继承关系，[1] 这一观点十分重要。上文通过对尊胜经变的图像比对分析后，我们可以发现第55、454窟尊胜经变条幅画中的图像，在莫高窟盛唐末期的第31窟中已现端倪。更有趣的是，第31、55、454窟尊胜经变中不仅出现相似的图像，而且大部分图像在经变中出现的位置也十分接近。

此前已经对第31窟尊胜经变的画面进行详细分析，其实我们可以看到第31窟的尊胜经变中央主法会与左右两侧受持陀罗尼及其相关功德的画面用两股从上往下的云作为分隔（图18）。如此一来，该铺经变也可以称得上是广义上的"三联式"结构。

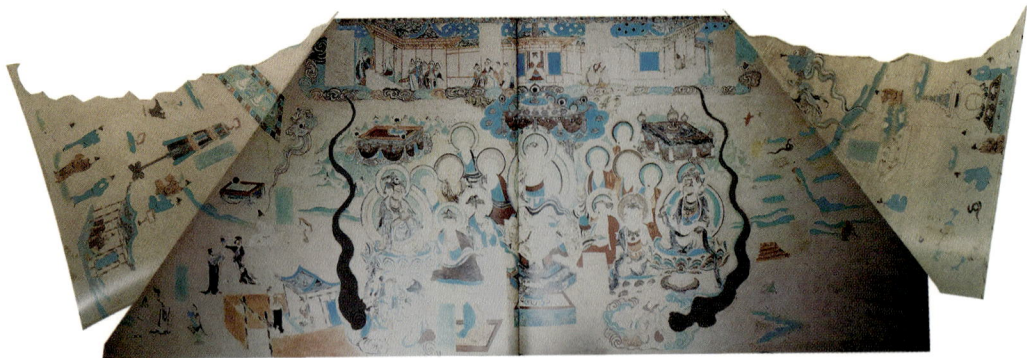

图18　莫高窟第31窟尊胜经变
图片中两股从天宫中自上往下的云经颜色加重处理，采自《敦煌石窟全集·法华经画卷》

1　王惠民：《敦煌佛顶尊胜陀罗尼经变考释》。

第 31 窟莲池、念诵陀罗尼往生极乐世界、安陀罗尼于宝幢和高山以及莲池等画面在经变左侧,而七返畜生、堕入地狱、转生盲童、咒骨升天、设四方坛、夜叉罗刹听闻陀罗尼和置陀罗尼于塔中,绕塔礼拜的画面在经变右侧。这种情况与第 55、454 窟两侧条幅画中的画面分布完全相同(图 19、图 20),这或许可以说明北宋第 55、454 窟尊胜经变的构图样式,是盛唐晚期的尊胜经变的一种延续。尽管第 31 窟与第 55、454 窟的建造时间相距约两百年,且这段时期里敦煌尊胜经变的发展脉络并不清晰,但图像和图像在经变中

位置的相似性说明,北宋的尊胜图样对盛唐的图样或多或少具有一定的继承性。

另外,四川大邑药师岩和邛崃夫子岩发现的晚唐五代时期开凿的尊胜经变亦均以条幅画的形式表现出经中的内容。[1] 特别是邛崃夫子岩摩崖的 K17 佛龛,该佛龛中部现残存八边形经幢底座,可推测该位置原有经幢,龛内两侧刻有《尊胜经》中的部分情节,如善住天子堕入地狱、七返畜身、安尊胜陀罗尼于塔中等情节。[2] 这种在佛龛内左右两侧以条幅画形式表现《尊胜经》中内容的经变构图样式,与北宋时期敦煌的尊胜经变可谓如出一辙。晚

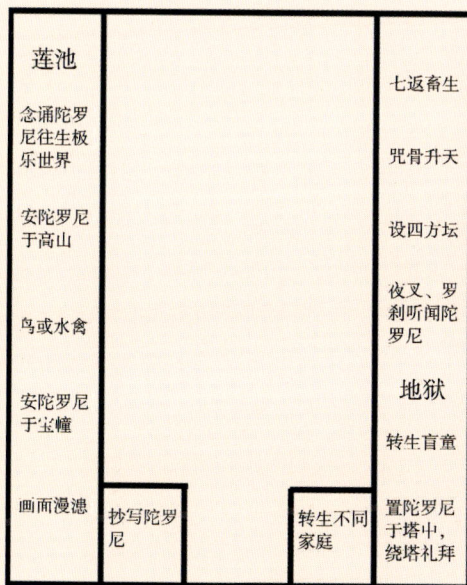

图 19　莫高窟第 55 窟尊胜经变条幅画内容示意
笔者绘

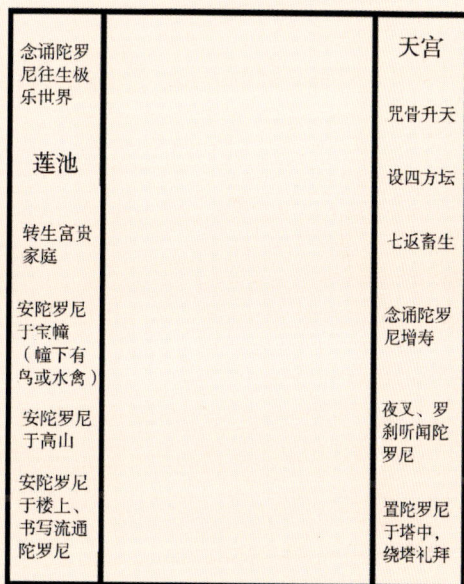

图 20　莫高窟第 454 窟尊胜经变条幅画内容示意
笔者绘

1　张亮:《四川大邑药师岩新发现佛顶尊胜陀罗尼经变及相关问题讨论》,《敦煌研究》2017 年第 3 期;符永利、刘超:《四川邛崃市盐水村夫子岩摩崖造像》。

2　符永利、刘超:《四川邛崃市盐水村夫子岩摩崖造像》。

唐以来，密宗势力在四川占据主导地位，密宗造像之风盛行，据统计四川密宗题材造像达二十余种。[1] 四川大邑药师岩和邛崃夫子岩新发现的尊胜经变正是晚唐时期出现在四川地区新的造像题材。考虑到晚唐五代宋初这段时期，四川与敦煌的佛教交流十分频繁，[2] 敦煌藏经洞发现有刻印于四川的佛经，宋代敦煌地区的尊胜经变亦可能从四川传入或影响四川地区。

结　语

敦煌石窟现保存有 8 铺尊胜经变，时代从盛唐开始，到北宋结束。《尊胜经》作为一部义理性不强的经典，经中的大部分内容都能用图像来表达，不同时期的尊胜经变始终能抓住经中主要内容加以表现。从盛唐时期开始一般会绘制出经中的大部分内容，随后因为佛教发展及壁面面积的限制等原因，绘制内容及经变样式开始发生变化。其样式演变类型主要可分为三类：第一类为第 217、103 窟通壁式绘制，且绘制经序内容的尊胜经变，这类经变内容最为丰富和完整；第二类为第 23、

31、156 窟绘制于窟顶东披或窟顶的尊胜经变，这类经变较第一类规模小，绘制内容更多保留下实用性较强的画面；第三类为第 55、454、169 窟"三联式"结构的尊胜经变，该类经变中部为说法图，两侧以条幅画的形式来表现《尊胜经》的内容。

根据以上对唐宋时期敦煌尊胜经变样式演变的分析，三类尊胜经变在构图样式上不尽相同，特别是第三类北宋时期的尊胜经变与唐代的尊胜经变有着明显的差异；如果我们从单个图像来分析，还是能找到唐宋两代尊胜经变之间的联系。莫高窟第 217、103、23 窟建造时间接近，且这三个洞窟的尊胜经变在天宫、咒骨升天、佛为善住天子摩顶授记等图像上有相似之处，三者之间应具有一定程度的继承关系。同时，第 31 窟的四方坛、散乱的尸骨、莲池以及转生不同善处家庭的画面，在北宋第 55、454 窟中均能发现。而这些画面只在第 31 窟的尊胜经变中存在，在其他盛唐时期的尊胜经变均未发现，这说明第三类北宋时期的尊胜经变虽然在样式上没有完全遵循唐代的样式，但部分图像对于盛唐图样还是有一定程度的继承。

1　李良：《四川石窟、摩崖造像综述》，《四川文物》2001 年第 4 期。

2　陈祚龙：《中世敦煌与成都之间的交通路线——敦煌学散策之一》，载《敦煌学》（第一辑），香港新亚研究所敦煌学会，1974，第 79—84 页；龙晦：《敦煌与五代两蜀文化》，《敦煌研究》1990 年第 1 期。

无学祖元赴日相关传说考*

■ 江　静 (浙江工商大学东亚研究院)

公元 1279 年赴日的临济宗禅僧无学祖元是中日文化交流史上的一位重要人物。在今天日本镰仓圆觉寺正续院开山堂，藏有一尊他结跏趺坐在曲录上的雕像（图 1）。[1] 最引人关注的，是在曲录的右上位置雕有一条金龙，左上位置雕有一只

白鸽，这在其他禅僧坐像中未曾出现。经调查，这一形象的出现缘自无学祖元赴日的一则传说。那么，这则传说出现于何时，为何出现，记录了什么内容，其出现及流传反映了日本禅林的什么现象？对此，学界并未予以充分的关注，本文拟对此进行探讨，试图找寻问题背后的答案。

图 1　圆觉寺藏无学祖元雕像

一　无学祖元生平及《佛光国师语录》

无学祖元（1226—1286），南宋末年临济宗杨岐派禅僧。庆元府鄞县（今浙江省宁波市鄞州区）人。俗姓许，法名祖元，字子元，自号无学。少年丧父，拜临安净慈寺（在今浙江杭州）北礀居简（1164—1246）为师，剃发受戒。后又投

---

* 本文为国家社科基金重点项目“古代中日佛教外交研究”（项目编号：19ASS007）阶段性成果。

1　图片来源于镰仓国宝馆编：《特别展：仏光国師　無学祖元の遺墨と円覚寺資料》，非卖品。

径山万寿寺（在今浙江杭州）无准师范（1178—1249）门下钻研佛法。淳祐九年（1249）师范示寂后，祖元先后参访临安灵隐寺石溪心月（？—1254?）、净慈寺虚堂智愚（1185—1269）、明州育王寺偃溪广闻（1189—1263）以及鄞县东钱湖大慈寺物初大观（1201—1268）等。不久，为侍奉母亲，住东湖白云庵（在今浙江宁波）。七年后，母亲去世，祖元重返灵隐寺，为后堂首座。咸淳五年（1269），受请主持台州真如寺（在今浙江省临海市）。德祐元年（1275）秋，为避战乱，祖元离开台州，移锡能仁寺（在今浙江省温州市）。次年，临安沦陷。南宋景炎二年（1277），祖元再归天童，任前堂首座。

日本弘安元年（1278）七月，建长寺（在今日本神奈川县镰仓市）住持、赴日宋僧兰溪道隆（1213—1278）圆寂。翌年五月，幕府执权[1]北条时宗（1251—1284）委派建长寺藏主无及德诠、典座杰翁宗英到宋朝招聘高僧担任建长寺新住持。无学祖元应请前往。八月，一行人到达镰仓。不久，祖元袭任建长寺住持，北条时宗亲执弟子礼。弘安五年十二月，北条时宗在镰仓创建圆觉寺，祖元被奉为开山。两年后，时宗去世，祖元离开圆觉，专住建长。弘安九年九月，祖元示寂，世寿六十一，法腊四十九。塔名"常照"，

塔院名"正续庵"。敕谥"佛光国师""圆满常照国师"。祖元在日本开创的流派称"佛光派"，为日本最有影响的禅宗流派之一。弟子有高峰显日、一翁院豪、规庵祖圆、云屋慧轮等三十余名。

《佛光国师语录》（以下简称《语录》）完成于祖元去世后不久。凡十卷，前五卷编者皆为祖元身边的侍者，记录了祖元住持台州真如寺、日本建长寺、日本圆觉寺期间所作的部分法语、偈颂等；第六至八卷编者不明，内容包括法语、偈颂、赞语等，应为后人增补的内容；第九卷编者为祖元的二世法孙归山光一（？—1374），[2] 题为"拾遗杂录"，内容比较繁杂，除了祖元所作的法语、偈颂、书简、赞语、序跋，还有祖元去世之后其他人创作的内容，包括元僧的悼别偈、祖元遗骨入塔法语以及元代文人揭傒斯所作祖元《塔铭》和中日僧人为祖元撰写的传记等；第十卷为祖元法孙中山法颖（1317—1390）所作《年谱》和《〈塔铭〉集注》，是日本北朝嘉庆二年（1388）京都真如寺正脉庵守塔比丘月舟周勋等祖元法孙们重刊《语录》时增补的内容。玉村竹二认为，《语录》辞藻华丽，直抒胸臆，其流露出的真情实意，有杜甫诗般扣人心弦的力量，而且《语录》中藏有大量史实，具有很高的史料价值，与竺仙梵

僎《竺仙录》并称为语录中的双璧。[1]

据国书研究室编《国书总目录》及川濑一马所作《语录》解题，《语录》有写本两种、刻本八种。刻本中，有四种开版于日本南北朝时代（1333—1392），最早的刻本完成于应安元年（1368）以前，现有传本四件，皆为残本。一件藏于东京大东急纪念文库，另三件藏于成篑堂文库。[2] 目前大家熟知和通用的是《大日本佛教全书》本和以它为底本刊刻的《大正藏》本。《语录》收录在1912年完成的《大日本佛教全书》第九十五卷，属"禅宗部"。该版《语录》以享保十一年（1726）本为底本，只是删除了卷尾的助缘者名录。《大日本佛教全书》出版后经过多次重印。1970—1973年，日本铃木学术财团重新编印，增加了索引、新旧对照表以及所收经典的解题，凡一百卷，《语录》收载于其中的第四十八卷。本文《语录》引文皆出自该版本。

二　《佛光国师语录》所载祖元赴日之两大因缘

有关祖元赴日的传说收录在《语录》第九卷《拾遗杂录》，内容由三段两部分构成，第一部分（前两段）是关乎祖元赴日的两个因缘，相关内容同时见载于虎关师錬（1278—1346）作于元亨二年（1322）的《元亨释书》卷第八《宋国祖元》，也就是说，在1322年之前，有关祖元赴日因缘的传说已经出现。第二部分（第三段）是祖元对他最终没有回归故国的原因说明，未载于《元亨释书》，但已见于应安元年（1368）以前的《语录》刻本中，因此，其出现不会晚于1368年。第一部分有关祖元赴日因缘的传说内容如下：

> 师（无学祖元）一日谓徒云："吾本不欲至此国，而有些子因缘，所以至于此。何也？吾在大宋日，于禅定中尝见神人，峨冠袴褶，手执圭简，奇伟非常。至于老僧前告言：'愿和尚深愍众生，降临我邦。'如是数回，然吾不以为事。每此神人至时，先有金龙一头，来入袖中。亦有鸽子一群，或有青者，或有白者，（或）飞或啄，或上膝上，犹是不测其由。然后未几，有此国人来言日本平将军请吾，吾以此之故，而来此国。虽然亦未了其源由。偶一日，有人告吾言：'当境有神，名曰八幡大菩萨，和尚既至此间，可诣烧香一遭。'所以因而参诣于宫前。徘徊处仰观栋梁上，有木造鸽子两三对，因而问：'其鸽子是何侍人？'答云：'此乃是此神之使者也。'于是始悟

1　［日］玉村竹二、井上禅定：《圆觉寺史》，春秋社，1964，第43页。

2　［日］川濑一马：《五山版の研究》，日本古書籍商協会，1970，第436—438页。

此神预来宋朝相邀老僧，老僧寻常不欲容易言之，汝等知之乎？汝等欲造老僧顶相袈裟上，可以于老僧膝前袈裟上，令画工画鸽子一对，金龙一头，以表往年之谶耳。"今塔头顶相袈裟上鸽子、袖上金龙见存焉。

师又曰："吾在大宋时得一梦，梦在先师无准和尚座下听法，忽然座前西北隅，蜡烛火爆在拜席，东南隅，欻然光焰照于四维，乃就梦中偶成一颂云：'百丈当年卷起时，今朝欻地自腾辉。火星迸出新罗外，不在东风着意吹。'觉来尚无所测，但记录而已。后到此国，初入院时，故太守忽一日送一幅达磨画像与老僧。老僧因观其赞，后一句云'不在东风着意吹'云云，乃是先师无准赞也，方始符于宿梦。此是第二因缘也。"[1]

根据上则记载，祖元赴日的两大因缘一是神人邀请，二是无准师范托梦。接下来，我们将对此作进一步的分析。

（一）因缘之一：八幡神邀请

在上则记事的第一段内容中，祖元与弟子们提到他赴日的第一个因缘：祖元在宋朝入定之时，有气度非凡之神人数次来访，邀请其赴日传法。而神人每回来时，皆有金龙和白鸽相伴左右。祖元赴日后，在当地八幡宫看见殿梁上雕有数只鸽子，

在得知鸽子是八幡神的使者后，祖元遂知其梦中所见神人为八幡神，并因此认为他赴日的第一个因缘在于八幡神的邀请。

那么，八幡神在神道中处于什么位置，他与日本上层社会及佛教的关系如何，与包括祖元在内的禅僧关系又如何呢？

1. 八幡神与朝廷及武家的关系

八幡神是日本神道中的神祇，被视为日本皇室的祖神以及镰仓幕府开创者源氏家族的氏神，与公武两家的关系皆颇为密切。具体而言，天平胜宝元年（749）十二月，圣武天皇授八幡大神一品阶位，这是日本历史上授予神祇品位的开始。由于一品是只授皇族的品位，这就意味着八幡神与天皇的亲族关系得到了皇室的承认。到了9世纪，八幡神为应神天皇灵的传说已经比较流行，八幡神被认为是天皇的祖神，皇族出身的源氏因此奉八幡神为氏神。源赖朝开创镰仓幕府后，将氏神从河内国（今日本大阪府羽曳野市）的壶井八幡宫迎至镰仓鹤冈八幡宫。自此，八幡神被奉为武家的守护神，受到武士们的尊崇。

2. 八幡神与佛教的关系

公元6世纪中叶，佛教传入日本。至8世纪的奈良时代，在历代天皇的推崇下，佛教被定为国教，其地位逐渐高于日本传统的神道教，于是，开始有神社主动亲近佛教。7世纪末8世纪初，神通过饭

---

1 ［日］一真等编：《佛光国师语录》卷九，载《大日本佛教全书》卷四十八，铃木学术财团重印本，1971，第156—157页。

依佛教消除烦恼、得到解脱的所谓"佛解神之烦恼说""神悦佛法说"比较盛行，神社境内开始出现寺院，也就是所谓的"神宫寺"。在早期建立的神宫寺中，就有宇佐八幡神宫寺（又名"宇佐弥勒寺"）。该寺的创立者是活跃于 8 世纪初的僧人法莲。据日本正和二年（1313）完成的《八幡宇佐宫御托宣集》，法莲根据与八幡神的约定，在宇佐八幡神社境内建造弥勒禅寺，自任别当。[1]

在神道亲近佛教的同时，作为外来宗教的佛教也寻求本土宗教神道的支持，神道中的神开始作为佛教的护法神出现在佛教寺院。日本天平胜宝元年（749），由于表示愿意支持奈良东大寺铸造卢舍那铜佛像，宇佐八幡神被圣武天皇邀请入京，天皇在东大寺旁建立八幡神宫，守护寺内的卢舍那佛，以此事为契机，八幡神确立了其国家守护神的地位。至奈良时代末期，随着神佛习合的推进，给神授予菩萨名号的现象开始出现，其中最早的就是天应元年（781）八幡神获得的"大自在菩萨"号。至延历二年（783），八幡神已被称为"八幡大菩萨"，并出现在官方的文书中。可见，在日本神佛习合的历史上，八幡神是最早与佛教建立联系的神。

3. 八幡神与祖元及同时代禅僧的关系

祖元赴日的镰仓时代中期，正是"本地垂迹说"[2] 颇为成熟的时期，包括镰仓新佛教在内的佛教各宗在神道观上皆继承了传统宗派的观点，即佛菩萨为天地之主，日本神是佛的化身，或是佛的守护者、佛菩萨的侍奉者。这种神道观亦被祖元所接受。祖元在住持圆觉寺期间，曾建华严塔一座，在如来像"左右位以日本国内大小神祇名牌"[3]，视日本诸神为佛教的守护者和侍奉者。他曾应北条时宗之请为大众说法，普说前行拈香之仪，拈香供养的对象包括"日本国内一切大权现"[4]，他也曾作《寄香烧献熊野大权现》，烧香供养"熊野大权现"。"权现"附加在诸神名号之下，表示其为佛菩萨之化身，异于普通神祇。祖元还曾在神宫寺内举行佛教祈风法事，并留下了《贺茂庙祈风》《八幡宫祈风》等诗作。这一切，皆体现了祖元对神佛习合思想的接受。

与祖元同时代的禅僧中，与八幡神有关系者还有不少，兹举几位如下。

圆尔（1202—1280），临济宗僧。日

1　［日］神吽：《八幡宇佐宫御托宣集》卷五，载神道大系编纂会编《神道大系》神社编四十七，神道大系编纂会，1988，第 67—68 页。

2　"本地垂迹说"认为，佛教的法身（或叫真身）为"本地"，佛应机说法的化身（或应身）为"垂迹"，佛是神的本体，神是佛的权现，日本诸神皆为佛、菩萨之垂迹。该说强调了佛教的根本性、主体性和神道的派生性、从属性，体现了佛主神从的思想。

3　［日］义堂周信：《空华集》卷十九，载上村观光编《五山文学全集》第二卷，思文阁，1973，第 1873 页。

4　《佛光国师语录》卷六，第 112 页。

本嘉祯元年（1235）入宋，师事径山寺住持无准师范，六年后嗣法返日。相继在九州博多、京都开创承天寺、东福寺。弘安三年（1280）示寂，敕谥"圣一国师"。据《圣一国师年谱》"仁治二年（1241）"条，圆尔在离开明州（今浙江宁波）归国途中，不幸遭遇风暴，"同发者三船，二船已没"，圆尔的船只在即将沉没之际，"忽有女人现船上，师问曰：女人今自何处而至？女曰：我是八幡大菩萨，故来护师耳"[1]，圆尔得以渡过难关。

心地觉心（1207—1298），临济宗僧。日本建长元年（1249）入宋，随杭州护国仁王禅寺住持无门慧开学习禅法，南宋宝祐二年（1254）回国，在京都开创西方寺，弘扬临济禅法。其会下参徒常达千余人，龟山上皇亦皈依之。永仁六年（1298）示寂，敕谥"法灯禅师""法灯圆明国师"。记录其生平的《圆明国师行实年谱》有如下内容：建治四年（1278），八幡大菩萨附体于延命、如意两位女子，与觉心作"种种问答"，其中，觉心问八幡大菩萨："法相三论、天台华严、真言念佛、律宗、禅宗之诸宗，当代相应，利益广大，何宗为最？"菩萨答道："坐禅殊胜，一切兴念为非，若欲成佛，犹是妄念，何况余耶？"觉心又问

菩萨："坐神殿时，心地趣向如何？"菩萨答曰："坐禅也，禅宗专合神虑，故示形谈深义。"从问答的内容来看，八幡大菩萨特别强调坐禅的重要性，并认为禅宗最合神虑。觉心后以两人问答"镇鹫峰"，寻求八幡神对佛教及西方寺的镇护。上述记载中还有对八幡菩萨影像的描述，所谓"黑衣僧形三体立像，中央庞眉老僧，右持锡杖，左擎舍利一包，顶戴日轮，左傍安不动，左右之侍僧，一持莲胎，一合掌，弥陀三尊云云"[2]，反映了八幡神法身是阿弥陀佛的思想。

兰溪道隆（1213—1278），南宋临济宗杨岐派僧，无明慧性法嗣。南宋淳祐六年（1246）赴日，初寓九州圆觉寺，后相继挂单京都泉涌寺、镰仓寿福寺。建长五年（1253），执权北条时赖在镰仓开创建长寺，道隆受请任开山住持。文永二年（1265），迁住京都建仁寺。后归镰仓，再住建长。弘安元年（1278）示寂，谥号"大觉禅师"。据《元亨释书》记载，道隆在建长寺期间，八幡神曾到访该寺，并与道隆有过简短的对话，八幡神暂居的松树因此被称作"灵松"[3]。此外，道隆在因地震上堂"贺泰平"的说法中，提到地震是"若人见彻本源"的结果，是"六十八州山川草木美欣欣、闹哄哄"的

1　[日]铁牛圆心编，岐阳方秀校：《圣一国师年谱》"仁治二年（1241）五月"条，静冈市米泽家藏元和六年（1620）再版本（以1417年本为底本）影印本，石山幸喜编著《圣一国师年谱》，羽衣出版，2002，第29页。

2　本段引文皆来自圣薰编《圆明国师行实年谱》，载塙保己一编，太田藤四郎补《续群书类从》第九辑上，续群书类从完成会，1958，第357—358页。

3　[日]虎关师錬：《元亨释书》卷第六《净禅一·宋国道隆》，吉川弘文馆，1965，第112页。

表现，"引得八幡菩萨若宫王子聚头谈论云：'从今以后，兵器戈矛，不复拈弄。四海晏清，万邦入贡。'"[1] 神佛融合、共护国家的情景跃然纸上。另外，道隆在某年祝贺新春的岁旦上堂说法也曾"引得伊势祠山八幡二所三嶋大神等踊跃赞叹云：'我贤劫未闻亦未见，从今以后，展五神通，护持梵刹，斯道兴隆。'"[2] 体现了以八幡神为代表的神道诸神护持佛寺、守护佛法的思想。

此外，在永仁三年（1295）石清水八幡宫权别当田中良清（1258—1299）编纂的诗文集《鸠岭集》中，收录有赴日元僧西涧子昙所作的二首诗偈，日本学者仁木夏实认为，这是子昙归国前在石清水八幡宫为祈祷航海安全而作。[3]《鸠岭集》收录的诗文大部分作于八幡宫法事及诗会时。[4]

从上面的例子中不难看出，在镰仓时代的禅僧心中，以八幡神为代表的日本诸神心悦佛法，是佛教的护持者。

4. 记事中的金龙

作为八幡神的使者，鸽子出现在传说

中合情合理，可是，与八幡神同时到来的金龙又有何寓意呢？笔者以为，此处的龙具有双层含义。

其一，以龙喻指北条时宗。在中国传统观念中，龙是至高无上的权力的象征。祖元赴日是应时宗之请，时宗作为执权，是幕府政权的实际支配者，被喻为龙并无不妥。事实上，祖元曾为时宗作赞语曰："寿不在遐龄，在乎身后名。水流山不去，花落果方成。恩布沧溟阔，光含草木荣。金龙生凤子，吾道可重兴。"[5] 喻指时宗为"金龙"。

其二，以龙喻指径山寺的代表。位于今杭州余杭境内的径山寺，始建于唐天宝元年（742），系道钦和尚（714—792）所创。传说该地原为神龙居住的水潭，道钦禅师来径山结茅后不久，有一素衣老人前来拜见曰："我龙也，自师至此，吾属五百皆不安居。当挈归天目，愿以此地为立锡之所。"[6] 也就是说当地龙王主动将居住的龙潭让与道钦建庵弘法。宋代文献多有述及径山寺与神龙的关系。例如，李邴（1085—1146）称径山"寺无常产，

1　[日] 圆显等编：《大觉禅师语录》卷上，载佛书刊行会编《大日本佛教全书》卷九十五，佛书刊行会，1912，第 19 页。

2　《大觉禅师语录》卷上，第 29 页。

3　[日] 仁木夏实《西涧子昙『鸠嶺集』所收二首制作の背景をめぐって》，《文芸論叢》72 号，2009。

4　关于《鸠岭集》的研究，可参考仁木夏实《『鸠嶺集』出典考》，《文芸論叢》66 号，2006。

5　《佛光国师语录》卷八《法光寺殿》，第 142 页。

6　（宋）释元敬、元复撰，魏得良标点：《武林西湖高僧事略》，载赵一新总编《杭州佛教文献丛刊》第 2 册，杭州出版社，2006，第 9 页。

山之神龙实助其缘化"[1]，楼钥（1137—1213）称径山"本龙湫，化为宝所"[2]。南宋绍兴二十八年（1158），宋孝宗批准了径山寺住持大慧宗杲的奏请，封龙神为"德济显祐广泽王"。作为径山寺的弟子，祖元自然十分了解径山寺与龙的关系，以龙喻指径山寺派出的使者也在情理之中。

因此，金龙的出现喻指祖元赴日是北条时宗的邀请，也是径山寺的旨意；是日本武士阶层积极引入禅宗的需要和南宋禅林弘法东瀛的宏愿相互作用的结果。

（二）因缘之二：无准师范托梦

在第二段内容中，祖元与弟子们提到他赴日的第二个因缘：祖元在宋朝时曾做过一梦，梦见自己在无准师范的座下听法，忽然，座前西北角蜡烛火爆，火星落在拜席；座前东北角，光焰炽烈，照耀四方，祖元遂于梦中作成一颂，其中有"不在东风着意吹"一句。到日本后，北条时宗赠其达摩画像一幅，画像上有无准师范亲书的题赞，其中一句即为"不在东风着意吹"。也就是说，祖元赴日的第二大因缘在于师范冥冥之中的安排，是师范有意将禅法远扬日本使然。

祖元梦中所见师范说法时蜡烛爆火落拜席、光焰炽烈照四方的情景，以及所作

偈颂"百丈当年卷起时，今朝歘地自腾辉。火星迸出新罗外，不在东风着意吹"皆是喻指无准师范佛法精湛、声名远播，其法脉必将在朝鲜半岛、日本等地发扬光大。

记事中的主角无准师范，俗姓雍，别称圆照、乌头子，梓潼（今四川省绵阳市梓潼县）人，嗣法临济宗杨岐派僧破庵祖先（1136—1211）。历住明州清凉寺（在今浙江宁波）、镇江府焦山普济寺（在今江苏镇江）、庆元府雪窦寺（在今浙江奉化）、明州阿育王寺（在今浙江宁波）等，绍定五年（1232），主持五山之首的径山兴圣万寿禅寺，多次应召入宫，为宋理宗及皇太后说法，获赐"佛鉴禅师"号及金襕袈裟。淳祐九年（1249）圆寂，有《无准师范禅师语录》五卷、《无准和尚奏对语录》一卷存世。师范主持径山寺十七年，径山寺进入历史发展的又一兴盛期，成为来华日僧的首选之地。根据夏应元的研究，南宋时期径山寺是参访日僧人数最多的寺院。[3] 据木宫泰彦的研究，至少有 13 名日僧曾随师范习禅，嗣法者有圆尔、神子荣尊、性才法心、随乘湛慧、俊侍者 5 人。[4] 先于祖元赴日、深得幕府执权北条时赖崇信的兰溪道隆、

1　（明）宋奎光：《径山志》卷七《千僧阁记》，载《中国佛寺史志汇刊》（第一辑）第 32 册，明天启四年（1624）刊本，明文书局，1980 年影印本，第 643 页。

2　《径山志》卷七《径山兴圣万寿禅寺记》，第 627 页。

3　夏应元：《古代日本人来华活动路线研究》，《世界历史》1992 年第 6 期。

4　据木宫泰彦著，胡锡年译《日中文化交流史》所收《南宋时代入宋僧一览表》（商务印书馆，1980，第 307—334 页）统计。

兀庵普宁，亦曾是无准师范的弟子。上则传说中的预示日后也成为了事实，日本禅宗早期形成的二十四流派中，有三分之一是无准师范的弟子及其法孙们创建。玉村竹二编《五山禅林宗派图》共列僧人6700 余名，其中，5100 余名出自无准师范的法脉。

综上所述，祖元赴日有两大因缘，一是八幡神和北条时宗的盛情邀请，二是径山寺，特别是无准师范弘法东瀛的意愿推动。

（三）赴日因缘说出现的时间及用意

根据《语录》的记载，上述关于祖元赴日因缘的传说皆为祖元亲口所述。如果这一记载真实，那么，祖元是何时与弟子们谈及此因缘的呢？

在第二段记载中，祖元称送他画像的人是"故太守"。通检《语录》，祖元一般称"相模守"北条时宗为"太守"，"故太守"之称说明了祖元述说赴日因缘的时间是在时宗去世的 1284 年至祖元示寂的 1286 年期间。

那么，祖元为何要在此时对弟子们谈起其赴日因缘呢？笔者以为，最直接的原因就是北条时宗的骤然离世。如前所述，祖元赴日是由于北条时宗的邀请。赴日后，北条时宗请他住持建长寺，对他执弟子之礼，时时向他参禅问道。弘安五年

（1282），时宗又在镰仓为祖元创立了圆觉寺，并使之成为将军家的祈祷所。总之，时宗对祖元是全力扶持、敬爱有加。对于这位权倾一世的日本弟子，祖元也甚是欣赏，对此，《语录》屡有言及，例如，他在《法光寺殿第三年忌》中称时宗"齿不满四十，成就功业却在七十岁人之上。看！他治国平定天下，不见有喜怒之色，不见有矜夸衒耀气象，此天下之人杰也"[1]，在《法光寺殿下火》中称赞时宗："乘大愿力而来，依刹利种而住。视其所以，观其所由，有十种不可思议。何谓十种？事母尽孝，事君尽忠，事民牧惠，参禅悟宗。二十年握定乾坤，不见有喜愠之色；一风扫荡蛮烟，略不有矜夸之状。造圆觉以济幽魂，礼祖师以求明悟。此乃人天转振，为法而来。乃至临终之时，忍死以受老僧衣法，了了书偈而长行，此是世间了事凡夫，亦名菩萨应世。"[2] 欣赏的同时，祖元对时宗也颇为依赖。他说："山野冒然此来，非太守一力主张，一力外护，亦难建立法幢。太守朝朝暮暮，念念留心此道，念念留心老僧。"[3] 类似的话语在《语录》中多处可见。因此，正当盛年的时宗突然辞世，对于强调"须是人天与国王大臣主张及外护，方可以建立法幢"[4] 的祖元而言，犹

1　《佛光国师语录》卷三，第 91 页。

2　《佛光国师语录》卷四《法光寺殿下火》，第 100 页。

3　《佛光国师语录》卷六《大觉禅师忌辰太守请普说》，第 116 页。

4　同上注。

如一座靠山轰然倒塌，而新上任的执权北条贞时（1271—1311）还只是个十四岁的孩子，不能给予祖元有力的支持。因此，祖元的悲伤、失落、惶恐毋庸赘言，正如他在时宗火化法事中所言："老僧托公以了残生，不料先我一着而去，世相难期，空华易落。"[1] 不久，祖元在留下"哲人云亡，金汤吾法道者谁欤？"[2] 的感叹后，黯然离开圆觉寺，重归建长寺。

因为失去了时宗强有力的支持，祖元亟须借助其他力量帮助自己在日本弘法，特别是在禅宗的发展还面临诸多困难的情况下，外力的支持就显得更为重要。八幡神是皇室祖神和源氏氏神，是武士阶层信奉的重要神灵，与佛教的关系也颇为密切；径山寺及无准师范在日本禅宗界声望极高，以传说的方式将自己的赴日说成是他们的旨意使然，显然有利于增加自己传法的神圣性、正当性和权威性。

如果有关赴日因缘的说法并非祖元亲言，而是其弟子和法孙编撰的结果，那应是佛光派弟子试图借此传说神化派祖，继而增强本派弘法权威性的意图使然。

三 《佛光国师语录》所载祖元不得归国之预言

《佛光国师语录》卷九紧接着上述有关赴日因缘的记载，是祖元对他无法回归故国的预言及原因说明，内容如下：

> 师一日云："吾初入此国时，杳然望此之际，有大白气贯乎天地，处处略有黑气横亘之，若隐若显。"弟子中惟有唐僧梵光一镜同师睹之。师因喟然叹云："吾只谓来此三年而返，所以赴此。而今不得反矣。"一镜告曰："和尚何以知之？"师云："汝等见此白气贯乎天地，更有黑气亘于其中否？"镜曰："见。"师云："知此中事否？"镜曰："不知，请师解之。"师因谓之曰："此白气者，此邦虽有敬信佛法者，皆是归向小乘，爱虚弃实，信邪者多，信正者少，于我法中竞生魔扰者，比比然而已。但有有力檀那，于吾法中不为大事。虽然老僧只在此六年有失所依，七年后吾亦逝矣。"[3]

在上述记事中，祖元与弟子们提到他赴日前原打算"三年而返"，可抵达日本后却发现不得归国，究其原因，是因天象中有黑气横亘白气，这意味着日本佛教在发展过程中出现了一些问题，他需要协助"有力檀那"匡扶正道，弘扬正法，不能轻易离去。

1　《佛光国师语录》卷四《法光寺殿下火》，第100页。

2　（元）灵石如芝：《无学禅师行状》，载《佛光国师语录》卷九，第159页。

3　《佛光国师语录》卷九，第157页。

与此记事内容相呼应的，是祖元在弘安六年对圆觉寺僧众上堂普说时提到的部分内容。[1] 这段普说作为圆觉寺成为将军家祈祷所并获赠三处田产之后，目的是为了告诫僧众精进修行、严守戒律，不要辜负自己及诸檀那的期望。其中，提到自己应诏来日本之际，"多有衲子牵衣垂泣，我向诸人道：我三两年便回，不用烦恼"。这与上段记事同时说明了祖元赴日之前未有长住日本的打算。

弘安六年的普说与上段记事还说明了一个问题：日本佛教界的情况不容乐观，禅宗的发展依然面临许多障碍。祖元在上段记事中提到日本"虽有敬信佛法者，皆是归向小乘，爱虚弃实，信邪者多，信正者少，于我法中竞生魔扰者，比比然而已"。小乘佛教在日本奈良时代比较盛行，可是，平安二宗（天台、真言）出现之后，大乘佛教成为主流。因此，此处所言"小乘"，应该是指小乘行为，也就是说，当时的日本僧人多缺少菩提心，一切行事皆是为了自身的利益，没有弘扬佛教、自利利他的精神。在普说中，祖元提到圆觉寺僧人的行为，所谓"不肯坐禅，不肯讽经，不肯赴堂吃粥饭，寮舍横眼倒卧，赤身露体不搭袈裟，不展钵盂，懒堕狼藉"，他在劝诫大家"不可不回头"的同时，再次告诫知事及耆旧之僧，"须当

以佛祖顶在额头上"，"须当量出度入，撙节重轻"，"庄头须得正人，不可顺己之私，溺于所爱，纵其狼贪蠹损常住，递相蒙芘，不发一言"。做到不循私利，量入为出，管理好寺院田产，兴隆佛法，护持众生，不要因身处末法时代，而对佛法丧失信心。祖元还在普说中表明自己"撇掉了大唐多少好兄弟"来到日本的目的就是"要来开诸兄眼目"，希望诸僧能够勇猛精进，勉力修禅，真正悟道，"方可与佛祖雪屈，方称我数万里远来之意"，"亦可以销我思乡之念，慰我为法求人之心"。

可是，祖元苦口婆心的劝说似乎并未起到很好的效果。在他去世后的永仁二年（1294），北条贞时下达了整顿禅寺的《禁制诸条事》，禁止僧尼不持身份证明、夜间外出、寺外住宿、着和服，以及女性随意入寺等行为。乾元二年（1303）二月，北条贞时又下达了《圆觉寺制符诸条》，内容包括寺院人数不可过二百人；严禁铺张浪费；僧徒出门、女人入寺要严守规定；寺内杂役不可带刀等诸多方面。[2] 上述规定反映出当时佛教界不守戒律、混乱纲纪的现象颇为普遍。

除了上述令祖元颇为担忧的现象，祖元在记事中所述"于我法中竞生魔扰者"，应该还指阻碍禅宗发展的传统佛教

1　普说的内容见载于《佛光国师语录》卷四《接庄田文字普说》，第99页，本节与此相关的引文皆来自此处，以下不再出注。

2　镰仓国宝馆编：《特别展：仏光国师　無学祖元の遺墨と円覚寺資料》（非卖品）第21页收录有该两份文书的影印件。

宗派。禅宗传到日本后，虽然受到部分公武势力的推崇和支持，但是，在祖元赴日的镰仓时代中期，禅宗依然没有确立在统治阶层中的稳固地位。根据船冈诚的研究，禅宗得到幕府的全面支持是在弘安六年（1283），即祖元开创的圆觉寺被立为具有幕府官寺性质的祈祷寺之后，而其受到皇室朝廷的普遍推崇则要等到花园上皇、后醍醐天皇在位的镰仓时代晚期。[1]与此同时，天台、真言等传统宗教势力对禅宗传播的干扰始终没有停止。无论是"兼修禅"的传播者明庵荣西、大日能忍、圆尔，还是举扬"纯粹禅"的兰溪道隆，他们在传播禅宗的过程中，一直受到传统宗教势力的阻挠。这种情况在祖元去世后依然存在。例如，嘉元二年（1304），南浦绍明受后宇多上皇的敕令，从九州崇福寺来到京都，欲建嘉元禅寺，因遭天台僧徒的反对，未能如愿。[2]

综上所述，上则记事的出现恐怕也是为了说明祖元及其开创的佛光派在日弘法的正当性和必要性，减少禅宗在日传播的阻力。

四　八幡神迎请传说在后世的流播

八幡神迎请祖元赴日的传说在后世流传甚广，不仅出现在五山诗文中，也被临济宗妙心寺派僧卍元师蛮（1626—1710）所撰《延宝传灯录》（1678年）和《本朝高僧传》（1702年）收录，同时，传说中出现的鸽子和金龙成为后世祖元像构成的重要元素。

（一）祖元像中的白鸽与金龙

上则有关赴日因缘的传说提到祖元曾对弟子们说："汝等欲造老僧顶相，可以于老僧膝前袈裟上，令画工画鸽子一对，金龙一头，以表往年之谶耳。"继而提道："今塔头顶相，袈裟上鸽子、袖上金龙见存焉。"也就是说，后人遵从祖元的意志，在其塔头顶相（按：禅师写实肖像画）的袈裟及袖子上分别画上了鸽子和金龙。祖元塔头名"正续庵"，原在建长寺，至迟在元亨四年（1324）改名"正续院"，建武二年（1335）七月，梦窗疏石在后醍醐天皇的支持下，将正续院迁至圆觉寺境内。因此，该段记事的编者归山光一（？—1374）所见到的，应该是圆觉寺正续院所藏祖元的顶相。可惜的是，此幅顶相今已不知所踪。

今天的圆觉寺藏有另一幅祖元的顶相，画面上部有祖元的自赞，该赞文见载于祖元《语录》卷八《昙华上人请赞》，可知是祖元住持建长寺时应昙华上人之请而作，画面上并无白鸽与金龙，非上述记事中提到的"塔头顶相"。

1　［日］船冈诚：《日本禅宗の成立》，吉川弘文馆，1987，第129页。

2　［日］竹贯元胜：《日本禅宗史》，大藏出版，1989，第42页。

绘有鸽子、金龙的祖元顶相不止出现在圆觉寺正续院。《荫凉轩日录》[1] "文明十七年（1485）乙巳九月三日"条提到室町幕府将军足利义尚（1465—1489）拜访京都相国寺鹿苑院荫凉轩时，正逢祖元示寂二百年忌，室内"暂挂佛光之影"，即祖元画像，义尚遂问荫凉轩主龟泉集证（?—1493）："佛光影左袖上有青白两鸽，右袖上有金龙，所以奈何?"[2] 龟泉集证即以《元亨释书》所载八幡神迎请祖元之事相告。可见，京都相国寺也曾藏有绘有鸽子、金龙的祖元顶相。

此外，京都慈照院藏祖元绢本着色画像也在祖元右手臂上方绘有一条飞舞的龙，左手臂旁绘有一只站立着的白鸽（图 2）。[3] 镰仓国宝馆认为，该画像的作者是春屋妙葩（1312—1388）的弟子道隐昌树，作于 14 世纪 80 年代春屋妙葩从京都南禅寺退隐后不久，当时归道隐昌树执掌的林泉庵所有。慈照院为相国寺的末寺，开山住持虽是梦窗疏石，其弟子春屋妙葩才是真正的开创者。此幅画像构图颇为奇特，由上、中、下三段组成。上段最右侧是用金泥书写的"佛光圆满常照国师寿像"隶书题字，正文部分就是前面介绍的《语录》所载祖元赴日相关记事；

左边是春屋妙葩抄写的梦窗疏石所撰祖元赞，落款为"前席南禅门人妙葩九拜书以充丹山林泉禅庵常住供养云"。中段是

图 2　京都慈照院藏无学祖元画像

1　《荫凉轩日录》为相国寺鹿苑院荫凉轩历代轩主的日记，主要内容是有关僧职的任免，目前残存的是永享七年（1435）到明应二年（1493）期间不完整的记录。

2　《荫凉轩日录》"文明十七年（1485）乙巳九月三日"条，［日］高楠顺次郎等编《大日本佛教全书》第 133 册，有精堂出版，1936，第 754 页。

3　镰仓国宝馆编：《特别展：仏光国师　無学祖元の遺墨と円覚寺資料》第 7 页和第 28 页分别载有该画像的图版和解说文字，本文图片源自此书。

无学祖元坐在曲录上的肖像画，背景为圆形构图。下段是元人揭傒斯为祖元撰写的塔铭。此幅画像还解决了一直困惑笔者的问题。在日本南北朝时代刊刻的《语录》中，有关祖元赴日的传说见载于《拾遗杂录·偈颂》之后，可是，江户时代刻本已将该部分内容放在了《拾遗杂录·跋》中，这意味着这部分内容曾是某部文献或某幅画像的题跋。看到此件画像后，笔者有理由相信：此段记事因被用作该画像的题跋，故被后人收进《跋》中，若要冠以标题，当为"佛光圆满常照国师寿像跋"。

除了画像，值得关注的就是本文开头提到的圆觉寺正续院开山堂藏无学祖元雕像。坐像中的祖元，身披袈裟，手执拂子，结跏趺坐在曲录上。目光锐利，神情严峻，体态庄严。曲录的右上位置雕有一条金龙，左上位置雕有一对或趴或立的白鸽。一般认为，从雕像具有非常强的写实性来看，该像完成于祖元去世前后，曲录的完成时间也不会晚于南北朝（1333—1392）中叶。金龙和白鸽的完成时间要稍晚一些。雕像为桧木造，被学界视为中世禅僧雕像的代表作。[1] 在神奈川县横滨市北天院，藏有一座以此雕像为样本仿制的祖元雕像，推测完成于江户时代。北天院据说是祖元在进入镰仓之前换鞋更衣的

地方，也是正续院唯一的末寺。[2]

上述藏有祖元画像与雕像的寺院都是祖元弟子开创或住持的寺院，金龙和白鸽出现在祖元像上不只是传说的具象化呈现，而是佛光派弟子试图神化派祖无学祖元，强调神佛融合的思想体现。

（二）五山文学中的相关记载

八幡神迎请祖元赴日的传说不仅表现在祖元像上，也出现在后世禅林诗文中。兹举三例如下：

1. 惟肖得岩《北野天神》诗

惟肖得岩（1360—1437），临济宗焰慧派僧，备后（今日本广岛县）人，嗣法南禅寺草堂得芳，系赴日元僧明极楚俊的二世法孙。历住京都万寿寺、天龙寺、南禅寺，曾应足利义持将军之命，寓居京都相国寺，为寺内僧众讲解文学。日本永享九年（1437）示寂。得岩博学多识，尤以诗文闻名天下，著有诗文集《东海璚华集》。

得岩曾作《北野天神》诗，主要是说北野天神拜访径山无准师范，受金襕袈裟而归之事，其中，也提到祖元受请之事，兹摘祖元相关内容如下：

　　予阅佛光禅师语，有云八幡神仪数谒请垂化吾邦，其又可不信乎？南

1　关于该像的此段介绍，主要参考日本下述文献：清水真澄《圆觉寺藏佛光国师坐像》（《国华》第 1287 号，2003 年 1 月）、镰仓国宝馆编《特别展：仏光国师　無学祖元の遺墨と円覚寺資料》第 27 页、五岛美术馆学芸部编《鎌倉円覚寺の名宝：七百二十年の歴史を語る禅の文化》（五岛美术馆，2006）第 16 页。

2　《特别展：仏光国师　無学祖元の遺墨と円覚寺資料》第 5 页和第 27 页分别载有该画像的图版和解说文字。

宋季叶，禅丛最盛，名宿林立，意圆照、佛光父子夙于此方有大缘契，故神察其兆，或受信衣，或请来化。今去之百余年，而此方禅丛之盛古未之有，而二师之派居十之六七，繇此视之，非唯二师缘稔，抑二神冥助所致。[1]

得岩认为，无论是北野天神从无准师范处受金襕袈裟，还是八幡神迎请祖元赴日，皆为神灵察觉到师范、祖元师徒与日本缘契深厚，故暗中佑助，禅法能在日本发扬光大，不只是两位禅师的努力，亦是二神"冥助所致"。

2. 兰坡景茝《龙室字说》

兰坡景茝（1417—1501），临济宗梦窗派僧，近江（今日本滋贺县）人，嗣法南禅寺大模梵轨，系祖元六世法孙，历住京都临川寺、相国寺、南禅寺、等持寺，文龟元年（1501）示寂，敕谥"佛慧圆应禅师"，有诗文集《雪樵独唱集》存世。

某日，有僧向景茝求室号，景茝遂以"龙室"赠之，并作《龙室字说》阐释其意，强调龙非池中物，其中，特别提到了祖元的赴日因缘：

> 然至佛鉴之董径坞，天下指为一代龙门，登其门者，声价十倍，吾常

照师祖，不敢犯波澜，直入九重之渊，得骊珠一颗，以待善价焉。偶有神人，裁冠伟服，来现曰："愿临我邦。"每其神至，白鸽前导，金龙后从，人皆为异，师亦无知。后应平元帅之招，遥航海，系缆于竹斯府。一日休暇，诣宇佐神祠，向所现之白鸽并梁间，如相语；金龙出廉外，似相迎，于是始知此神。自尔以降，龙渊一派，作浴日滔天，洋洋乎盈东海。[2]

在上则记载中，景茝称佛鉴禅师（无准师范）主持的径山寺为"龙门"，称其法脉为"龙渊一派"，提到金龙也曾伴随八幡神拜访祖元，邀请后者赴日。在景茝眼中，金龙应该就是径山寺的使者，祖元赴日也是径山寺弘法东瀛的意愿使然。景茝还指出，祖元赴日使得无准师范的法脉在日本延绵不绝，繁荣昌盛，求字者作为佛光派"云孙"，以"龙"为"新开一室"之号，可知"四海五湖为龙世界者"。上则记载中还有一点值得注意，《语录》及《元亨释书》皆未言及祖元参访八幡宫的时间和地点，景茝则明确了祖元参访的是九州的宇佐八幡宫，是祖元初抵九州福冈期间的事情，这意味着祖元赴日传说在流播过程中变得更为具体。

3. 景徐周麟相关诗文

景徐周麟（1440—1518），临济宗佛

1　［日］惟肖得岩：《东海璚华集》卷二，载玉村竹二编《五山文学新集》第二卷，东京大学出版会，1968，第705—706页。

2　［日］兰坡景茝：《雪樵独唱集》，载玉村竹二编《五山文学新集》第五卷，东京大学出版会，1971，第231页。

光派下梦窗派僧，近江人，嗣法相国寺用堂中材，系祖元七世法孙，历住京都景德寺、等持寺、相国寺，曾任相国寺鹿苑院塔主，掌僧录司之事。永正十五年（1518）示寂。景徐周麟擅长诗文，有诗文集《翰林葫芦集》、日记《等持寺日件》《日涉记》《鹿苑日录》（部分）等存世。周麟曾在其诗文中多次援引祖元赴日传说，以表明神佛融合、神悦佛法的观点。

例如，周麟曾作《三俱元辰君悟道记》，纪念文明十四年（1482）吉田兼俱（1435—1511）因修禅而悟道。吉田家世代以神职侍奉朝廷，吉田神道是日本中世的主要神道学派，吉田兼俱被认为是吉田神道的集大成者。吉田兼俱虽然受到中国儒释道思想的深刻影响，但他反对佛主神从的本地垂迹说，认为神道才是万法的根本，而儒教和佛教都是神道分化出的枝叶和花实，主张以神道为主体，大力倡导神主佛从的思想。周麟在《三俱元辰君悟道记》中宣扬"神道佛法无二"的同时，主要表达了"佛主神从"的观点。首先，作为神道家代表的吉田兼俱也亲近禅宗，平素参禅甚勤，所谓"平居留心于吾宗，遍参知识，三登九到，无所不至"；其次，吉田兼俱"始是悟道"是因文明十四年夜北斗星降临其私宅，而"星辰之皈依佛也久矣"；最后，师祖无学祖元之

所以赴日，是因"火星谶之，宗庙神迎之"[1]，出自天意与神意。

再如，文明十五年（1483）六月，周麟携以清侍者参诣京都石清水八幡宫，从八幡宫出来后，与附近一山房主人品茶闲聊，主人拿出一纸曰："是过客诗也，今无一言乎？"闻此言，以清"即次旧韵"，周麟则以"神前所口诵者一篇书以呈"，内容如下："超海遥迎常照师（按，指无学祖元），通家有好此神祠。袈裟影落石清水，犹似金龙入袖时。"[2] 石清水八幡宫是神社与寺院组织一体化的宫司制的神社，周麟在八幡神前口诵此诗，显然是想借祖元传说强调八幡神与佛光派久远的友好关系。

又如，周麟曾应"下总守平公某"之请，为其寓所"鸠拙斋"题写诗序。"下总守平公某"当指长期担任下总守护的千叶介当家，千叶一族出自桓武平氏，故被称作"平公"。在序言的后半部分，周麟写道：

> 夫鸠者，本朝八幡神君之所使令也，而神司武事，将军家世世事焉，凡以武为业者，上下皆然。加之神归于禅。吾祖佛光在大宋日，于禅定中神人告言："降临我邦。"其神之来也，金龙入袖，青鸠上膝。无何，日本有平将军者，遣使请焉。祖慨然赴

---

1 本段引文皆来自［日］景徐周麟《翰林葫芦集》第九卷《字说·三俱元辰君悟道记》，载上村观光编《五山文学全集》第四卷，思文阁，1973，第433—434页。

2 《翰林葫芦集》第三卷，第113页。

之，至则倾国郊迎。祖后诣八幡宫有
所感，作偈题之。公专敬此神，然则
意在此乎？非取于拙也。[1]

在上述记载中，周麟认为，鸠是八幡
神的使者，下总守平公之所以取斋名曰
"鸠拙"，是出自对八幡神的尊崇，因为
"神司武事，将军家世世事焉，凡以武为
业者，上下皆然"。不难看出，周麟在这
里征引八幡神邀请祖元赴日的传说，就是
为了说明"神归于禅"。

上述诗文出现的 15 世纪前后，正是
以伊势神道和吉田神道为代表的"反本
地垂迹说"影响日盛的时期，佛教的优
势地位受到了神道教的挑战，借助历史上
祖元赴日传说宣传神悦佛法、神护佛法的
思想，也可视作禅僧们维持佛教地位的一
种努力吧。

结　语

根据《语录》的记载，无学祖元赴
日有两大因缘：一是八幡神和北条时宗的
盛情邀请，二是径山寺，特别是无准师范
弘法东瀛的意愿推动。至于其终老日本，
未能按计划归国，则是因日本佛教出现了
诸多问题，需要他长留日本弘扬正法，拨
乱反正。上述内容出现在现存最早的
《语录》刊本（完成于 1368 年之前）中，
说明在祖元去世后不久，有关赴日及

长留日本的传说已经出现。而且，根据
《语录》的记载，这些颇带几分传奇色彩
的内容皆为无学祖元亲言，其中，关于赴
日因缘的说法出现于北条时宗去世后不
久，至于未能归国的解释则来自他初到日
本时观察天象的结果。这些内容若是真的
出自祖元之口，那么，这是他在失去了北
条时宗强有力的支持后，面临禅宗发展的
种种困难，试图借助与日本上层社会及佛
教关系密切的八幡神，和在日本禅林影响
渐大的径山寺及无准师范的力量，强调自
己传法的神圣性、正当性和权威性，帮助
自己顺利弘法。

当然，上述有关祖元赴日的传说也有
可能出自祖元弟子们的创造。镰仓时代后
期禅宗发展尚处于初级阶段，面临诸多障
碍，室町时代"反本地垂迹说"的影响
日渐增大，佛光派弟子需要借此传说神化
派祖，增强佛光派弘法的权威性和正当
性，取得上层社会及普通民众的信任和
支持。

祖元赴日传说被后世所继承，一方
面，作为八幡神使者的鸽子和作为径山寺
代表的金龙成为祖元像构成的两大要素，
这一视觉形象的创造促进了传说的传播，
也是神佛融合的象征；另一方面，这一传
说出现在神主佛从思想占优势的室町时代
的禅林文学中，反映了日本禅林试图借此
传说强调神悦佛法，继而维护佛教地位的
苦心和努力。

1　《翰林葫芦集》第七卷，第 372 页。

总之，祖元赴日传说的出现是佛光派弘法的需要，也是日本神佛融合的产物和见证，类似的故事还有不少，通过对这些记事的研究，可以帮助我们对日本的神佛关系、日本禅宗的发展历史有更为具体深入的理解和认识。

（六）

地图研究

日本内阁文库藏中国城市地图珍本集释*

——例论海外专馆所藏地图之创作背景与图史互证

■ 钟 翀（上海师范大学人文学院）

引 言

地图作为一种由人编制、包含复杂信息的图像史料，虽然测制手段与图示形式是客观的，但在内容表达上却受到作图者选择性编绘的强烈影响而具有历史的、社会的、文化的多重内涵。因此，在地图史学的纵深研究上，对于古舆图与近代地图的创作背景分析，是一个绕不开的课题。而在实际研究中，此类分析的难点在于：这些地图上通常较少注记其绘制过程、绘制时所依据的底图与素材，[1] 并且历史上记录制图者以及不同地图间相互关系的史料大多十分地匮乏，或过于碎散纷繁，这些都使得重建绘制场景的工作显得困难重重。

毋庸置疑的是，在古代，详细、精确的疆域地图大多因与权力息息相关而被赋予神圣色彩，身处东亚近代激流中的制图者，也绝少纯粹出于吟风弄月而来绘制地图，这一点在近代以来日本人在华绘制的许多专题地图上表现得更为显著，尤其是测绘精确的大比例尺城市地图，无不因其所具有的鲜明创作动机，而被烙上了强烈的时代印痕。因此，深入探究、体会此类地图的绘制背景，将在很大程度上推动地图创作与其所表达史实之间的相互阐发，从而提升"图史互证"的实际效能。为此，本文意欲以日本国立公文书馆下属的内阁文库这一专门藏馆为例，尝试通过对该馆所藏中国城市地图珍本的初步整理，借以系统审视一个特定馆藏的地图资料群，其在创作上的历史背景与资料传存上的关联性等问题。

---

* 本文为国家社科基金项目"日军测制中国城镇聚落地图整理与研究"（项目编号：19BZS152）阶段性成果。

1 成一农：《近 70 年来中国古地图与地图学史研究的主要进展》，《中国历史地理论丛》2019 年第 2 辑，第 27 页。

内阁文库是日本一所专门收藏汉、和古籍与西文近代文献的图书馆，该馆创自明治六年（1873），1885 年日本实行内阁制后，该文库成为总理府的图书资料保管与史料编纂业务中心，1971 年日本国立公文书馆（即日本国家档案馆）成立后，内阁文库又转归成为其下属机构。该文库为我国学界所熟知的是其丰富的汉籍收藏，其中宋元善本、明版方志以及明清小说戏曲也早已为近代以来张元济、傅增湘等诸多学者所调查。[1] 不过，事实上该馆的地图收藏也颇具特色，但除了著名的明万历刊本"坤舆万国全图"外，该馆所藏一批绘制时代较早、绘制质量颇高的近代中国城市地图珍本，大多尚未见诸国内学界的介绍。2002 年以来，笔者数度赴该馆查阅近代中国城市地图资料，得以了解此类地图之概貌，并借此洞察近代日本在华经略之轨迹，下面按笔者的整理，将其中的珍本城市地图分为北京城图、开埠港市地图、其他珍稀城市图三类予以考释。

一　和、汉绘印北京城图五种

前近代以来，日本对其最重要邻国的首都——北京也较关切，而内阁文库长期作为日本国家中枢机构的图书资料室，该

处所藏的北京地图不仅绘制品质甚高，可以代表那个时代日人对于北京城的认知水平，而且也在一定程度上反映当时日本官方之于中国的立场变化，以及近代东北亚的情势与动向。

（一）江户时代和制"北京皇城图"与"辰旦北京州顺天府城池京师大清皇城之地图"

内阁文库藏有两种江户时代的北京城地图，一为刻本、一为绘本，两图皆为日人原创，且绘制年代早、图幅巨大、内容丰富。不过，在国内除了新近出版的《外国所绘近代中国城市地图总目提要》有简要著录之外，[2] 至今尚未见专门介绍，下面先对这两种前近代的北京城图做一考察。

1. 和刻本"北京皇城图"（1752 年刊）

和刻本"北京皇城图"（藏图号 184-0353，图 1），系一图幅纵 75.3 厘米、横176 厘米（板框高 74.1 厘米、阔 174.5 厘米）之大幅地图，折为 29.5 厘米×19.8厘米一褶本，以便于携带。

该图右上方标有图名"北京皇城图"，右下角落款明记"宝历二壬申载三月吉日江都书肆崇文堂前川六左卫门版"。宝历二年即公元 1752 年，"江都"

1　李晓攀：《民国时期中国学者赴日本内阁文库访书概况》，《文化视界》2019 年第 11 期。

2　李孝聪、钟翀主编：《外国所绘近代中国城市地图总目提要》上册，中西书局，2021，第 5 页。

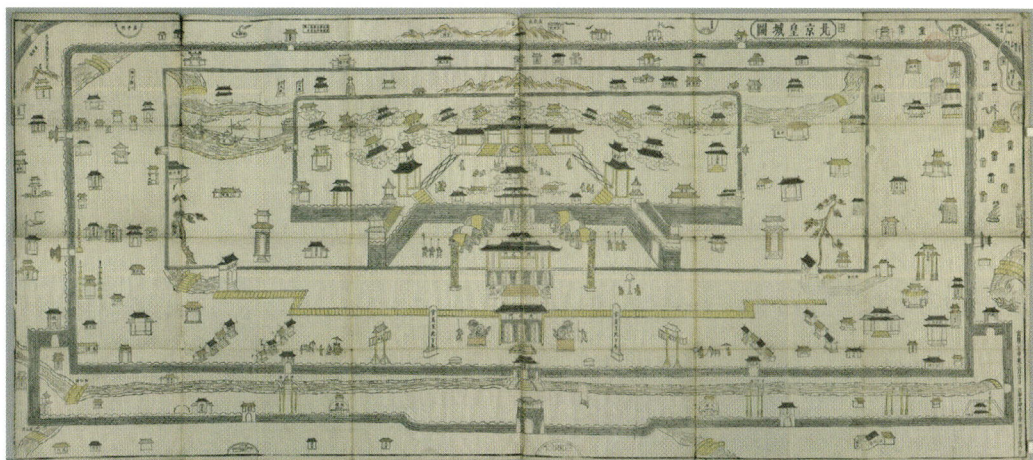

图 1　北京皇城图（前川六左卫门，1752 年刊）

为江户之别称，即今东京。刊者崇文堂前川六左卫门，江户中期著名刊书家，经该家之手出版的图书传世甚多，著名的如《骏台杂话》（1750 年刊）、《古今和歌集》（1780 年刊）、《新古今和歌集》（1799 年刊）等名作；在中国地图方面，该家也曾刊刻《大清广舆图》（原书为清初苏州蔡方炳所著，此和刻本有 1785 年序，日本国立国会图书馆藏）等作品。

本图为木版墨印，并在部分建筑物及人物上施以黑、灰、柘黄、淡棕四色手彩渲染，但从日本其他机构所藏的此种"北京皇城图"来看，该图的填色较为随意，并不严格反映地物类型。绘者采用形象画法表现了北京内外城之衙署祠庙、湖池与河道及桥梁，以及远近郊之府县卫所、长城内外之军营隘口等地物。其中重点突出对内城，尤其是紫禁城的城墙与城门、城内主要宫殿的描绘；外城则较粗略，仅绘出法藏寺等少数地物，也没有绘出城内的街道。

按内阁文库馆藏目录及图上藏书印，可知此图原为同时代大阪著名藏书家木村孔恭（1736—1802）之兼葭堂所购藏，木村殁后，于文化元年（1804）收入昌平坂学问所，并在明治时一并纳入内阁文库。此图虽年代较早，但现在日本尚存多件，除了上述内阁文库之兼葭堂旧藏，日本国立国会图书馆、东洋文库、东京大学东洋文化研究所、京都大学（文学部地理研、附属图书馆各藏一幅）、岛根大学图书馆等多处亦有收藏。以笔者目力所及之现今传存状况推测，本图应是江户中期最为流行的一种北京城地图。本图亦为《日本古地图大成·世界图编》所收，是该书收录的唯一单幅北京城图，该图集另收冈田玉山的《唐土名胜图会》（1805 年刊）、东条信耕的《清二京十八省舆地全图》（1850 年刊）两书，其中也各有插页图形式的北京城图，[1] 后者为江户晚期日本最流行的中国地理书，由此亦可推察"北京皇城图"在江户日本之影响与代表性。

值得留意的是，本图描绘的地物、人物及标注多为明代制式，如大清门在图上作"大明门"、天安门仍作"承天之门"、三大殿作"楻殿""中级殿""建极殿"等，图上人物皆着明服，甚至绘出了明代午门前的6座大象，图上东北角的长城之外还有文字标注"胡地""金人""女直国"，以江户中叶日本民间的大陆地理知识接受情况初步推断，本图极有可能是承袭某一明代北京城图的底本转绘而来，此点值得深入探究。[2]

2. 绘本"辰旦北京州顺天府城池京师大清皇城之地图"（1752 年绘）

手绘之"辰旦北京州顺天府城池京师大清皇城之地图"（藏图号 177 - 1 - 205 - 1，图 2）为一纵 77.1 厘米、横 192.0 厘米之巨幅图，此图仅见于内阁文库，应该也是目前已知图幅最大的一种外国所绘早期北京城图了。

该图右边栏题有图名，并在图名边注记绘制时间为"日东宝历第二龙集岁次壬申季秋菊月下层二十右五日神辰"，按"辰旦"当即"震旦""下层"即"下旬"，"右"乃"又"之别字，宝历二年

即公元 1752 年，可知此图与上述的"北京皇城图"为同年所作，然"北京皇城图"于三月刊行，此图则在同年秋九月绘制。图名下略记北京城市概况及本图创作原委：

> 见《汉书》，北京之都城，市塵一百九十余万轩，诸侯、诸卫、诸役司等之第馆在其京兆之外，皇城在京师之中，宫殿楼阁、坛庙门府、厂监局院、仓库、寺营、卫司部馆、房、桥、县州学堂、关城等图焉。尝此北京皇城之图者，本邦江都书肆崇文堂前川氏所寿樱，然宫殿楼阁门库等之模形不详矣，是故模其崇文堂之镌图，写唐绘之殿楼，或见画工所笔唐绘，以校此皇城之图也。

由此可知此图系绘者在前川六左卫门同年所镌"北京皇城图"基础上改进而成，因此可看出本图与"北京皇城图"之间明确的继承关系——如两图表现范围完全相同，图中内外城的格局与表现详略、宫殿及各种建筑物的配置都极为接近。不过，本图对于地物的描绘更为细致、华丽，如图中的建筑物上增绘了许多色彩和装饰性的表现，且对地名注记也做了不少更新，如"大明门"改作了"大清门"、图上东北角长城处文字说明改为

1　［日］织田武雄等编：《日本古地图大成·世界图编》，东京：讲谈社，1975。

2　若以本图与现藏于日本东北大学图书馆的明万历刊"北京城宫殿之图"相比较，虽在构图与内容上存在较大差异，但两者对于图中宫殿的配置、建筑物与树木等的具体描绘上仍有不少相似之处，显示其与明刊本绘图可能的渊源。

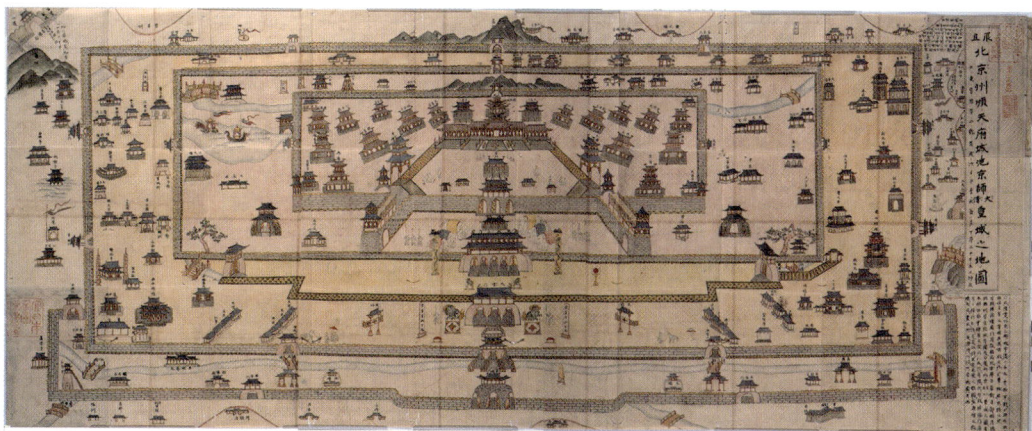

图 2　辰旦北京州顺天府城池京师大清皇城之地图（森幸安，1752 年绘）

"金人、胡地、女直国等皆大清之属国，亦万里长城内辽东同外朝鲜，同辰旦大清之隶国也"，但也有不少注记仍然保留"北京皇城图"的明代地名，如大三殿记为"楻殿""中殿""建极殿"等，还有一些注记沿袭了前图的错误，如"梓潼庙"仍误作"樟潼庙"等，图中人物的表现与前图大致相同，显示绘者似未详细了解明清易制之许多具体变化。

图上未注绘者姓名，按国立公文书馆的收藏目录，此图叠经日本太政官正院地志课、地理寮地志课、内务省地理局等处递藏，结合图上"明治十一年购求""地志备用图籍之记"章，以及图上的簿册标题"日本舆地图"，进一步查找该馆目录，可知该图为江户中期日本地图家森幸安所作《日本舆地图》系列图之一，应是明治十一年（1878）内务省地理局在编修地志类书之际采购的舆图资料。

此图作者森幸安（1701—?）是伊能忠敬之前日本著名地图考证家、制图家与地图收藏家，[1] 他的代表作之一就是内阁文库所藏的这套大型图集——《日本舆地图》，该图集由 222 幅手绘地图组成，主要是日本京城图及诸藩国图，但在图集的最后部分也收录了由他绘制的诸如"亚细亚诸州天线地方图""日本辰旦舆地径度图"以及"辰旦北京州顺天府城池京师大清皇城之地图"等一些与中国、亚洲及世界相关的地图。

（二）明治初日本官、民刊印"清国北京全图"与"清国北京城全图"

明治维新之后，日本觊觎东亚大陆的气氛日渐浓厚，内阁文库所藏两种明治初年由日人绘制的北京城地图，一为军方所

1　[日] 冈田俊裕：《日本地理学人物事典 近世编》，东京：原书房，2011，第 79—84 页。

制、一为民间新闻社刊印，正反映了该时期日中交涉的历史。

1. 日本陆军参谋部制"清国北京全图"（1875 年刊）

按图上注记，此图由日本陆军参谋部于明治八年（1875）四月编制，日本陆军文库出版。该图为单色铜版印制，图廓内纵 63.1 厘米、横 42.1 厘米，比例尺为 1：21100（藏有同版图 3 幅，藏图号 ヨ291－0115、ヨ291－0115A、ヨ291－0115B，图 3）。

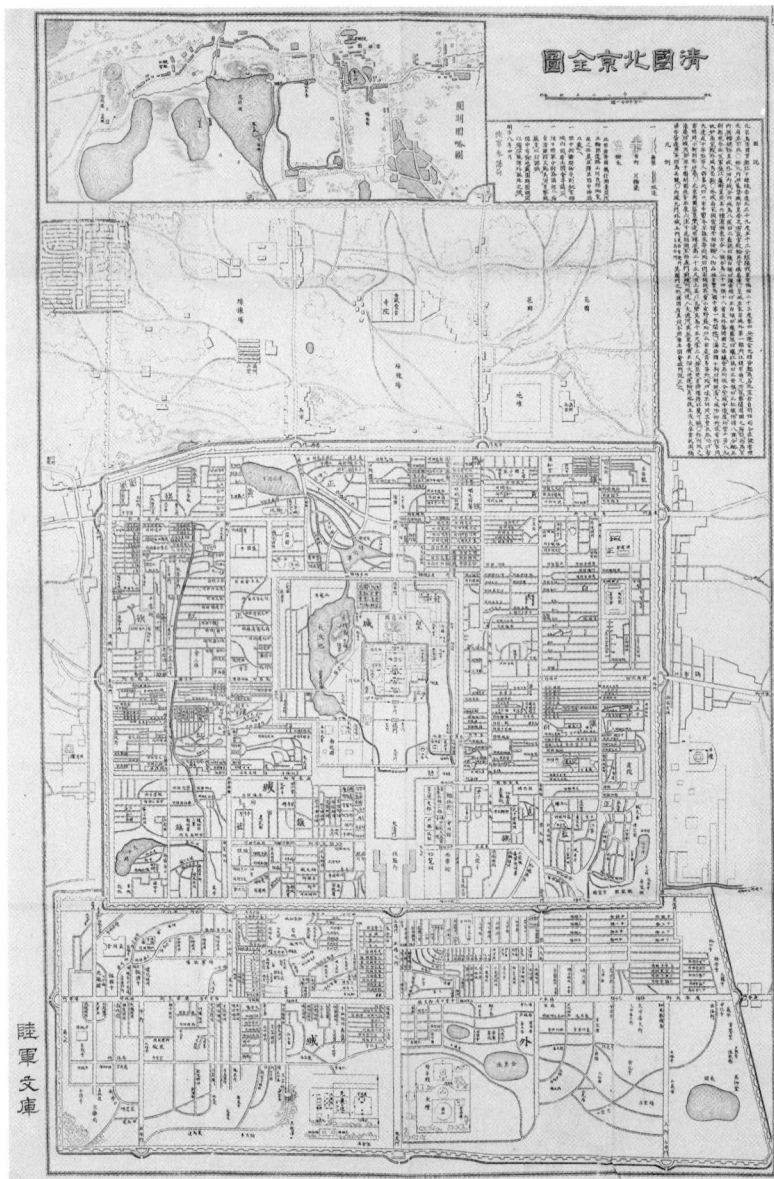

图 3　清国北京全图（1875 年刊）

有关此图，按笔者之前所考，应是近代日本官方所制最早的北京实测地图，[1]其测绘精度与上述江户时代的北京图相比自然不可同日而语，而就内容表现来看，此图不仅完整、准确地描绘了北京的内外城、北郊元大都城址以及用分图表现的圆明园，而且还系统地绘出了当时京城内的路网与水系，并配以较为规范的图符与文字注记。

不过，自 1871 年《中日修好条规》缔结之后，直至 1874 年 10 月此图作者之一的益满邦介离开北京前，这一时期在北京的日本人寥寥无几（关于益满的具体行程及在京日人情况，详下文），且并无地图测制的专业人士与条件，更遑论开展实地测绘。那么，日本何以能够绘制如此精确的北京城图？为此，还需对其创作背景与编绘资料来源进行一番考究。按图上"凡例"所言：

此图因英国镌行测量图，改正轮郭、道路、山川及郊埛家屋之位置，且译其图中插语以载之。图中街衢间插字，则据"京师城内图"及"唐土图会"等诸图。顷日，陆军少尉益满邦介归自清国，又就其所目击亲履者以订谬误。

由此可知，此图是以"英国镌行测量图"为底图，参以"京师城内图""唐土图会"，并根据当时刚从北京返日的陆军少尉益满邦介现场调查所得情报编绘而成，所以，此图并非单纯的日本实测图，而是一种基于多种资料的编绘地图。

"凡例"提及的益满邦介（1849—1899），明治时期日军将领，萨摩藩鹿儿岛人，曾以留学生身份来华侦探，并参与甲午战争，累官至陆军少将，授从四位勋三等功四级。[2]根据谭皓整理的日本国立公文书馆等处档案及时人书简等资料，益满邦介在 1873 年与美代清元等"日军派遣将校"一行 8 人，作为日本军方来华的首批留学生，以留学身份为掩护开展系列谍报工作；其中益满氏于 1873 年 12 月 23 日抵沪，由当时日本驻上海领事品川忠道负责接洽，并于翌年春北上天津，此后益满的行踪不见于档案记载，但 1874 年 7 月日本为侵台所设的蕃地事务局，曾对当时在华的日本陆军军官做过统计，其中显示美代、益满等 8 人均在北京，因此可推断他曾秘密潜入北京实施侦测，并于当年 10 月 26 日经天津离华返回了日本。[3]

而根据 1873 年 12 月日本陆军省档案，此次派遣的 8 人各有分工，美代清元等 2 人负责调查军备，益满邦介等 2 人调

1　钟翀：《日本所绘近代中国城市地图刍议》，《陕西师范大学学报》（哲学社会科学版）2017 年第 3 期。

2　［日］近世名将言行录刊行会编：《近世名将言行录》第 2 卷，东京：吉川弘文馆，1934，第 355—360 页。

3　谭皓：《近代日本军方首批留华学生考略》，《抗日战争研究》2014 年第 1 期。

查地理与人口，其余 4 人调查政体、税制等项。[1] 相关档案显示，益满来华后曾积极搜购地图等资料，如在 1874 年 9 月，他为刚到北京的柳原前光公使购入《缙绅全书》11 部、"清国北京图" 30 幅等，送达日本以供陆军省之用；[2] 在 1875 年 5 月 14 日驻上海品川领事给山县有朋陆军卿的函件中也提及益满邦介购入《长江图说》1 套、香港到山东海图若干，[3] 这些地图收集活动正与上述军方安排给他的使命相符，也可印证 "清国北京全图" 中 "凡例" 的说法。那么，"凡例" 提及 "英国镌行测量图" "京师城内图" "唐土图会" 具体又是些什么图呢？

综合笔者的整理与郑诚的考察，[4] 这一时期英国人绘制和使用的北京地图，应以 *Plan of Peking in 1817* 最为通行，该图是以俄国汉学家比丘林所作 1817 年俄法双语北京城地图 *Планъ Пекина / Plan de la Ville de Pekin* 为底图绘制而成的，1842 年由英国陆军总司令部军需总署（Quarter master General's Office）以英文版石印，

1860 年又由英国军事测量局（Ordnance Survey Office）复制重印，从此图的制图机构与连续使用的时间，亦可洞悉其在近代前期英制北京图中的主流地位。对比 "清国北京全图" 与 *Plan of Peking in 1817*，可见两图在北京内外城、紫禁城的轮廓，城内街渠网络等表现上大致吻合，但 "清国北京全图" 的北郊元大都城址部分是此种英制图上所未表现的。不过，在 1867 年伦敦出版的《中日商埠志》中收有 *Map of Pekin* 一图，已绘出了元大都城址。[5] 因此，虽然不能特定 "清国北京全图" 的英制底图来源，但从此图绘制之前的 18 世纪 60 年代流行的英制北京图来看，此图显然已经参考到了英制图。事实上，这批 "派遣将校" 确实已经接触了在京的英国公使馆，当时在京日本僧侣小栗栖香顶的游记中，就曾提及当时在京日人绝少，美代清元一行不得不请他代为寻租宿舍、帮助接洽等事宜。小栗栖在 1874 年 5 月 5 日的日记中写道："（小栗栖）同岛、中村二氏访东江米巷英馆，

1　［日］アジア历史资料センター Ref. C08052181400，《清国 朝鲜 军事等取调として被差遣の事及心得书纲案 心得书条目案》，原件藏日本防卫省防卫研究所。

2　［日］アジア历史资料センター Ref. C09120212200，《柳原特命全权公使 贵省入用の旨を以て北京图并缙绅全书买入代の件》。

3　［日］アジア历史资料センター Ref. C09120279600，《品川上海领事　长江图说不着の义に付云々品川上海领事より回答》，原件藏日本防卫省防卫研究所。

4　关于 *Plan of Peking in 1817* 等图与比丘林北京图的关系，详见郑诚《19 世纪外文北京城市地图之源流——比丘林的〈北京城图〉及其影响》，载《形象史学》2020 上半年（总第十五辑），社会科学文献出版社，2020，第 301—338 页。

5　［英］德呢克（Nicholas Belfield Dennys）等编，*The Treaty Ports of China and Japan: A Complete Guide to the Open Ports of Those Countries, Together with Peking, Yedo, Hongkong and Macao*（《中日商埠志》），伦敦：Trübner & Co.，香港：A. Shortrede & co.，1867。

一官人有雅芝出接，余请借览英国钦差大臣所著《文件自迩集》《语言自迩集》。"[1] 这里提到的"岛、中村二氏"正是"派遣将校"之中的岛弘毅和中村义厚，因此，他们完全有可能获取当时英国人制作的质量较高的涉华图文资料。

不过，进一步比对 *Plan of Peking in 1817* 与"清国北京全图"的细部表现，可见两者之间还是存在较大的差异，尤其在城内街区与具体地物表现上，"清国北京全图"远较英制图粗疏，而表现的范围与地物的文字标注方面，则较英制图要广、要丰富得多。为此，笔者比较了目前传存的该时期中外所制多种北京图，由此确认"清国北京全图"的地物细部表现与文字注记当源于此前日本最为流行的北京地志书——1805 年刊《唐土名胜图会》之中的北京地图，两者对于城内地物表现几乎是相同的，因此，可以明确"凡例"提到的"唐土图会"应该就是《唐土名胜图会》一书。至于"凡例"提及的"京师城内图"，从图名即可简单推定为一种国人所制图，具体情况将结合下节"首善全图"予以探究。

综上所考，"清国北京全图"的绘制，确实是收集、利用了当时比较流行且质量较高的中、英、日三方所作的北京地图，并参考了日军首批留华"派遣将校"

益满邦介等人的最新实勘成果。该图存世极少，以笔者经年所见，仅在内阁文库、日本国立国会图书馆、关西大学综合图书馆三处见藏，其传存状况亦表明此图并非广泛流行于日本民间，其创作带有强烈的官方属性。这一特点在涉及此图制作、刊印到出版后用途的多件档案中均有所反映，如 1875 年 6 月文部省准刻课长给陆军省的答复中明记"'清国北京全图'刻成，奉上贰部请贵部传阅，并返还原图稿"[2]，1879 年陆军文库课长酒井忠恕接收入库陆军省购买的"清国北京地图"（售价为金 25 钱 6 厘）与"上海地图"两种城市地图，以及"辽东大联湾图""直隶湾总图""北河总图"等清国海防要害地图，[3] 由此可确认其作为军用地图的用途。

2. 朝野新闻社制"清国北京城全图"（1885 年）

按图上注记，此图由洼盛久编辑，日本东京玄玄堂石版部单色石印，朝野新闻社 1885 年 3 月 20 日出版。该图廓内纵 54.2 厘米、横 40.5 厘米，主图不注比例尺（藏图号 186-0004，图 4）。发行者朝野新闻社成立于 1874 年 9 月，至 1893 年 11 月废刊，是明治时期一种日本民权派政论报刊。

本图所绘北京内外城及近郊的范围、

1　[日]小栗栖香顶著，陈继东等整理：《北京纪事 北京纪游》"九十二访英馆"条，中华书局，2008，第 194—195 页。

2　[日]アジア历史资料センター Ref. C04026265500，《支部より清国北京全图出版差支点回答》。

3　[日]アジア历史资料センター Ref. C07080192700，《防海新编外会计部より受取贷渡申进》。

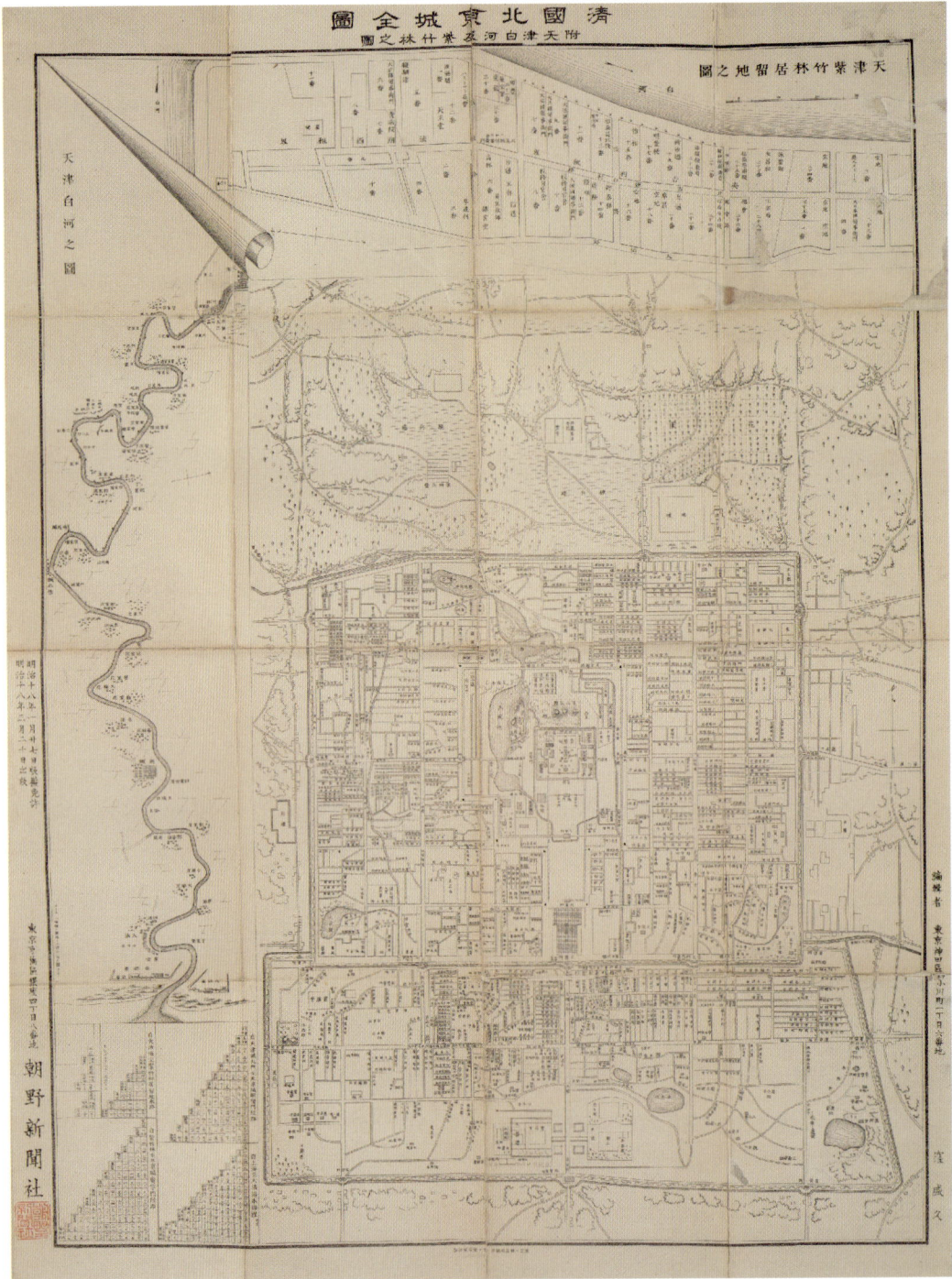

图4　清国北京城全图（朝野新闻社，1885年）

城内的地物分布及路网的整体格局等主要内容，与前述 1875 年制 "清国北京全图" 几近相同，考虑两图年代接近，推测应是以 1875 年图为底图绘制而成。不过，本图在具体的地物表现上较 1875 年图有所改进，如增绘了东江米巷的诸多外国使馆，包括 1885 年 5 月开工、尚在建设中的日本公使馆，也已及时地表现在了图中；又如，外城东南角的三义庙一带，本图的表现显然更为详细，而城郊的建成区与散点状聚落也做了不少增绘。这些更新与增绘，是基于何种图文资料尚难确知，但仅就笔者掌握的同时代流行于中国民间 "首善全图" 系北京城图来比较，也未达到如此详细的程度，因此推测很可能是日人自行实勘调查后的成果。

本图副标题为 "天津白河及紫竹林之图"，图上另附 "天津白河之图" "天津紫竹林居留地之图" 两种分图，以及自天津城北门至北京城朝阳门陆路、自大沽海至紫竹林居留地水路、自紫竹林至北京城广宁门陆路、自上海至大沽海路 4 种路程表，可为日人旅京提供地图指南。

本图是《朝野新闻》1885 年 3 月 20 日夹带的赠图，那么，作为日本民权派的代表报刊，《朝野新闻》在这一天附送北京城图有何实际的意图呢？

1884 年年底，处于东北亚政治旋涡中心的朝鲜，其内部暗流汹涌，主张依附清国的事大党与日本支持的开化党争端日趋激化，终于在当年 12 月酿成 "甲申政变" 及此后的排日风潮。此事至 1885 年 1 月虽以日朝《汉城条约》收场，但日本国内对华敌意陡增，实际上除了《朝野新闻》，大部分舆论都主张强硬政策，扬言对华动武者亦不在少数。为解决中日朝鲜争议，1885 年 3 月 14 日，伊藤博文来华与李鸿章交涉，本图刊发的 3 月 20 日，正是伊藤在华行动之初他执意上北京递交国书争议之际。因此日本朝野对北京的动向自然是万众瞩目，该日报纸中就有关于 3 月 17—18 日伊藤博文在华行动日程的报道，[1] 而附送的 "清国北京城全图" 也正是在此背景下应运而生的。

作为报刊的夹带送图，本图在当时应有相当的发行数，从现存情况来看，除内阁文库外，在日本国立国会图书馆、东京大学东洋文化研究所、东洋文库、关西大学综合图书馆等处均见藏此图，在日本的旧书市场或拍卖会上，偶尔亦可见其身影。以笔者多年来经眼所察，此图应是 1871 年《中日修好条规》缔结后最早由日本民间机构制作的单幅北京地图之一，也反映了近代日本在展开与华实质性往来之后，民众层面对北京地理认知的发展。

（三）晚清佚名制 "首善全图"

内阁文库藏有 "首善全图" 一幅，木刻墨印，图幅纵 110.3 厘米，横 63.8 厘米，图上不注绘刊者与刊行年代（藏图号ヨ292-0113，图 5）。

---

1 ［日］《朝野新闻》第 3403 号第 2 版《清韩事件》，1885 年 3 月 20 日发行，日本京都大学人文科学研究所藏。

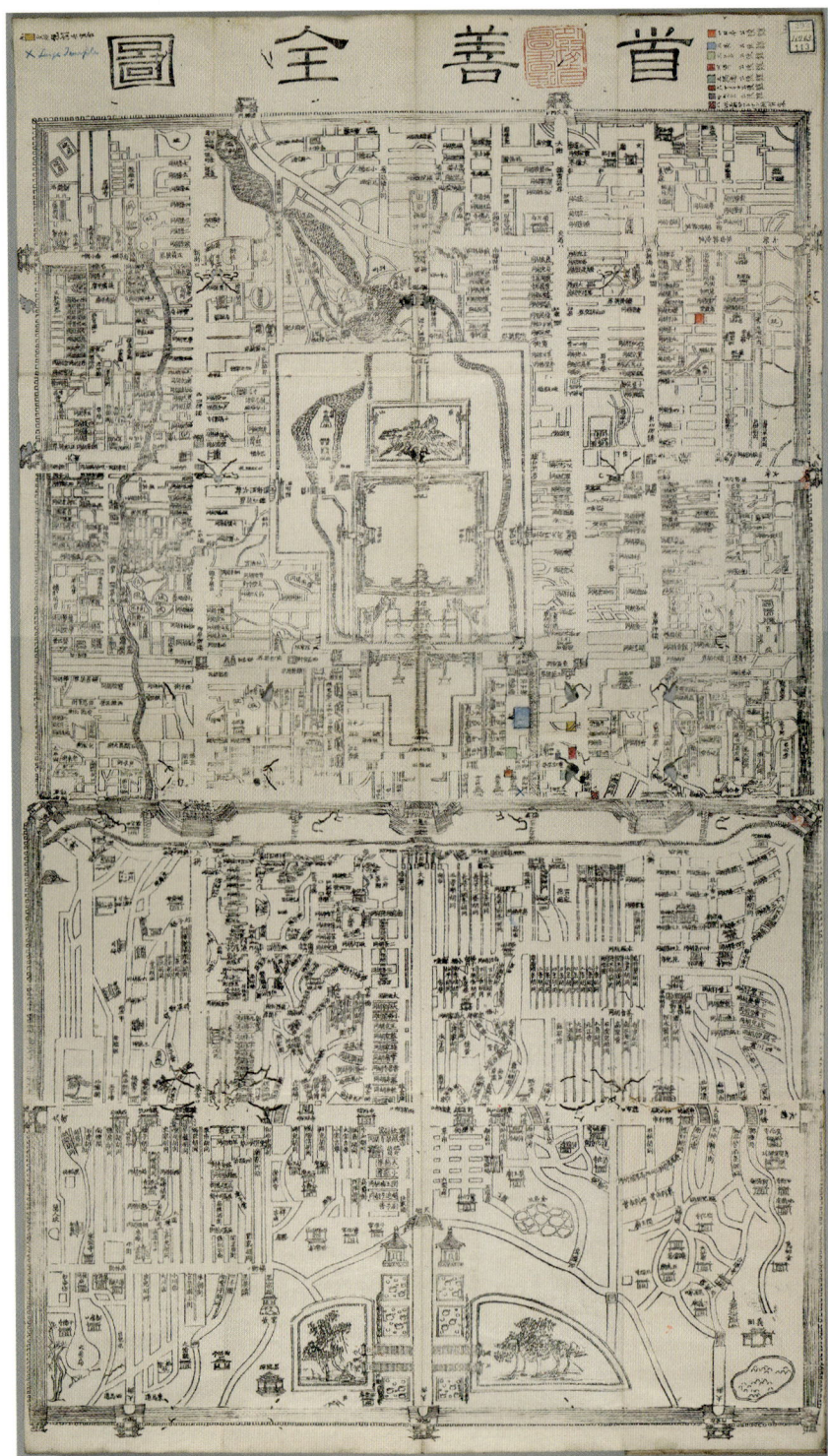

图 5 首善全图（佚名，晚清制）

本图从绘制风格、版刻特点与图上注记来看，当是清代的坊刻北京图无疑。图上有"外务省图书记"，因此可确定最初使用者应为外务省工作人员，并且很可能是在明治十七年至二十四年（1884—1890）内阁将下属各官厅藏书集中归并之际、作为档案资料入藏内阁文库的。

有意思的是，此图上留存了一些手绘的注记，系用图者以不同色块在图上添加的地物，主要有位于东交民巷的英、俄、法、美、德及比利时等国使馆，以及位于东四牌楼抄手胡同内的日本公使馆，考虑到此图的传存背景，推测这些注记应是当时日本外务省人员所为。而根据笔者上文所考日本军方于 1875 年已制成更为精确的"清国北京全图"并运用于日本政府部门这一事实，因此可进一步推断此图应是日本在推出"清国北京全图"之前，外务省所使用的对华工作图稿，其史料价值不可低估。

清咸丰八年（1858）《天津条约》签订，各国始在京开设公使馆，其首开者为 1861 年的英国公使馆，此后至 1866 年，俄、法、美、德、比五国均已开馆，一如本图手绘所标注。1871 年《中日修好条规》签订之后，清廷批准日本在京设公使馆。据当时日公使馆书记官中岛雄的记载：最初日本公使馆尚未建设，日方人员在煤渣胡同贤良寺内办公；直至 1875 年 7 月 25 日，方于东四牌楼六条胡同觅得

民宅一所，其后经房契交涉与房屋改修，大约在当年秋季才完成公使馆的建设；该馆在东四六条办公十多年后，至 1884 年才购得东江米巷中段的一处民宅扩建为后来的新馆。[1]

与上述书记官的现场记录稍有差异，本图中日本公使馆的位置，是以手绘的洋红色地块形式被画在了东四牌楼的抄手胡同里——与同在东四的六条胡同仅隔了 3 条胡同。出现这一差异的原因，极不可能出于外务人员的误记——毕竟对于当时的日本用图者来说，此图中最重要的标记就是日本公使馆了。考虑到此图的使用当在 1875 年新刊"清国北京全图"之前，因此笔者推测此图的准确使用时限，最有可能应在 1874 年 7 月柳原前光最先来华出任公使、至 1875 年 4 月"清国北京全图"推出或最晚至当年 7 月 25 日最终选定东四六条胡同之间的某一时点，其时或许曾经发生了以图上所标抄手胡同的位置作为公使馆、但最终被否决的插曲——而此图也正是在这一插曲中作为上呈外务省函件的说明用附图、而被收入外务省档案并留存下来的。总之，虽然笔者未在日本相关档案中找到这一细节，但综合日本公使馆的早期建设史、此图的图上标注与传存背景，及其替代者——"清国北京全图"的刊行状况，可以推断这幅"首善全图"很可能是日本公使馆人员在来京初期的 1874 年年中至 1875 年春、在北京当地购

1　孔祥吉、村田雄二郎：《解读早期中日交涉的原始记载——中岛雄〈往复文书目录〉述略（上）》，《福建论坛》（人文社会科学版）2009 年第 4 期。

得的一种坊刻北京城图，并将之用于实际的公使馆选址等工作之中。

对比清代的多种北京图，显然本图与丰斋版"首善全图"（中国国家图书馆藏）最为接近，甚至两者之一可看作另一种的翻刻版，那么两图究竟孰先孰后呢？

从两图微妙差异的避讳用字上来看，本图中得胜桥南弘善寺、正阳门外大弘庙、打磨厂弘福寺之"弘"字皆缺笔，广宁门、西直门内万宁寺、东直门内冰宁寺之"宁"字，均将其中的心改为一画一撇；而丰斋版则上述"弘"字不作缺笔、"宁"字同样将心改为一画一撇。不过丰斋版的"弘"字失讳并不能作为断代依据，而更可能是清中叶之降讳制渐弛所致；至于本图的"弘"字缺笔，既有可能是其底本创作更早、沿袭谨遵帝讳的流习而来，也有可能仅仅是制图者个人习惯所致，难以遽断。不过，目前的统计分析揭示，"宁"字统一将心改为一画一撇，倒是很大可能为避道光帝讳所致。[1]此前将丰斋版"首善全图"认定为嘉庆间绘制，笔者未见有何坚实依据，而根据本文的分析，与丰斋版同类型的"首善全图"在同光之际仍售卖于京城，加之"宁"字极可能使用了道光帝讳这两点来看，此类"首善全图"的创作与流行时限至少还应延续到道光之后。

二　开埠港市地图七种

近代日本的海外开拓较西方列强为晚，直至明治维新前夕的 1866 年，幕府才开放一般国民渡航海外。1871 年订立的《中日修好条规》，规定两国可互派领事到对方开放口岸，1872 年品川忠道到上海担任领事，是为日本派领事驻华之开端。至甲午战争前，日本先后在上海、香港、福州、厦门、天津、广州等地开设领馆。《马关条约》签订后，1896 年中日订立《通商行船条约》与《公立文凭》，中国政府允准日本在苏州、杭州、沙市、重庆四口设立日租界，并在上海、天津、厦门、汉口等地设日本专管租界，但议定在各地开辟租界时应与地方官和夷商议，此后经过日方与中国各口岸地方政府的激烈交涉，至 20 世纪初，日本最终仅在天津、苏州、杭州、汉口成功建立日租界。

内阁文库藏有若干近代中国开埠港市地图，这批地图不仅绘制精良，而且多为孤本或稀见之图，加之因其具有特定的绘制渊源——尤其是与上述中日交涉的历史密切关联，有的甚至就曾作为交涉之时日方的工作用图，所以极具研究价值与文物价值。根据笔者历年查阅，检出其中价值

1　黄一农：《从 e 考据看避讳学的新机遇——以己卯本〈石头记〉为例》，《文史》2019 年第 2 辑，第 205—222 页。

最高的上海、天津、沙市、厦门这 4 座城市相关地图七种（多为传世孤本），略作考证如下。

（一）品川忠道编制"清国上海全图"（1873 年刊）

按图上题记，该图由日本驻沪首任代理领事品川忠道（1841—1891）编制，三宅庸辅校正，玉兰斋贞秀摹绘，蒲池从三以木版彩色套印刊行。图框高 62.9 厘米，宽 95.8 厘米，图上有直线缩尺，折算约为 1：7000（藏有同版图 2 幅，其一藏图号 ヨ 292 - 0108，其二为公文 A00067100 附图，图 6）。

此图开幅宽广，印制洁雅，其制图者

玉兰斋贞秀（1807—1873，本名桥本贞秀）系明治时期东京著名绘师，因此，此图虽采用西方实测图为底图（下详），但其图式设置、用纸与敷色等绘印工艺上均显现前近代日式制图的浓郁特色。该图存世极少，以笔者所闻，仅见于内阁文库、京都大学人文科学研究所以及北京某拍卖会三处，内阁文库藏本有"左院藏书""太史官记录""内史文库""史官之所"等章，显示其为外务省旧藏。

关于本图的内容与创作背景，按笔者之前考证，系品川忠道在日本驻沪领馆草创之初主持编制，采用 1866 年上海港长英人 Hockly 所绘 *China East Coast, Wusong River, Shanghai Harbour* 为底图，

图 6　清国上海全图（1873 年刊）

并参考 1866 年由工部局测量者所制大比例尺地图与相关街衢、港航调查资料编绘而成。[1]

1866 年，日本幕府打开国门之后，当时东亚的枢纽港上海，便成为日人来华贸易的首个"登陆点"。早在 1870 年 10 月，由于日人往来和日侨的增加，日本便与上海道台协议开设"出张所"作为代理领馆，最初的代理领事就是品川忠道，这位出身长崎"荷兰通词"（即荷兰语翻译官）、年纪不过而立的青年，便以日本"通商权大佑"的身份，成为近代最早公务来华的日本官员；1871 年 9 月《中日修好条规》签订后，自 1872 年 3 月正式开设上海领事馆直至 1884 年，除却短期的更迭，品川忠道主持开设领馆、担任领事，前后寓沪达十六年之久。[2]

按图上成富清风（系 1871 年首批日本来华留学七人之一）所作识文，可知此图正是品川忠道创设领馆之初的壬申年（1872 年）主持编制的，翌年在品川的家乡长崎刊印出版。而以笔者所见，此图不仅是近代日制上海图之嚆矢，也是目前所知日本人绘制中国近代城市地图之开端，其创作早于 1875 年刊"清国北京全图"，甚至比中国本国最早的实测上海地图——1875 年由上海道台冯焌光主持绘制的

"上海县城厢租界全图"还要早两年，考虑到当时登录在册的在沪日侨仅数十人，[3] 亦可了解其时日本对地图的重视与敏感已大大领先中国。

（二）郑永昌绘"天津各国居留地全图"（约 1897 年 10 月绘）

"天津各国居留地全图"为一图框高 89.2 厘米、宽 117.1 厘米的大型彩绘地图（藏图号ヨ292－0110，图7），该图装帧精致，经绫裱后折叠成 30 厘米×17 厘米的图册，汉字图名题于背面的外封上，正面则以英文 *Tientsin* 来表示图名。此图为仅见藏于内阁文库之孤本。

本图系大比例尺近代实测地图，其主图比例尺达 1:3600，表现范围自天津老城东半城、三岔口子（今海河、南运河口至鼓楼一带），至旧德租界东端的小刘庄、制造火柴局（今河西区政府附近）一带的大北河（即海河）两岸各国租界及其周边区域；另有一分图，表现近代天津城的外郭墙濠及其近郊区域。图例有 11 种，以不同色块、阴影线或图符，详细表现法德两国租界、英租界、清国官衙、清国人住宅及村落、盐坨地、外郭墙濠、铁道等，其中英租界的图例又分为"英国租界""英国新租界内各欧罗巴人所有地""英国新租界内英国人所有地"

1　钟翀：《近代日本所绘上海城市地图通考》，载《历史地理》第 32 辑，上海人民出版社，2015，第 317—334 页。

2　[日] 松本郁美：《初代上海领事品川忠道に关する一考察》，载《史窗》第 58 号，2001，第 282—283 页。

3　[日] 高桥孝助等编著：《上海史》，东京凸版印刷株式会社，1995，第 119—124 页。

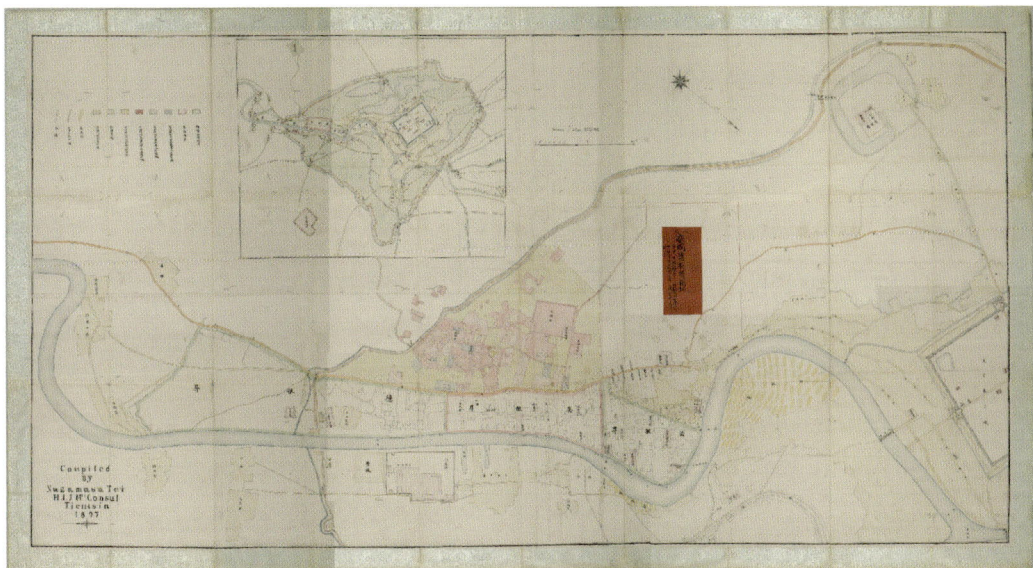

图 7　天津各国居留地全图（1897 年 10 月绘）

"英国新租界内英国工部局所有地""英国新租界内清国人所有地"五种土地所有类型，表现尤为精确。

图上明记作图者为郑永昌。郑永昌（1856—1931），肥前长崎人，明治大正时期日本外交官。其祖上为明遗臣郑芝龙、福建晋江豪族，明亡后流落长崎，归化为日本人，世代担任长崎口岸从事文书翻译、外贸管理的"唐通事"；明治维新后被选任日本驻北京公使馆的书记官，后升任天津领事（1896.3—1897.7、1897.10—1901.3 在任），戊戌变法失败后，郑氏曾护送梁启超从北京秘密到天津坐船逃亡日本，退官后曾任直隶总督袁世凯的顾问，是近代中日交涉史上十分活跃，且身份颇为特殊的一位日本外交官。[1]

按图上所记本图绘制于 1897 年，其时正值中日为划设天津租界交涉之际，那么本图所反映的究竟是哪一时间点上的具体场景呢？

从这一时期中日天津租界交涉的历史来看，1896 年 3 月，日本外务省升任郑永昌为二等领事派驻天津（后升为一等），当年 10 月中日正式订定《公立文凭》，天津日租界的设置进入议事日程。日本外务省档案显示，1896 年 11 月 16 日，外务省即以密函训令郑领事开展调查、筹办划界，12 月 12 日，郑将调查结果密报给了外务省，该报告提出拟订日租

1　靳佳萍、万鲁建：《试论郑永昌与天津日租界的设立与经营——基于日本外交档案的考察》，《历史教学》2016 年第 14 期。

界的原则和选址建议，即选定于海河西岸
天津城南闸口至法租界之间的马家口地
段，报告中还附有天津各国租界地图、选
定日租界位置图等。[1] 不过，从此时直至
1897 年 10 月前郑永昌等与日本外务省的
往复公文显示，这一时期还是日方对天津
的资料收集与划界研议阶段，上述的
1896 年 12 月 12 日报告之中所附地图，还
有像 1897 年 7 月 17 日报告的附图，均为
草图性质，与此图差距甚大。

　　到了 1897 年 10 月 17 日，日本才正
式照会清政府，提出划界方案，此后至
1898 年 5 月，为双方的密集交涉阶段。
这一阶段双方交锋颇为激烈，其焦点是对
海河沿岸自闸口到福音堂地带的争议。查
阅这一时期日本外务省相关档案，可见在
11 月 5 日驻华公使矢野文雄发给外务省
的"机密第 61 号信"中附上了一幅"天
津专有居留地区内符号图"[2]，该图图式
与本图完全相同，只不过增加了许多日文
假名与英文字母的符号注记，用以表示多
种不同的划界考虑。而在"天津各国居
留地全图"上有一日文红色贴签，中文
译作"设定的帝国专有居留地：红点线
为居留地边界线，总面积凡四十万坪，但
在阻碍较多的情况下，亦可替换为红线划
定的区域"。比较这两种图上的点线与红
线，发现两图均以海河沿岸的溜米厂作为

交涉可退让区域，反映这两幅图应该是在
交涉过程之中非常接近的时间点所使用的
地图，而从 11 月 5 日的"天津专有居留
地区内符号图"上增注符号这一表现，
推断"天津各国居留地全图"的绘制时
间应略早于 11 月 5 日机密信所附图，很
可能就是该信中提及的 10 月 30 日机密第
59 号信中所附之"甲号"图，但笔者查
得外务省档案中留存的该信并未附图，[3]
或有可能是其所附之图在档案整理之际被
重新编排，成了现在内阁文库单独收藏的
这幅"天津各国居留地全图"亦未可知。
毫无疑问的是，由郑永昌绘制的此种天津
租界地图，被作为工作底图在后来的交
涉、乃至在 1898 年 8 月 29 日双方最终签
订《日本租界条款》中均得以运用，成
为天津日租界历史初期最重要一种基础地
图史料。

（三）日本佚名绘"沙市全图"（约 1896 年 1 月绘）及李少白绘"荆沙图"（1892 年秋绘）

　　"沙市全图"为一幅图径尺寸纵 34.4
厘米、横 100.6 厘米的手绘地图（藏图号
177-0037，图 8），全图以墨笔勾线绘制
地物，并标以丰富的地名注记，而在长江

1　张利民：《划定天津日租界的中日交涉》，《历史档案》2004 年第 1 期。

2　［日］アジア历史资料センター Ref. B12082545500，《在支帝国专管居留地关系杂件/天津之部（第一卷）》。

3　［日］アジア历史资料センター Ref. C04026265500，《在支帝国专管居留地关系杂件/天津之部（第一卷）》。

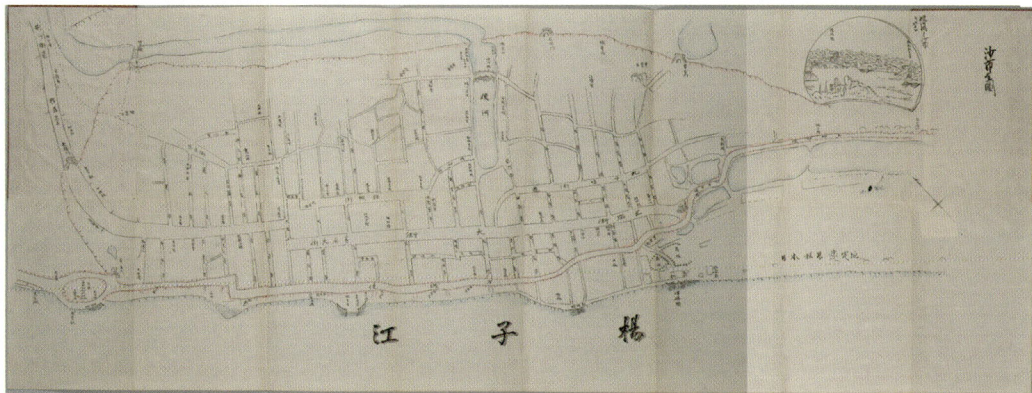

图 8　沙市全图（约 1896 年 1 月绘）

大堤与沙市城墙线上压线加描红线、在长江与便河河岸线上加描绿色，以突出表现该城最重要的线状地物。该图对近代沙市的城市平面形态及周围地形状况、城内市街的分布等表现较为准确，其中街道的描绘主次分明、标注详备，衙署祠庙等部分重要地物亦有标绘。图上未注比例尺，据实际量算约为 1：5000，因此推测是基于简易实测的手绘草图。作为一种现存较早的近代沙市地图，其测绘过程或所依据的底图尚不得而知，且本图为一仅见藏于内阁文库的孤本，因此虽不甚精确，却是目前所知最早的、大比例尺实测的近代沙市城市地图，其测绘精度与内容丰富程度均远超同时期的光绪《荆州府志》等当地方志所刊图，因此具有很高的研究价值。

图上未注作者与年代，但根据图右上的沙市风景小插画题为"便河桥ヨリ沙市ヲ望い"（自便河桥眺望沙市），可确定应为日人所绘。而从内容判断，右下有"日本租界豫定地"标注，中日曾于 1898 年 8 月订立《沙市口日本租界章程》，但在此前后日租界均未正式开辟；图上地物标注以街巷、会馆、书院、祠庙为主，预定日租界中仅绘出少量山丘，显示未开发状态；图中较晚的地物有 1877 年所设沙市轮船招商局、1896 年所设沙市电报局、日本国领事馆（图上标为"日本公署"），且不见 1897 年 3 月所设日本商品标本陈列所及同年 11 月所建日本国邮便局等，因此初步可断其绘制于 1896—1897 年，推测很可能是当时日本领事馆草创时所绘之图，不过其具体绘制背景还需进一步分析。

《马关条约》订定后，日本政府即派驻沪总领事珍田舍巳来沙市为开设租界展开交涉。根据日本外交档案中的珍田所撰复命书，可知他于 1895 年 12 月 18 日从上海出发，12 月 30 日到达沙市，至 1896 年 1 月 18 日自沙市返回。在沙市期间，他的活动包括租界的选址、市况的调查，并在此基础上与荆宜施道台周懋琦数次会面，进行了租界划设的第一轮谈判。该件档案还附有一幅不具名的沙市地图，即该复命书中在租界选址等处多次提及的"添附地图"[1]。此图与内阁文库藏"沙市全图"极为接近，两图均系手工绘制，而从字迹上看也应是同一人所书，并且在地名标注上，如"芦席巷"两图均误作"户席巷"等细节，显示这两种沙市图之间非常密切的关联。不过，复命书中附图在地物表现上略为简化，而"沙市全图"也纠正了复命书附图的若干地名错误，如将"青石太街"更正为"青石大街"等。因此，"沙市全图"的绘制应略晚于这份成图于1896年年初、在复名书中夹带的沙市图。那么"沙市全图"绘制的时间下限是何时呢？

从1895年以来中日两国有关沙市日租界的交涉历史来看，在珍田舍已来沙后不久，日政府又任命永泷久吉为首任驻沙市日本领事，于1896年5月14日到达沙市，展开了租界划界的第二轮谈判。[2] 为此，笔者全面查阅这一时期沙市日租界相关的日本外交档案，发现其中附有数种沙市地图，早期的有1896年5月21日永泷久吉撰《帝国居留地设备ノ义ニ付ク具申》之中所附的无名图，该图仅表现预设日租界，而非沙市全图；而在同年7月4日外务大臣西园寺公望给永泷领事所发的指示及沙市租界章程草案之后，附有一幅"在沙市大日本帝国租界地图"，该图范围也仅限于拟设的日租界，但表现更为精确，其制图很可能是基于一次实地的平板仪测量；至1897年7月15日永泷撰《帝国居留地取扱商议ニ关スル件具申》

所附反映日租界划界的无名图，则显然是以1896年7月4日"在沙市大日本帝国租界地图"为底图绘制的，总之，这一时期随着双方交涉的深入以及租界设立后规划的展开，日制沙市地图的绘制也从反映沙市全貌的城市全图转为日人所聚焦的日租界区域图甚至规划图上。综上，作为一种工作用图，内阁文库所藏"沙市全图"不可能在1896年春永泷来沙之后，而应该是创作于1896年1月珍田在沙市进行第一轮交涉之际或稍后，其作者很可能就是珍田舍巳或其随从。

值得留意的是，内阁文库还收藏了一幅"荆沙图"，系图幅高33.3厘米，阔63.8厘米的彩绘本（藏图号288-0026，图9）。根据该图题款"幽然一片古江城，景象依稀是楚荆，遥望沙头烟树外，行云流水感诗情。时在壬辰秋日，于荆江会馆摹写，蜀渝青莲社人少白并题"，以及图上有绘者钤印"李子""少白""依样"，可知其为李少白于光绪壬辰即十八年（1892）所作。李少白，又名创家，号青莲居士，山西万荣人，清末画家，擅长山水、人物、花鸟，据传他书法流畅，题款甚妙。[3] 此图采自北向南空中俯瞰视角，展现荆州古城、沙市镇街市及沿江全貌，对于围郭、河流、建筑的描绘详细而写实。此图上另有"日本政府图书"章，但未详入藏经纬，考虑到此图的绘制年代

1　[日] アジア历史资料センター Ref. B12082533200，《在支帝国专管居留地关系杂件/沙市之部（第一卷）》之机密号外第一号《在沙市帝国居留地豫定ノ係る付复命》。

2　[日] 永泷久吉：《回顾七十年》，东京：一匡印刷所，1935，第53—81页。

3　乔晓军编著：《中国美术家人名辞典补遗一编》，三秦出版社，2004，第229页；《万荣县志》卷二八《文化》第四章《美术 书法 摄影》，海潮出版社，1995，第602页。

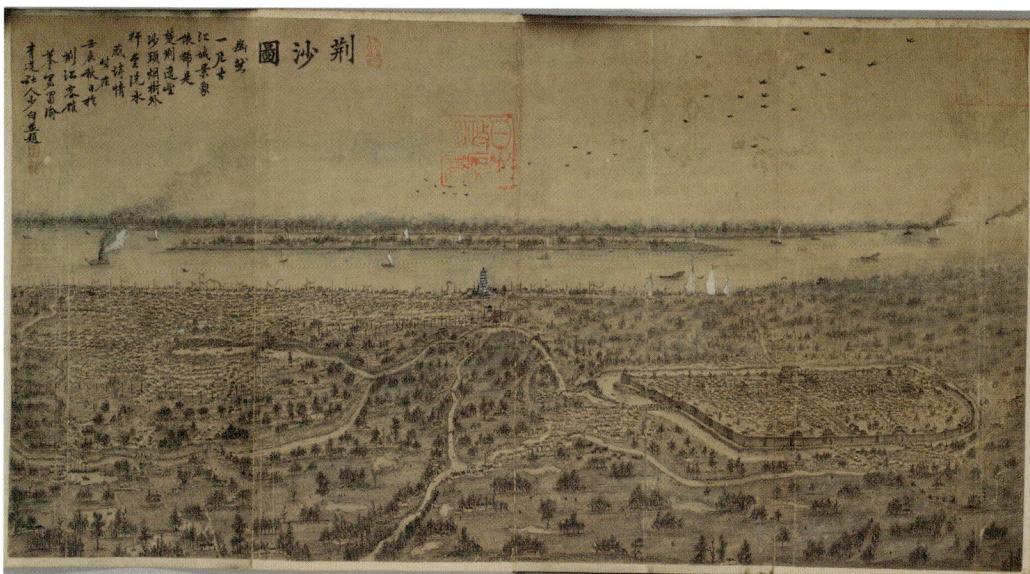

图 9　荆沙图（1892 年秋绘）

与上述珍田舍巳在沙市活动的时间比较接近，并且，对比"沙市全图"上"自便河桥眺望沙市"小插画与此图便河桥区域的相似表现，笔者推测此图很可能也是珍田氏首次来沙时所收集的当地地图资料，并被运用到了"沙市全图"的绘制之中。

（四）山吉盛义绘"厦门暨鼓浪屿明细图""厦门沿岸明细图"（1901 年绘）及岭南叶善堂刊"厦门街市全图"（1875 年刊）

内阁文库藏"厦门暨鼓浪屿明细图"（藏图号ヨ292-0190，图 10）、"厦门沿岸明细图"（藏图号ヨ292-0188，图 11）两种厦门地图，分别为一套 3 幅、一套 6 幅的套图。两套图中的每幅图规格统一，图幅均为纵 34.4 厘米、横 100.6 厘米。绘者以墨笔勾线手绘，图中陆地与岛礁绘出等高线。图例分别有 15 种、14 种，除道路、城池、寺院、树林、沙滩、池湖、沙洲、草地之外，还有特别标注的图例如炮台、各国领馆、医院等，其中道路、池湖、炮台等部分线状或面状图例加描黄、红、蓝色以突出表现。这两套图仅见藏于内阁文库，因此十分难得。

两图均注"明治三十四年九月于厦门查定"，而后者更标注绘者"山吉盛义制"以及数字比例尺 1：50000，两套图的图式相同、图例相近，标注文字的笔迹相同，因此判定当同为山吉盛义于明治三十四年（1901）九月所制。山吉盛义，兴亚会会员，1883 年曾自费赴北京留学，后活跃于台湾及闽广一带，交游当地文化界人士，同时刺探各地地理、政情，其间编撰《日清英对照支那沿海地名辞书》

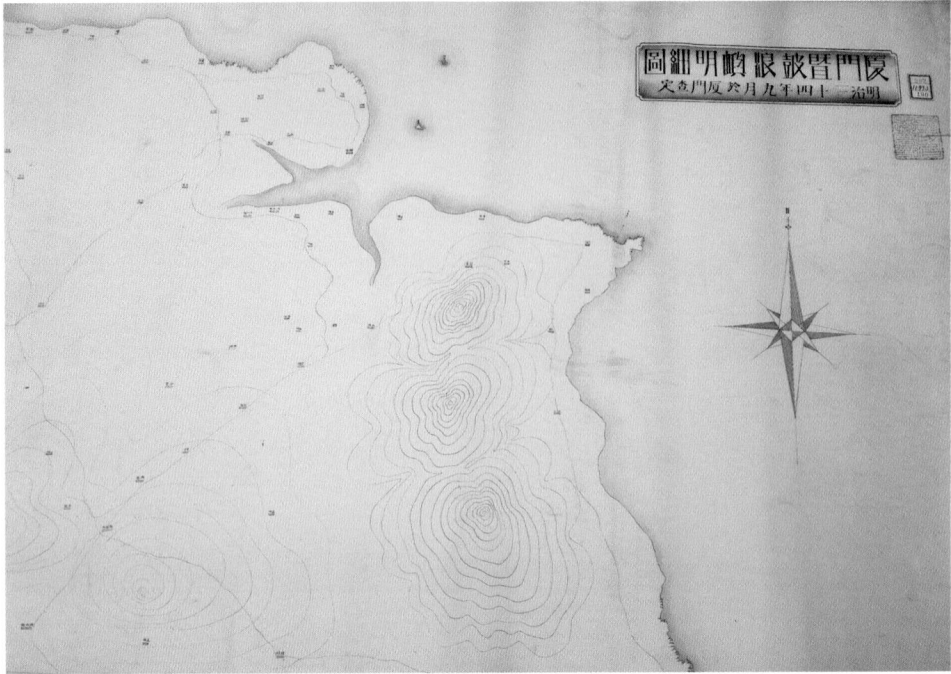

图 10　厦门暨鼓浪屿明细图（1901 年绘，其一局部）

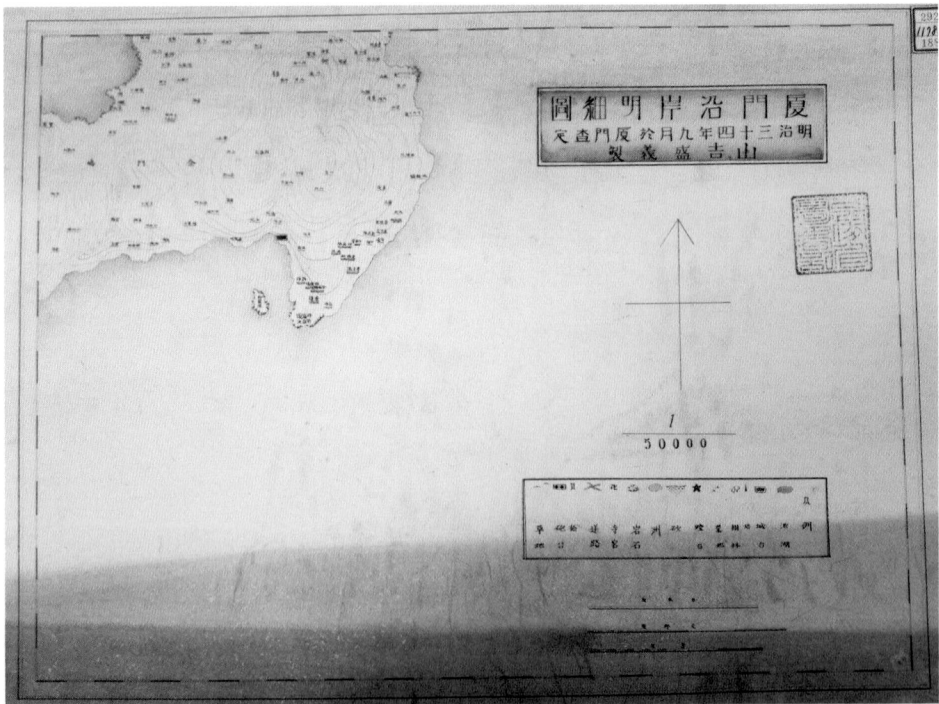

图 11　厦门沿岸明细图（1901 年绘，其一）

《清国广东省汕头并潮州港情况》等多种地理类著作以及"台湾诸岛全图""二十万分一澎湖岛"等地图,具有相当的地理调查与制图经验。他在厦门领馆勤务时间大约从 1901 年夏到 1904 年夏之间,[1]并曾于 1903 年年底至 1904 年年初短暂代理领事事务。

不过,翻检同时期厦门相关的日本外交档案,并未发现与这两套地图相近之图或与之相关的记述,而外交档案中所附的厦门地图,最早的有 1896 年 12 月 14 日领事上野专一上报外务省的《居留地地区之事》所附图 3 幅,其主图直接使用了 1892 年英军绘制的厦门海图;其后的 1897 年 3 月 27 日、1898 年 7 月 4 日交涉档案中附有厦门划设租界的草图,至 1899 年 2 月 4 日的《厦门专管地ニ关シ英公使ト交涉ノ件》所附"厦门港地区""鼓浪屿地区"图,已绘成了十分精确的 1∶2000 大比例尺城市实测图。[2] 而内阁文库所藏这两套图,比例尺为五万分之一,且覆盖范围扩大至九龙江口的整个厦门湾,那么,此图又是为何目的而制作的呢?

作为近代第一批开埠口岸的厦门,虽然早在 1874 年,日本便已在此开设领馆,但前期经营并不积极,至 1880 年甚至一度废止。甲午战后,日本复于 1896 年 3 月再度设置领馆。1897 年年初,日本为索取专管租界始与当地政府展开交涉,其间遭遇兴泉永道台恽祖祁等官员节节抵制,直至 1900 年 1 月才签订《厦门日本专管租界续约章程》。而与此同时,日本在厦扩张势力的动向也激起英美等列强的警惕与不满,几经折冲,至 1902 年 1 月 10 日,最终以英、美、日、法等九国驻厦领事与兴泉永道签订《厦门鼓浪屿公共地界章程》、鼓浪屿沦为公共租界收场。这两套图的产生,正处于上述日本专管租界章程、九国公共租界章程订定之间,此时日本与英美等国在厦矛盾由暗斗转为明争,就在 1901 年年中,北方义和团起义爆发,厦门局势亦不稳定,由此触发日本趁机独占厦门的贪念。8 月 14 日,日舰"和泉号"占领厦门炮台,23 日又发生了山仔顶东本愿寺纵火事件,至 8 月底,英美军舰纷纷赶来与日舰对峙,这次危机最终在 8 月 31 日以日舰撤出告终。因此推断,山吉在 1901 年 9 月绘制的这套厦门湾全域图,其目的当是应对此次危机而为日方提供决策所作,具有非常强烈的时效性与针对性。

1　关于山吉盛义在厦时间,据以下资料推断: 日本国立国会图书馆藏《明治三十九年·任免》卷三四《副领事山吉盛义依赖免本官ノ件》提及 1901 年夏在厦勤务中曾患病; 1904 年 7 月 3 日,台湾进士施士洁在厦门发起送别山吉盛义的诗酒会,参见孟建煌《论离台内渡台湾进士施士洁与日本文人》,《海南师范大学学报》(社会科学版) 2010 年第 2 期。

2　上述档案及地图收于 [日] アジア历史资料センター Ref. B12082542500,《在支帝国专管居留地关系杂件/厦门之部 (第一卷) 》、アジア历史资料センター Ref. B12082542900,《在支帝国专管居留地关系杂件/厦门之部 (第二卷) 》。

除上述两种手绘厦门图外，内阁文库还藏有一种"厦门街市全图"（藏图号288-0017，图12），为图幅纵64.5厘米、横127.6厘米的长卷，按图上题款为"光绪元年春月，岭南叶善堂校定"，可知此图作于1875年，作者应该就是清道光二十四年（1844）进士叶善堂。叶善堂是广东南雄州人，曾为官福州知府、贵州按察使。

以笔者所知，此图不见于海内外其他公私收藏，很可能是一种孤本地图。而与之相似的厦门地图有3种：一种为美国国会图书馆所藏名为 Complete Map of Hsiamen Amoy China 的晒蓝图，按图上标注，系美国军事信息部菲律宾分部（Military Information Division, Office of the Chief of Staff, Headquarters Pilipplines Divi-

sion）于1913年编制，该图并非实测图，地图右下方绘制的多艘帆船以及图上的建筑表现等均与"厦门街市全图"极为接近，显然是以"厦门街市全图"为底图所制；另一种为载于《厦门海防百年》，图名"厦门海防图"，而书中另注为"1899年厦门海防要塞八大炮台图"[1]；还有一种为《图说厦门》所载"厦门旧城市图"[2]，图名显然是后人所加，该书著录此图为"清末同治年间"绘制，未详何据，但以该图上题款"广告部黄怀祺绘"观之，似为清末民国初所作。这3种名称不同的厦门图图式、内容均十分接近，可以确定其为同源之图，而与光绪元年的"厦门街市全图"相比，地物表现上均做了简化处理，但山体则以封闭毛虫

图12 厦门街市全图（1875年刊）

1 韩栽茂：《厦门海防百年》，厦门大学出版社，2004，第137页。

2 林长树、游有雄等编：《图说厦门》，厦门市新闻出版局，2006，第90—91页。

线来表示，反映其创作年代都要晚于"厦门街市全图"。因此推测"厦门街市全图"既是上述三图之母本，又是晚清民国初厦门当地流行城市地图之祖本，由此亦凸显内阁文库所藏"厦门街市全图"之珍贵价值。

三　其他珍稀城市图略述

除了上述珍本图之外，内阁文库还收藏了一些较为珍稀的近代中国城市地图，限于纸幅略述如下。

（一）岩桥章山制"最新台北市街鸟目全图"（1911 年刊）

日本岩桥章山于 1911 年 11 月编制，台北的台湾日日新报社印刷发行。该图采用单色石印，图廓内尺寸纵 54.2 厘米、横 78.7 厘米，比例尺 1：3700。此图绘制精美，但存世极罕，现在公藏机构之中仅见藏于内阁文库，而以笔者经年搜访，亦无其他私家收藏此图消息，很可能已成孤本。

"鸟目图"现通称鸟瞰图，本图的特点是以平面实测图表现地形、道路与街廓，而以立面及透视图形式描绘重要公共建筑及建成区。主图表现台北老城及艋舺大部，按图上说明，系以此前台湾总督府土木部实测"台北市区改正图"为底图

并经补充调查所作，据《外国所绘近代中国城市地图总目提要》所收 1910 年 1 月实测"台北市区改正图"[1]，可知两图内容相近但本图的标注更为丰富、表现更为直观。本图另有分图表现大稻埕与城南街市，并附"台湾神社"与"台湾总督府中学校"的素描画。图名前附说明"飞行机スケーチ"意为航空素描，与图名的鸟瞰图之意相对应。

（二）其他中国制近代城市地图

内阁文库还藏有一些近代中国城市地图珍本，其中较具代表性的有以下几种。

"苏城厢图"，墨印本，此图海内外传世尚多，中国国家图书馆、苏州博物馆以及美、英、法、日等国公藏机构多有收藏，推测为晚清时期流行于苏州的一种城市地图。《苏州古城地图集》以图中的学古堂、正谊书院并存，断其年代当在 1888 年学古堂建立后、至 1903 年正谊书院改为苏州府中学堂之前，[2] 较为妥当。按，内阁文库所藏图在卷轴上题有"三十年新调"，当为明治三十年（1897），正在此断限之中。内阁文库所藏图上有朱笔添绘的"日本领事馆""日本居留地""海关口"等标注，推断该图很可能就是 1895 年年底珍田舍巳首赴苏州调查至 1897 年双方为租界地反复交涉之间，日方人员所使用的工作用图。

1　李孝聪、钟翀：《外国所绘近代中国城市地图总目提要》下册，第 505 页。

2　张英霖主编：《苏州古城地图集》，古吴轩出版社，2004，第 23 页。

"浙江省垣坊巷全图",木刻墨印,按图上注记"光绪四年华亭许嘉德记"可知其刊印当在 1878 年。此图在国内及海外公藏机构也较多见,笔者此前推断此图在民间的使用一直延续至晚清民国初年,[1] 而内阁文库藏本在外封上所题"明治三十年",亦可印证此推断。不同于"苏城厢图",内阁文库藏本之图上并无添绘内容,不过在外封上题有"公第四九号附属",可知该藏本也应该是 1895—1897 年日方为划设杭州租界所收集的地图资料。

"重庆府治全图",木刻墨印,该种重庆地图流行于晚清,先后有国璋、张云轩和刘子如三个版本,内阁文库藏本为张云轩刊本,该图已收入《重庆古旧地图研究》一书,按书中所云,其绘制年代当在 1886—1890 年。[2] 内阁文库本上有朱笔添绘的日、英、法、美诸国领事馆以及立德、永丰、怡和、太古等洋行,并以日文假名标注序号,因此推断此图仍是日方在 1896—1901 年为开设租界所用之图。

余 论

近年来,古旧地图的整理、出版与研究在我国呈"爆炸性增长",地图史学俨然成为"显学"[3],远赴海外公藏机构的搜求者也不在少数。不过,目前的海外收集与整理,往往是以查阅者的身份去访查特定的地图资料,因此其视角大多局限于针对某一城市、区域或专题的地图,而非以收藏方的视角,系统地考察这些海外专馆所藏图的绘制背景与流传史。事实上,作为特定机构的资料群,许多海外专馆里的中国地图,往往都有其特定的蒐集径路与传存场境以及与之相关的文档记录,借此可为创作背景的探查提供线索。目前这方面的研究还比较缺乏,本文以日本内阁文库为例的考察,目的就是将研究的视角从查阅方转向收藏方,尝试为分析古旧地图的创作背景开辟一条新的思路。

从本文的考察来看,内阁文库的近代中国城市地图珍本收藏颇具特色,且与该馆的文献传存史,尤其是该馆所藏档案文书等关联文献密切相关,例如,对于"首善全图""沙市全图""荆沙图""苏城厢图"等图的考察中,在常规的图面分析之外,结合该馆所藏此类地图上特有的贴签与手写注记,利用该馆所存上述传藏记录、关联的日方档案等材料的整合考证,即可了解该馆所藏的这批地图珍本,其中有不少就是当时的某一特定历史场境(其中多与甲午战争后各通商口岸日租界的设立有关)的工作用图,或某一工作用图的底图,由此可在单幅地图的孤立信

1 钟翀:《〈浙江省城全图〉的前世与今生》,《杭州师范大学学报》(社会科学版)2014 年第 1 期。

2 蓝勇主编:《重庆古旧地图研究》上册,西南师范大学出版社,2013,第 189、194—195 页。

3 汪前进:《说说古旧地图与地图史学》,《中国社会科学报》2021 年第 2250 期。

息源之外，建立起较为详细的创作背景，为开展进一步的图史互证研究提供珍贵的地图史料，其研究价值乃至文物价值均不可低估。

目前在海外的不少公藏机构，如日本或欧美诸国的图书馆或档案馆，都有相当数量的中国古旧地图的收藏，其中不乏珍稀之本，期待系统开展有关此类地图的创作背景调研，以矫现今图像大数据处理中的"去馆藏地化"之偏，正是笔者撰写此文的初衷所在。

清代海图绘制转型分析
——以舟山海域为例

■ 杜晓伟（云南大学）

1840 年前，清代绘制的涉及舟山地区的海图，除民间绘航海图、岛屿图等外，官绘本大多和海防有关，1840 年后又涉及中国海图绘制的转型。本文以海防为切入点，将舟山海域作为研究对象，对海图绘制的内容、特征及其演变进行讨论，进而探究清代海图绘制的历史转型问题。

一　问题的提出

海图作为清代行政治理与军事防御的重要工具，其绘制方法和内容很大程度上反映了政府经理海疆的特征。康熙二十二年（1683）收复台湾之后，清政府出于民生考虑，逐渐放开海禁，对海上岛屿不再施行绝对的封禁。舟山群岛因具备较好的垦殖条件，也是江南地区的海防重镇，康熙二十六年（1687）改原定海县为镇海县之后，在舟山新设定海县，[1] 自此舟山海域成为清政府的县级行政区，绘制舟山群岛详细地图成为治理需求。

"地理之学，非图不明。"[2] 地图作为使用工具，随着社会需求和技术进步，传统的地图绘制必然向西方实测地图发展。[3] 对于我国古代地图的绘制转型，李贻燕认为明末至民国时期，绘制变化颇多，制图之法日益进步，逐渐向西方制图法靠近。[4] 褚绍唐以精确、明晰、示远之力为标准，将中国地图绘制史视为不断科学化的进步史，认为明末到清康熙初是我国地图绘制向测绘转变的"完成时期"，

1　光绪《定海厅志》卷五《建置》，光绪十一年刻本，第 6 页 a。

2　曹婉如等编：《中国古代地图集·清代》谭其骧序，文物出版社，1997，第 2 页。

3　胡树楫：《中国地图之沿革》，《东方杂志》1919 年第 16 卷第 1 号。

4　李贻燕：《中国地图学史》，《学艺杂志》1920 年第 2 卷第 8 号；李贻燕：《中国地图学史（续）》，《学艺杂志》1920 年第 2 卷第 9 号。

康熙之后至民国是"改造时期"[1]。苗迪青则认为明末至民国时期，制图完全在西洋影响之下。[2] 当然，一些学者也提出了不同看法。如王以中通过梳理中国地图与地志的关系及发展脉络，认为中国古地图的绘制受西方技术影响较小，整体缺乏科学性。[3] 王庸同样对中国绘图技术的进步持保留意见，这一点与李约瑟将我国古代地图绘制称为"科学的制图；从未中断过的中国网格法制图传统"有着明显区别。[4]

20世纪70年代以来，先后出版的中国地图学史专著，[5] 仍是以"科学"的视角撰写我国地图的绘制史，观点大同小异。十多年来，学界对民国以来中国地图学史叙事方式开始反思，如华人学者余定国的《中国地图学史》认为，"我们需要根据中国古地图本身的规范来了解中国古地图，也就是说按照这些规范，知识不一定是由数字来鉴定"。中国古地图具有比数学概念更广泛的含义，"好"地图可以用社会的、美学的甚至宗教的标准来衡量，"地图不一定是要表示两点之间的距离，它还可以表示权力、责任和感情"[6]。成一农进一步以广舆图为例，认为"从'科学''定量'的角度进行的中国古代地图学史的书写在视角上是片面的"[7]。

近年来，我国古地图研究不再以"科学性"作为唯一视角。前辈学者对我国古地图科学化发展的时段认定，本身也存在问题，一两幅、几幅或某一类地图的西化并不能成为判断制图理念、方式转变的绝对依据。所以，我们今天重新思考清代海图绘制转型问题，首要的是要弄清楚它和传统海图之间的关系。李鹏曾提出"近代中国本土精英在对西方'科学'地图知识的'现代性体验'中，往往不自觉地利用中国传统地图知识进行重新塑造，即通过'传统知识资源的再利用'，进而沟通与融合中西两种不同的地图绘制传统"[8]，那么这种现象在清后期海图绘制中是否仍然存在？还有，清后期海图绘制科学化及自主测绘较晚的原因是什么，是条件不具备，还是主观认知存在问题？还有，我们一直强调要从"实用性"的

1　褚绍唐：《中国地图史略》，《地学季刊》1934年第4期。

2　苗迪青：《我国之地图》，《政治季刊》1948年第3—4期。

3　王以中：《地志与地图》，《禹贡半月刊》1934年第2期。

4　成一农：《近70年来中国古地图与地图学史研究的主要进展》，《中国历史地理论丛》2019年第3期。

5　主要有：陈正祥《中国古代地图学之发展》，《中国文化研究所学报》1976年第1期；陈正祥《中国地图学史》，商务印书馆，1979；卢志良《中国地图学史》，测绘出版社，1984；阎平、孙果清等编著《中华古地图集珍》，西安地图出版社，1995；喻沧、廖克《中国地图学史》，测绘出版社，2010。

6　[美] 余定国：《中国地图学史》，姜道章译，北京大学出版社，2006，第44—45页。

7　《近70年来中国古地图与地图学史研究的主要进展》，第30页。

8　李鹏：《现代性的回响：近代川江航道图志本土谱系的建构》，《上海地方志》2017年第1期。

角度看待中国古地图，那么清代海图的实用性体现在哪里？与准确性又是什么关系？基于以上问题，本文将以舟山群岛为例进行探讨。

舟山自康熙时期设县、道光时期升厅以来，其海防地位不断提升，因此辖境内的舟山群岛作为控扼海洋的防御要地，具有管控的现实急切性。在这种现实需求面前，清代舟山一带地图的绘制变化，可以成为探讨以上问题的切入点。当然，海图绘制的转变是一个复杂的社会性问题，本文难以兼顾各个方面的要素，因此主要是根据清代海图绘制目的，从海防层面探讨相关问题。

二　清代海图中的舟山群岛

舟山群岛位于北纬 29°至 31°、东经 121°至 123°，是中国第一大群岛，地处长江口南侧、杭州湾外东海洋面上。据最新统计，今天舟山群岛海域面积达 2 万平方公里，海岸线长 2444 公里，大小岛屿 1390 个，礁 3306 座。主岛舟山岛，东西长 44 公里，南北宽 18 公里，面积 502.65 平方公里；[1] 其次较大的岛屿有岱山、普陀、六横、金塘、衢山、朱家尖、长涂山

等。面对这样一个广阔重要的海域，明清古地图对舟山一带的描绘，经历了一个较为漫长的历史过程。

明代可能并没有专门的舟山海域地图，除航海图外，海图基本是为海防所用。据成一农研究，明代海防图主要有郑若曾 12 幅《万里海防图》系统、72 幅"万里海防图"系统、72 幅"万里海防图"谱系之章潢《图书编》"万里海防图"子类三个谱系，此外还有一些分省的沿海总图，如《筹海图编》中的"浙江沿海总图"及《武备志》《武备地利》《三才图会》《海防纂要》中的各省"沿海总图"[2]。从分类的明代海防图谱系来看，图中绘制的主要是舟山、普陀、衢山等较大岛屿，且视角不定，方位较为随意。其中，舟山岛的绘制，主要突出卫所和汛地的分布。清代之后，舟山设县升厅以来，舟山群岛基本在其辖境之下。清人对舟山群岛地理情况的掌握，经历了一个较长的时段。清代涉及舟山群岛的地图，从区域来看，主要有全国总图、[3] 省图和府厅县图。本文研究的是关于舟山海域的海防图、沿海图和岛屿图等，[4] 其绘制差异主要是和海防策略、具体防御运作相关，与清前后期的海防方针变化有着重要联系，因此涉及舟山海域不同区域的海图

1　舟山市统计局编：《舟山 2020 统计年鉴》，中国统计出版社，2021，第 3 页。

2　成一农：《明清海防总图研究》，《社会科学战线》2020 年第 2 期。

3　清代所绘的一些总图，如康雍乾时期测绘的全国总图，主要是绘制陆地要素，对海洋要素关注较少。该类地图仅是绘出舟山和周围少数岛礁，较为粗糙且藏于内府，对时人海疆认知并无太大影响，因此本文中不作列举。

4　这些地图基本也是海防所用。

均可以进行对比研究。此外，这些地图演变的共性要大于不同，即区域大小对地图绘制的影响，并不会造成比较障碍。需要说明的是，本文收录的相关地图并不全，主要是官绘本和方志地图，但鉴于清代海图绘制方式的长期停滞，绘本和刻本地图的绘制表现无根本性差异，因此并不影响综合分析舟山一带地图的绘制演变。以下是本文所选取的清代绘舟山群岛地图的基本情况。[1]

（一）1840 年前所绘清代舟山群岛地图

康熙《浙江通志》中收录有浙江省《海防图》，[2] 方向为上南下北，以陆视海。其背景是康熙前期"采捕之禁既弛，迁界之民渐复"后，为海防民生计所绘。该图重点在于说明浙江沿海府州县、卫所、水寨、烽堠及海上岛礁分布情况，其中舟山海域仅绘有舟山岛及附近的普陀山、金塘山岛等，绘制较为简单。其绘制时间，据《浙江通志》刻印时间判断，为康熙二十三年（1684）之前。

《浙江海图》，[3] 清代兵书《水师辑要》收录地图，作者为水师将领陈良弼，康雍时期任香山副将、南澳总兵官、广东碣石总兵官等职。该书中还有"京东海图""江南海图""福建海图""粤东海图""台湾海图"和"澎湖海图"等图，其中"浙江海图"的绘制视角为由陆视海，在定海县部分绘舟山岛和普陀山岛等，舟山岛上绘有定海县城。总体来看，该图对舟山一带绘制非常简略。

《沿海全图》，[4] 水师将领陈伦炯著《海国闻见录》六幅地图之一，完成于雍正八年（1730）。该图绘制范围北起辽东半岛，南至广西北部湾地区，绘制主要内容为大陆沿岸的行政建置、卫所、山川、桥梁、高塔、盐场、炮台，海上的岛礁、暗沙、水道和布防炮台等。在该图中，舟山群岛的岛礁绘制出方位走势，数量明显增加。因该图影响较大，在清代形成了《海国闻见录》谱系地图，后世摹绘较多。[5]

《宁波府海防图》，[6] 收录于雍正《敕

1　据笔者了解，清代所绘较详细的舟山一带海图，还有国家图书馆藏嘉庆年间绘《浙江省全海图说》、光绪年间绘《定海镇海沿海形势图》及《浙江海图》，均为绘本地图，绘制特征为传统山水式画法。《浙江省全海图说》为内外洋汛防图，主要画出浙江省不同海疆辖区及岛礁分布，《定海镇海沿海形势图》为光绪年间所绘，舟山部分主要绘制的是舟山岛和附近岛礁，《浙江海图》重点绘制沿海营汛驻地和关隘等。具体参见北京图书馆善本特藏部舆图组编《舆图要录》，北京图书馆出版社，1997，第 338 页。

2　康熙《浙江通志》卷首《图》，康熙二十三年刻本，第 19 页 a。

3　（清）陈良弼：《水师辑要》，载《续修四库全书》史部，第 860 册，上海古籍出版社，2002，第 391 页。

4　（清）陈伦炯：《海国闻见录》下，载《文渊阁四库全书》史部，第 594 册，台湾商务印书馆，1982，第 879 页。

5　参见孙靖国《陈伦炯〈海国闻见录〉及其系列地图的版本和来源》，《云南大学学报》（社会科学版）2020 年第 5 期。

6　雍正《敕修浙江通志》卷一《图说》，嘉庆十七年刻本，第 60 页 a。

图1 《浙江海防图·舟山部分》[1]

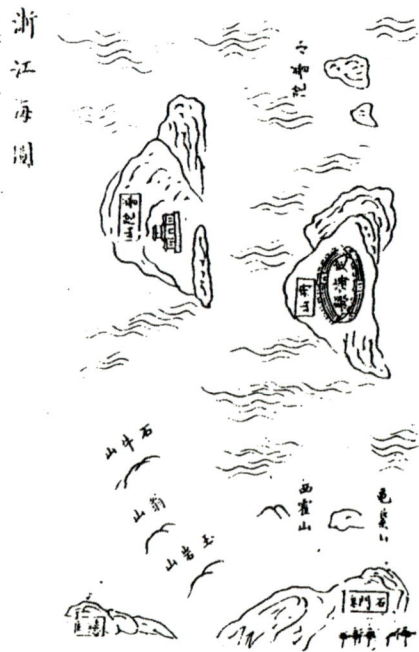

图2 《浙江海图·定海县》

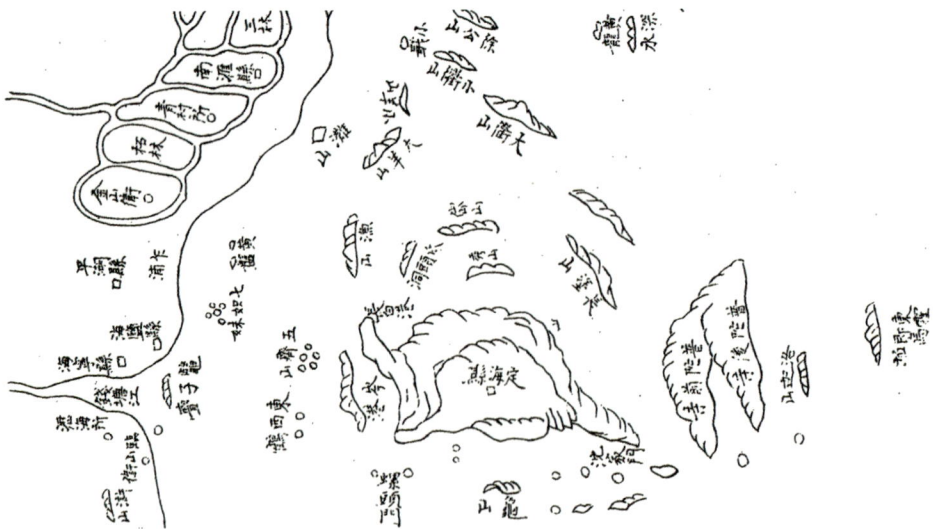

图3 《沿海全图·定海县局部》

1 与该图相似，台北"故宫博物院"收藏有一幅绘本《浙江宁波府属地理舆图》，编号021308，时间为舟山设县之前，图中仅绘有舟山、普陀等少数岛屿，注有军事布防信息。图见台北"故宫博物院"官网：https：//rbk-doc. npm. edu. tw/npmtpc/npmtpall？ID=60&SECU=978625918&PAGE=rbmap/2ND_rbmap&VIEWREC=rbmap：0@@@1233025207#JUMPOINT。

修浙江通志》。在《通志》中还有其他各
府海防图，绘制的主要内容为沿海府州
县、卫所、水寨、烽堠、墩台及海洋中的
少量岛礁。在宁波府海防图中，舟山部分
仅绘制出舟山岛和普陀等岛屿，舟山岛上
绘有定海县城和四周布防的炮台、烽堠
等。相对而言，该图较康熙时期方志中的
舟山地图更为详细，但主要表现的是舟山
主岛。

《定海县境图》，[1] 收录于雍正《宁波
府志》。该图方位为上北下南，绘制有

定海县境内的岛礁，并绘出定海县城及
舟山岛上各处地名。该图对岛礁的表现，
基本是示意性质，如普陀、朱家尖、衢
山等较大岛屿的绘制，其大小与其他小
型岛礁无异，主要是说明其大致地理位
置。此外，乾隆《镇海县志》中收录有
《寰海岛屿图》，[2] 绘制范围为镇海和定
海县海域。该图方位同样为上北下南，绘
制有舟山海域的大量岛礁，其中普陀山写
为補陀山。

图4　《宁波府海防图·定海县》

图5　《定海县境图》

1　雍正《宁波府志》卷一《舆图》，乾隆六年刻本，第13页b。

2　乾隆《镇海县志》卷首《舆图》，乾隆十七年刻本，第10页b。

《宁波府六邑海岛洋图》，[1] 绘本地图，方位为上北下南。绘制内容为宁波府所属鄞县、慈溪、镇海、定海、奉化、象山六县管界的内外洋防守形势。该图用形象画法着重描绘山川、海塘、岛屿、县城以及水师巡哨处所和炮台。海面用红线画出洋汛界线，有红签二十七处，注明岛礁统属及与治所距离。道光三年（1823）象山县南境增设石浦厅，图内尚未注出"石浦厅"，故推断此图绘制时间不晚于道光初年。该图对舟山群岛的绘制较为简略，岛礁数量稀少，并将普陀山绘于舟山岛东北部。

《宁波府呈送六邑海岛洋图》，[2] 绘本地图，方位为上北下南，用形象画法绘出浙江宁波府所属鄞县、慈溪、镇海、定海、奉化、象山六县管界内海湾、岛屿、海岸的自然地貌。着重表现山岭、溪流、滩涂、县城以及清军巡汛处所、炮台。海面用红线画出洋汛界线，注明海域统属。该图同样尚未注出"石浦厅"，应绘制于道光初年之前。图中对舟山群岛的描绘较《宁波府六邑海岛洋图》更为详细，定海县辖境内的岛礁绘制比较丰富，普陀山的位置基本正确。但像朱家尖这样的大岛，绘制为普通小型岛屿，与现实存在明显差异。

图6 《寰海岛屿图》

图7 《宁波府六邑海岛洋图》[3]

1 见"数位方舆"，https：//digitalatlas. asdc. sinica. edu. tw/digitalatlasen/map_ detail. jsp？id＝A104000086。

2 见"数位方舆"，https：//digitalatlas. asdc. sinica. edu. tw/digitalatlasen/map_ detail. jsp？id＝A104000087。

3 将普陀岛绘于舟山东北部的，还有台北"故宫博物院"藏《浙江宁波府属地理舆图》，编号021510，该图表现明代宁波府境内地理及军事布防信息，舟山一带绘制的岛屿数量较多，绘制时间不定。图见官网，https：//rbk-doc. npm. edu. tw/npmtpc/npmtpall？ID＝183&SECU＝628469610&PAGE＝rbmap/2ND_ rbmap&VIEWREC＝rbmap：1@@@1204805256#JUMPOINT。

图 8　《宁波府呈送六邑海岛洋图》

（二）1840 年后所绘清代舟山群岛地图

《定海厅附近地图》，[1] 藏于中国国家图书馆，清代光绪年间彩绘地图。此图未注比例，视角由海视陆。绘制范围北起崇明岛，南至南田岛。岸上绘有山峰、河流

和行政建置等。海上部分，主要绘制舟山群岛和象山县附近洋面的岛礁暗沙，并用文字说明海域地理情况及行船条件，未绘制军事建制和海水深度情况。海面上绘有三条县界，分别为由乍浦海岸附近的金山、白山、滩浒礁、大小洋山、马迹至黄

1　地图贮藏信息见《舆图要录》，北京图书馆出版社，1997，第 347 页。该图的详细绘制内容为笔者在中国国家图书馆查阅所得。

龙岛南线；由镇海镇南蛟门岛、金唐岛以北、五屿、鱼腥脑至大洋山线；由荙杯山、七姊妹、西霍、东霍至五屿线。图的左下角，有一段文字注记，是对定海厅海域地理及海防情况的交代。

《舆地全境图》，[1] 收录于光绪《定海厅志》。原图残缺难以识别，其绘制特征有文字交代："案康熙志县境全图，虽具洋面在内，而山海错杂，稽查倍难。今详加考覈，除陆路外，皆用开方，每方十里，明礁作圈，暗礁作十，而碍于行舟之处，则加点，俾阅者了如指掌云"。该图重点在于突出定海厅境内岛礁位置的准确性。

《浙江沿海要口全图》，[2] 方位为上北下南，图右下角附凡例、图例和罗盘针。凡例称"是图系就浙江省界沿海各要口山岛洋面绘成一图，凡有炮台之处，因限于比例不敷，注字另于分图详细载明，以便检查"。说明该图应该有舟山海域的详细分图，目前仅见总图一幅。全图绘有经纬网，地貌高度以晕渲法表示，绘制范围：北起自杭州湾北岸与江苏省交界处，南至温州府瓯江口；西至钱塘江杭州府一带，东至海。具体绘有浙江沿海岛礁暗沙、河流、城镇、海塘等，并采用近代海图的绘制方式绘出航道及水深情况。民国建立后废除府州厅，该图仍以府为行政区域，说明绘制早于民国。图左下角落款"浙江督

练公所参谋处测绘股绘图生沉应旌摹绘石印所印"。据《清史稿》载："庚子（1900）乱后，各省皆起练新军……至光绪三十年划定军制，京师设练兵处，各省设督练公所"，[3] 说明此图大致绘于清末。

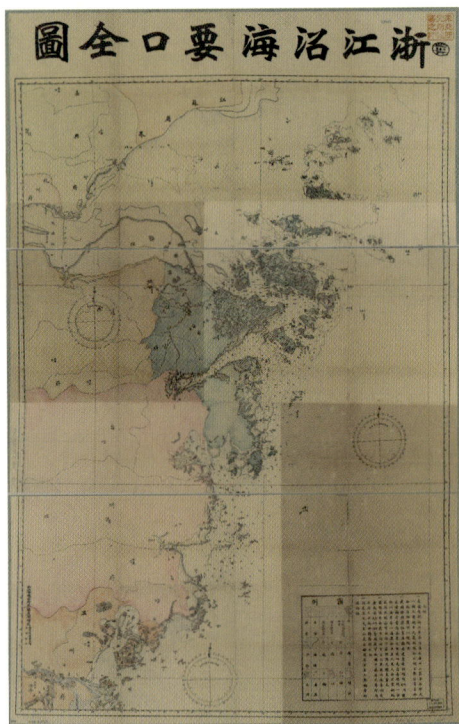

图9 《浙江沿海要口全图》

《新译中国江海险要图志》，[4] 为陈寿彭根据英国海军海道测量局出版的《中国海方向书》编译而成，由经世文社于1901年出版，广东广雅书局于1907年再版。该图册概括了中国的政治、物产、通

1　光绪《定海厅志》卷二《舆地全境图》，光绪二十八年刻本，第1页a。

2　见"数位方舆"，https：//digitalatlas.asdc.sinica.edu.tw/digitalatlasen/map_detail.jsp？id=A103000143。

3　（清）赵尔巽：《清史稿》卷一三二《兵三》，中华书局，1976，第3945页。

4　（清）陈寿彭：《新译中国江海险要图志》卷三《图三》，广雅书局印行，1907，第5页b。

商口岸等人文地理以及地势、湖泊、河流、天气、洋流、潮汐等自然地理状况。[1] "原图约百轴，而大小不齐难入卷帙，用酌选西图之要者，手为模绘，大者缩小者，拓精烦者，切割为数图，共成二百零八轴"，第九十九至一百零四分幅图，详细绘制了舟山群岛的地理情况，岛屿地貌采用晕渲法表示，绘有水道，未标识水深情况。对比当今地图，其绘制的岛礁形态和地理位置与今天实际情况基本无异。

《定海厅洋面岛屿图表》，[2] 定海厅同知钱增勋于光绪丁未年（1907）组织绘制而成。在《定海厅洋面岛屿表》部分，介绍了定海厅岛礁的分布、彼此间距、水文

条件、行船情况等。另有《定海全境舆图》，无经纬度、图例和比例尺，方位为上北下南，主要绘制定海厅境内各处岛礁及地名。该图虽然在绘制上较为简略，但绘制的岛礁形态和位置与现实情况非常接近。

综上，通过对各时期舟山一带地图的梳理，大致可以看出清代以来舟山群岛的绘制情况。1840年之前，清人对舟山海域岛礁的掌握较为简单，虽然绘制岛礁的数量大为增加，但主要是示意性质。1840年之后，尤其是光绪以来，这一情况有了很大改变，地图中绘制的岛礁形态及其分布，基本接近于今天舟山群岛的地理面貌。

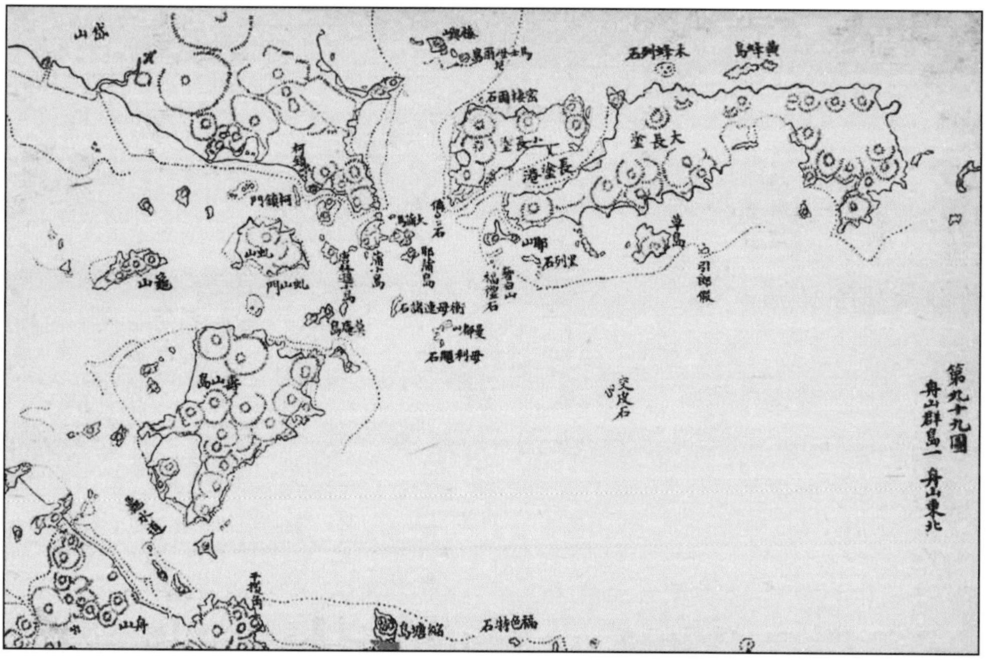

图 10　《新译中国江海险要图志·舟山群岛图局部》

1　伍海苏：《〈新译中国江海险要图志〉的海防地理史料价值研究——以广东沿海为中心》，硕士学位论文，暨南大学，2016，第47—48页。

2　（清）钱增勋：《定海厅洋面岛屿图表》，光绪丁未年印行，第1—8页。

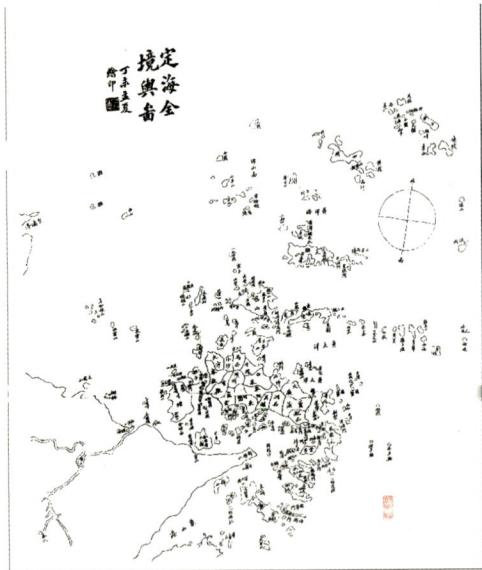

图 11 《定海厅洋面岛屿图表·定海全境舆图》

三 地图绘制特征及其原因分析

舟山群岛处于清代海防第一线,有万岛环拱之势,"屯兵守险基布星罗,外以控制大洋,内则屏障海口,较崇明为尤重。良以海疆严邑,官斯土者,所当抚集其民人,训练其士卒,周知其险阻,以备不虞"[1]。舟山一带设县之后,既是行政区域,又是海防重地,地图的绘制内容逐渐丰富。

(一) 1840 年前舟山海域地图的绘制表现

其一,从绘制岛礁的数量来看,设县前后存在明显变化。设县之前,清人对舟山海域了解比较薄弱,设县之后,因设官

置守,需要"抚集其民人,训练其士卒",因此地图中绘制的岛礁越来越多。如康熙前期《浙江海防图》中(图 1),岛屿描绘较少,舟山一带海域仅绘有舟山和普陀等大岛。到嘉道时期,如《宁波府六邑海岛洋图》(图 7)、《宁波府呈送六邑海岛洋图》(图 8)中,则大量绘制出定海县、定海镇辖区内的岛礁。整体来看,对于舟山群岛地理信息的掌握,乾隆至道光初期相较清初有所增进。

其二,从绘制的准确性而言,不管是岛礁的分布,还是大小的描绘,均存在明显"错讹"。首先从岛屿的大小来看,舟山海域较大岛屿还有岱山、普陀等,而舟山主岛远大于其他岛屿,但在清代前期绘制的地图中,像《浙江海防图》(图 1)、《浙江海图》(图 2)、《沿海全图》(图 3)中,普陀和舟山岛的大小相差并不明显。再从地理位置的绘制来看,普陀山岛位于舟山岛东南部,《浙江海防图》(图 1)、《浙江海图》(图 2)、《宁波府海防图》(图 4)中的绘制大致正确,然《宁波府六邑海岛洋图》(图 7)这样的内外洋地图,普陀山岛却被绘制在了舟山岛的东北部。而同为内外洋地图的《宁波府呈送六邑海岛洋图》(图 8),又绘制大致正确。可见这一时期的地图,对同一地物的位置绘制较为混乱,至于其他小型岛礁,其地理位置更无准确性可言。

其三,从地图绘制的内容来看,主要

---

1 光绪《定海厅志》卷首《重修定海厅志叙》,光绪十一年刻本,第 1 页 a。

表现为军政要素和岛礁地理位置的绘制。这些地图或是属于方志中的海防图、海洋图，或是巡哨地图，即使像图 5 这样的海图，其绘制目的也在于防海，"宁为全浙咽喉，防范宜严，至周知境内险易阨塞，以为保境固圉，计者尤守土职也"[1]。海防作用明显。

整体来看，全国沿海总图和浙省海图及府县海图，涵盖的具体地理信息存在一定差异，但这种不同主要是对海洋要素绘制的丰富程度不同。清前期关于舟山群岛地图的绘制，其详细程度主要是从康熙二十七年设定海县以后开始。在此之前，因清政府长期的迁界政策，海岛弃而不用，因此主要绘制的是较大区域的沿海图，注重陆地信息的描绘，并无详细的小区域海洋地图。平台之后，清政府调整海洋政策，划分内外洋以治理海疆，舟山因重要的地理位置和海防价值而设县，进而需要绘制更为详细的舟山一带海域地图。从康熙前期到雍正以来，关于舟山海域的地图从简略走向细致，即使是全国的沿海总图，对舟山海域的描绘也不断丰富，而这正是清代海疆治理策略转变的反映。就准确性而言，康熙未设县之前，有些地图中普陀岛位置已经基本正确，但后世却仍存在错绘，而且岛礁的大小绘制也较为随

意，可见清前期对舟山海域并没有形成统一认知。

古人绘制地图，一般是在旧图的基础上进行改绘，或是参考多种资料以及结合一定实地勘探来绘制新图。[2] 从清代海防政策的发展来看，虽然将陆防作为首要目的，但随着岛屿开垦、海上贸易及渔业的发展，出于防御考虑，水师"对于地理位置十分重要、面积较大或人口较多的岛屿设镇营驻扎；对于有淡水且离陆地水程较近的岛屿派兵常驻守，安设炮台、墩台、瞭望台以资防御；对于无淡水或无良港湾泊的远处岛屿派兵定期巡视，并不驻守"[3]。从康熙前中期开始，朝廷对海上水师官兵巡防的职责，及江南、浙江、福建、广东沿海四省各自水师分巡、总巡的时间和界限略作规定，巡洋会哨制度基本形成。但是到了康熙后期，政治因循苟且，官场上只求守成，不求进取的风气，使得巡哨制度虽然言之凿凿，实际上却是敷衍应付居多。[4] 林君升为康乾时期水师将领，据其所言，当时国家承平日久，为应付上司，水师将领被"问以某汛某岛屿某洋某礁脉，答应不穷，如瓶泻水。一经随带出行，岛屿礁脉认得他，他却不认得岛屿礁脉"[5]。

1　雍正《宁波府志》卷一《舆图》，乾隆六年刻本，第 1 页 a。

2　孙靖国：《陈伦炯〈海国闻见录〉及其系列地图的版本和来源》。

3　王潞：《清初广东迁界、展界与海岛管治》，《海洋史研究》2014 年第 6 辑。

4　侯俊云：《雍正朝东南海疆治理研究》，博士学位论文，暨南大学，2007，第 86 页。

5　林君升：《舟师绳墨》，载《续修四库全书》子部，第 967 册，上海古籍出版社，2002，第 1—15 页。

清代海图的功用，除航海图之外，多是政府使用。如方志地图，"邑中险要名胜之地，及宫府署舍营建之制，绘图列首，以便省览"[1]，海图也有类似功能。在地方治理中，尤其涉及海疆管控方面，主要使用营汛巡哨图，由文武协同绘制以划定各自辖区。乾隆元年（1735），浙江按察使胡瀛曾奏：

愚以为海洋界址，自可预为分别。仰恳皇上饬部行文沿海督抚，除向有定界者毋庸复查外，其有内外洋并两三县及两省相邻，界限不清之处，转饬沿海州县会同营员，带领熟练舟师勘明在内在外洋面、山坳、岛屿名色、某省某县界址，逐一绘图造册，详报督抚，汇齐送部存案。[2]

绘制的地图除上交中央留案备查外，此类地图一般用于处理海洋案件。

海洋盗案，例饬该管文武员弁，带同事主会勘洋面。内洋易于勘定，如在外洋失事，疆界难定，查勘每多稽延，以致人犯远飏，事

主拖累。……嗣后内洋失事，仍带事主会勘，如系外洋，令事主于进口处，不拘何衙门呈报。该衙门讯明被劫处所，里数若干，即将该事主所开赃物，报明各该管印官。该管官查照洋图，定为何州县营汛所辖，飞关该州县，会营差缉，事主即予宁释，毋庸候勘。[3]

至于地图绘制是否需要准确，官府是否会据地图实地勘察，还要视情况而定。道光五年（1825），崇明县人孙翼如称在江苏辖洋面陈山岛附近被劫，后又改称在浙江辖洋面尽山岛附近被劫，江苏、浙江二省因此产生责任纠纷。按照制度，二省应该派员进行实地核查，但两省委员均未亲到失事洋面，只是"遥指洋图定稿"[4]，某种程度上说明地图准确与否其实并不影响使用。笔者在国家图书馆查阅嘉庆时期绘《浙江省全海图说》，[5] 该图为内外洋图，其作用为"每年四季，奉委将备千把轮驾战船分巡定、黄、温所属海汛，稽察各营哨巡官兵勤惰"，但图中岛礁方位错误较多。综合来看，清代地方官和水师

1　乾隆《镇海县志》卷首《凡例》，乾隆十七年刻本，第43页b。

2　《浙江按察使胡瀛奏为勘查内外洋失盗地点事》，乾隆元年七月二十日，档号：04-01-12-0004-001，中国第一历史档案馆藏。下文档案资料均抄录自同一单位，不再一一说明。

3　《清高宗实录》第二十六册，载《高宗纯皇帝实录》（十八），卷七五〇，中华书局，1986年影印本，第260页。

4　《兵部尚书臣那清安等谨奏为海洋失事久未定案题参请旨严饬查办以肃洋政事》，道光十二年六月二十二日，档号：03-4046-021。

5　该图对舟山海域的绘制，视角为由陆视海，将大小衢山绘制在了舟山东部，普陀山绘制在了东南方向，而且距舟山岛较远，这些特征说明现实使用地图，并不需要绘制准确。该图的贮藏信息，参见《舆图要录》，第338页。

将领，可能只需知道哪些洋面岛礁为谁辖境即可，并不需要准确的地理信息。正如李孝聪先生指出，中国古代地图不那么精确，是因为"造送官府的地图主要体现山川大势、疆域政区、城镇道路。官方只要了解所辖地域的疆界，相邻地区和各级官府的名称、数目与驻地的相对位置，并不需要精确的地理坐标"[1]。海图的使用，显然也存在类似问题。所以在这种情况下，即使施行内外洋巡哨制度，水师巡洋官弁又多应付交差，出现巡哨地图（如图7）中将普陀山位置绘制错误的现象，并不奇怪。

除了主观意愿之外，"外海悬山，惟候潮汐、风信以为来去，万难定里计程"[2]，复杂的海洋地理环境，客观上也会造成海图绘制难以追求准确程度。总之，1840年前海图的绘制，因现实需求并不注重准确性，地图中地理要素的绘制也就具有一定的随意性。

（二）1840年后舟山群岛地图的绘制表现

道光二十年（1840）之后，随着西方列强的不断侵入，海防环境、对象随之转变，传统的巡洋会哨策略，难以应对西方的坚船利炮，因此国家防御政策和武器装备开始改变。地图作为海洋防御中的重要工具，其绘制必然进行相应调整。从清后期舟山一带地图绘制的变化来看，这种

转变并非一蹴而就，而是传统与近代化并存。

其一，传统海图的绘制方式仍然存在，制图内容并无太大改变。如光绪年间绘制的《定海厅附近地图》，传统的山水式画法绘制，主要突出的是舟山海域的暗礁暗沙、行船条件等，说明这些内容仍为清后期海防的关注点。

其二，清人对海图绘制的准确性有了明显要求。方志中收录的地图，尤其是陆地地图，采用"计里画方"并不少见，但海图却长期未采取同样的绘制方式。一般来讲，方志海图只是展示沿海州县辖境内的海疆地理信息，如岛礁分布等，并不重视地图的准确性。但在光绪《定海厅志》中收录的《舆地全境图》，采用了"计里画方"的制图方式，这说明清人更加重视海图的准确性，不再将方志海图视为简单的"阅览"资料。

其三，中国自主测绘的舟山海域地图出现时间较晚。清后期有对测绘地图的客观需求，但此前主要是购买并校正西方测绘的中国沿海地图，如《新译中国江海险要图志》（图10）是对英国测绘中国地图的编译，清政府并没有主持自主绘制，直到光绪后期才有一定转变。

总体来看，清后期传统绘图方法和近代测绘制图共存，传统制图并没被摒弃。所以，地图是否具备实用性，以及具备怎

1　李孝聪：《古代中国地图的启示》，《读书》1997年第7期。

2　《浙江巡抚常安奏为定海外洋岛屿封禁事》，乾隆九年二月二十日，档号：04-01-01-109-013。

样的实用性，还是取决于使用者的意图，而"不准确"的地图仍然有其存在价值。

就地图的实用性而言，清后期保留着传统需求。在光绪《定海厅附近地图》有一段注记，指出舟山海域"岛屿萦回，载在军府图册者凡二百余处，奸究最易潜踪，海防尤难设备。凡著名岛屿，皆用墨笔注明，无字者均明暗礁"。该图因"篇幅过狭，不能悉载"，只能指出舟山海域一些重要区域的行船条件。从这段记录来看，海盗仍是清后期海防的重要目标，而且定海厅绘制有一定量的传统海图。究其原因，可能是采用测绘制图的方式，难以将两百余处的岛礁都呈现在地图之上，当时也并不具备这样的测绘条件。光绪丁未年所绘《定海全境舆图》（图11），即交代当时定海难以完成测绘制图。[1] 而传统海图的绘制特征，不用考虑绘制的准确性，海防关注的岛礁可以绘制在地图之中。从清后期的防御思想来看，在近岸防御策略下，像港口、海道、水深状况、行船条件等，传统地图同样可以表现，所以传统海图仍具有现实价值。

就地图绘制的准确性来讲，在当时的社会意识中，"计里画方"地图无疑属于精确地图。笔者目前所见的清前期海图中，基本没有"计里画方"之图，到清后期之后，随着技术进步，清人将目光再次投向了"计里画方"之法。据光绪《定海厅志》记载：

> 开方计里，推表山川，绘图之法也。图不能详细之以说，说不能显实之以图，义文互见相辅而行。旧志县境有图，县志有图……图实较他志为备，惟绘之之法，尚有未谙，今纂新志，专属一人明算者，遍历地界，得其纵横广袤理数，缩诸篇幅而以开方行之，庶不失古人绘图之意。[2]

光绪定海厅《舆地全境图》，就是注意到旧地图不准确使用困难而重新绘制，采用开方之法，"明礁作圈，暗礁作十，而碍于行舟之处，则加点，俾阅者了如指掌云"[3]。但"计里画方并不能使地图绘制得更为准确，只是能在绘图时更好地控制地理要素的空间布局，而且这种方法也并不能代表地图绘制得准确与否"[4]。1908年，定海厅同知钱增勋决定重新绘制地图，其言："定海屹峙海中，岛屿错杂，不独屏蔽浙东，实操南北海疆全局之关键"，原计划"周历其境详加测绘"，然限于"本署既无轮舶，且测量乏人"，只能"参考旧图，访询沿海老渔，既采

1　《定海厅洋面岛屿图表》，第6页b。

2　光绪《定海厅志》卷首《凡例》，第2页a。

3　光绪《定海厅志》卷二《舆地全境图》，第1页b。

4　成一农：《对"计里画方"在中国地图绘制史中地位的重新评价》，《明史研究论丛》2014年第34辑。

士绅笔述"[1]，完成《定海全境舆图》（图 11）的绘制，同时将境内各岛屿间的路程记录于表中。从该图的绘制特征来看，应该是参考过运用测绘技术绘制的定海地图。

综上来看，1840 年后舟山一带地图绘制的变化，说明清代始终重视的是海疆的海防价值。清代海防策略长期是严控岛礁，巡视重要海道，这样一种治理方式，在清后期缉盗防海的需求下并没有根本改变。而自主测绘海图出现较晚，其原因应该是和清政府对海疆权益的认知变化有着重要关系。

四　再论 1840 年后海图绘制转型问题

地图绘制的转型是一个复杂的问题，成一农指出前人基本是以"科学"的视角看待清代各类地图的绘制转型，即强调技术变化，忽视了社会众多方面变迁的影响。认为"研究中国近代地图绘制转型，仅仅关注绘制技术的转型是远远不够的，只有将其放置在时代变迁的背景下进行考虑，才有可能真正触及这一问题的本质"[2]。清代海图直到光绪后期才将近代测绘制图之理论与方法用于海图绘制，反

映的正是清后期海防认知的转变，也是当时海疆防御意识变迁的缩影。

（一）1840 年后的海图认知变化

清后期一系列海战的失败，使清人意识到必须重视海图的绘制。"古人读书左图右史也者，不仅指地舆而言，凡一名一物，无不图之，以供观览。"但是，"前代舆图之所流传者，后之时异势殊疆界纷更，以古证今茫无头绪。即近今所出之书，如《海国图志》《瀛寰志略》等书，言之未尝不备，愿以此等为考证之资则可，若欲由是循途以赴，则断断乎其不能"[3]。与此同时，英国海军部绘制了大量中国沿海图，长期派遣船舶测绘制图，让学生随船测量绘图，然后由海部进行统一考订校正。而当时中国的情况是：

> 今中国海道隔省即不能知，甚至隔府隔县亦不备知，近来轮舶事兴，当行之道，不敢谓毫无所见，试问各口之纤曲浅深沙线礁石能一一洞微乎？各船管驾舵工能一一留心乎？未可知也。[4]

从我国的绘图历史来看，清人认为中

1　《定海厅洋面岛屿图表》，第 6 页 b。

2　成一农：《社会变迁视野下的中国近代地图绘制转型研究》，《安徽史学》2021 年第 4 期。

3　（清）知新馆主编：《海防新论》卷二《海军宜讲求舆图之学》第 4 册，上海广学会，1898，第 4 页。

4　（清）郑观应：《盛世危言》卷六《兵政》，增订新编，台湾学生书局，1965，第 877 页。

国具有绘制精确地图的理论基础。"今之讲求实学者，咸知究心舆图，大而规划形势，小而详志都邑，远而测度经纬，近而准量丈尺，以至演炮取准，皆凭测算，而莫要于按图行船。夫偃矩以望高，覆矩以测深，卧矩以知远。古今测量，无逾《周髀成法》。晋裴秀作《禹贡》图条陈事，曰分率，曰准望，曰道里，曰高下，曰方邪，曰迂直，此三代之绝学，裴氏继之，于秦汉之后，著有图说。"[1] 但是，后人如胡渭的《禹贡锥指》，虽又申明制图六法，"然不过据图考古，不是履地画图"。就测绘技术而言，"清代康雍乾时期在外国传教士协助下进行的大地测量，都将更为准确的地图测绘方法传入中国"[2]。光绪时期章京陈炽追溯历史，指出"古人行军舆图为要，而舆地之学愈近逾精，昔以地望为衡，今以天文为准，参之西法，证以见闻，雍乾用兵首重此事，档籍具在，遗意可师。第未经用兵之处，虑尚有偏而不全之弊，且防守之要，今昔异势，移兵换形欲筹控驭之方，必以舆图为本"。认为中国地图的绘制，应该学习前人采取测绘技术，"于沿海防御阨塞之处，尤贵精详……务令测绘确实情形，不得照摹旧图敷衍塞责"[3]。对于中法海战的失败，清人在论述原因时，认为法人对闽洋的地理情况非常熟悉，往往能"按图索骥"，而"中国文武各官之中，其能知地理者，能有几人"？因此呼吁学习西方制图，"务尽先求中国之道里，考海程之险夷"[4]，绘制精确海图。

当测绘制图成为一种需求时，绘图人才的培养就成为首要解决的问题。清后期，在"师夷长技以制夷"总体策略指导下，与军事相关的技术、知识成为学习内容，其中海军人才的培养，则是以"学堂为根本"。如留学法国并获得博士学位的马建忠曾向李鸿章提出六条建言，其中一条就是设学院以培养专门水师人才，"教以测量星象、推算经纬、运用仪器、演习帆篷、运舵掉艇、结绳升桅、探水演炮、试枪舞剑之法……其颖异者，进以讲解汽机炮火之体用，测绘海图之浅深"[5]。张之洞也认为应该增设学堂，翻译西国兵书，将"测绘地图并电学、化学、重学、气学、光学等项"[6] 引入课堂，培养相关人才。清政府从同治时期开

1　（清）陈锦：《勤余文片牍》续编卷一，清光绪四年刻本。

2　成一农：《对"计里画方"在中国地图绘制史中地位的重新评价》。

3　《为胪陈直省及沿边险要地形宜绘制分总舆图等各条款事禀文》，档号：04-01-11-0015-011，无朝年。

4　《海防新论》卷二《海军宜讲求舆图之学》，第 4 页。

5　（清）马建忠：《适可斋记言记行》卷三《上李伯相复议何学士如璋奏设水师书》，载《续修四库全书》集部，第 1565 册，上海古籍出版社，2002，第 32 页。

6　苑书义、孙华峰、李秉新主编：《张之洞全集》卷一一《筹议海防要策折》，河北人民出版社，1998，第 1 册，第 308 页。

始，不断设置水师学堂，其授课内容包括"洋文、洋语、史论、算学、海图、星象、测量、格致诸务……是则水师学堂之设，实为海军切要之图"[1]。地图绘制学生的培养，一是引进西方制图理论，购买外洋海图作为学习基础，"测海绘图乃海军分内极要，因英国海图极精，各国取效。中国于图学一门尚未开办，自应先取英国舆图者究"[2]；二是派遣留学生到英法等国学习，如光绪十六年前，福州船政学堂共派遣三届三十四名学生出国，"其派赴英国专习测绘海图、巡海练船兼驾驶铁甲兵船之学者，陈恩焘、贾凝禧、周献琛三员"[3]。那么，清政府培养的测绘海图人才，究竟能否发挥实际作用？

光绪十六年（1890），接准朝廷谕令各省测绘制图，"凡应查造舆图及海防、河工、田赋、兵刑一切应行纂考者，详具图说"，山东巡抚张曜认为舆图绘制应按开方之法，其中"海道之远近险夷，必使人周历测量，而后绘为分图总图"[4]。光绪二十四年（1898），浙江省舆图测绘完成之后，浙江巡抚廖寿丰上奏，"查舆图所系至重，测绘当必加详，浙省滨海之

区程途辽阔，腹地冈峦重叠河港纷歧，履勘周详，已极不易"[5]　然候选直隶州州判田其田指出，当时各省测绘制图存在诸多问题，其言：

> 谕令直省实测实量会呈地图……惟各督抚多因限期促迫经费支绌，仍未详加测绘，器具不精，章程不善，奉行故事。……广东仅测首府地面，余就前次已绘之沿海各县旧图钞绘成帙，浙江多录黄炳垕原稿，其无稿之县，略量人行道里。至江苏乃并未开局，割裂丁日昌之图，分为府县，他省则更少实测。大率各省悉用志书及私家遗稿，又以胡林翼所刻内府图为蓝本。馆臣京外距隔无从确查，但据所呈载入会典而已。即如上年朱姓呈请总理衙门绘沿海图，已议准由南洋拨银三千两，令其往办，恐非实在办事，亦徒沿积习耳。[6]

田其田的质疑，揭露了当时存在的问题：一是政府对于测绘制图虽然重视，但实际支持可能并不充分，地方政府也是敷

1　国家清史编撰委员会编：《李鸿章全集》奏议一四《威海添建学堂片》，安徽教育出版社，2008，第13册，第134页。

2　朱有瓛主编：《中国近代学制史料》第1辑上册，华东师范大学出版社，1983，第508页。

3　《李鸿章全集》奏议一四《三届出洋学生期满请奖折》，第326页。

4　沈桐生辑：《光绪政要》卷一六《山东巡抚张曜奏修山东全省志书》，载《近代中国史料丛刊》第35辑，文海出版社，第827页。

5　《奏为浙江省测绘舆图告竣请奖在事出力员绅事》，光绪二十四年二月初四日，档号：03-5356-019。

6　《奏请饬京外开设舆图学堂局所裨益农务事》，光绪二十四年八月初四日，档号：03-9454-006。

衍了事；二是制图人才的培养，其质量也存在问题。作为海图绘制人才培养的主要机构，水师学堂规定学生完成课程之后，"定限三年周历各海洋各口岸，各将经纬度数沙线礁浅山海形势，各国炮台兵轮操法，详登日记，并分晰绘图，每七日送管驾官校勘一次，俟毕业回宁，大考时汇送查核"。学生上船后，由管带官进行监督。但从实际情况来看，学生掌握之技能情况堪忧，"令演帆缆功课，则云旧日帆缆坏烂，禀请添制未准，遂未演习。索阅其出洋海图，则三年内仅寥寥数纸。……询问所历海洋，则仅到过朝鲜一次，三年之中，并中国所辖海面之琼州、钦州，及日本西贡最近之海洋，亦不能到"[1]。此外，1896 年海关总署曾向英国海军部求援，希望提供技术支持测绘中国海图，结果遭到拒绝，可见当时确实面临着人才困境。[2] 而方志舆图的测绘，在民国以前，也不是由专业测绘人员完成。[3] 所以，清后期水师学堂培养的绘图人才，究竟有多少合格，还要打一个问号。反之，从这些现象可以看出，晚清虽然已经认识到测绘海图的重要性，但并没有抓住测绘海图的

根本目的——维护海疆权益，他们看到的只是海防，即以海洋来保障陆地安全。然面对西方列强，海洋的防御作用在当时基本丧失，地图又可以从西方引进，省时省力，也就失去了自主测绘海图的动力。

（二）海疆权益认知转变与海图绘制转型

地图作为一种地理知识产生的形式，是一种再现人类对空间关系的理解模式，此一模式因不同的社会文化和时代而不同。[4] 在古人意识中，海并不属于地。先秦时期，古人认为我们的世界是由一块方形陆地和四周彼此联通的海洋组成。[5] 古人对陆地的了解也远详于海洋，"伊古以来，有地图无海图，巨浸稽天，莫知其极。于是而十洲三岛，种种幻异荒唐之说起焉"[6]。自唐宋以来，尤其是宋代，随着海上贸易的发展，宋人通过海商群体、航海使节、历代典籍等途径获得海洋知识，能够比较清晰正确地判断东海和南海地区各国及大型岛屿的地理方位。[7]

到元明时期，尤其明代郑和下西洋活动进一步将古人对海洋世界的认知，推向

---

1 《张之洞全集》卷五九《特参管带练船参将折》，第 3 册，第 1538 页。

2 姚永超：《近代海关与英式海图的东渐与转译研究》，《国家航海》2019 年第 23 辑。

3 王慧：《从画到图：方志地图的近代化》，《上海地方志》2019 年第 1 期。

4 Harley. J. B and Woodward. D. eds, *Cartography in the Traditional East and Southeast Asian Societies*, *The History of Cartography*, Vol. Ⅱ, book Ⅱ (Chicago: The University of Chicago Press, 1987), pp. xxiii-xxiv.

5 ［日］海野一隆：《古代中国人の地理的世界观》，《东方宗教》1973 年第 42 号。

6 张登德编：《中国近代思想文库·陈炽卷》，中国人民大学出版社，2015，第 204 页。

7 黄纯艳：《宋代海洋知识的传播与海洋意象的构建》，《学术月刊》2015 年第 11 期。

了一个新的高度，《郑和航海图》绘制了大量海洋地理内容。但后因官方海洋活动废止，明政府又施行严格的禁海政策，民间海洋活动也被遏止，海图绘制受到阻碍。直到嘉靖中期为应对倭患问题，郑若曾绘制海图之后，"故将海防制倭之图籍，亦极盛一时"[1]，海防类地图开始大量涌现。清代之后，清政府改变明代的禁海政策，允许海洋渔业向深水外洋拓展，海上贸易也有发展，而易于管控之有垦殖价值的岛屿，允许移民开垦。在这一背景下，为处理日益复杂的海疆管理问题，水师布防不再局限于陆地，水师巡哨并驻防内外洋岛礁。明后期绘制的大量海图，虽为海防服务，但明代海防以陆防为主，对岛屿并没有给予足够重视，海图在地理信息的表现上较为薄弱。因此如清代水师将领陈伦炯，鉴于清政府海疆政策的转变，为应对现实需求，重新绘制《沿海全图》，"使任海疆者知防御搜捕之扼塞，经商者知备风潮，警寇掠，亦所以广我皇上保民恤商之德意也"[2]。所以到清代，清人的海疆认知发生一定转变，不再将海洋完全视为招灾引祸之地，而是具有保障民生、维护社会稳定的重要作用。

1840年之后，传统的海洋认知仍是主流。从地图的绘制而言，其作用是展示海疆地理及军事布防信息，如《定海厅附近地图》虽是传统山水式画法，但只要突出以上内容，仍然存在绘制价值。光绪十年（1884），受中法战争影响，总理各国事务衙门令沿海省份测绘海图，"著将沿海各口地形绘图贴说，并将某营现扎某口？兵勇若干？何人管带？有无炮台？分别详细注写，以备考证"。光绪十五年（1889）福建海图绘制完成，"若轮船所不到、守备所不及之处，皆从其略"[3]，仅绘制关系海防紧要之地。这种注重海防局限近海口岸的海图绘制，和当时的防御策略有着重要联系，"窃惟海防之要，无论战守，必有水师战船，以援炮台，炮台以护战船"[4]，而岸炮射程有限，水师多局限于近海防御。受此影响，即使购买西方所绘中国沿海地图，仍然要突出海防内容。如清后期制图学家朱正元指出，上海制造局和北洋海军公所印制地图存在明显问题，"上海本只十三页，固属太略，北洋本计七十余页，梢加详矣，然于形势水道、岛屿、沙礁虽可按图而索，若炮台营垒钤辖等事，则十不得一也"[5]，需要重

1　王以中：《明代海防图籍录》，载汪前进编选《中国地图学史研究文献集成（民国时期）》第3册，西安地图出版社，2007，第228页。

2　（清）陈伦炯：《〈海国闻见录〉校注》，李长傅点校，中州古籍出版社，1985，第19页。

3　《张之洞全集》卷二八《进呈粤海图说折》，第1册，第728页。

4　《张之洞全集》卷一一《筹议海防要策折》，第1册，第317页。

5　（清）刘坤一：《江督刘咨询呈请测绘沿海地图人员朱正元品行学术札》，载《集成报》第22册，上海英商集成报馆，1897，第1227页。

新改绘地图。朱正元自己也组织了浙江沿海图的改绘，于光绪己亥年（1899）出版《浙江沿海图说》，将浙江省内岛礁的大小、地理位置、水文条件、布防要素等详细载明。[1] 再如精确测绘的《浙江沿海要口全图》（图9），其凡例中言"是图系就浙江省界沿海各要口山岛洋面绘成一图，凡有炮台之处，因限于比例不敷，注字另于分图详细载明，以便检查"。《定海全境舆图》（图11）的绘制，也是因定海厅境内岛屿众多，地理位置重要，事关浙东及南北海疆安全。[2] 所以整体来看，清后期绘制海图多为海防服务。

那么，海防目的和维护国家海疆权益之间有何关系？以我们今天的观点来看，海防就是为了维护国家海洋权益，其措施包括维护领海安全，确保固有海疆领土不被侵犯，保障专属经济区海洋资源不被侵夺等。清后期"领海"制度及其法律概念逐渐传入中国，但从海图的绘制走向与变化来看，清人的认知明显迟滞。在传统认知中，"领地主权云者，以主权之作用，从领土之方面观察而定之名，称谓有一定之土地在于定统治权之下者也。文明未发达，交通未频，数人智之所及者，止知实土之为国家疆域而已"，因此虽然我国海岸线绵长，海疆广阔，但"拥有大好之形势而不自知"，以致海疆任由他国自由出入。[3]

到光绪晚期，清人才真正意识到领海主权的重要。姚永超曾指出："清末有一批先进知识分子看到了西学海图的重要性，但在洋务运动期间初建近代海军时，清政府仍只注重造船、购舰及训练官兵，还顾不上测海制图事宜"[4]。其实到后期，清海军仍无测绘制图之行动，"我国海防有关的领海不由本国海军部测制，而竟由他人越俎代庖"[5]，根本原因还是对海疆认知不足。1840年之前，海洋是保障陆地及沿海社会安全的天然屏障，清政府没有将海疆与陆疆等同视之，水师又长期规避巡哨，海图在不具备准确性的情况下，也能满足岸防需求。而高精度海图的绘制，只有将海疆视为陆疆同等重要时，可能才被真正重视。清末中国的海洋权益不断受到列强的侵蚀，1905年，清政府派员参加了意大利米兰召开的渔业赛会，以《渔海全图》宣示中国海权。[6] 1908年，清政府"拟订定领海界内主权"[7]，将海

1　（清）朱正元：《浙江沿海图说》，载《中国方志丛书·华中地方》第200号，成文出版社，1974，第1—3页。

2　《定海厅洋面岛屿图表》，第6页b。

3　（清）佚名：《论国家对于洋海之主权》，《外交报》1909年第231期。

4　姚永超：《近代海关与英式海图的东渐与转译研究》，《国家航海》2019年第23辑。

5　葛绥成：《中国舆图学之过去和现状》，载江前进编《中国地图学史研究文献集成（民国时期）》，第133页。

6　羽离子、陈亚芊：《清后期绘制〈渔海全图〉初考》，《海交史研究》2019年第2期。

7　（清）佚名：《拟定海权界限》，《大同报》1908年第10期。

权写入法律。与此同时，北洋水师覆灭之后，清政府再次筹议海军之时，明确提出海图对于保护海疆权益的重要性：

> 查海图为国家领海主权所系，而界线尤关紧要。……中国海疆辽阔，岛屿港汊纷罗错出，因向无精确海图，不独于形势地理上无可考见，即所在地名亦茫于所向。间有其地为外人所垂涎，并且外人所指索而中国曾不知其地究归何属者，此其为害，殆不可言。现当筹议扩张海军之际，而中国海军所用海图犹藉英国海军所绘之图以为底本，殊不足以慎重。即将地名访询确实，详为更正。而岛屿有无遗落，汊港有无混淆，非自行实测勘量，绘图列说，将何以资校核而订谬讹。所察，请设海图局测绘研究编撰图志，询为目前当务之急。[1]

概言之，从先秦到清末，随着古人对海洋认知的演变，最终将近代领海主权概念接纳，这才是引起海图绘制转型的根本原因。正如《外交报》急呼"领海权之关系独立国之主权行使，如此重要，今惟冀政府速制定海图，声明主张之学说，以杜后患，始可与列国争衡耳"[2]。但遗憾的是，直到清王朝最后十年才有所觉悟。至于清后期海图制图人才的培养，其最初只是为了海防服务，而建立的近代水师，也是"不事训练，战备阙如"[3]，没有从根本上意识到海军与维护领海权益之间的重要关系。再加上制度腐败财政紧张，以及随着福建水师、北洋水师的覆灭，水师学堂也趋于衰落。[4] 错综复杂的原因，最终造成清后期始终没有组织自主测绘全国海图。

结　论

我国海图的绘制，自明代中后期以来，长期保持传统的山水式画法，这种现象的长期存在，主要是因明清政府将海洋视为保护内陆的屏障。清代以来，清政府采取更为开放的海疆政策，海洋岛礁的作用不再仅作为海防预警前线。随着内外洋的划分，出现了地方军政官员使用的内外洋巡哨地图。就此来说，清代的海图应该在准确性上提升要求，但从实际情况来

1　甘厚慈辑：《北洋公牍类纂续编》卷二一《兵政》，载《近代中国史料丛刊·三编》第86辑，文海出版社，第1602页。

2　（清）佚名：《论中葡领海问题》，《外交报》1908年第218期。

3　罗尔纲：《清后期兵制》，中华书局，1997，第11页。

4　宣统元年，载洵考察海军学堂，当时各省共有五所，一所在烟台，两所在福建，其余两所，一在黄埔一在南京。其中福建船政水师学堂最为腐败，其余虽均尚可观，但彼此素不联络，支领经费情形又不尽相同，以致教授法及管理法分歧杂出，培养体系紊乱。参见《奏为遵旨辟港巡阅海军事竣谨将大概情形复陈事》，宣统元年八月十四日，档号：04-01-18-0057-001。

看，其绘制特征基本没有变化，只是绘制的海洋要素增多，如岛礁及其分布、岛上军事要素的标注、海道及行船条件说明等。

造成以上现象的原因，主要是清代地方政府及水师对海图的使用，是为了解何处易藏匿盗匪、盗案频发、船只泊风及区分责任主体。1840 年后，虽然海防对象发生变化，但传统盗匪的威胁仍是清政府的重要海防目标，传统绘制形式的海图仍有存在价值。对于准确性的需求，海图的准确性价值不在于数字而在于信息，即需要了解的是海域的岛礁分布、港口条件、军政布防、海道、盗匪藏匿区域等，以及各自的辖区，并不苛求以上信息具备数字上的准确性，只是以开方之法，参用测绘数据，"图举其要可也，不患其略也"。

清后期施行军事近代化之后，先后设有北洋、南洋、福建、广东等外海水师，福建水师和北洋水师先后覆灭。作为配套服务的水师学堂，虽有培养制图人才的功能，但清政府为图便利，主要是购买西方绘制的中国沿海地图，然后进行修改校正，并没有组织我国人员测绘海洋地图。甲午战争之后，旧有的海疆认知体系被彻底击垮，西方领海主权认知被广泛接纳，海图作为维护国家海权的重要工具才被真正重视，而这正是光绪后期出现自主测绘海图的重要因素。

总之，1840 年后海图绘制的转变与否，根本原因不在于是否具备相应条件，而在于是否将管控海域视为西方法律解释下的领海[1]——海疆权益认知。此外，地图准确性和实用性之间，并不存在不可调和的矛盾，清前期对地图的利用，主要是为了解海洋地理环境，以及明确各自辖区，长期未将海疆与陆疆等同，因此对海图的准确性也没有很高要求。光绪后期，意识到海疆权益的维护需要精确地图指引，才是海图绘制转型的根本原因，至于其转型的完成则已到了民国时期。

1　清光绪时期时人虽然接纳了西方的领海概念，但对当时三海里的划分范围并不认同，主张将内外洋作为领海范围。参见朱寿朋《东华续录（光绪朝）》卷一九三，上海集成图书公司，1909，第 57 册，第 4 页。